K-IFRS 재무보고의 기초

K-IFRS 재무보고의 기초

초판 인쇄 2013년 2월 28일
초판 발행 2013년 3월 8일

지은이 권영도·최영문 | **펴낸이** 박재규 | **펴낸곳** 경남대학교 출판부

주소 경남 창원시 마산합포구 월영북 16길 11(월영동) | **전화** 055) 249-2074 | **팩스** 0505) 999-2115
홈페이지 kyungnam.ac.kr/press | **전자우편** ko10@kyungnam.ac.kr

값 22,000원 | **ISBN** 978-89-8421-349-4-93320

K-IFRS 재무보고의 기초

권영도 · 최영문 지음

경남대학교출판부

머리말

이 책은 재무회계와 보고를 이해하는 데 필요한 기초개념을 다루고 있다. 우리나라에서 2011년부터 전면 도입하는 국제회계기준은 원칙중심의 회계기준서이다. 원칙중심회계기준서는 재무회계와 보고에 핵심이 되는 기본원칙을 중심으로 규정하고 있다. 따라서 재무정보를 산출하여 보고할 때는 거래나 사건을 인식하고 측정하는 데 필요한 구체적인 방법이나 절차를 스스로 판단하여 결정하여야 한다. 이는 재무회계와 보고에 대한 기초개념을 잘 이해하고 있어야 한다는 것을 의미한다. 이 점에서 현행 교육과정은 미흡한 면이 있다.

재무회계의 전통적인 교육과정은 회계원리를 이수한 다음 중급회계를 학습하도록 되어 있다. 문제는 회계원리와 중급회계의 학습부담에 큰 차이가 있다는 것이다. 회계원리에 비해 중급회계는 학습량이 많고 내용이 어렵다. 기업의 다양한 거래나 사건을 이해해서 목적적합하고 표현충실한 정보를 산출하여 제공하여야 하기 때문이다. 이로 인해 중급회계 교육에서 재무회계의 최종 산출인 재무제표와 기초개념에 대한 비중을 낮추고, 거래나 사건의 인식과 측정의 비중을 높이는 경우가 많다. 이로 인해 학습자는 다양한 유형의 세부적인 회계처리에 집중하게 되고, 많은 학습량에 의해 재무회계에 대한 흥미를 잃게 되는 경향이 있다. 숲은 보지 못 하고 나무만 보는 우를 범하는 것이다.

이 책은 회계원리와 중급회계의 가교 역할을 하는 데 초점을 맞추고 있다. 이를 위해 이 책이 다루고 있는 구체적인 내용과 저술상의 특징은 다음과 같다.

첫째, 중급회계를 이해하는 데 필요한 기초개념을 명확하게 간결하게 제공한다. 국제회계기준에 의한 재무보고를 이해하는 데 핵심이 되는 개념은 본문에서 다양한 표와 그림을 제시하여 설명하고, 부수적인 것은 각 장의 부록을 활용하여 보충한다.

둘째, 회계원리를 이수한 학생이 중급회계에서 다루는 기본적인 거래나 사건의 회계처리를 학습하게 한다. 기초개념과 관련 있는 거래나 사건의 인식과 측정이 재무제표에 미치는 영향을 이해할 수 있도록 본문에서 간단한 예를 제시한다.

셋째, 재무제표를 이해할 수 있도록 한다. 재무제표 작성자와 이용자가 재무정보를 산출하고 이해할 수 있도록 재무제표에 표시되는 정보의 성격과 내용을 충분히 설명한다.

재무회계는 기업의 경제적 현상에 관한 정보를 제공하기 때문에 복잡하고 난해한 면이 있다. 어려움을 해결하기 위해서는 기초를 튼튼히 해야 한다. 이 책은 재무회계의 기초개념과 재무제표를 충실히 학습하여 기초를 튼튼히 하는 데 목적이 있다. 이 책을 충실하게 학습하면, 중급회계의 학습에 큰 도움이 되고, 공인회계사나 세무사 등의 회계전문가를 위한 자격시험에 자신감을 가질 수 있을 것이다.

이 책이 재무회계에 대한 기초지식이 필요한 학생뿐만 아니라 국제회계기준에 의한 재무보고정보에 대한 이해가 필요한 경영자, 투자자, 채권자 등의 재무정보이용자에게도 도움이 되길 기대한다.

저자 권영도·최영문

차례

제1부 기초개념

제1장 재무회계와 보고의 환경

제2장 발생주의회계와 현금흐름

{ 제3장 재무보고의 개념체계와 재무제표 }

{ 제2부 재무제표 }

{ 제4장 재무상태의 보고 }

제5장 포괄손익의 보고

제6장 현금흐름의 보고

{ 제7장 자본유지개념과 측정기준 및 이익 }

{ 제8장 주석과 영업부문 및 특수관계자 }

제9장 재무제표분석

제1부

기초개념

제1장 _ 재무회계와 보고의 환경

제2장 _ 발생주의회계와 현금흐름

제3장 _ 재무보고의 개념체계와 재무제표

제1장 재무회계와 보고의 환경

1. 회계의 의미와 분류

가. 회계의 정의와 본질

합리적인 의사결정은 신뢰할 수 있는 과거나 현재의 관련정보를 활용하여 과학적인 방법으로 미래를 예측하고 그에 따라 행동을 선택하는 것을 의미한다. 기업에 대한 의사결정에서 신뢰할 수 있는 관련 정보로 대표적인 것이 회계정보이다. 회계정보는 기업활동과 관련된 거래나 사건 및 그 결과를 요약하고 정리한 것이다[1]. 요약하고 정리하는 회계과정에서 공통척도로 화폐금액을 사용하고, 경제적 활동과 관련된 거래나 사건을 화폐금액으로 측정하기 위해서 여러 가지 회계방법을 사용하게 된다.

회계방법이 달라지면 거래나 사건에 대한 화폐금액, 즉 측정치가 달라진다. 따라서 회계는 경제적 활동과 관련된 거래나 사건을 측정하기 위한 합리적인 회계방법이 무엇인가에 관한 문제, 즉 회계정보의 생산측면에 많은 관심을 가지게 된다.

> 회계의 정의: AICPA ATB No.1
> 회계란 최소한 일부는 재무적 성격을 갖는 거래나 사건들을 화폐금액에 의하여 의미 있는 방법으로 기록·분류·요약하고 그 결과를 해석하는 기술이다.

1. 거래나 사건 및 그 결과를 화폐금액으로 요약하고 정리하는 과정을 회계과정, 회계과정에서 사용되는 계산 도구를 부기(簿記, bookkeeping)라고 한다.

회계정보의 생산측면을 강조한 것이 미국공인회계사회의 회계용어공보(會計用語公報, Accounting Terminology BulletinATB) 제1호(ATB No.1, 1961)에 있는 정의이다. 여기서 회계는 기업의 거래나 사건을 기록하고 요약하여 해석하는 기술로 정의하고 있다. 이 정의는 회계의 중요한 요소 중 하나인 정보생산측면만을 강조하기 때문에 비판을 받는다. 어떤 목적에 회계정보를 이용하기 위해서 회계정보를 생산하는 것이지, 회계정보생산 자체가 최종 목적은 아니기 때문이다.

회계정보를 생산하는 이유는 회계정보를 이용하여 의사결정을 하는 사람이 있기 때문이다. 따라서 회계의 본질을 제대로 표현하기 위해서는 회계를 정의할 때 회계정보의 생산측면 뿐만 아니라 이용측면도 강조할 필요가 있다. 이용측면을 강조하게 되면 회계정보를 생산하는 이유, 즉 회계정보의 이용목적과 회계정보의 생산과정을 일관성 있게 연결시킬 수 있기 때문이다.

> 회계의 정의: AAA의 ASOBAT
> 회계는 정보이용자가 실정을 잘 파악해서 판단과 의사결정을 할 수 있도록 경제적 정보를 식별·측정·전달하는 과정이다.

회계정보의 이용측면을 강조한 회계의 정의로는 미국회계학회의 기초적 회계이론에 관한 보고서(A Statement Of Basic Accounting Theory; ASOBAT, 1966)가 있다. 이 정의에서 회계는 이용자의 합리적 의사결정에 필요한 정보를 제공하는 것을 목적으로 하고, 이 목적을 달성하기 위해 경제적 정보를 생산하여 보고하는 것이다. ASOBAT의 회계에 대한 정의가 가지고 있는 함의를 살펴보면 다음과 같다.

첫째, 회계는 이용자의 경제적 의사결정에의 유용성을 중시한다. 회계정보를 생산하는 이유는 합리적 의사결정(合理的 意思決定, rational decision-making)을 하는 데 필요한 정보를 이용자에게 제공하기 위해서 이다. 이용자의 합리적 의사결정을 위한 대상은 기업과 같은 특정 경제적 실체(經濟的 實體, economic entity)이다. 따라서 회계는 이용자가 특정 경제적 실체의 실상을 충분히 파악한 후 판단과 의사결정(informed judgement and decision-making)을 할 수 있도록 하는 정보를 제공하여야 한다.

둘째, 회계의 대상은 특정 실체의 경제적 정보(經濟的 情報, economic information)이다. 경제적 정보는 실체의 자산과 부채, 자본에 영향을 미치는 거래나 사건, 즉 재무적 성격(財務的 性格, financial character)을 갖는 거래나 사건을 의미한다.

셋째, 회계는 정보생산체계(情報生産體系, information-generating system)이다. 회계는 이용자의 합리적 의사결정에 유용한 정보를 식별하고 측정하여 요약 · 정리 한 후 전달하는 정보생산시스템이다.

지금까지 검토한 내용을 정리하면, 회계는 특정 경제적 실체에 대한 이용자의 합리적 의사결정에 유용한 정보를 생산하여 제공하기 위한 시스템이라 할 수 있다.

나. 회계정보이용자의 특성과 회계의 분류

회계에서 정보의 생산자와 이용자가 항상 일치하지는 않는다. 정보의 생산은 경영자에 의해 이루어지지만, 그 정보의 이용은 경영자, 투자자, 채권자 등 다양한 이해관계자에 의해 이루어진다. 여기서 경영자는 정보의 생산과 이용에 모두 참여하지만, 투자자나 채권자 등은 정보의 이용에만 참여한다. 전자를 내부이용자, 후자를 외부이용자라 한다. 이러한 정보이용자를 기준으로 회계분야를 구분하면, 내부이용자인 경영자의 합리적 의사결정에 유용한 정보를 제공하는 회계를 관리회계, 외부이용자의 합리적 의사결정에 유용한 정보를 제공하는 회계를 재무회계라 한다.

1) 외부이용자와 재무회계

투자자, 채권자, 정부, 종업원, 정보중개인 등은 회계정보의 생산에 일상적으로 관여할 수 없는 외부이용자(外部利用者, external user)이다. 외부이용자는 기업에 대하여 이해관계를 갖고는 있지만, 기업에 자기가 필요한 정보를 마음대로 요구할 수는 없는 위치에 있는 사람이나 집단이다. 외부이용자는 기업 경영자가 생산해서 전달해준 정보를 수동적으로 이용하는 입장에 있기 때문에 회계정보의 신뢰성에 대한 의문을 가지게 된다. 왜냐 하면 기업의 경영자는 회계정보를 제공할 때 자기에게 유리한 정보만을 제공하고 불리한 정보는 되도록 제공하지 않거나, 과장 또는 축소하는 등의 도덕적 해이(道德的 解弛, moral hazard) 문제에 노출될 수 있기 때문이다. 만약 정보이용자가 회계정보의 신뢰성에 의문을 가진다면, 회계정보는 의사결정에 활용이 되지 않을 것이므로 그 존재이유가 상실된다. 이 때문에 외부이용자를 위한 정보를 제공하는 재무회계(財務會計, financial accounting)는 정보의 목적적합성뿐만 아니라 신뢰성을 강조한다.

회계정보의 신뢰성을 확보하기 위해서는 기업의 내부통제제도가 합리적이어야 하고, 경영자의 회계행위에 대한 통제가 필요하다. 이러한 통제장치에는 회계규제, 시장, 법률 등이 있다. 회계규제에는 재무회계정보의 보고과정에서 준수하여야 하는 국제회계기준과 일반적으로 인정된 회계원칙의 설정, 재무제표의 적합여부를 검토하기 위한 외부회계감사제도, 감사보고서의 적합여부를 검토하기 위한 회계감리제도 등이 있다. 한편 시장이 효율적이면 시장의 보이지 않는 손에 의해 경영자의 도덕적 해이 문제가 통제될 수 있고, 분식회계를 처벌하는 법률도 회계의 신뢰성 확보에 기여한다.

2) 내부이용자와 관리회계

경영자는 일상적으로 회계정보의 생산에 관여하는 권한을 가진 내부이용자(內部利用者, internal user)이다. 경영자의 합리적인 경영의사결정에 유용한 정보를 제공하는 관리회계(管理會計, managerial accounting)는 관리회계는 회계정보를 생산하는 권한을 가진 경영자에게 정보를 제공하여 주는 것이기 때문에 정보의 신뢰성이 문제되지 않는다. 따라서 재무회계와는 달리 관리회계에서는 정보의 목적접합성만을 강조한다. 관리회계는 회계규제를 받지 않고, 경영자들이 필요로 하는 정보를 적절한 형식으로 제공하게 된다.

[표 1-1] 재무회계와 관리회계의 비교

구 분	재무회계	관리회계
정보이용자	외부이용자	내부이용자(경영자)
기능	사회적 자원배분의 효율성	특정 실체 자원배분의 효율성
회계 규제	일반적으로 인정된 회계원칙	없음
기본 보고수단	재무제표(일반목적보고서)	없음(특수목적보고서)
정보의 속성	목적적합성과 신뢰성	목적적합성
강제력	있음	없음
보고시점	보통 1년 단위(또는 반기, 분기)	일, 월, 분기, 반기 등 수시

2. 자원의 합리적 배분과 회계

회계는 기업이 보유하고 있는 경제적 자원의 합리적 배분과 사회적 자원의 합리적 배분에 영향을 미친다. 회계정보는 내·외부의사결정에 영향을 미치기 때문이다.

가. 기업활동과 회계정보 및 의사결정의 상호작용

회계는 회계시스템을 통해 기업활동의 내용과 그 결과를 체계적으로 정리하여 내 · 외부이용자에게 전달한다. 외부이용자 중 기업의 주주인 투자자와 기업에 대한 채권자는 전달받은 재무회계정보와 산업 및 경제 요인을 기초로 투자의사결정과 신용의사결정을 한다. 투자자의 투자의사결정(投資意思決定, investment decision)은 주식을 취득하여 지분에 참가할 것인지, 보유하고 있는 지분을 처분할 것인지, 계속 보유할 것인지 등을 판단하기 위한 것이고, 채권자의 신용의사결정(信用意思決定, credit decision)은 어떠한 조건으로 기업에 신용을 제공할 것인지, 제공한 신용의 조건을 재조정할 것인지, 계속 제공할 것인지, 회수할 것인지 등을 결정하는 것이다.

이러한 외부이용자의 투자의사결정과 신용의사결정은 경영자의 자본조달에 영향을 미치게 된다. 경우에 따라 경영자는 투자자와 채권자를 만족시키고 외부자금을 원활하게 조달하기 위해 경영전략을 변경하고, 투자자와 채권자는 이에 따라 투자 및 신용의사결정을 변경하기도 한다. 따라서 외부이용자의 의사결정과 경영의사결정은 서로 영향을 주고받는 상호작용 관계를 갖는다.

경영의사결정(經營意思決定, management decision)은 기업이 보유하고 있는 경제적 자원의 합리적 배분에 관한 것이므로, 기업활동은 경영의사결정 따라 달라진다. 경영의사결정을 위한 기초적인 정보는 경영자에게 전달되는 관리회계정보이지만, 경영자는 외부의사결정과 산업 및 경제 요인도 종합적으로 고려하여 의사결정을 한다. 따라서 재무회계와 관리회계 정보는 모두 기업이 보유한 자원의 합리적 배분에 영향을 미치게 된다.

나. 회계의 사회적 기능

회계는 사회적 자원의 합리적 배분과 사회적 비용의 축소라는 사회적 기능(社會的機能, social function)을 수행한다. 이 기능은 주로 재무회계가 담당하고 있다.

투자자와 채권자는 전달받은 재무회계정보를 통해 지분투자와 신용제공 대상 기업을 결정한다. 이로 인해 자원을 효율적으로 활용하여 기업가치를 높인 우량기업에는 사회적 자원이 많이 배분된다. 장기적으로 보면, 외부이용자에게 전달되는 재무회계정보로 인해 사회에는 투자자와 채권자를 만족시킬 수 있는 기업만이 생존하게 된다.

재무회계는 사회적 비용을 줄이는 기능도 있다. 투자자와 채권자가 의사결정을 하기 위해서는 기업에 관한 정보가 필요하다. 만약 재무회계정보가 제공되지 않는다면, 그들은 사적으로 정보를 입수하기 위한 노력을 할 것이다. 수많은 투자자와 채권자의 사적 정보탐색비용의 합은 매우 크다. 재무회계를 통해 제공되는 규제화된 재무회계정보의 제공은 사적 정보탐색비용을 축소시킬 수 있다. 따라서 재무회계정보의 양과 질이 충분할수록 사적 정보탐색비용은 줄어들어 사회적 비용이 낮아진다.

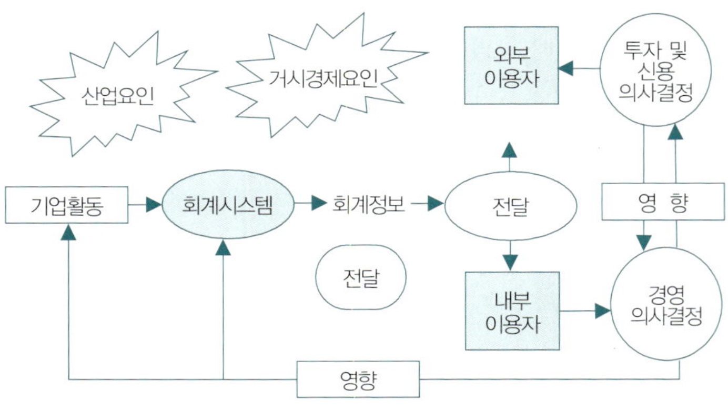

[그림 1-1] 기업활동과 회계정보 및 의사결정의 상호작용

3. 재무보고에 대한 수요와 공급

가. 재무보고와 재무제표

의미론적으로 보면 재무회계(財務會計, financial accounting)는 외부이용자가 합리적인 의사결정을 하는 데 유용한 정보의 산출과정을 의미하고, 재무보고(財務報告, financial reporting)는 그러한 정보의 전달 내지 보고를 의미한다. 그러나 정보의 산출과 보고는 서로 연계되어 있으므로 이용자 입장에서 보면, 재무보고와 재무회계는 동일한 의미가 된다. 재무보고는 기업실체의 회계시스템에 근거한 재무제표에 의해 주로 이루어지지만, 그 외의 수단에 의해서도 재무정보가 제공될 수 있다.

가장 핵심적인 재무보고 수단인 재무제표(財務諸表, financial statements; F/S)는 기업실체의 경제적 자원과 의무, 그리고 자본과 이들의 변동에 관한 정보를 제공한다. F/S의 필수요소는 재무상태표, 포괄손익계산서, 자본변동표, 현금흐름표와 주석이다[2]. F/S가 제공하는 정보를 이해하는 데 필수적인 요소인 주석에는 자산과 부채에 대한 대체적 측정치, 중요한 회계정책, 기업에 영향을 미치는 위험과 불확실성, 재무상태표에 인식되지 않은 의무인 우발상황 등에 대한 정보 등이 포함된다. F/S에는 보충정보도 포함된다. 보충정보는 F/S 필수요소에 관한 추가적이고 보충적인 정보를 제공하는 부속명세서 등의 보고서나 설명자료를 의미한다.

F/S에는 보조정보가 포함될 수 있다. 보조정보는 F/S에 기초하거나 F/S로부터 도출되는 정보라는 점에서 보충정보와 구별된다. 보조정보는 F/S의 유용성이나 이해가능성을 제고하기 위해 제공된다. 보조정보는 F/S와 함께 이용할 때 유용성을 가진다. 보조정보의 예로는 산업이나 지역에 따른 부문별 재무정보, 매장광물과 같이 재무상태표에 인식되지 않은 자원에 대한 정보, 가격변동의 영향에 관한 정보가 있다.

---

2. F/S의 명칭은 전달하고자 하는 회계정보의 성격을 충실히 나타내야 하며 관련 법규와의 상충이 없는 경우에는 대차대조표나 재무상태보고서, 경영성과보고서, 자본변동보고서나 소유주지분변동보고서, 현금흐름보고서 등의 대체적인 명칭을 사용할 수 있다.

[표 1-2] 재무보고 수단

<table>
<tr><th colspan="5">합리적 의사결정에 유용한 정보</th></tr>
<tr><th colspan="4">재무보고</th><th>기타 정보</th></tr>
<tr><th colspan="3">광의의 재무제표</th><th>기타재무보고</th><td rowspan="4">산업이나 경제
관련 보고서, 뉴스
등</td></tr>
<tr><th colspan="2">재무제표</th><th>보조정보</th><td rowspan="3">주주에 대한
경영자
서한이나
분석보고서</td></tr>
<tr><th>필수요소</th><th>보충정보</th><td rowspan="2">재무제표에
기초하거나
재무제표에서
도출되는 정보</td></tr>
<tr><td>재무상태표
손익계산서
현금흐름표
자본변동표
주석</td><td>재무제표
필수요소에 관한
추가적, 보충적
정보</td></tr>
</table>

기타재무보고에는 이사회보고서, 주주에 대한 이사회 의장의 서한, 경영진 검토 분석자료 등이 있다. 기타재무보고는 재무제표에 포함되지 않는다는 점에서 보조정보와 차이가 있다. 기타재무보고는 관습이나 경영자의 자발적 판단, 이해관계자의 요구에 의한 것이므로 그 형식과 내용이 통일되어 있지 않다. 기타재무보고에는 일반적으로 산업이나 경제 상황에 대한 정보와 경영예측, 기업의 사회적·환경적 영향에 대한 설명 등의 비재무적 정보가 포함된다.

합리적 의사결정을 위해서는 재무보고에서 제공하는 정보가 중요하지만, 그 정보의 의미를 보다 잘 해석하기 위해서는 기업과 산업 및 경제 동향에 관한 각종 양적·질적 정보도 필요하다. 이러한 정보는 기업이나 산업 및 경제 관련 보고서나 뉴스 등을 통해 제공되는 것으로 재무회계와 보고의 대상이 아니다.

나. 수요측면의 특성과 그 영향

재무회계는 다양한 외부정보이용자들의 의사결정에 유용한 정보를 생산해서 전달하는 회계이다. 재무회계정보에 대한 수요환경은 외부정보이용자의 정보욕구가 다양하면서 상충되는 일면이 있고, 회계에 대한 전문적인 지식과 경험을 가진 정보중개기관이 다양한 재무회계정보를 요구하고 있다는 것이 특징이다.

1) 정보욕구의 다양성

재무회계정보는 투자자, 채권자(구매거래처 포함), 경영자, 정부, 종업원, 소비자, 정보중개기관 등 매우 다양한 정보이용자들의 의사결정에 사용된다. 이들 회계정보 이용자들은 경제적 이해관계가 다르기 때문에 요구하는 정보내용 또한 매우 다양하고, 경우에 따라서는 회계정보의 공시와 관련해서 이해관계의 충돌이 생기기도 한다. 여기서는 다양한 정보욕구와 이해관계의 충돌문제에 재무회계가 어떻게 대응하는가를 살펴보기로 한다.

가) 정보욕구의 다양성과 이해관계의 상충

회계정보이용자집단은 기업에 대한 이해관계의 정도에 따라 직접이용자(直接利用者, direct users)와 간접이용자(間接利用者, indirect users)로 나눌 수 있다. 회계정보의 직접이용자와 간접이용자들의 경제적 이해관계에 따른 정보욕구는 [표 1-3]에 나타나 있다.

정보이용자들은 경제적 이해관계에 따라 자신의 이익을 추구하기 위한 노력을 하기 때문에 정보이용자들 사이에 경제적 이해관계의 충돌이 생겨 당사자 간에 갈등이 있을 뿐만 아니라 사회적으로도 문제가 발생할 수 있다. 예를 들어 회계이익을 증가시키는 방향으로 회계선택을 함으로써 주주에게 배당을 많이 하게 되면, 기존의 채권자에 대한 원리금이나 종업원에 대한 급료와 복지후생에 필요한 자금이 부족해질 수 있고, 경우에 따라서는 생산물의 가격을 인상함으로써 소비자의 권익이 침해될 수 있다.

이러한 이해관계의 상충은 회계정보의 공시내용과 공시시기에 대한 선호에 차이를 보이게 된다. 왜냐 하면 각 정보이용자집단은 자기에게 불리한 정보의 공시를 반대할 것이기 때문이다. 예를 들어 부실채권을 많이 가진 은행의 경영자와 대주주들은 그에 대한 정보가 신속하게 공시되는 데 반대할 가능성이 있다. 왜냐 하면 그러한 정보의 공시는 은행의 신용도를 악화시키고 그 결과로 은행에 예치된 예금의 인출을 촉진시킴으로써 은행의 경영을 어렵게 하고 수익성을 악화시킬 것이기 때문이다. 그러나 예금주와 잠재적 투자자들은 자신의 피해를 사전에 예방하기 위해서 은행의 부실채권에 관한 정보가 신속하게 공시되길 원할 것이다.

[표 1-3] 회계정보이용자 집단과 정보욕구

회계정보이용자 집단		정보욕구
직 접 이용자	투자자(현재 및 잠재적 주주, 증권분석가 등)	기업의 투자전망 평가 소유지분의 취득, 보유 또는 처분 경영자 수탁책임 평가
	채권자(현재 및 잠재적 채권자, 신용분석가, 구매거래처 등)	신용조건 결정 거래관계의 확대, 유지, 또는 축소 경영자 수탁책임 평가
	경영자	자금조달의 필요성 분석 과거 의사결정의 평가 배당정책의 수립 미래의 재무상태와 이익의 예측 기업 구조조정 및 파산, 또는 정리 결정
	세무서	세무신고서의 검토, 세액과 벌금의 결정 세무조사와 심사청구
	종업원(노동조합 포함)	임금협상 및 퇴직금 결정 기업의 재무상태, 업계의 전망 평가
	고 객	가격변동의 예상 거래관계의 확대, 유지, 또는 축소
간 접 이용자	증권거래소	유가증권의 상장, 폐지, 거래정지의 결정 회계실무의 개선 또는 공시정보의 양과 질 평가
	변호사	법률이나 계약조건 이행 여부의 판단 이익배당의 합법성 검토
	정부규제기관	이익률의 적정성 평가 가격이나 요금의 인상이나 인하의 허용 회계실무와 공시실무의 개선
	언론기관	기사작성을 위한 분석과 정리
	경제단체	업종별 통계의 수집과 비교분석 기업과 경제단체의 이익도모

자료원: APB Statement No.4, parts. 43-45 일부수정

나) 대응방안

다양한 정보이용자집단의 다양한 정보욕구에 대한 대응방안으로는 정보이용자의 개별적인 정보욕구를 충족시킬 수 있는 모든 정보를 개별적으로 제공하는 방법, 공통된 정보욕구를 찾아 거기에 적합한 정보를 일괄적으로 제공하는 방법, 주된 정보이용자의 정보욕구를 중심으로 하는 방법이 있다.

정보이용자의 개별적인 특유의 정보욕구를 충족시키기 위해 개별목적재무보고

서를 제공하는 방법은 정보이용자의 정보욕구를 가장 잘 충족시킬 수 있다는 장점이 있다. 그러나 정보이용자의 개별적 정보욕구를 확정하고 그에 적합한 회계시스템을 만들어 정보를 제공하는 경우에는 정보이용자의 개별적 정보욕구를 구체화하기 어렵다는 점 외에도 기업의 회계비용이 많이 발생하게 된다는 문제가 있다. 회계정보는 경제재(economic goods)의 성격을 가지고 있기 때문에 정보이용자가 필요한 회계정보를 얻기 위한 대가를 지불한다면 기업은 추가적으로 발생되는 회계비용을 부담할 수가 있다. 그러나 현실은 회계정보가 아무런 대가 없이 정보이용자에게 제공되고 있으며, 회계정보에 대한 무임승차문제가 발생된다. 따라서 원가·효익관계에서 보면 기업에서 개별목적재무보고(個別目的財務報告, specific purpose financial reporting)를 요구하는 것은 비현실적이다.

개별목적재무보고가 갖는 비용상의 문제를 해소시키기 위한 것이 일반목적재무보고(一般目的財務報告, general purpose financial reporting)이다. 일반목적재무보고는 재무제표(財務諸表, financial statements)라는 하나의 재무보고서를 통해 여러 정보이용자의 정보욕구를 충족시키려는 것이다. 일반목적재무보고에서는 재무제표로 전달할 정보내용을 결정해야 하는 문제가 있다. 이 문제를 해결하기 위한 방법으로는 공통정보접근법과 주요이용자접근법이 있다.

공통정보접근법은 정보이용자들의 정보욕구를 최대공약수로 집약하는 정보를 재무제표를 통해 전달하는 방법이다. 이 접근법은 정보이용자들의 이해관계가 충돌 될 때 재무제표가 조정의 역할을 할 수도 있다는 장점이 있다. 문제는 정보이용자들의 공통된 정보욕구를 구체화하는 것이다. 정보이용자의 정보욕구에 동질성이 많다면 문제가 되지 않지만, 서로의 정보욕구가 충돌되고 이질적일 때는 공통된 정보욕구만을 충족시키는 회계정보는 어느 이용자집단의 정보욕구도 충족시키지 못할 가능성이 있다.

주요이용자접근법은 공통정보접근법의 문제를 해결하기 위한 것이다. 이 접근법은 주된 정보이용자의 정보욕구를 중심으로 해서 다른 정보이용자의 정보욕구를 보충하는 방법으로 재무제표를 작성하여 일반목적재무보고를 하는 방법이다. 여기서의 주된 정보이용자란 기업과 가장 밀접한 경제적 이해관계에 있는 정보이용자집단을 의미한다. 오늘날 재무보고에서는 기업에 자금을 제공하는 투자자와 채권자를 주된 이용자로 보고, 그들 집단의 투자와 신용 의사결정에 유용한 정보를 제공하고 있다. 투자위험을 감수하고 기업에 자본을 제공하는 투자자와 채권자의 정보수요를 충족시키기 위해 제공되는 정보는 그 밖의 이용자의 정보수요도 상당부분 충족시킬 것이기 때문에 일반목적재무보고라 할 수 있다.

2) 정보중개기관의 역할 증대

정보중개기관(情報仲介機關, information intermediaries)은 재무정보를 수집하고 분석·해석해서 요약한 정보를 정보이용자에게 제공하는 역할을 한다. 정보중개기관에는 신용평가기관, 투자자문회사, 증권회사 등이 포함된다. 오늘날 기업 경영과 관련된 회계에 대한 전문지식이 부족한 정보이용자들은 이러한 정보중개기관이 제공하는 정보에 의존해서 의사결정을 하는 것이 일반적이다. 따라서 개별 정보이용자는 재무회계정보를 의사결정에 직접 이용하지 않고, 정보중개기관이 가공해준 2차적 정보를 이용함으로써 간접적으로 재무회계정보를 제공받게 된다.

정보중개기관은 전문적인 재무분석가로서 정보와 관련해서 다음의 세 가지 활동을 하는 것이 보통이다.

❶ 사적 정보 탐색: 공식적으로 얻을 수 없는 정보의 수집

❷ 예측: 수집된 공식적 비공식적 정보를 정리·분석·해석해서 미래를 예측

❸ 사후적 평가: 발생된 사건이나 결과를 사후적으로 해석

정보중개기관은 재무보고와 상호보완적인 측면도 있고, 경쟁되는 측면도 있다. 공개되는 재무보고는 정보중개기관이 예측을 할 때 투입되는 중요한 정보원(information sources)이 되고, 재무보고를 보충해주는 정보를 정보중개기관에 제공한다는 점에서는 정보중개기관과 재무보고는 상호보완적인 관계를 갖는다. 그러나 정보중개기관이 제공하는 정보가 재무보고가 제공하는 공식적 정보보다 이용자의 의사결정에 더 유용하다면 재무보고에 대한 수요는 줄어들게 된다. 이점에서 보면, 양자는 서로 경쟁하는 입장이다.

전문적인 정보 분석 능력을 가진 정보중개기관이 재무회계와 보고에 미치는 영향은 다음과 같다.

첫째, 정보이용자의 구체적인 정보욕구와 내용을 파악하기 어려운 상황에서 정

보중개기관이 요구하는 정보는 재무회계정보의 생산과 전달을 결정할 때 좋은 기준이 될 수 있다.

둘째, 전문적인 정보분석 능력을 가진 정보중개기관의 역할을 중요시하기 때문에 이해가능성과 목적적합성이 상충될 경우 목적적합성을 우선시 할 수 있다.

셋째, 전문적인 분석능력을 갖춘 분석가들이 전문가로써의 판단에 따라 재무정보를 취사선택할 수 있도록 하기 위해 완전공시의 원칙이 재무보고에서 중요한 의미를 가지게 된다. 부문별 재무보고, 경영자의 예측에 관한 정보 공시, 주석이나 부속명세서 등의 보조정보 양의 확대, 적시성 있는 정보를 제공하기 위한 분기별 보고는 전문적인 판단능력을 갖춘 정보이용자가 전제될 때 가능하다.

다. 공급측면의 특성과 그 영향

기업의 경영자는 회계정보를 제공하는 주체이다. 경영자는 제공하는 정보의 산출방법과 공시내용 및 시기에 대해 재량권을 발휘할 수 있다. 회계정보 공급의 주체인 경영자들은 자발적으로 재무보고를 하려는 동기와 함께 회계상의 재량권을 이용해서 자신에게 유리한 방법으로 회계조정을 하려는 유인도 가지고 있다. 여기서는 경영자들이 자발적으로 재무회계정보를 산출하여 보고하려는 동기를 가지는 이유와 회계정보를 조정하려는 유인 및 이에 대한 규제제도를 살펴보기로 한다.

1) 경영자의 자발적 재무보고 동기

경영자는 다음과 같은 이유로 인해 자발적으로 회계정보를 생산해서 보고할 유인을 가지게 된다.

첫째, 경영자는 자본시장에서 자금조달을 원활하게하기 위해서 회계정보를 자발적으로 공시하려고 한다. 경영자가 자본을 원활하게 조달하기 위해서는 자본시장에서 기업가치를 높게 평가받아야 한다. 기업의 가치는 미래순현금흐름을 그 흐름에 수반된 위험으로 할인한 순현재가치로 평가된다. 그런데 할인율에 영향을 미치는 위험은 그 기업의 경제적 현상에 관한 불확실성과 정의 관계에 있다. 자본시장에 참가하고 있는 투자자들이 느끼는 그 기업에 관한 불확실성을 줄여줄 수 있는 충분한 양(量)과 질(質)의 정보제공은 결국 그 기업에 대한 시장평가를 높이는 효과를 가져 오기 때문에 경영자는 충분한 양과 질의 회계정보를 제공할 유인(誘引, incentive)을 가지게 된다.

둘째, 경영자는 주주와 채권자에 대한 대리관계 문제를 해결하기 위해서 자발적으로 회계정보를 제공하게 된다. 기업의 규모가 커지고 경영환경이 복잡해지면, 소유주가 직접 경영활동을 하기보다는 전문경영인에게 경영을 위탁하는 현상, 즉 소유와 경영이 분리되는 현상이 생긴다. 이 때 전문경영인은 주주에 대한 대리인(代理人, agent)의 역할을 하게 된다. 대리인인 경영자가 경영권을 유지하기 위해서는 주주로부터의 신임이 필수적인데, 주주가 경영자를 평가하기 위해서는 경영자의 수탁책임(受託責任, stewardship)의 이행에 관한 정보를 필요로 한다. 경영자가 그러한 정보를 제공하지 않으면 주주들이 경영자를 불신하고 경영자에게 불이익을 줄 것이기 때문에 경영자는 자신의 이익을 보호하기 위해서 수탁책임의 평가에 필요한 회계정보를 자발적으로 제공하게 된다.

이러한 설명은 경영자와 채권자의 관계에서도 성립된다. 채권자가 기업에 돈을 대여한다는 것은 채권자가 가지고 있던 경제적 자원에 대한 통제권을 경영자에게 위임한다는 것으로 해석할 수 있다. 따라서 경영자는 채권자의 이익을 보호해야 할 대리인의 지위에 있게 된다. 경영자가 계속해서 자금을 차입하기 위해서는 채권자로부터의 신임이 필수적인데, 채권자는 기업의 지급능력을 평가함으로써 경영자의 수탁책임의 이행 여부를 평가하게 된다. 만약, 경영자가 기업의 지급능력의 평가에 필요한 정보를 제공하지 않으면 채권자는 대출을 거부하거나 대출조건을 강화함으로써 경영자에게 불이익을 주게 된다. 따라서 경영자는 자신의 이익을 위해서 기업의 지급능력을 평가하는 데 필요한 회계정보를 자발적으로 공시하게 된다.

셋째, 회계정보는 다수 정보이용자의 합리적 의사결정을 위해 사용이 된다. 만약 회계정보를 생산해서 일반에게 공개하게 되면 개개인이 합리적 의사결정을 하고, 그 결과 기업 전체의 효율적 자원배분을 달성할 수 있다. 효율적 자원배분이라는 공익의 증진에 도움이 되는 회계정보를 경영자가 자발적으로 공시하지 않게 되면 공익차원에서 정부가 회계정보의 공시를 강요하게 된다. 따라서 정부의 강요, 즉 규제(regulation)를 회피하기 위해서 경영자는 회계정보를 자발적으로 공시할 가능성이 있다.

2) 경영자의 재무보고에 대한 합리적 기대

경영자가 가진 자발적 재무보고 동기는 경영자 행동에 대한 합리적 기대가 존재하는 상황에서 경영자 자신의 이익을 극대화 하려는 행동에서 기인한다. 이 때문에 사실에 입각하여 진실되게 공시하면 자기에게 불리한 영향이 올 것으로 예상되는 경우, 경영자는 회계정보를 공시하지 않거나 공시하는 회계정보를 조작하는 기회주의적 행위를 하려는 유인을 가지게 된다. 이러한 기회주의적 행위를 도덕적 해이(道德的 解弛, moral hazard)라고도 한다. 도덕적 해이는 자신의 이익을 극대화하기 위한 일종의 모험이다. 기회주의적 행위가 밝혀질 경우에 입게 될 손해를 감수하여야만 그러한 행동이 가능하기 때문이다.

경영자의 도덕적 해이가 사회적으로 중요한 문제가 된다면 이를 통제하기 위한 장치를 마련할 필요가 있다. 그러한 장치 중의 하나가 회계정보의 공시에 대한 규제이다. 회계에 대한 규제의 필요성이 최초로 제기된 것은 세계 대공황 이후이다. 그 당시 미국에서는 경영자의 회계부정을 방지하기 위해서 회계규제가 필요하다는 여론이 강하게 제기되었다.

3) 재무보고에 대한 규제와 원가-효익의 관계

재무회계정보의 공시는 투자자, 채권자, 종업원, 소비자, 공급업자 등 기업의 다양한 이해관계자들에게 기업에 관한 정보를 전달함으로써 기업가치를 평가하고 기업과 관련된 의사결정을 도와주는 정보를 제공하는 제도이다. 재무회계정보는 기업이라는 생산물(재화나 용역)시장의 배후에 존재하는 가장 체계적인 정보이다. 재무회계정보를 적시에 공정하고 완전하게 계속적으로 제공하게 되면, 다수 이해관계자들이 합리적인 의사결정을 할 수 있기 때문에 사회 전체적으로도 이익이 된다. 양질의 재무회계정보는 이해관계자들로 하여금 자본시장의 공정성에 대하여 신뢰를 갖게 할 뿐만 아니라 사회적으로 바람직한 방향으로 자원의 효율적인 배분을 가능하게 한다. 그런데 재무회계정보의 공시를 경영자에게 일임하게 되면, 경영자의 도덕적 해이 현상이 나타날 가능성이 있다. 그래서 오늘날에는 공익차원에서 재무회계에 대한 규제를 한다.

재무보고에 대한 규제에서는 원가와 효익의 관계를 고려하여 규제의 강도를 결정해야 한다. 규제를 통해 얻게 되는 사회적 자원배분의 효율성 증가보다 규제에 따른 원가가 더 커다면 사회적 후생이 악화되기 때문이다. 우리나라는 주권상장법인의 회계처리에는 한국채택국제회계기준(K-IFRS)를 적용하고, '주식회사의 외부감사에 관한 법률'의 적용대상기업 중 K-IFRS에 따라 회계처리하지 아니하는 기업의 회계처리에는 '일반기업회계기준'을 적용할 것을 요구하고 있다. K-IFRS는 국제회계기준위원회가 제정한 국제적으로 통용되는 회계기준이고, '일반기업회계기준'은 한국회계기준원의 회계기준위원회가 제정한 회계기준이다. '일반기업회계기준'은 K- IFRS를 참고하지만, 기업의 회계부담을 경감하기 위해 크게 단순화되어 있다.

주권상장법인은 증권시장에 상장된 주권을 발행한 법인이나, 주권과 관련된 증권예탁증권이 증권시장에 상장된 경우 그 주권을 발행한 법인을 의미한다. 주권상장법인이나 다음 사업연도까지 주권상장법인이 되려는 회사는 '주식회사의 외부감사에 관한 법률'에 따라 외부의 감사인에 의한 회계감사를 받아야 하는 외부감사의 대상이 된다. '주식회사의 외부감사에 관한 법률'에서 규정한 외부감사의 대상은 다음과 같다(시행령 제2조 ①).

❶ 직전 사업연도 말의 자산총액이 100억원 이상인 주식회사(그 주식회사가 분할하거나 다른 회사와 합병하여 새로운 회사를 설립한 경우에는 설립시의 자산총액이 100억원 이상인 주식회사를 말한다)

❷ 주권상장법인과 해당 사업연도 또는 다음 사업연도 중에 주권상장법인이 되려는 주식회사

❸ 직전 사업연도 말의 부채총액이 70억원 이상이고 자산총액이 70억원 이상인 주식회사(그 주식회사가 분할하거나 다른 회사와 합병하여 새로운 회사를 설립한 경우에는 설립 시의 부채총액이 70억원 이상이고 자산총액이 70억원 이상인 주식회사를 말한다)

❹ 직전 사업연도 말의 종업원수가 300명 이상이고 자산총액이 70억원 이상인 주식회사(그 주식회사가 분할하거나 다른 회사와 합병하여 새로운 회사를 설립한 경우에는 설립 시의 종업원수가 300명 이상이고 자산총액이 70억원 이상인 주식회사를 말한다)

4. 국제회계기준과 GAAP

가. 의의

국제회계기준은 국제회계기준위원회(國際會計基準委員會, International Accounting Standards Board; IASB)가 제정한 회계기준을 의미한다. 국제회계기준은 자본시장의 세계화 추세에 따라 전세계적으로 단일기준으로 작성된 신뢰성 있는 재무정보의 요구가 증대된 상황에서 이에 부응하기 위해 제정된 것이다. IASB의 지향점은 국제적으로 통일된 고품질의 회계기준의 제정이다.

우리나라의 주권상장법인과 대부분의 금융기관은 2011년부터 국제회계기준을 의무적으로 적용하여야 한다. 국제회계기준의 도입이 필요한 이유는 다음과 같다.

첫째, 전세계적으로 국제회계기준을 도입하거나 수용하는 추세이다. 자본시장이 글로벌화됨에 따라 국제적으로 통일된 회계처리기준에 대한 요구가 크게 증가하였다. 유럽연합(EU)이 2005년에 IASB의 국제회계기준을 도입(adopt)한 이후 모든 주요 국가들이 도입하거나 수용하고 있다. 즉 중국은 사실상 수용하고 있고, 일본은 2009년부터 공개기업의 연결재무제표에 국제회계기준의 적용을 허용하고, 미국은 2007년부터 외국기업이 국제회계기준을 적용하는 것을 허용하고 있다. 그리고 2009년 9월에 미국 피츠버그에서 개최된 G20정상회의(the Group of 20 Leaders)에서도 국제회계기준을 지지하였다.

둘째, 우리나라 회계투명성에 대한 신뢰도 제고에 도움이 된다. 1997년 외환위기 이후 정부는 기업회계 선진화를 위해 회계감독을 강화하고 제도개선을 지속적으로 실시하여 왔으나 기업의 재무상태와 영업성과를 나타내는 기초언어인 회계처리기준이 국제회계기준과 달라 외국인 등이 한국기업의 회계에 대하여 신뢰하지 못하는 한 원인이 되어 왔다. 국제회계기준을 전면 도입하면 회계의 신뢰도를 높일 수 있다.

셋째, 글로벌 기업들의 회계장부 이중작성 부담을 경감할 수 있다. 국내기업이 해외증시에 상장할 경우 해당국가의 회계처리기준을 적용하여 재무제표를 다시 작성하고 외부감사도 받게 되므로 해당 기업은 추가 부담이 발생하나, 국제회계기준 도입시 국내법규에 의한 재무제표를 국제자본시장에서 그대로 사용할 수 있게 되어 이중으로 회계장부를 작성하는 부담이 없어진다.

나. 국제회계기준과 한국채택국제회계기준

1) 국제회계기준의 제정기관

현재 국제회계기준을 제정하는 기관은 IASB이다. IASB의 전신은 유럽을 중심으로 한 각국의 공인회계사회가 1973년에 공동 설립한 국제회계기준위원회(International Accounting Standards Committee; IASC)이다. IASC는 2001년에 IASB로 조직을 개편하여 국제적으로 적용되는 하나의 회계기준(a single set of global accounting standards)을 제정하고 있다. 2001년에는 IASB에 대한 감시와 지원을 위해 비영리목적의 IASC재단(IASC Foundation; IASCF)을 설립하여 지배구조를 합리화하였다. IASCF는 2010년 7월 1일에 IFRS재단(IFRS財團, IFRS Foundation; IFRSF)으로 명칭을 변경하였다.

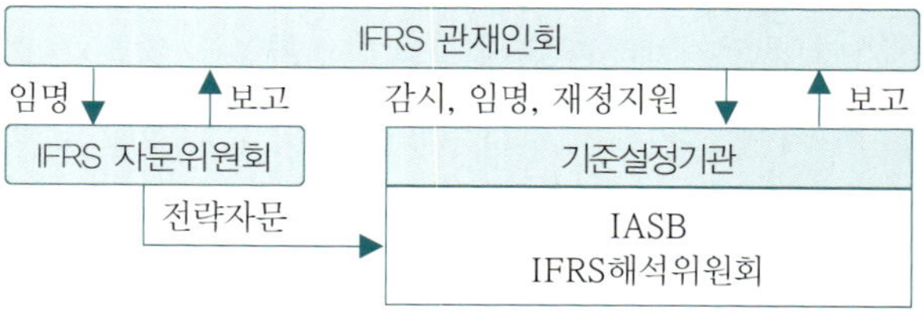

[그림 1-2] IASB의 지배구조

IFRSF와 기준설정기관(基準設定機關, standard-setting body)에 대한 최상위 지배구조에는 IFRSF 관재인회(IFRSF管財人會, Trustees of the IFRS foundation)가 있다. IFRSF 관재인회의 핵심임무는 기준설정기관의 독립성의 확보와 재정지원이다. IFRSF관재인회는 22명으로 구성되는데, 지역별로 안배하도록 되어 있다. 아시아/오세아니아와 유럽, 북미에서 각각 6명, 아프리카와 남미에서 각각 1명, 기타 지역에서 2명을 선임해야 한다. IFRSF의 기준설정기관에는 IASB와 IFRS해석위원회(IFRS解釋委員會, IFRS Interpretations Committee; IFRSIC)가 있다. 기준설정기관과 IFRS관재인회에 대한 공식적인 자문기관은 IFRS자문위원회(IFRS諮問委員會, IFRS Advisory Council)이다. IFRS자문위원회는 국제회계기준설정에 이해관계를 가진 재무제표 작성자, 이용자, 재무분석가, 회계학자, 회계감사인, 규제기관, 공인회계사협회, 투자자협회 등 광범위한 영역의 대표로 구성되는데, 위원은 IFRS관재인회에서 임명한다.

2) 국제회계기준의 구성

국제회계기준은 국제회계기준서와 국제회계기준해석서로 구성되어 있다. 현재 국제회계기준서는 IASB가 제정한 9개의 국제재무보고기준서(國際財務報告基準書, international financial reporting standards; IFRS)와 IASB의 전신인 IASC가 제정한 29개의 국제회계기준서(international accounting standards; IAS)로 구성되어 있다. 장차 IAS는 모두 IFRS로 대체되지만, 현재는 IFRS와 IAS가 국제회계기준서로 공존하고 있다.

국제회계기준서는 원칙적으로 목적, 적용범위, 회계처리방법, 공시, 부록 등으로 구성된다. 국제회계기준서의 부록은 용어의 정의, 적용보충기준 등으로 구성된다. 부록은 국제회계기준서의 일부를 구성하지는 않지만 국제회계기준서를 적용함에 있어 편의를 제공하기 위한 실무지침으로서 서문, 결론도출근거, 적용사례, 실무적용지침 등이 제공된다.

현재 국제회계기준해석서는 IFRSIC에서 제정하여 IASB가 승인한 16개의 IFRSIC해석서(IFRSIC解釋書, IFRSIC Interpretations)[3]와 SIC(Standing Interpretations Committee)에서 만들어 IASB가 승인한 SIC해석서[4] 11개로 구성되어 있다. 국제회계기준해석서는 국제회계기준서에서 명시적으로 언급되지 않은 새롭게 인식된 재무보고 문제와 구체적인 지침이 없다면 잘못 적용될 수 있는 내용에 대한 권위 있는 지침을 제공하기 위한 것이다.

이처럼 국제회계기준은 여러 가지 명칭의 기준서와 해석서로 구성되어 있는데, 이 모두를 통칭할 때는 IFRS 또는 국제회계기준이라고 한다.

---

3. 2002년에 International Financial Reporting Interpretations Committee(IFRIC)는 IFRSIC로 개명하였다. 따라서 IFRIC해석서와 IFRSIC해석서는 동일하다.
4. IASC와 함께 존재한 조직이 SIC이다. SIC는 IAS에 대한 해석서인 SIC해석서를 발표하였다. 현재는 IFRSIC로 대체되었다.

3) 한국채택국제회계기준

한국채택국제회계기준(韓國採擇國際會計基準, Korean International Financial Reporting Standards; K-IFRS)은 한국법 체계상 효력을 갖추기 위해 법적 권위 있는 기관인 한국회계기준위원회(韓國會計基準委員會, KASB)가 공식 절차를 거쳐 한국에서 적용되는 회계기준으로 채택된 국제회계기준을 의미한다[5]. K-IFRS는 국제회계기준을 번역할 때 직역(word for word)을 원칙으로 하고, 언어구조상 직역으로는 의미전달이 곤란한 특별한 경우에는 그 문장의 의미를 전달할 수 있는 문장 단위의 번역(sentence for sentence)을 가미한 것이다. 따라서 K-IFRS를 준수하는 것은 국제회계기준을 준수한 것과 동일하다[6].

K-IFRS는 IAS와 IFRS의 일련번호와 일관되게 부여되어 있다. 예를 들어 K-IFRS 제1018호는 IAS 18, 제1102호는 IFRS 2, 제2010호는 SIC 10, 제2115호는 IFRIC 15를 의미한다.

[표 1-4] 한국채택국제회계기준의 번호체계

구분	회계기준서		회계기준해석서	
IFRS	IAS	IFRS	SIC interpretation	IFRIC interpretation
K-IFRS	1001-1099	1101-1999	2001-2099	2101-2999

5. 우리나라는 2000년 1월에 개정된 '주식회사의 외부감사에 관한 법률'에서 금융감독위원회가 회계처리기준에 관한 업무를 전문성을 갖춘 민간 법인 또는 단체에 위탁할 수 있다는 규정을 마련하고, 2000년 7월에 개정된 동법 시행령에서 회계기준제정에 관한 업무를 한국회계기준원에 위탁하면서, 회계처리기준에 관한 사항을 심의 의결하기 위하여 한국회계기준원에 관계 전문가로 구성되는 위원회(한국회계기준위원회)를 두도록 하였다. 즉 현재 우리나라는 정부기관인 금융감독위원회가 회계기준제정에 관한 법적인 권한을 가지면서, 그 권한은 민간기구인 한국회계기준원 산하의 한국회계기준위원회에 위탁되어 있다.

6. K-IFRS의 적용대상, 적용시기 등과 같이 IFRS 채택국가의 최초채택시의 개별적 상황 등과 관련되어 불가피하여 IFRS에 추가한 문단은 관련된 IFRS 문단번호에 '한'이라는 접두어를 붙여 구분표시하고, 우리나라에 불필요한 경과규정 등 특정문단을 삭제한 경우 K-IFRS 문단번호 옆에 [한국회계기준원 회계기준위원회가 삭제함]이라고 표시하고, 국제회계기준위원회 자체에서 삭제한 문단은 [국제회계기준위원회에 의하여 삭제됨]이라고 구분표시하고 있다.

다. 국제회계기준의 특징

국제회계기준의 특징은 다음과 같다.

첫째, 전세계의 이해관계자와 긴밀한 협조를 통해 제정된다. IFRS재단과 IASB의 목표는 공익을 위해 명확하게 유기적으로 연관되어 있는 원칙에 기초하여 국제적으로 인정된 재무보고기준(globally accepted financial reporting standards)을 개발하는 것이다. 이 목표를 달성하기 위해서는 국제회계기준이 고품질의 기준(high-quality standards)이면서, 이해가능하고, 수용가능해야 한다. 따라서 IASB는 기준설정과정에 세계 각국의 기준설정기관, 규제기관, 투자자, 감사인 등의 참여를 유도하고 있다.

둘째, 원칙중심기준(原則中心基準, principle-based standards)이다. 회계기준 설정을 위한 방법으로는 규정중심접근(規定中心接近, rule-based approach)과 원칙중심접근이 있다. 규정중심접근법은 거래나 사건의 법률관계 및 계약의 내용에 따라 개별 사안에 대한 구체적인 회계처리 방법과 절차를 세밀하게 규정하는 방법이다. 이 접근법에 따른 규정중심기준은 실무적용이 용이하지만, 기준설정을 복잡하게 하고 기준서의 자구해석에 집착하게 하여 재무보고의 질이 저하될 가능성이 있다. 미국 의회는 2000년 엔론 등 회계부정의 원인이 부분적으로 규정중심 회계시스템에 있다고 판단하고 증권거래위원회(SEC)에 원칙중심시스템 도입을 검토하도록 요구(Sarbanes-Oxley Act of 2002 Section 108(d))하였다.

원칙중심접근법은 상세하고 구체적인 회계처리 방법 제시보다는 회계담당자가 경제적 실질에 기초하여 합리적으로 회계처리할 수 있도록 개념체계와 합치되는 핵심원칙(core principles)과 방법론만을 제시하는 방법이다. 원칙중심접근법에서는 예외규정이 없고, 기준서간에 불일치가 없고, 실무지침은 최소한으로 제한된다. 이 접근법에 의한 원칙중심회계기준을 적용할 경우에는 전문적 판단이 필수적이다. 경영자와 감사인은 핵심원칙에 입각하여 적합한 회계처리방법을 결정하고, 선택한 방법과 그 이유를 공시하여야 한다.

SEC는 2003년 7월 국회에 제출한 보고서에서 두 시스템의 극단적인 형태를 지양하고 장점만을 고려한 목적중심기준(目的中心基準, objectives-oriented standards)의 도입이 바람직하다고 결론 내렸다. 목적중심접근은 적용범위를 명확하게 정의하고,

예외사항을 최소화하고, 외관상 판단기준의 사용을 억제하고, 충분한 실무지침을 제공하는 것이다. SEC는 목적중심 회계시스템 도입의 일환으로 IFRS와 기준합치(convergence)를 위한 노력을 지속하고 있다.

[표 1-5] 회계기준접근방법의 한계

규정중심회계기준	원칙중심회계기준
모든 활동에 대한 세부적인 규칙 제시 불가능 외관상 판단기준(bright-lines)으로 기술적 조작 양산 수많은 실무지침으로 복잡성과 불확실성 초래 다수의 예외사항 존재	전문적 판단에 지나치게 의존 불명확한 규정으로 소송 빈발 가능성 실무지침 부족, 실무적용 곤란

셋째, 연결실체에 관한 재무보고이다. 국제회계기준은 종속회사가 있는 경우 지배회사는 연결실체에 대한 재무제표를 작성하여 보고하여야 한다. 즉 국제회계기준에서 기본 재무제표는 연결재무제표를 의미한다.

넷째, 공정가치(公正價値, fair value)를 중시한다. 국제회계기준은 기업의 재무상태와 내재가치에 대한 의미 있는 정보를 제공할 목적으로 금융상품과 유·무형자산, 투자부동산 등에 공정가치 측정을 의무화하거나 선택 적용할 수 있도록 하고 있다.

다섯째, 공시가 강화되어 있다. 국제회계기준은 원칙중심접근법을 사용하기 때문에 전문적 판단이 많이 개입된다. 따라서 선택한 회계처리 방법, 근거뿐만 아니라 리스크 관리의 방법 및 평가결과 등 회사 내부의 비회계적 정보로까지 공시 의무가 확대되어 있다.

이러한 국제회계기준의 특징은 국제회계기준위원회(IASB)가 표방하고 있는 원칙중심의 국제회계기준을 제정 방침에 근거하고 있으며, 그 세부적인 내용은 다음과 같다.(IASB Chairman David Tweedie (2007)).

첫째, 회계기준의 복잡성을 줄이기 위해 기준내에서 예외 규정을 지양한다(No exceptions).

둘째, 회계기준내에서 목적과 핵심원칙(Core principles)을 명확하게 기술한다.

셋째, 회계기준서간 일관성을 유지한다(No inconsistencies among Standards).

넷째, 개념체계에 근거하여 규정한다(Tied to conceptual framework). 개념체계와 다른 규정을 포함하는 경우에는 결론도출근거에서 설명한다.

다섯째, 규정에 대한 해석은 전문가의 판단에 의존한다(Relies on Judgement). 판단하고 선택한 방법과 이유에 대해 주석으로 공시할 필요가 있다.

여섯째, 지침은 꼭 필요한 경우에 한하여 최소한으로 제공한다(Minimum guidance).

라. 일반적으로 인정된 회계원칙

재무회계에 대한 규제는 명시적인 것도 있고, 관행으로 내려오는 묵시적인 것도 있다. 명시적인 것은 회계기준설정기관이 발표한 회계기준이고, 묵시적인 것은 회계관습이다. 명시적이든 묵시적이든 재무회계정보를 생산하고 전달할 때 준수하게 되는 원칙을 '일반적으로 인정된 회계원칙'이라고 한다.

1) 의미

역사적으로 볼 때 일반적으로 인정된 회계원칙(Generally Accepted Accounting Principle; GAAP)이라는 개념은 회계감사를 할 때 판단의 기준을 삼기 위해서 처음 도입된 것이다. 회계감사인은 기업의 회계행위가 GAAP와 일치되는가를 확인함으로써 기업의 회계행위의 타당성을 평가하고, 기업이 GAAP를 준수해서 재무제표를 작성하기 때문에 재무제표를 신뢰할 수 있다는 의견을 표명하게 된다. 그래서 1930년대에 미국에서는 현재의 회계실무에서 통용되고 있는 여러 가지 회계개념(accounting concepts), 회계관습(accounting convention), 그리고 회계방법과 규칙을 지칭할 때 GAAP라는 용어를 사용하였다. 그래서 GAAP는 널리 사용되고 있는 보편적인 회계실무라고도 한다.

그런데 GAAP를 실무계에서 널리 사용되고 있는 보편적인 회계실무라고 정의하면 새로운 회계사건이나 거래가 발생될 경우에 문제가 생기게 된다. 새로운 회계사건이나 거래에 대해서는 실무계에서 널리 사용되는 보편적인 회계실무라는 것이 존재할 수 없기 때문이다. 그래서 오늘날은 GAAP를 회계실무에 적용 가능한 것으로 기준설정기관에 의해서 실질적으로 권위 있는 지지를 받는 회계원칙으로 정의하고 있다.

한편, IASB는 IFRS가 아닌 회계기준을 GAAP으로 정의하고 있다. IASB에 의하면 GAAP은 한국의 KASB나 미국의 FASB와 같은 각 국가의 기준설정기관이 발표하여 기업의 재무보고에 적용하도록 한 회계요구사항(accounting requirements)이다. 이 정의에 의하면 IFRS를 전면 도입하는 국가에는 GAAP이 존재하지 않게 된다. IFRS를 자국의 회계기준에 수용하는 경우에 그 국가의 회계기준이 GAAP이 된다.

2) 성격

GAAP의 성격을 구체적으로 설명하면 다음과 같다.

첫째로, GAAP는 일반적인 수용성(general acceptance)을 지닌 회계원칙이다. 일반적인 수용성을 갖는다는 것은 그 회계원칙이 회계실무에서 합의(consensus)되었거나 승인(agreement)을 받는다는 것을 의미한다. GAAP가 일반적 수용성을 얻기 위해서는 회계기준 설정과정을 투명하게 하고, 다양한 이해관계자의 의견을 수렴하고 조정하는 장치를 마련하여야 한다.

둘째로, GAAP는 '실질적으로 권위 있는 지지'(substantial authoritative support)를 받는 회계원칙이다. 실질적으로 권위 있는 지지를 받는다는 것은 회계에 관해 실질적으로 권위를 인정받고 있는 다수의 기관이나 단체가 지지를 한다는 것을 의미한다. 예를 들어 미국에서는 증권거래위원회(Security Exchange Committee; SEC), 재무회계기준심의회(Financial Accounting Standard Board; FASB), 미국공인회계사회(American Institute of Certified Public Accountants; AICPA), 미국회계학회(American Accounting Association; AAA) 등이 실질적으로 권위 있는 기관이나 단체가 되고, 우리나라에서는 금융감독위원회나 증권선물위원회, 한국회계기준원, 회계기준위원회, 한국공인회계사회, 한국회계학회 등이 실질적으로 권위 있는 기관이나 단체가 된다.

셋째로, GAAP는 회계실무, 즉 회계처리나 보고와 회계감사에서의 지침이나 준거 틀이 된다. GAAP는 회계실무에서 사용될 수 있는 것이어야 한다. GAAP는 회계이론의 산물이 아니라 회계정책의 산물이기 때문이다.

넷째로, GAAP를 설정할 때는 기술적·귀납적·실용적 접근방법을 사용한다. GAAP는 합의나 타협에 의해 이루어지는 것이지 연역적 추론에 의해 도출되는 것이 아니다.

마. 국제회계기준 도입에 따른 우리나라 회계기준 체계

2011년부터 한국채택국제회계기준을 도입하여 적용함에 따라 현행 우리나라 회계기준은 한국채택국제회계기준과 일반기업회계기준으로 이원적 체계를 갖게 되었다. 상장법인과 주요 금융기관은 2011년부터 의무적으로 한국채택국제회계기준을 적용하여야 하며, 비상장기업의 경우는 기존의 일반기업회계기준을 적용할 수 있다. 따라서 비상장기업의 경우는 한국채택국제회계기준과 일반기업회계기준을 선택할 수 있는 선택권이 부여된 상태다. 이는 비상장기업의 회계처리비용을 경감시켜주기 위한 목적이다.

한편, 한국채택국제회계기준과 일반기업회계기준의 차이를 요약하면 다음과 같다.

[표 1–6] 한국채택국제회계기준과 일반기업회계기준의 주요 차이

구분	한국채택국제회계기준	일반기업회계기준	관련항목
공시체계	연결재무제표를 기본적 재무제표로 함	개별재무제표를 기본적 재무제표로 함	• 연결재무제표 작성범위 • 지분법 적용 • 분·반기 연결 F/S
자산·부채 평가방법	원칙적으로 공정가치 평가	객관적 평가가 어려운 항목 등은 취득원가 평가	• 투자부동산 • 퇴직급여채무 • 금융부채 • 유형자산 등
법률·정책적 목적	거래의 실질에 맞는 회계처리 규정	법률·정책적 목적에 따라 일부 항목에 대해 특정 회계처리 요구	• 대손충당금설정 • 개별재무제표 우선공시 • 자산유동화 매각판단 등

자료원: 한국회계기준원 홈페이지

• 부록 1-1 _ IASB의 국제회계기준 제정절차

국제회계기준서 및 국제회계기준해석서를 제정할 때는 다음과 같은 정규절차(正規節次, due process)를 거쳐야 한다. 제정과정에서 공청회 개최, 의견수렴 등을 함으로써 각국의 의견을 반영한다.

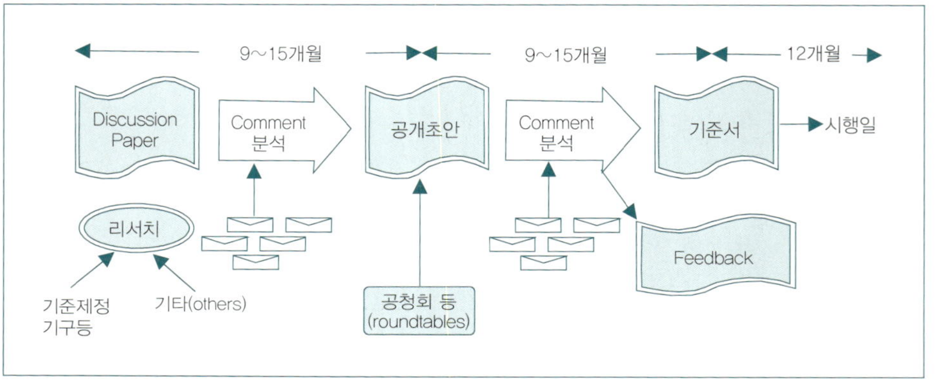

IFRS 설정절차

• 1단계: 의제 선정

투자자의 요구와 관련된 잠재적 의제를 추가하는 것에 대한 장점을 평가하여 의제를 선정한다. 이 단계에서 고려사항은 정보이용자와의 관련성, 제공되는 정보의 신뢰성, 현존하는 이용 가능한 지침, 제정될 기준의 품질, 자원 제약 등이다.

• 2단계: 프로젝트 계획수립

현안의제(active agenda)에 추가시 IASB는 프로젝트를 독자적으로 수행할지 다른 회계기준 제정기구와 공동으로 수행할지를 결정한다. 이슈의 성격과 이해관계자의 이해 수준을 고려하여 IASB는 이 단계에서 실무회의(Working Group)을 구성할 수 있다.

• 3단계 : 토론서(discussion paper; DP) 개발 및 발표

이 단계는 의무적인 절차는 아니지만, IASB는 통상적으로 DP를 개발하여 발표한다. DP는 새로운 중요 주제에 대한 최초의 공표자료이다. DP에는 쟁점사항에 대한 포괄적인 개요, 가능한 접근법, IASB 또는 저자의 예비적 견해, 의견 요청 등이 포함된다. DP는 쟁점사항을 설명하고 이해관계자로부터 초기 단계에서의 의견 수렴을 목적으로 한다.

•4단계 : 공개초안(exposure draft: ED) 개발 및 공표

ED는 공개적으로 의견을 구하기 위한 IASB의 주요 수단이다. 공개초안의 개발은 내부의 연구 및 권고사항에 근거한 쟁점사항, 다른 토론서를 통해 받은 의견, 자문위원회나 실무회의 및 각국의 회계기준제정기구의 제안사항 등으로부터 시작된다.

•5단계 : 국제회계기준서(IFRS) 개발 및 공표

국제회계기준서의 개발은 IASB 회의를 통해 공개초안에 대하여 수렴한 의견을 논의하면서 이루어진다. 공개초안으로부터 쟁점사항을 해결한 후 IASB는 수정된 공개초안을 다시 발행할지 여부를 공개초안에 대한 의견수렴기간 동안 새롭게 제시된 중요한 쟁점사항이 있는지 등을 고려하여 IASB 회의에서 결정한다. 정규절차를 거치고, 모든 쟁점사항이 해결되어, IASB 위원이 국제회계기준서 제정을 위한 투표를 한 뒤, 국제회계기준서가 발표된다. IASB의 기준서 제정 투표 바로 직전에 IFRSIC에 의한 외부 검토를 위해 최종 기준서안(pre-ballot draft)이 IASB 홈페이지의 eIFRS에 게시된다.

• 6단계 : 국제회계기준서(IFRS) 발행 이후 절차

IASB위원과 직원은 기준서의 실무 적용과 잠재적 효과에 관련된 예기치 못한 쟁점사항을 이해하기 위하여 각국의 회계기준제정기구를 포함한 이해관계자와 정기적인 회의를 가진다.

• 부록 1-2 _ KASB의 한국채택국제회계기준 제·개정절차

IASB에서 제정 또는 개정 완료된 기준서와 해석서는 다음과 같은 절차를 거쳐 한국채택국제회계기준에 반영된다.

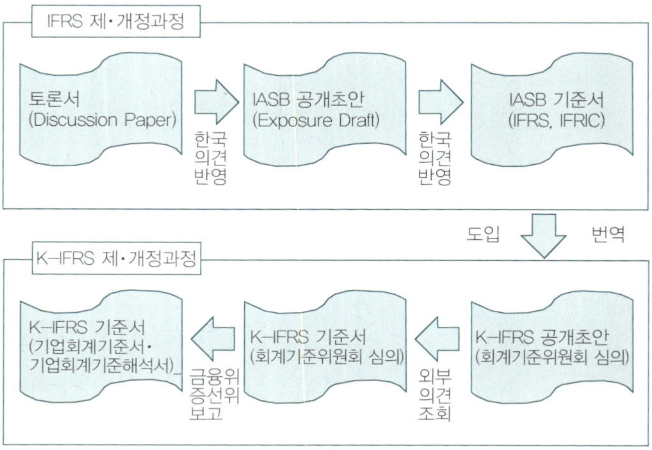

K-IFRS 설정절차

• 1단계 : 제·개정 IASB 기준서에 대한 의견 제출

국제회계기준 제정절차에 따라 IASB는 토론서와 공개초안을 개발 및 발표하는 과정에서 다양한 이해관계자들로부터 다양한 의견을 수렴하는데, 이때 한국회계기준원은 금융감독원, 회계법인, 학계 등 관련기관의 의견을 수렴하고, 이를 종합하여 IASB에 제출한다.

• 2단계 : IASB기준서 도입 및 기초안 작성

한국회계기준원은 IASB가 공표한 IFRS(또는 IFRSIC)원문을 충실하게 번역하여 K-IFRS 기초안을 마련한다.

• 3단계 : 공개초안 의견수렴

번역상 오류수정 및 기타 기준 적용시 문제가 될 만한 부분을 점검하기 위해 회계기준위원회의 심의를 거쳐 공개초안을 확정·발표하고, 4에서 6주에 걸쳐 이해관계자들의 의견을 수렴한다.

• 4단계 : 회계기준위원회 최종심의 및 기준서 제정

회계기준위원회는 공개초안에 대한 검토의견을 분석하여 반영 여부를 심의하고, K-IFRS 제·개정안을 최종 의결하여 금융위원회에 보고한다.

• 5단계 : 금융위원회 보고 및 K-IFRS 공표

금융감독원과 금융위원회는 회계기준원이 제·개정한 K-IFRS를 증권선물위원회와 금융위원회에 대한 보고절차를 거치며, 금융위원회의 특별한 수정요구가 없을 경우 회계기준위원회는 K-IFRS를 공표한다.

• 부록 1-3 _ 국제회계기준 관련 용어

IASB, 국제회계기준위원회, International Accounting Standard Board

IFRS, 국제재무보고기준(서), International Financial Reporting Standards, IASB가 발표한 기준서

IASC, 국제회계기준위원회, International Accounting Standards Committee, 2001년에 IASB로 개명

IAS, 국제회계기준(서), International Accounting Standards, IASC가 발표한 기준서

IFRSF, 국제재무보고재단, International Financial Reporting Standards Foundation

IASCF, 국제회계기준위원회재단, International Accounting Standards Committee Foundation, 2010년 7월 1일에 IFRSF로 개명

IFRSIC, 국제재무보고기준해석위원회, International Financial Reporting Standards Interpretations Committee

IFRIC, 국제재무보고해석위원회, International Financial Reporting Interpretations Committee, 현재 명칭은 IFRSIC

SIC, 국제회계기준해석위원회, Standing Interpretations Committee, SIC는 IFRIC에서 IFRSIC로 명칭 변경

K-IFRS, 한국채택국제회계기준, Korean International Financial Reporting Standards

KASB, (한국)회계기준위원회, Korea Accounting Standards Board

FASB, 미국재무회계기준위원회, Financial Accounting Standards Board

SEC, 미국증권거래위원회, Securities and Exchange Commission

CESR, 유럽증권감독위원회, Committee of European Securities Regulators

IOSCO, 국제증권감독자기구, International Organization of Securities Commissions

EC, 유럽위원회, European Commission

EU, 유럽연합, European Union

• 부록 1-4 _ 한국채택국제회계기준과 국제회계기준 규정 대조표

한국채택국제회계기준		국제회계기준	
제1101호	한국채택국제회계기준의 최초채택	IFRS 1	First-time Adoption of International Reporting Standards
제1102호	주식기준보상	IFRS 2	Share-based Payment
제1103호	사업결합	IFRS 3	Business Combinations
제1104호	보험계약	IFRS 4	Insurance Contracts
제1105호	매각예정비유동자산과 중단영업	IFRS 5	Non-current Assets Held for Sale and Discontinued Operations
제1106호	광물자원의 탐사와 평가	IFRS 6	Exploration for and Evaluation of Mineral Resources
제1107호	금융상품 : 공시	IFRS 7	Financial Instruments: Disclosures
제1108호	영업부문	IFRS 8	Operating Segments
제1113호	공정가치측정	IFRS 13	Fair Value Measurement
제1001호	재무제표 표시	IAS 1	Presentation of Financial Statements
제1002호	재고자산	IAS 2	Inventories
제1007호	현금흐름표	IAS 7	Statement of Cash Flows
제1008호	회계정책, 회계추정의 변경 및 오류	IAS 8	Accounting Policies, Changes in Accounting Estimates and Errors
제1010호	보고기간후사건	IAS 10	Events after the Reporting Period
제1011호	건설계약	IAS 11	Construction Contracts
제1012호	법인세	IAS 12	Income Taxes
제1016호	유형자산	IAS 16	Property, Plant and Equipment
제1017호	리스	IAS 17	Leases
제1018호	수익	IAS 18	Revenue
제1019호	종업원급여	IAS 19	Employee Benefits
제1020호	정부보조금의 회계처리와 정부지원의 공시	IAS 20	Accounting for Government Grants and Disclosure of Government Assistance
제1021호	환율변동효과	IAS 21	The Effects of Changes in Foreign Exchange Rates
제1023호	차입원가	IAS 23	Borrowing Costs
제1024호	특수관계자 공시	IAS 24	Related Party Disclosures
제1026호	퇴직급여제도에 의한 회계처리와 보고	IAS 26	Accounting and Reporting by Retirement Benefit Plans
제1027호	연결재무제표와 별도 재무제표	IAS 27	Separate Financial Statements
제1028호	관계기업 투자	IAS 28	Investments in Associates and Joint Ventures

한국채택국제회계기준		국제회계기준	
제1029호	초인플레이션 경제에서의 재무보고	IAS 29	Financial Reporting in Hyperinflationary Economies
제1031호	조인트벤처 투자지분	IAS 31	interests in Joint Ventures
제1032호	금융상품 : 표시	IAS 32	Financial Instruments : Presentation
제1033호	주당이익	IAS 33	Earnings per Share
제1034호	중간재무보고	IAS 34	Interim Financial Reporting
제1036호	자산손상	IAS 36	Impairment of Assets
제1037호	충당부채, 우발부채 및 우발자산	IAS 37	Provisions, Contingent Liabilities and Contingent Assets
제1038호	무형자산	IAS 38	Intangible Assets
제1039호	금융상품 : 인식과 측정	IAS 39	Financial Instruments: Recognition and Measurement
제1040호	투자부동산	IAS 40	Investment Property
제1041호	농림어업	IAS 41	Agriculture

연습문제

1. 다음 중 자본시장과 회계정보의 관계에 대한 설명으로 옳지 않은 것은?

❶ 회계정보는 자본시장에서 자본이 효율적으로 배분되는 역할을 수행한다.
❷ 기업에서는 투자자 또는 채권자들로부터 자본을 조달하기 위해 회계정보를 제공한다.
❸ 기업에서의 자금조달은 주식발행과 같은 직접금융과 은행으로부터의 차입과 같은 간접금으로 구분할 수 있다.
❹ 애널리스트나 신용평가기관과 같은 정보중개인은 전문적 지식을 갖고 있으므로 일반 투자자나 채권자와는 차별화된 정보를 필요로 한다.
❺ 자본시장에서 회계감사는 회계정보의 신뢰성을 높이는 역할을 담당한다.

2. 회계의 정의와 관련된 다음 설명 중 가장 옳은 것은?

❶ 회계는 주로 미래에 발생될 경제적 사건에 관한 정보를 제공한다.
❷ 회계는 재무적 정보도 제공하지만 주로 비재무적 정보 제공을 목적으로 한다.
❸ 회계는 기업과 같은 영리조직에서만 필요하다.
❹ 회계는 정보이용자들이 합리적일 뿐만 아니라 비합리적으로 의사결정하는 것까지도 고려한다.
❺ 회계는 회계정보를 제공하기 위해 거래를 식별하고 측정 및 전달하는 과정을 포함하고 있다.

3. 다음 중 정보이용자에 관한 설명으로 옳지 않은 것은?

❶ 채권자는 원금과 이자의 회수가능성을 평가하는 데 유용한 정보를 필요로 한다.
❷ 소비자는 해당기업의 제품을 구입하는 경우 제품의 품질과 내용연수를 평가하는 데 유용한 정보를 필요로 한다.
❸ 종업원은 본인의 연봉 인상 정도를 결정하기 위해 회계정보를 이용하기도 한다.
❹ 경영자는 투자자와 채권자들이 이용하는 회계정보를 이용하기도 한다.
❺ 정보이용자 중 투자자는 현재 투자자를 의미하며, 현재 주식을 보유하고 있지 않은 잠재적 투자자는 정보이용자로 간주되지 않는다.

4. 회계정보이용자가 기업의 내부 또는 외부에 있느냐에 따라 회계를 분류할 경우, 분류로 옳은 것은?

❶ 재무회계와 회계감사 ❷ 공공회계와 기업회계 ❸ 관리회계와 재무회계
❹ 회계정보시스템과 관리회계 ❺ 단식회계와 복식회계

5. 다음 중 일반적으로 인정된 회계원칙의 특성으로 옳지 않은 것은?

❶ 이는 경제적 또는 사회적 환경이 변화되더라도 변화되지 않는 특성이 있다.
❷ 이는 제정 당시의 이용가능한 회계실무로서 기업실무에서 수용하여야 한다.
❸ 기업은 기업 외부에 공표하기 위한 재무제표의 작성과 공시에 이를 준수해야 한다.
❹ 이는 회계감사인이 재무제표의 적정성을 판단하는 기준이 되기도 한다.
❺ 이는 다양한 이해관계자들이 회계원칙 제정 과정에서 영향력을 행사하여 제정되는 일종의 정치적 과정의 산물이다.

6. 우리나라 기업회계기준에 대한 설명으로 옳지 않은 것은?

❶ 금융위원회가 제정권한을 갖고 있다.
❷ 회계기준의 국제화 추세에 부응하기 위해 국제회계기준에 많은 부분을 의존하고 있다.
❸ 기업회계기준서와 이에 대한 해석서 형태로 유지된다.
❹ 한국채택국제회계기준은 법조문식으로 되어 있다.
❺ 경제적 또는 제도적 환경 등으로 새로 제정되거나 개정되고 있다.

7. 국제회계기준위원회(IASB)에서는 국제간 공통적으로 적용할 수 있는 회계기준을 제정하고 있다. 이에 해당하는 보고서의 명칭은?

❶ Generally Accepted Accounting Principles: GAAP
❷ Globally Accepted Financial Standard: GAFS
❸ International Financial Reporting Standards: IFRS
❹ Wordwide Financial Standard: WFS
❺ Globally Financial Accounting Standards: GFAS

8. 다음 설명 중 옳지 않은 것은?

① 부기는 단순히 경제적 사건을 기록하는 데 한정되므로 부기는 회계의 일부분이다.
② 대학, 병원과 같은 비영리조직은 영리추구 목적의 조직이 아니므로 회계의 대상이 될 수 없다.
③ 회계는 외부 정보이용자뿐만 아니라 내부 정보이용자들을 위해서도 필요하다.
④ 회계는 소유주나 경영자와는 별개의 존재로 회계주체인 기업이 존재한다고 가정한다.
⑤ 회계는 회계상의 거래를 식별하고 측정하여 이를 정보이용자에게 전달하는 과정으로서 용역제공활동 이라고 할 수 있다.

9. 다음의 설명 중 옳지 않은 것은?

① 경영자는 기업 정보의 생산자이자 수요자이다.
② 종업원은 회계정보의 이용자라고 할 수 없다.
③ 투자자와 채권자는 정보이용자에 대한 분류 중 외부 정보이용자에 속한다.
④ 회계정보이용자를 정보에 대한 접근가능성에 따라 외부 정보이용자와 내부 정보이용자로 분류할 수 있다.
⑤ 이해관계자에는 현재 이해관계를 갖고 있지 않더라도 미래에 이해관계를 가질 가능성이 있는 사람들도 포함하기 때문에 회계정보이용자는 사회 전체라고 해도 과언이 아니다.

10. 재무제표에 보고되는 정보에 대한 일차적 책임은 누구에게 있는가?

① 기업의 경영자 ② 종업원 ③ 기업의 내부감사인
④ 외부감사인 ⑤ 기업의 소유자

11. 기업이 외부 감사인으로부터 매년 회계감사를 받는 가장 중요한 이유는 무엇인가?

① 회사 직원들의 부정을 적발하기 위해
② 회계 정보의 공정성과 신뢰성에 대한 독립된 전문가로서의 의견을 표명하도록 하기 위해
③ 전문가로서 기업의 회계 정보 작성을 지원받기 위해
④ 외부 정보이용자들에 대한 경영자의 재무보고책임을 회계전문가에게 위탁하기 위해
⑤ 회사의 회계담당자의 회계처리 상의 오류를 바로잡기 위해

12. 회계기준을 제정하는 과정에서 많은 이해관계자들이 개입하여 정치적 과정을 겪게 된다. 정치적 과정에 대한 설명으로 타당하지 않은 것은?

❶ 많은 회계기준들은 다양한 이해관계자들의 이해관계를 종합적으로 고려하여 타협에 의하여 정해지는 경우가 많다.

❷ 정치적 과정이 무분별하게 허용되면 회계기준의 제정에 소모적인 논쟁을 불러일으킬 수 있고 많은 시간이 소요된다.

❸ 단순히 기술적인 측면 혹은 이론적인 측면만을 고려하여 회계기준을 제정 혹은 개정하면 많은 문제점이 발생한다. 따라서 과거에 보면 이론적인 측면을 너무 고려하여 제정된 회계기준이 실패한 사례도 있다.

❹ 정치적 과정을 거치게 되면 이해관계자들의 의견이 반영되어 실무에서 회계기준의 수용가능성이 높아지게 된다.

❺ 회계기준의 제정에서 여러 이해관계자들의 타협 혹은 합의점의 도출에 의하여 기준이 결정되면 회계의 전문성이 강화된다.

13. 다음은 회계원칙의 제정과정에 대한 설명들이다. 틀린 것은?

❶ 우리나라의 경우 회계정보를 공공재로 간주하여 민간기구에서 회계원칙을 제정하고 있다.

❷ 귀납적 방법은 회계실무에서 사용되고 있는 회계처리방법 중 회계목적에 비추어 공정·타당하다고 생각되는 것을 선택하여 회계원칙을 정립하는 방법이다.

❸ 연역적 방법은 재무회계의 목적을 설정하고 이를 출발점으로 하여 회계원칙을 정립하는 방법이다.

❹ 연역적 방법의 장점은 회계원칙들 간의 논리적 일관성이 유지된다는 점과 새로운 환경의 변화에도 즉각적으로 대응할 수 있다는 점이다.

❺ 오늘날 회계원칙의 제정과정에는 여러 이해관계자들의 영향력이 행사되는 경우가 많다.

14. 회계의 성격을 설명한 것 중 가장 적합하지 않은 것은?

❶ 회계원칙은 회계행위의 지침이며 회계실무를 이끌어가는 지도원리이다.

❷ 회계원칙은 보편타당성과 이해관계자들의 이해조정적 성격을 갖고 있다.

❸ 회계원칙은 경제사회의 변화 또는 시대의 변천에 따라 변화한다.

❹ 회계원칙은 연역적 연구방법뿐만 아니라 귀납적 연구방법으로도 형성된다.

❺ 회계원칙은 실무경험을 근거로 한 회계의 관습 또는 기초적인 가정이다.

15. 다음 중 자본시장과 회계정보의 관계에 대한 설명으로 옳지 않은 것은?

❶ 회계정보는 자본시장에서 자본이 효율적으로 배분되는 역할을 수행한다.

❷ 기업에서는 투자자 또는 채권자들로부터 자본을 조달하기 위해 회계정보를 제공한다.

❸ 기업에서의 자금조달은 주식발행과 같은 직접금융과 은행으로부터의 차입과 같은 간접금으로 구분할 수 있다.

❹ 애널리스트나 신용평가기관과 같은 정보중개인은 전문적 지식을 갖고 있으므로 일반 투자자나 채권자와는 차별화된 정보를 필요로 한다.

❺ 자본시장에서 회계감사는 회계정보의 신뢰성을 높이는 역할을 담당한다.

16. 다음 중 정보이용자에 관한 설명으로 옳지 않은 것은?

❶ 채권자는 원금과 이자의 회수가능성을 평가하는 데 유용한 정보를 필요로 한다.

❷ 소비자는 해당기업의 제품을 구입하는 경우 제품의 품질과 내용연수를 평가하는 데 유용한 정보를 필요로 한다.

❸ 종업원은 본인의 연봉 인상 정도를 결정하기 위해 회계정보를 이용하기도 한다.

❹ 경영자는 투자자와 채권자들이 이용하는 회계정보를 이용하기도 한다.

❺ 정보이용자 중 투자자는 현재 투자자를 의미하며, 현재 주식을 보유하고 있지 않은 잠재적 투자자는 정보이용자로 간주되지 않는다.

17. 다음 중 일반적으로 인정된 회계원칙의 특성으로 옳지 않은 것은?

❶ 이는 경제적 또는 사회적 환경이 변화되더라도 변화되지 않는 특성이 있다.

❷ 이는 제정 당시의 이용가능한 회계실무로서 기업실무에서 수용하여야 한다.

❸ 기업은 기업 외부에 공표하기 위한 재무제표의 작성과 공시에 이를 준수해야 한다.

❹ 이는 회계감사인이 재무제표의 적정성을 판단하는 기준이 되기도 한다.

❺ 이는 다양한 이해관계자들이 회계원칙 제정 과정에서 영향력을 행사하여 제정되는 일종의 정치적 과정의 산물이다.

18. 다음 중 우리나라 회계원칙에 대한 설명으로 옳지 않은 것은?

❶ 금융위원회가 제정권한을 갖고 있다.

❷ 회계기준의 국제화 추세에 부응하기 위해 국제회계기준에 많은 부분을 의존하고 있다.

❸ 기업회계기준서와 이에 대한 해석서 형태로 유지된다.

❹ 한국채택국제회계기준은 법조문식으로 되어 있다.

❺ 경제적 또는 제도적 환경 등으로 새로 제정되거나 개정되고 있다.

19. 다음의 설명 중 옳지 않은 것은?

❶ 경영자는 기업 정보의 생산자이자 수요자이다.

❷ 종업원은 회계정보의 이용자라고 할 수 없다.

❸ 투자자와 채권자는 정보이용자에 대한 분류 중 외부 정보이용자에 속한다.

❹ 회계정보이용자를 정보에 대한 접근가능성에 따라 외부 정보이용자와 내부 정보이용자로 분류할 수 있다.

❺ 이해관계자에는 현재 이해관계를 갖고 있지 않더라도 미래에 이해관계를 가질 가능성이 있는 사람들도 포함하기 때문에 회계정보이용자는 사회 전체라고 해도 과언이 아니다.

20. 기업이 외부 감사인으로부터 매년 회계감사를 받는 가장 중요한 이유는 무엇인가?

❶ 회사 직원들의 부정을 적발하기 위해

❷ 회계 정보의 공정성과 신뢰성에 대한 독립된 전문가로서의 의견을 표명하도록 하기 위해

❸ 전문가로서 기업의 회계 정보 작성을 지원받기 위해

❹ 외부 정보이용자들에 대한 경영자의 재무보고책임을 회계전문가에게 위탁하기 위해

❺ 회사의 회계담당자의 회계처리 상의 오류를 바로잡기 위해

21. 회계기준을 제정하는 과정에서 많은 이해관계자들이 개입하여 정치적 과정을 겪게 된다. 정치적 과정에 대한 설명으로 타당하지 않은 것은?

❶ 많은 회계기준들은 다양한 이해관계자들의 이해관계를 종합적으로 고려하여 타협에 의하여 정해지는 경우가 많다.

❷ 정치적 과정이 무분별하게 허용되면 회계기준의 제정에 소모적인 논쟁을 불러일으킬 수 있고 많은 시간이 소요된다.

❸ 단순히 기술적인 측면 혹은 이론적인 측면만을 고려하여 회계기준을 제정 혹은 개정하면 많은 문제점이 발생한다. 과거에 보면 이론적인 측면을 너무 고려하여 제정된 회계기준이 실패한 사례도 있다.

❹ 정치적 과정을 거치게 되면 이해관계자들의 의견이 반영되어 실무에서 회계기준의 수용가능성이 높아지게 된다.

❺ 회계기준의 제정에서 여러 이해관계자들의 타협 혹은 합의점의 도출에 의하여 기준이 결정되면 회계의 전문성이 강화된다.

22. 다음 중 상장기업의 재무제표 감사결과 감사범위가 중요하게 또는 매우 중요하게 제한 받았을 때 표명될 수 있는 의견으로만 묶인 것은?

❶ 한정의견, 부적정의견 ❷ 부적정의견, 의견거절

❸ 한정의견, 의견거절 ❹ 적정의견, 한정의견

23. 다음 중 재무제표의 외부감사의견에 대한 설명으로 틀린 것은?

❶ 감사인이 한정의견을 표명하는 경우, 그 내용은 감사보고서의 범위문단 및 중간문단에 반드시 언급되어 있어야 한다.

❷ 감사인이 부적정의견을 표명하는 경우 그 주요 내용은 감사보고서의 범위문단에서가 아니라 중간문단에서 언급된다.

❸ 감사실시 중 감사범위가 매우 중요하게 제한받게 되면 부적정의견이 표명된다.

❹ 감사인의 독립성이 결여된 경우에는 그 결여의 중요도에 관계없이 항상 의견이 거절된다.

24. 한국채택국제회계기준에 대한 설명으로 틀린 것은? (9급 세무직 2011)

❶ 2011년부터 상장법인은 한국채택국제회계기준을 의무적으로 적용하여야 한다.
❷ 과거의 기업회계기준이 규칙중심의 회계기준이었던 데 비하여 한국채택국제회계기준은 원칙중심의 회계기준이다,
❸ 한국채택국제회계기준은 연결재무제표를 주 재무제표로 한다.
❹ 한국채택국제회계기준은 과거의 기업회계기준에 비해 자산과 부채를 측정함에 있어 공정가치보다는 역사적원가를 반영하도록 하고 있다.

25. 한국채택국제회계기준의 도입과 관련한 설명으로 옳지 않은 것은? (7급 세무직 2011)

❶ 공시체계가 연결재무제표 중심으로 전환되어 내부거래가 제거된 연결재무정보가 공시되므로 회계투명성과 재무정보의 질이 높아진다.
❷ 회계처리의 기본원칙과 방법론을 제시하는 데 주력하는 원칙중심의 기준체계로 복잡한 현실을 모두 규율할 수 없어 기업의 규제회피가 쉬워진다.
❸ 자본시장의 투자자에게 기업의 재무상태 및 내재가치에 대한 의미 있는 투자정보를 제공하는 데 중점을 두어 공정가치 회계가 확대 적용된다.
❹ 한국회계기준원 및 규제기관에 대한 질의와 회신의 역할이 축소되어 기업 회계담당자들의 전문성이 절실하게 요구된다.

26. 다음 중 회계정보의 기능에 대한 설명으로 타당하지 않은 것은? (공인회계사 2010)

❶ 회계정보는 자본시장에서 정보비대칭으로 인해 존재하는 역선택의 문제를 완화하여 자본이 투자자로부터 기업에게로 원활히 공급될 수 있도록 하는 데 도움을 준다.
❷ 회계정보는 경제실체간 자원의 이동에 관한 의사결정에는 직접적인 경제적 영향을 미치지는 못하지만 경제실체 내에서의 자원의 이동에 관한 의사결정에는 도움을 준다.
❸ 회계정보는 자본시장에서 발생할 수 있는 대리인의 기회주의적인 행위인 도덕적 해이라는 문제를 해결하는 데 도움을 준다.
❹ 회계정보는 자본주의 시장경제체제에서 희소한 경제적 자원이 자본시장을 통해 효율적으로 배분되도록 하는 데 도움을 준다.
❺ 회계정보는 정부가 효율적이고 적절한 자원배분을 위한 정책을 수립하는 데 도움을 준다.

27. 다음 중 한국채택국제회계기준에 대한 설명으로 타당하지 않은 것은? (공인회계사 2010)

❶ 국제적으로 통용되는 회계기준을 채택함으로써 회계정보의 신뢰성을 향상시키고, 다른 나라로부터의 자금조달이 용이해지며 차입원가를 절감할 수도 있다.

❷ 한국채택국제회계기준은 회계처리에 대하여 구체적인 회계처리방법을 제시하기보다는 전문가적 판단을 중시하는 접근법을 따르고 있다.

❸ 한국채택국제회계기준의 연결범위에는 「주식회사의 외부감사에 관한 법률」에 의한 외부감사대상이 아닌 소규모회사는 포함되지 않는다.

❹ 한국채택국제회계기준은 2011년부터 모든 주권상장법인이 의무적으로 적용하되 원하는 기업은 2009년부터 조기 적용하고 있다.

❺ 한국채택국제회계기준은 국제회계기준위원회에서 공표한 국제회계기준을 기초로 한국회계기준위원회에서 제정하고 금융위원회에 보고 후 공표된 것이다.

28. 다음 중 한국채택국제회계기준에 대한 설명으로 타당하지 않은 것은? (공인회계사 2010)

❶ 국제적으로 통용되는 회계원칙은 회계행위의 지침이며 회계실무를 이끌어가는 지도원리이다.

❷ 회계원칙은 보편타당성과 이해관계자들의 이해조정적 성격을 갖고 있다.

❸ 회계원칙은 경제사회의 변화 또는 시대의 변천에 따라 변화한다.

❹ 회계원칙은 연역적 연구방법뿐만 아니라 귀납적 연구방법으로도 형성된다.

❺ 회계원칙은 실무경험을 근거로 한 회계의 관습 또는 기초적인 가정이다.

29. 우리나라 기업회계기준 제정과 관련한 설명이다. 틀린 것은?

❶ 기업회계기준의 제정권한은 외감법 제13조의 규정에 의거하여 금융위원회에서

❷ 금융위원회는 기업회계기준의 제정·개정업무를 한국회계기준원에 위임하고 있다.

❸ 우리나라의 경우 회계정보를 경제재로 간주하여 규제기관에서 회계원칙을 제정하고 있다.

❹ 기업회계기준을 제정함에 있어 과거에는 귀납적인 방법을 중시하였으나 최근에는 연역적인 방법을 중시하고 있다.

❺ 회계정보는 공공재적 성격이 강하기 때문에 시장기능에 맡기게 되면 회계정보가 과소공시되어 시장실패에 이를 수 있다.

해답

1. ④	3. ⑤	4. ③	5. ①	6. ④	7. ③	8. ②	9. ②	10. ①
11. ②	13. ④	14. ⑤	15. ④	16. ⑤	17. ①	18. ④	19. ②	20. ②
21. ⑤	23. ③	24. ④	25. ②	26. ②	27. ③	28. ⑤	29. ③	

제2장 발생주의회계와 현금흐름

1. 발생기준과 현금기준

거래접근법으로 일정기간 동안의 이익을 측정하기 위해서는 수익거래와 비용거래를 특정 기간에 인식하기 위한 판단기준이 있어야 한다. 이를 위한 기준으로 대표적인 것이 발생기준과 현금기준이다.

가. 발생기준

발생기준(發生基準, accrual basis)은 순자산의 변동을 기초로 수익과 비용을 인식하는 방법이다. 발생기준에서는 소유주에 의한 출자(investments by owners)[1]가 아니면서 순자산이 증가하면 수익, 배당이나 출자금의 인출과 같은 소유주에 대한 분배(distributions to owners)가 아니면서 순자산이 감소하면 비용으로 인식한다. 현금과는 달리 순자산의 변동은 자산과 부채의 평가에 따라 달라진다. 따라서 발생기준에서 수익과 비용을 검증가능성 있게 인식하기 위해서는 추가적인 기준이 필요하다. 일반적으로 발생기준에서 수익은 실현과 가득되는(realized and earned) 시점에서 인식한다. 여기서 실현(實現, realization)은 비화폐성자산이 현금이나 현금청구권으로 전환될 가능성이 매우 높다는 것을 의미하고, 가득(稼得, earned)은 수익을 실현하기 위해 필요한 중요한 활동이 사실상 완료되었다는 것을 의미한다. 그리고 발생기준에서

1. 현금기준과 발생기준 모두 이익의 측정에서 출자나 배당 등 자본거래에 의한 변동은 수익이나 비용에서 제외한다.

비용은 대응개념(對應概念, matching concept)에 따라 인식한다. 대응개념은 수익과의 관련성에 따라 비용을 인식하여야 한다는 것이다. 기업에서 비용이 발생하는 것은 그에 따른 효익, 즉 수익을 얻기 위한 활동을 하기 때문이다. 따라서 기업이 성과 측정치인 이익을 계산하기 위해서는 수익과 그에 따른 비용을 동일한 기간에 인식할 필요가 있다.

나. 현금기준

현금기준(現金基準, cash basis)은 현금의 변동, 즉 현금의 유입(수취)과 유출(지급)을 기준으로 거래를 인식하는 방법이다. 현금기준에 의하면, 특정 기간 동안의 현금유입액(cash inflows)은 수익, 현금유출액(cash outflows)은 비용으로 인식하여 측정한다. 따라서 현금기준이익(現金基準利益, cash-basis income)은 현금의 순유입액을 의미한다.

다. 평가

발생기준에 비해 현금기준은 이익측정에서 검증가능성이 높고, 단순하다는 장점이 있다. 현금기준은 확인 가능한 변동인 현금의 유입과 유출의 차이로 이익을 산정하므로 단순하고 편의가 없는 이익측정치를 얻을 수 있다. 그러나 발생기준은 수익의 인식을 위해서 실현과 가득에 대한 판단을 해야 하고, 비용의 인식을 위해서 수익과의 관련성에 대한 판단을 하여야 하기 때문에 회계에 대한 전문적인 지식과 경험을 가지고 있어야 적용할 수 있을 뿐만 아니라 이익측정에 편의가 있을 수 있다.

그러나 현금기준은 대응개념을 사용하지 않으므로 성과 측정치를 얻기 위한 기준으로는 적합하지 않다는 문제점이 있다. 이러한 문제는 매입과 매출이 동일한 회계기간에서 발생하지 않거나 신용거래가 있는 경우 발생한다. 예를 들어 01년에 100원을 지급하고 매입한 상품을 02년에 130원을 수취하고 판매한 경우를 생각해 보자. 이 예는 현금거래이지만 매입과 매출의 시기가 다른 경우이다. 이 경우 현금기준이익은 01년 -100원, 02년 130원이 된다. 01년에는 부의 성과를 내고, 02년에는 130원의 성과를 얻었다고 볼 수 있는가? 발생기준은 대응개념을 사용하므로, 01년 이익은 0원, 02년 이익은 30원으로 측정한다,

다음은 매입과 매출의 시기는 동일하지만, 신용거래가 있는 경우이다. 예를 들어 02년에 200원을 지급하기로 하고 01년에 매입한 상품을 01년에 330원을 수취하고 판매하였다고 하자. 01년 현금기준이익은 330원, 발생기준이익은 130원이다. 성과 측정치로 어느 것이 적합한가?

따라서 현금기준은 대부분의 거래가 현금으로 이루어지고, 기말에 재고를 보유하지 않는 단순한 거래 상황에서 사용할 수 있는 방법이라고 할 수 있다. 왜냐 하면, 현금기준은 단순하고 회계에 대한 전문적 지식이 필요하지 않기 때문이다. 그러나 기업활동이 복잡해지면 현금기준은 부정확하고 정보이용자를 오도하는 이익정보를 산출하게 된다. 따라서 회계는 발생기준에 따라 재무제표를 작성하여 보고한다.

그러나 발생기준은 기업의 단기 현금흐름의 평가를 위한 직접적인 정보를 제공하지 못한다는 한계가 있다. 계속기업으로써 기업활동을 지속적으로 하기 위해서는 양호한 현금흐름이 매우 중요하다. 성과가 낮은 경우에도 현금흐름이 양호하면 부도가 발생하지 않지만, 성과가 높아도 현금흐름이 악화되면 부도가 발생하고 도산할 수 있기 때문이다. 후자의 경우를 흑자도산(黑字倒産, bankruptcy amid profits)이라고 한다. 이 때문에 재무제표에는 현금기준이 적용된 현금흐름표가 포함된다.

2. 발생기준 수익과 현금유입

여기서는 발생기준으로 수익을 인식하고 기록하는 방법을 간단하게 살펴보고, 수익과 현금 유입액과의 관계를 분석하기로 한다. 기업의 수익 중 가장 중요한 것이 매출액이므로 수익을 매출액과 기타수익으로 나누어 설명하기로 한다.

가. 매출액과 현금유입액

재화를 판매하는 거래에서 매출액은 판매시점에서 인식된다. 이 판매시점은 현금이 유입되는 시점과 항상 일치하는 것은 아니다. 현금판매일 경우는 판매일에 현금이 수취되지만, 판매계약에 따라 현금수취시점이 판매 전일 수도 있고, 후일 수도 있다.

1) 선수거래

발생기준에서는 재화를 판매하기 전에 판매대금의 일부나 전부를 현금으로 수취하는 경우, 앞으로 판매해야 할 의무가 발생한 것으로 보아 그 금액을 선수금(先受金, advances from customers)으로 기록한다.

[판매전에 현금 수취] 제품 30개를 @30원에 인도하는 판매계약을 체결하고 계약금으로 판매대금 전액을 수령					
차)	현금	900	대)	선수금	900

매출액은 판매일에 인식된다. 이 때 앞서 선수금으로 인식한 의무가 소멸된다.

[판매] 계약에 따라 제품(원가 @22원) 10개를 인도					
차)	선수금	300	대)	매출액	300
	매출원가	220		제품	220

이상의 거래를 선수금계정에 전기하고 마감하면, 다음과 같다(기초잔액은 50원으로 가정).

선수금

판매 · 매출액	300	기초잔액	50
기말잔액	650	선수액 · 현금유입액	900
	950		950

여기서 매출액과 선수거래로 인한 현금유입액은 다음의 관계에 있음을 알 수 있다.

당기 매출액 = 당기 선수액 – 선수금계정 증가액

2) 현금거래

현금판매의 경우 판매시점과 현금 수취시점이 동일하므로 매출액과 현금유입액이 일치된다.

[판매] 제품(원가 @12원) 10개를 @20원에 현금으로 판매					
차)	현금	200	대)	매출액	200
	매출원가	120		제품	120

당기 매출액 = 당기 현금판매액

3) 신용거래

판매일에 현금수취가 없는 경우에도 발생기준에서는 판매일에 매출액을 인식하고, 그 금액만큼 앞으로 현금을 수취할 수 있는 권리를 획득한 것으로 보아 매출채권(賣出債權, trade receivables)을 인식한다.

[판매] 제품(원가 @15원) 10개를 @40원에 외상판매					
차)	매출채권	400	대)	매출액	400
	매출원가	150		제품	150

매출채권은 회수일에 유입되는 현금액 만큼 감소된다,

[매출채권회수] 외상판매대금 중 180원을 현금으로 회수					
차)	현금	180	대)	매출채권	180

한편 매출채권에는 회수불능위험이 존재한다. 발생기준에서는 기말에 존재하는 매출채권 중 회수되지 못 할 것으로 예상하는 부분은 대손충당금(貸損充當金, allowance for doubtful accounts)을 설정하여 매출채권에서 차감하는 결산수정분개를 한다. 이 때 대손충당금 잔액이 있다면, 대손충당금으로 추가 설정할 금액은 대손추정액에서 대손충당금 잔액을 차감한 금액이 된다. 따라서 대손충당금 추가 설정액만큼 대손상각비가 인식되고, 대손충당금이 증가된다.

[결산수정: 대손추정] 기말 매출채권 220원 중 회수가능액은 190원으로 예상. 수정전시산표에 대손충당금 잔액이 10원 있다.					
차)	대손상각비	20	대)	대손충당금	20

이와 같이 발생기준에서는 대손될 것으로 예상하는 부분을 미리 대손충당금으로 설정하고 대손상각비를 인식해두기 때문에 실제 대손이 발생되는 경우 대손충당금의 감소로 처리한다.

[대손발생] 매출채권 중 25원이 회수불가능. 대손충당금 잔액은 30원			
차) 대손충당금	25	대) 매출채권	25

지금까지의 거래와 사건을 전기해보면, 결산수정 후 매출채권과 대손충당금 계정은 아래와 같은 정보를 담고 있음을 알 수 있다(숫자는 가상적임).

매출채권

기초잔액	1,000	회수.현금유입	8,000
신용판매.매출액	9,000	대손발생액	333
		기말잔액	1,667
	10,000		10,000

대손충당금

대손발생액	333	기초잔액	600
기말잔액	367	대손상각비	100
	700		700

매출액이라는 수익과 매출채권 회수액이라는 현금유입액은 매출채권 변동액과 대손발생액만큼의 차이가 있음을 확인해 보라.

> 매출액 = 매출채권 회수액 + 매출채권계정 증가액 + 대손발생액
> 대손발생액 = 대손상각비 − 대손충당금계정 증가액

4) 종합정리: 매출액과 판매에 의한 현금유입액의 관계

판매에 의한 현금유입액은 당기 선수액, 당기 현금판매액, 그리고 매출채권 당기 회수액의 합이 된다. 여기에 지금까지 설명한 판매에 의한 현금유입액의 구성요소와 매출액의 관계를 대입하여 정리하면, 매출액과 판매에 의한 현금유입액의 관계식을 얻을 수 있다.

> 매출액 = 판매에 의한 현금유입액 − 선수금계정 증가액 + 매출채권계정 증가액 + 대손상각비
> − 대손충당금계정 증가액

예제 2-1 다음 자료를 이용하여 22년 ㈜국제의 판매활동으로부터의 현금유입액을 계산하라.

구분	매출채권	대손충당금	매출액	대손상각비
21년	₩1,000	₩150	₩70,000	₩400
22년	3,000	200	80,000	600

풀이

매출채권 증가액: 3,000-1,000=2,000원, 대손충당금 증가액: 200-150=50원

판매활동으로부터의 현금유입액: 80,000-2,000-600+50=77,450원

나. 기타 수익과 현금유입액

임대료, 이자수익, 배당금수익 등과 같은 매출액 이외의 수익도 발생기준에서의 인식시점은 현금유입일이 아니다. 따라서 수익인식일과 현금유입일과의 관계에 따라 거래를 3가지 유형으로 나눌 수 있다.

1) 선수거래

발생기준에서는 임대료나 이자수익 등과 관련하여 수익인식을 위한 조건이 충족되기 전에 현금을 수취하면, 앞으로 수익을 창출하여 제공해야 할 의무가 발생한 것으로 보아 선수수익(先受收益, unearned revenues)의 증가로 기록한다.

[수익인식 전 현금 수령] 임대계약을 체결하고 임대기간 중 임대료 120원을 수령			
차) 현금	120	대) 선수수익	120

그리고 수익인식요건이 충족되는 시점에서 수익을 인식한다. 이 시점은 의무이행시점이 되므로 선수수익이 감소된다.

[수익인식] 경과된 임대기간에 해당하는 금액은 60원			
차) 선수수익	60	대) 임대수익	

따라서 결산 수정 후 선수수익 계정은 아래와 같이 표시되고, 발생기준에서 인식하는 수익은 당기 선수액, 즉 현금유입액보다 선수수익 증가액만큼 적어진다는 것

을 알 수 있다.

선수수익

수익인식.기타수익	50	기초잔액	100
기말잔액	170	선수액.현금유입액	120
	220		220

기타수익 = 선수액 − 선수수익계정 증가액

2) 현금거래

수익인식요건이 충족되는 시점에서 현금유입이 있는 경우는 발생기준에 의한 수익금액과 현금기준에 의한 현금유입액이 동일하다.

대여금에 대한 발생이자 120원을 현금으로 수령					
차)	현금	120	대)	이자수익	120

기타수익 = 현금유입액

3) 신용거래

수익인식요건이 충족되는 시점에 현금수취가 없는 경우, 발생기준에서는 그 사건을 일종의 신용거래로 간주한다. 따라서 수익을 인식하면서 앞으로 현금을 수취할 수 있는 권리를 자산으로 인식하여야 한다. 이 때 인식되는 자산은 미수수익(未收收益, accrued revenues)이라 한다. 이 미수수익은 연속적인 용역제공거래에서 결산일까지 인식하여야 할 수익이지만 현금 청구를 위한 요건이 충족되지 않는 경우 사용하는 계정과목이다.

[결산일. 수익인식] 계약에 따라 매월 15일에 판매대행수수료를 청구. 11월 15일에서 12월 31일(결산일)까지 수행한 판매대행에 대한 수수료는 120원					
차)	미수수익	120	대)	수수료수익	120

미수수익과 관련한 현금이 유입되는 시점은 수취채권의 소멸을 의미한다. 따라서 이 때 미수수익이 감소된다.

[현금수령] 전기에 수행한 판매대행에 대한 수수료 120원을 현금으로 수령					
차)	현금	120	대)	미수수익	120

따라서 발생기준에서는 결산수정 후 미수수익 계정은 아래와 같이 표시되고, 발생기준으로 인식하는 수익금액은 현금수취액에서 미수수익계정 증가액을 가산한 금액이 된다는 것을 알 수 있다.

미수수익

기초잔액	1,000	현금유입액	×××
수익인식액	5,000	차 기 이 월	×××
	6,000		×××

기타수익 = 현금유입액 + 미수수익계정 증가액

미수수익에 대해 대손회계를 적용하는 경우는 대손상각비와 대손충당금을 고려해야 한다. 이 때의 논리는 매출채권의 경우와 동일하다. 대손회계를 포함한 미수수익계정과 수익인식액 및 현금유입액의 관계는 다음과 같다.

미수수익

기초잔액	1,000	현금유입액	8,000
수익인식액	9,000	대손발생액	666
		기말잔액	1,334
	10,000		10,000

대손충당금

대손발생액	666	기초잔액	600
기말잔액	34	대손상각비	100
	700		700

기타수익 = 현금유입액 + 미수수익계정 증가액 + 대손발생액
대손발생액 = 대손상각비 − 대손충당금계정 증가액

4) 종합정리: 기타수익과 현금유입액의 관계

기타수익에서의 현금유입액은 당기 선수액, 당기 수익인식일에 수취한 현금액, 그리고 미수수익 회수액의 합이 된다. 여기에 지금까지 설명한 기타수익에 의한 현금유입액의 구성요소와 기타수익의 관계를 대입하여 정리하면 발생기준에 의한 기타수익인식액과 현금기준에 의한 현금유입액의 관계식을 얻을 수 있다.

기타수익 = 기타수익에 의한 현금유입액 − 선수수익계정 증가액 + 미수수익계정 증가액
+ 대손상각비 − 대손충당금계정 증가액

3. 발생기준 비용과 현금유출

영업활동에서 비용의 발생이나 이와 관련한 현금유출액의 중요한 부분을 차지하는 것은 재고자산의 판매와 취득거래이다. 따라서 여기서는 비용을 매출원가와 기타비용으로 구분하여 발생기준에 의한 비용인식액과 현금유출액의 관계를 검토하기로 한다.

가. 매출원가와 현금유출

일반적으로 인정된 회계원칙에서는 발생기준을 적용할 때 수익과 비용을 대응시킨다. 재화의 판매거래에서 매출액은 판매시점에서 인식하므로 발생기준에서는 판매시점에서 판매한 재고자산의 원가를 매출원가라는 비용으로 인식한다. 그러나 현금은 재고자산을 취득하는 과정에서 유출된다. 따라서 각 회계기간의 매출원가와 재고자산의 취득과 관련한 현금유출액은 일치하지 않는다.

1) 재고자산의 취득과 현금유출

재고자산의 취득의 의한 현금유출 시점도 항상 재고자산의 취득일인 것은 아니다. 현금취득일 경우는 취득일에 현금이 지급되지만, 구매계약에 따라 현금지급일이 취득일 전일 수도 있고, 후일 수도 있다.

가) 선급거래

재고자산을 매입하기 전에 계약에 따라 현금을 지급하면, 미래에 그 금액에 해당하는 재고자산을 취득할 수 있는 권리를 획득하게 된다. 이 때 획득된 권리를 선급금(先給金, advance payments)이라 한다.

[매입계약금 지급] 원재료 매입계약을 체결(매입수량 10개, 매입단가 @50원)하고 매입대금 전부를 현금지급					
차)	선급금	500	대)	현금	500

선급금은 재고자산 취득을 위한 요건이 충족되는 시점에서 소멸된다.

[재고자산 매입] 매입대금 전부를 선급한 원재료 5개(매입단가 @50원)를 인수					
차)	재료	250	대)	선급금	250

따라서 결산수정 후 선급금 계정은 기초와 기말 잔액, 당기 현금유출액과 매입액의 정보를 담고 있다. 선급금의 기초 잔액이 100원이라면, 선급금계정은 다음과 같다.

선급금

기초잔액	100	재고자산 매입액	250
당기선급액.현금유출	500	기말잔액	350
	600		600

선급거래에서 재고자산 매입에 의한 현금유출액은 재고자산 매입액에서 선급금계정의 당기 증가액을 합한 금액이 된다.

현금유출액 = 매입액 + 선급금계정 증가액

나) 현금거래

재고자산을 취득하면서 현금을 지급하는 경우는 재고자산 매입액과 현금지급액이 일치한다.

[재고자산 현금매입] 상품을 300원에 현금매입					
차)	상품	300	대)	현금	300

현금유출액 = 매입액

다) 신용거래

재고자산을 신용으로 취득한 경우는 미래에 현금을 지급할 의무가 발생하기 때문에 재고자산의 증가와 함께 매입채무(買入債務, trade payables)가 인식된다.

[재고자산 신용매입] 상품을 600원에 매입하고, 약속어음을 발행					
차)	상품	600	대)	매입채무	600

이 매입채무는 이후 현금을 지급하는 시점에서 소멸된다.

[채무 상환] 상품을 매입하고 발행한 약속어음 중 400원을 만기일에 현금상환					
차)	매입채무	400	대)	현금	400

재고자산을 신용으로 취득하는 경우는 재고자산의 당기 매입액과 재고자산 취득에 의한 현금지출액이 일치하지 않는다. 결산수정 후 매입채무계정을 보면, 그 차이는 매입채무의 당기 증가액과 동일함을 알 수 있다.

매입채무

상환액·현금유출	400	기초잔액	100
기말잔액	300	신용매입액	600
	700		700

현금유출액 = 매입액 − 매입채무계정 증가액

2) 재고자산의 판매와 매출원가

재고자산 취득과 관련한 거래분석을 통해 알 수 있듯이 재고자산의 당기 매입액은 선급거래에 의한 매입액, 현금거래에 의한 매입액, 신용거래에 의한 매입액으로 구성된다. 발생기준에서는 재고자산이 판매되기 전까지는 매입액을 자산으로 기록하고, 판매되는 시점에서 재고자산의 감소와 함께 매출원가(賣出原價, cost of goods sold)를 인식한다.

[재고자산 판매] 매입원가가 @33원인 상품 10개를 @40원에 현금판매					
차)	현금	400	대)	현금	400
	매출원가	330		상품	330

앞서 설명한 재고자산의 취득거래와 판매거래의 기록이 모두 반영된 결산수정 후 재고자산 계정은 아래와 같다. 매출원가는 재고자산 매입액에서 재고자산 증가액을 차감한 금액임을 확인할 수 있다.

재고자산

기초잔액		100	판매·매출원가	330
매입액	•선 급 금	250	기 말 잔 액	920
	•현 금	300		
	•매입채무	600		
		1,250		1,250

> 매출원가 = 재고자산 매입액 − 재고자산계정 증가액
> 재고자산 매입액 = 선급거래에 의한 매입액 + 현금거래에 의한 매입액 + 신용거래에 의한 매입액

3) 종합정리: 매출원가와 현금유출액의 관계

재고자산 취득거래는 선급거래, 현금거래, 신용거래로 구성되기 때문에 재고자산 매입에 의한 당기 현금유출액은 재고자산과 관련한 당기 선급액, 당기 현금매입액, 그리고 매입채무 당기 상환액의 합이 된다. 여기에 앞서 설명한 분석을 종합하여 정리하면, 재고자산의 당기 매입액과 그에 따른 현금유출액의 관계, 그리고 매출원가와 재고자산 취득과 관련한 현금유출액의 관계에 관한 다음의 등식을 얻을 수 있다.

매출원가 = 매입에 의한 현금유출액 − 선급금계정 증가액 + 매입채무계정 증가액 − 재고자산계정 증가액
매입에 의한 현금유출액 = 매입액 + 선급금계정 증가액 − 매입채무계정 증가액

예제 2-2 다음 자료를 이용하여 계산한 22년 매출총이익은 얼마인가?

구분	매출채권	재고자산	매입채무	판매에 의한 현금유입액	매입에 의한 현금유출액
22년	₩500	₩700	₩440	₩5,500	₩3,700
21년	600	300	330	4,400	4,800

풀이
매출채권 증가액: 500−600=−100원 ∴매출액: 5,500−100=5,400원
재고자산 증가액: 700−300=400원, 매입채무 증가액: 440−330=110원, ∴매출원가: 3,700+110−400=3,290원
매출총이익: 5,400−3,290=2,110원

나. 기타 비용과 현금유출

매출원가를 이외에 현금지출을 수반하는 비용으로는 급여, 임차료, 이자비용, 연구비 등이 있다. 발생기준에서 이들 비용의 인식시기는 현금지급일과 다르다. 발생일과 현금지급일의 차이에 따라 거래를 선급거래, 현금거래, 신용거래 등 3유형으로 구분할 수 있다. 선급거래는 비용인식요건이 충족되기 전에 현금을 지급하는 거래, 현금거래는 비용인식요건 충족 시점과 현금지급일이 일치하는 거래, 신용거래는 비용인식요건이 충족되지만 현금의 지급은 없는 거래를 의미한다.

1) 선급거래

발생기준에서는 비용인식을 위한 요건이 충족되기 전에 현금을 지급하면, 앞으로 외부로부터 용역을 제공받을 권리가 발생한다. 이 권리는 선급비용(先給費用, prepaid expenses)으로 기록된다.

[비용발생 전 현금지급] 보험료 400원을 현금으로 선급					
차)	선급비용	400	대)	현금	400

선급비용은 용역을 제공받을 때 소멸되고, 이에 해당하는 비용이 인식된다.

[선급한 용역수취] 선급한 건물 임차료 중 임차기간이 경과한 금액은 200원			
차) 임차비용	200	대) 선급비용	400

따라서 결산수정 후 선급비용계정에는 기초와 기말 잔액과 당기 선급액 및 당기 비용 인식액이 표시된다. 아래의 가상적인 선급비용계정을 통해 발생기준에서 인식하는 당기비용은 당기 선급액보다 선급비용계정 증가액만큼 적어진다는 것을 확인할 수 있다.

선급비용

기초잔액	700	비용인식액	600
선급액·현금유출	200	기말잔액	300
	900		900

당기 기타 비용 = 당기 선급액 − 선급비용계정 증가액

2) 현금거래

비용인식요건이 충족되면서 현금이 지급되는 경우는 발생기준에 의한 비용금액과 현금기준에 의한 현금유출액이 동일하다.

[발생된 비용 지급] 광고용역을 제공받고 현금 100원 지급			
차) 광고선전비	100	대) 현금	100

당기 기타 비용 = 당기 현금지급액

3) 신용거래

발생기준에서는 연속적인 용역을 수취하여 비용인식요건이 충족되었지만, 계약에 따라 현금이 지급되지는 않는 경우에 이 사건을 일종의 신용거래로 보고 부채를 인식한다. 이 때 인식하는 부채를 미지급비용(未支給費用, accrued expenses)이라 한다. 회계 편의상 미지급비용은 결산일에 인식한다.

[결산일.발생된 비용 인식] 22년 11월 1일에 1,000원을 차입(23년 2월 1일에 원리금 상환, 이자율 연6%). 결산일(12월 31일)의 수정분개					
차)	이자비용	10	대)	미지급비용	10

미지급비용은 기말 이후에 계약에 따라 현금을 지급할 때 소멸된다.

[지급] 전기료 납부일인 23년 1월 1일에 전월분 전기료 200원 현금지급					
차)	미지급비용	200	대)	현금	200

따라서 발생기준에서 결산수정 후 미지급비용계정에는 기초와 기말 잔액, 당기 비용 인식액과 현금지급액이 표시된다. 아래의 가상적 미지급비용계정을 통해 발생기준으로 인식하는 당기 비용금액은 당기 현금지급액에서 미지급비용계정의 증가액을 합한 금액이 된다는 것을 확인할 수 있다.

미지급비용

현금지급액	600	기초잔액	100
기말잔액	200	비용인식액	700
	800		800

당기 기타 비용 = 당기 현금지급액 + 미지급비용계정 증가액

4) 종합정리 : 기타 비용과 현금유출액의 관계

기타 비용에서의 당기 현금유출액은 당기 선급액, 당기 비용을 인식하면서 지급한 현금액, 그리고 미지급비용의 당기 상환액의 총합이다. 여기에 지금까지 설명한 기타 비용에 의한 현금유출액의 구성요소와 기타 비용의 관계를 대입하여 정리하면, 발생기준에 의한 당기 기타 비용 인식액과 현금기준에 의한 당기 현금유출액의 관계식을 얻을 수 있다.

기타 비용 = 기타 비용과 관련한 현금유출액 − 선급비용계정 증가액 + 미지급비용계정 증가액

예제 2-3 항만㈜의 21년 손익계산서에 물류비용이 ₩8,000, 재무상태표에 선급비용과 미지급비용이 각각 ₩3,300과 ₩2,000이 보고되어 있다. 물류와 관련된 21년 초의 선급비용과 미지급비용은 각각 ₩1,100과 ₩3,000이다. 항만㈜가 21년에 물류에 지출한 금액은 얼마인가?

풀이

선급비용 증가액: 3,300-1,100=2,200원, 미지급비용 증가액: 2,000-3,000=-1,000원
물류에 지출한 금액: 8,000+2,200+1,000=11,200원

• 부록 2-1 _ 발생주의와 결산수정분개

1. 결산수정분개와 발생주의의 정의

결산수정분개는 "발생주의회계(Accrual accounting)"를 기업회계기준에서 채택하고 있기 때문에, 요구되는 사항임. 발생주의회계는 현대 재무회계의 기본 틀로서, 재무제표의 기본 요소의 정의는 물론 인식과 측정 모두와 관련된다. 발생주의회계는 "발생기준에 따라 수익과 비용을 인식하는 회계원칙"이라고 할 수 있음. 여기서 발생기준이란 "기업실체의 경제적 거래나 사건에 대해 현금의 유출입이 이루어진 시점이 아니라, 그 거래나 사건이 발생한 시점"을 말하며, 바로 이 시점에 수익과 비용을 인식해야 한다는 것이 발생주의의 핵심이다.

[표 1] 발생주의회계 요약

구 분	내 용
발생주의회계	• "기업실체의 경제적 거래나 사건에 대해 현금의 유출입이 이루어진 시점이 아니라, 그 거래나 사건이 발생한 시점에 수익과 비용을 인식해야 한다는 것".
수익(Revenue) 인식기준	• 실현주의: Realized and earned. - Realized(측정요건): 금액을 합리적으로 측정할 수 있어야 함. - Earned(발생요건): 수익획득과정(Earning process)이 완료되어야 함(최소한 대부분의 노력이 발생했어야 함).
비용(Expense) 인식기준	• 수익/비용 대응의 원칙: Matching - 개별수익과 개별 비용의 대응: 협의의 Matching - 기간수익과 기간비용의 대응: 합리적 배분(Allocation).

• 이 같은 발생주의회계에 의한 결산수정분개 사항의 대표적인 예는 다음과 같다.

[표 2] 결산수정분개의 대표적인 예

• 유가증권의 평가, 대손충당금의 설정, 감가상각비의 계산 • 정기적금 · 정기예금의 미수수익 계상, 선급비용의 계상, 미지급비용의 계상 • 부채성충당금의 설정, 사채발행차금의 상각 • 금융비용의 자본화 • 이연법인세의 계상 등

- 발생주의회계가 "기업실체의 경제적 거래나 사건에 대해 현금의 유출입이 이루어진 시점이 아니라, 그 거래나 사건이 발생한 시점에 수익과 비용을 인식해야 한다는 것"을 의미하므로, 필연적으로 발생(Accrual)과 이연(Deferred)이 수반된다.
- 여기서 발생은 관련 이익 활동이 현금흐름에 앞서 이루어지는 것을 뜻하고, 이연은 현금흐름이 관련 이익 활동보다 선행되는 것을 말함. 발생에 속하는 항목으로는 미지급비용이나 미수수익 등이 있고, 이연에 속하는 항목으로는 선급비용과 선수수익 등이 있음. 이 같은 수익과 비용의 발생과 이연은 "손익결산정리"측면에서 다루어 질 수 있다.

[표 3] 손익 결산 정리 사항

대분류	소분류	정의	예시
손익의 발생 (Accrual)	수익의 발생(Accrued revenue): 미수수익 → 자산 (유동)	• 수익획득과정은 끝났으나, 현금을 아직 안 받은 것	• 미수이자, 미수수료, 미수임대료 등
	비용의 발생(Accrued expense): 미지급비용 → 부채 (유동)	• 비용은 발생했지만, 현금을 아직 지급하지 않은 것	• 미지급이자, 미지급수수료, 미지급임차료 등
비용의 발생 (Deferral)	수익의 이연(Deferred revenue): 선수수익 → 부채 (유동)	• 현금을 받았지만, 아직 수익획득과정이 끝나지 않은 것.	• 선수이자, 선수수수료, 선수임대료 등
	비용의 이연(Deferred expense): 선급비용 → 자산 (유동)	• 현금을 지급했지만, 비용이 발생하지 않은 것.	• 선급이자, 선급수수료, 선급임차료 등

- 선급비용과 선수수익: 정확한 당기손익을 확정하는 것은 발생주의회계의 목적임. 발생주의(Accrual accounting) 관점에서 현금 지출이나 수령은 있었지만, 당기에 경제적 사건이 발생하지 않아서 당기의 비용이나 수익으로 인식하지 못하는 이연항목을 선급비용(Prepaid expense) 또는 선수수익(Unearned revenue, Deferred revenue)이라고 함. 선급비용은 유동자산 중 당좌자산으로 처리하고, 선수수익은 유동부채로 처리한다.

Example 1

G㈜는 B㈜에 2013년 11월 1일에 1년분 선이자 12,000원을 차감한 잔액 488,000원을 대여하였다(기말은 12월 31일로 가정하라). 이에 대해 회계 처리하시오.

Solution:

[2013. 11. 1]	(차) 대여금	500,000	(대) 현금	488,000
			이자수익	12,000
[2013. 12. 31]	(차) 이자수익	10,000	(대) 선수수익	10,000

※ 10,000 = 총수입이자(12,000원) - 당기수입액((12,000원/12개월)*2개월 = 2,000)

- 미지급비용과 미수수익: 발생주의 관점에서, 현금 지출이나 수령은 이루어지지 않았지만, 당기에 경제적 사건의 발생으로 당기에 비용 혹은 수익으로 인식해야 하는 예상 항목으로서, 미지급비용(Accrued payable) 혹은 미수수익(Accrued receivable)이라고 함. 미수수익은 수익은 발생하였으나, 현금이 수취되지 못한 경우이므로, 당좌자산으로 보고하고, 미지급비용은 비용은 발생하였으나 현금은 지급하지 않는 것이므로, 유동부채로 보고함.

Example 2

G㈜는 2013년 10월 1일에 연간 600,000원에 점포를 임대하면서 당월분 임대료 50,000원을 현금으로 받았다. 2013년 12월 31일에 2개월분 임대료를 미 수령한 상태에서 결산일을 맞이하였다. 이에 대해 회계 처리하시오.

Solution:

[2003. 10. 1]	(차) 현금	50,000	(대) 임대수익	50,000
[2003. 12.31]	(차) 미수수익	100,000	(대) 임대수익	100,000

※ 100,000 = 당기총임대수익(150,000원) - 당기中현금수취분(50,000원)=100,000원

연습문제

1. 경남(주)는 현금주의에 따라서 당기순이익을 계산하고 있다. 2013년 순이익은 ₩13,000이었다. 2013년도 기말은 2012년도 기말에 비하여 매출채권 증가 ₩6,000, 선수금 증가 ₩3,000, 미지급비용감소 ₩5,000이 있었으며, 당기중 감가상각비가 ₩2,000이다. 발생주의에 따라 당기순이익을 계산하면 얼마인가?

① ₩20,000 ② ₩19,000 ③ ₩16,000 ④ ₩15,000 ⑤ ₩13,000

2. 서울(주)의 2013년도 현금주의 당기순이익은 ₩80,000이다. 다음 항목은 전기말과 비교하여 자산·부채의 변동을 요약한 것이다. 발생주의에 따른 2013년도 당기순이익은 얼마인가?

매출채권	₩25,000 감소	매입채무	₩5,000 증가
선급비용	₩ 3,000 증가	미지급비용	₩4,000 감소
감가상각비	₩ 5,000 발생		

① ₩52,000 ② ₩57,000 ③ ₩98,000 ④ ₩103,000 ⑤ ₩108,000

3. 마산(주)는 보험료를 현금 지급시 선급보험료 계정으로 차기(借記)하고 있다. 2013년도 선급보험료 계정의 기초잔액은 ₩150,000이며, 기말잔액은 ₩120,000이다. 당기 포괄손익계산서상의 보험료가 ₩600,000이라고 할 때, 2013년도에 보험료지급액은 얼마인가?

① ₩330,000 ② ₩570,000 ③ ₩630,000 ④ ₩750,000 ⑤ ₩870,000

4. 부산(주)의 선수임대료계정의 기초잔액은 ₩600이며, 당기말의 포괄손익계산서상의 임대료는 ₩48,000이며, 재무상태표상의 선수임대료는 ₩1,100이다. 당기에 임대료의 현금 수취액은 얼마인가?

① ₩49,700 ② ₩49,100 ③ ₩48,500 ④ ₩47,400 ⑤ ₩48,100

5. 경남(주)는 건물 상가 임대업을 하고 있다. 2013년 임대료로 ₩20,000,000을 현금으로 수취하였다. 다음의 자료를 토대로 2013년 임대료수익을 계산하면 얼마인가?

	2013년	2012년
미수임대료	₩3,100,000	₩2,400,000
선수임대료	₩6,100,000	₩8,000,000

① ₩17,300,000 ② ₩18,700,000 ③ ₩21,300,000
④ ₩22,600,000 ⑤ ₩23,150,000

해답

1. ❷ 2. ❶ 3. ❷ 4. ❸ 5. ❹

제3장 재무보고의 개념체계와 재무제표

1. 재무보고의 개념체계

원칙중심접근법을 사용하고 있는 국제회계기준(IFRS)을 적용하여 재무보고를 할 때는 구체적인 거래나 사건을 인식하고 측정하기 위해서 전문가적 판단이 필요한 경우가 많다. 문제는 전문가적 판단이 전문가의 관점에 따라 달라진다는 것이다. 전문가의 관점이 달라 전문가적 판단에 차이가 발생하면, 이용자는 큰 혼란에 빠지게 된다. 이용자는 상이한 전문가적 판단 중 하나를 선택해야 하기 때문이다. 이 문제를 해결하기 위해서는 전문가들이 통일된 하나의 관점에서 논리를 전개할 수 있도록 하여야 한다. 회계문제에 대한 이해와 논리전개의 기초가 되는 여러 가지 개념을 재무회계와 보고를 위한 개념체계(概念體系, conceptual framework)라고 한다. 즉, 개념체계는 개별 회계기준들의 이론적인 토대를 제공하는 역할을 하는 것이다.

원칙중심회계기준에서 개념체계가 매우 중요하다는 점은 모두가 인정하고 있다. 그러나 개념체계의 구체적 내용에 대해서는 의견이 대립된다. 따라서 개념체계는 자연과학의 불변의 절대적인 진리와는 달리 회계기준제정기구가 새로운 회계이론을 수용하거나 국제적인 회계 추세 등을 반영하기 위해, 또는 기업실무의 변화를 고려하여 필요하다고 판단하는 경우에는 개정되고 변화될 수 있다.

여기서는 개념체계 자체의 의의를 살펴보기로 한다. 의견이 대립되는 개념체계 구성요소에 대한 구체적 내용은 절을 달리하여 설명한다.

가. 개념체계의 목적

미국의 재무회계기준심의회(Financial Accounting Standards Board, FASB)는 출범할 때

부터 재무보고를 위한 개념체계의 필요성을 인식하고, 1976년에 '재무회계와 보고를 위한 개념체계: 재무제표 요소와 측정'(The Conceptual Framework for Financial Accounting and Reporting: Elements of Financial Statements and Their Measurement)이라는 제목으로 토의자료(discussion memorandum)를 발표하였는데, 여기에서는 개념체계를 아래와 같이 설명하고 있다.

> 개념체계란 일관성 있는 기준을 유도할 수 있고, 재무회계와 재무제표의 성격. 기능 및 한계를 규정하는 목적과 기초개념이 엄밀하게 상호 연관되어 있는 체계이자 토대이다. 목적(objectives)은 재무회계의 목표와 의도를 규정한 것이고, 기초개념(fundamentals)은 회계처리 해야 할 사건을 선정해서 처리하고 요약하여 이해관계자에게 전달하는 방법을 선택하는 지침이 되는 회계의 기초적인 개념이다. 이런 개념으로부터 다른 개념이 파생되고, 회계기준과 보고기준을 수립·해석·적용할 때 계속해서 참고로 해야 한다는 의미에서 이런 개념은 기초개념인 것이다.

개념체계와 관련하여 유의할 점은 다음과 같다.

첫째, 개념체계는 회계기준이 아니다. 재무보고개념체계는 재무보고목적을 명확히 하고, 이를 달성하는 데 유용한 재무회계와 보고의 기초개념을 제공하는 것을 목적으로 한다. 이 점에서 재무보고개념체계는 회계기준과 다르다. 회계기준은 구체적 회계처리방법이나 공시에 관한 기준을 정하는 것을 목적으로 하기 때문이다. 만약, 개념체계의 내용이 특정 회계기준과 상충되는 경우에는 그 회계기준이 개념체계에 우선한다[1].

둘째, 개념체계에서 재무보고는 일반목적 재무보고를 의미한다. 일반목적 재무보고는 다양한 정보이용자의 정보수요를 충족하기 위한 것이다. 일부 정보이용자는 재무보고 정보 외에 추가로 정보를 요구할 수 있거나 그런 정보를 얻을 능력이 있을 수 있다. 그러나 대다수의 정보이용자는 중요한 재무정보의 원천으로서 재무보고에 의존할 수밖에 없다. 따라서 재무보고는 그들의 정보수요 관점에서 작성되고 제공되어야 한다. 특수목적재무보고서 예를 들어, 사업설명서나 세무목적의 신고서는 개념체계의 적용대상이 아니다. 그러나 특수목적재무보고서의 작성 관련

1. 개념체계는 회계기준제정기구가 회계기준을 제정 또는 개정함에 있어 지침을 제공하므로 양자간에 상충되는 사항들은 점차 줄어들게 될 것이다.

지침에서 허용하는 경우에는 개념체계를 적용할 수 있다.

셋째, 개념체계에서는 재무제표가 강조된다. 재무보고의 핵심적 수단이 재무제표이기 때문이다. 개념체계의 명칭에서 FASB는 재무회계와 보고(Financial Accounting and Reporting)라고 하고, 국제회계기준위원회(IASB)는 재무제표(Financial Statements), IASB와 FASB 회계기준의 통합을 위한 작업의 일환으로 2008년 8월에 발표된 공개초안에서는 재무보고(Financial Reporting)라는 용어를 사용하고 있다. 그러나 개념체계의 목적과 기능 등에 대한 핵심내용은 사실상 동일하다.

나. 개념체계의 기능

재무회계와 보고에서는 많은 전문적 판단과 그에 따른 회계선택이 필요하지만, 회계기준이 그 모든 것을 세세히 제시할 수는 없다. 특히 원칙중심회계기준에서는 구체적 거래나 사건에 대한 회계처리 지침을 제시하지도 않는다. 이 때문에 재무보고개념체계는 회계기준제정기관뿐만 아니라 재무보고의 주체인 경영자, 재무보고에 대한 감시를 하는 외부감사인, 재무보고정보이용자 등 모든 회계당사자에게 중요한 의미를 갖는다. 재무보고개념체계가 필요한 이유 내지 기능을 구체적으로 나열하면 다음과 같다.

❶ 회계기준제정기구가 회계기준을 제정하거나 개정할 때 준거해야 하는 지침을 제공한다. 이로 인해 회계기준에 일관성이 유지된다. 그리고 IFRS를 적용하는 각 국가의 회계기준제정기관이 IFRS에 자국의 회계환경을 반영할 때 준거의 틀이 된다. 즉 개념체계는 한국채택국제회계기준에서 허용하고 있는 대체적인 회계처리방법의 수를 축소하기 위한 근거를 제공하여 한국회계기준위원회가 재무제표의 표시와 관련되는 법규, 회계기준 및 절차를 조화시킬 수 있도록 도움을 제공한다.

❷ 재무회계정보 이용자가 재무보고의 내용을 합리적으로 이해하기 위하여 필요하다. 재무회계정보를 합리적으로 이해하기 위해서는 재무보고의 목적, 재무회계정보의 질적 특성, 정보전달을 위해 사용하는 용어의 의미, 재무회계와 보고를 위한 기초적 가정과 기본원칙을 이해하여야 한다.

❸ 재무회계정보의 생산자가 회계기준을 해석·적용하여 재무보고서를 작성·공시하거나, 특정 거래나 사건에 적용할 회계기준이 없는 경우에 적용할 수 있는 지침을 제공한다.

❹ 외부감사인이 감사의견을 표명하기 위하여 경영자가 선택한 회계기준 적용의 적정성을 판단하거나, 회계정보의 유용성을 높이기 위해 경영자가 개발하여 적용한 회계처리의 적정성을 판단할 때 지침이 된다.

다. 개념체계의 구조

재무보고를 위한 개념체계의 구조에 대해서는 논란이 있을 수 있다. [그림 3-1]은 개념체계에 대한 논의와 연구를 가장 활발하게 진행한 FASB가 발표한 보고서를 토대로 구성한 것이다.

개념체계에서 가장 중요한 것은 재무보고목적이다. 재무보고목적은 재무보고를 통해 도달하려는 목표와 재무보고를 하는 이유를 규정한 것이므로, 개념체계에서 가장 기본이 된다. FASB에서도 설립 초기부터 회계목적의 중요성을 인정하고 개념체계의 개발을 위한 첫 번째 보고서의 주제를 재무보고목적으로 하였다[2].

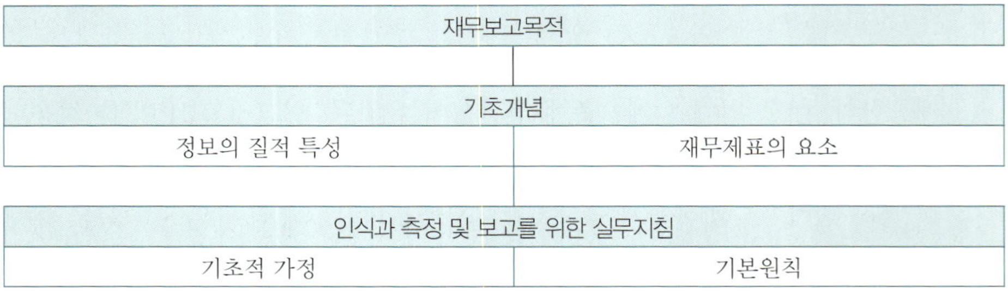

[그림 3-1] 재무보고 개념체계의 구조

2. FASB는 재무회계개념보고서(Statements of Financial Accounting Concepts; SFAC) 제1호를 기업재무보고 목적(Objectives of Financial Reporting by Business Enterprises)으로 하여 영리조직인 기업의 재무보고 목적과 이유를 규정하였고, 비영리조직의 재무보고 목적과 이유는 SFAC 제4호인 비영리조직 재무보고 목적(Objectives of Financial Reporting by Nonbusiness Organization)을 통해 발표하였다.

개념체계의 두 번째 계층을 이루는 기초개념(fundamental concepts)은 재무보고목적을 달성하기 위해 정보가 가져야 할 속성인 회계정보의 질적 특성(qualitative characteristics of accounting information)과 가장 중요한 재무보고수단이 되는 재무제표를 구성하는 요소에 대한 정의로 구성되어 있다[3]. 재무보고목적과 기초개념의 체계는 개념체계의 핵심이 된다.

개념체계의 세 번째 계층을 이루는 것은 실무에서 회계처리를 할 때 적용이 되는 인식과 측정 및 보고를 위한 실무지침(operational guidelines)이다. 이 실무지침은 회계처리의 기초가 되는 가정, 인식과 측정을 위한 기본원칙으로 구성 된다[4].

2. 재무보고의 목적

재무보고목적(財務報告目的, objectives of financial reporting)은 회계를 보는 시각이나 이념에 따라 달라질 수 있다. 오늘날에는 회계를 정보이용자가 경제적 의사결정을 하는데 유용한 정보를 제공하는 것으로 보고 있다. 이런 관점에서 보면 재무보고목적은 의사결정에의 유용성에 초점을 맞추어야 한다.

의사결정에의 유용성에 초점을 맞추고 있는 재무보고목적으로 가장 주목받고 있는 것이 FASB의 SFAC 제1호에서 제시한 것이다. FASB는 기업의 이해관계집단 중 투자자와 채권자를 가장 중요한 회계정보이용자로 보고 이를 기초로 재무보고목적을 설정하고 있다. 여기서 투자자는 경영권을 갖고 있지 않는 주주를 의미하고, 채권자는 재화와 용역의 공급자·자금대여기관·사채권자 등을 의미한다. 투자자와

---

3. FASB의 SFAC 제2호가 회계정보의 질적 특성(Qualitative Characteristics of Accounting Information), 제3호가 기업재무제표요소(Elements of Financial Statements of Business Enterprises)이다. SFAC 제3호는 제6호 재무제표요소(Elements of Financial Statements)로 대체되었는데, 제6호는 비영리조직도 포함하고 있다.

4. 실무지침에 관한 보고서로는 SFAC 제5호 기업재무제표의 인식과 측정(Recognition and Measurement in Financial Statements of Business Enterprises)와 SFAC 제6호 현금흐름정보와 현재가치를 활용한 회계측정(Using Cash Flow Information and Present Value in Accounting Measurement)이 있다.

채권자를 주요 정보이용자로 보는 이유는 그들이 기업의 재무정보를 가장 많이 사용하는 대표적인 외부이용자로서 이들의 의사결정은 사회의 경제적 자원 배분에 중대한 영향을 미치기 때문이다. 투자자와 채권자에 대한 정보중개인도 이들과 동일한 정보수요를 가지고 있다. 그리고 투자자와 채권자에게 유용한 재무정보는 정보중개인 이외의 기타 정보이용자에게도 유용할 수 있다.

FASB는 투자자와 채권자를 중요시하는 입장에서 재무보고목적을 일반적인 것에서 구체적인 것으로 체계화한다는 것이 특징이다. 투자위험을 부담하는 투자자와 채권자의 정보욕구를 기초로 한 재무보고목적의 체계화 과정은 다음과 같다.

첫째, 투자 및 신용 의사결정에 목적적합한 정보는 투자수익과 기업의 지급능력, 그리고 위험을 평가할 수 있는 정보이다.

둘째, 투자수익과 기업의 지급능력, 그리고 위험은 기업의 미래현금흐름에 의해 결정된다. 따라서 재무보고의 목적은 기업의 미래현금흐름 평가에 유용한 정보를 제공하는 것이다.

셋째, 재무보고목적을 달성하기 위해 재무제표는 재무상태, 경영성과, 현금흐름 및 자본변동에 관한 정보를 제공하여야 한다. 따라서 재무보고의 목적은 재무상태, 경영성과, 현금흐름 및 자본변동에 관한 정보를 이용자에게 제공하는 것이다. 또한 이러한 재무상태, 경영성과, 현금흐름 및 자본변동에 관한 정보는 재무제표를 통해 전달되므로 재무보고의 목적은 재무제표를 작성하여 전달하는 것이 목적이 되는 것이다. 이와 같이, 재무보고의 목적은 주요 이용자의 경제적 의사결정에 유용한 정보를 재무제표를 작성하여 전달하는 것으로 구체화하고 있다.

[표 3-1] 재무제표의 목적

구분	내　　　용
재무보고의 목적	미래현금흐름 평가에 유용한 정보 제공
재무제표의 목적	재무상태, 경영성과, 현금흐름 및 자본변동에 관한 정보 제공

가. 미래현금흐름 평가에 유용한 정보와 그 내용

현재 및 잠재 투자자와 채권자가 합리적 의사결정을 하기 위해서는 투자 또는 자금대여 등에서 기대되는 미래 현금유입, 즉 투자성과를 예측하여야 한다. 투자자의 투자성과는 주주로서 수취할 미래의 배당금과 주식가격의 변동, 채권자의 투자성과는 미래에 수취할 원리금과 회수위험에 의해 결정된다. 이러한 투자성과의 결정요인은 기업실체의 미래현금흐름창출능력(未來現金흐름創出能力, the ability of generating future cash flows)에 의해 직접적인 영향을 받는다. 이 미래현금흐름창출능력은 미래에 창출될 현금의 시기와 크기, 그리고 이들과 관련한 불확실성에 대한 정보를 이용하여 평가한다.

일반적으로 기업의 미래현금흐름창출능력은 투자자와 채권자뿐만 아니라 다른 이해관계자에게도 유용하다. 예를 들어 종업원의 급여와 고용의 안전성, 정부의 자원배분, 지속적인 고객관계의 유지 등은 기업의 미래현금흐름창출능력과 밀접한 관련이 있다. 따라서 재무보고의 목적은 광범위한 정보이용자의 합리적 의사결정을 위하여 보고실체의 미래현금흐름 평가하는 데 유용한 정보를 제공하는 것이다.

보고실체의 미래현금흐름 창출능력을 평가하기 위해서는 그 실체의 재무상태, 경영성과, 현금흐름 및 자본변동에 관한 정보가 필요하다. 이러한 정보는 각각 재무상태표, 포괄손익계산서, 현금흐름표 및 자본변동표에서 제공한다. 따라서 재무제표의 목적은 광범위한 정보이용자의 경제적 의사결정에 유용한 보고실체의 재무상태, 경영성과, 현금흐름 및 자본변동에 관한 정보를 제공하는 것이다.

1) 재무상태

기업의 재무상태는 기업이 통제하는 경제적 자원, 기업의 재무구조, 유동성과 지급능력, 영업 환경변화에 대한 적응능력에 의해 영향을 받는다. 기업이 통제하는 경제적 자원과 이러한 자원을 조절할 수 있는 기업의 과거 능력에 대한 정보는 기업의 미래 현금 및 현금성자산의 창출능력을 예측하는 데 유용하다. 재무구조에 대한 정보는 기업의 미래 자금차입수요에 대한 예측 및 미래이익과 현금흐름이 기업의 다양한 이해관계자들에게 어떻게 분배될 것인가를 예측하는 데 유용하다. 또한 기업이 더 많은 자금을 어떻게 성공적으로 조달할 수 있을지 예측하는 데 유용하다. 유동성과 지급능력에 대한 정보는 만기가 도래한 금융약정을 이행하는 기업의 능력을 예측하는 데 유용하다. 유동성은 가까운 미래기간의 금융약정을 고려한 후의 그 기간의 현금 가용성을 의미한다. 지급능력은 만기가 도래하는 금융약정을 이행하기 위한 보다 장기적인 현금 가용성을 의미한다.

2) 경영성과와 현금흐름

특정 실체가 경영활동을 하면 재무상태가 변하게 된다. 이 재무상태의 변동을 발생기준으로 측정한 것이 경영성과이고, 현금기준에 따라 현금의 유입과 유출 관점에서 측정한 것이 현금흐름이다. 재무제표 중 손익계산서는 일정 기간 동안의 경영성과에 관한 정보를 제공하고, 현금흐름표는 일정 기간 동안의 현금흐름에 관한 정보를 제공한다.

특정 실체의 경영성과, 즉 회계이익과 그 구성요소에 대한 정보는 그 실체가 장래 통제하게 될 가능성이 높은 경제적 자원의 잠재적 변동가능성을 평가하는 데 유용하다. 성과의 변동성에 관한 정보는 이 같은 관점에서 특히 중요하다. 성과 정보는 기업이 현재의 자원으로 현금을 창출할 수 있는 능력과 추가적인 자금조달능력을 예측하는 데 유용하다.

일반적으로 발생주의에 의해 측정된 이익정보는 현금주의에 의한 현금흐름정보보다 기업실체의 경영성과를 더 잘 나타내며, 기업실체의 미래 순현금흐름의 예측에 더 유용한 것으로 인식되고 있다. 그러나 현금흐름정보는 이익정보만으로는 얻을 수 없는 추가적 정보를 제공한다. 현금흐름정보는 영업활동, 영업과 관련되지 않는 자산의 취득과 처분 등의 투자활동, 차입과 상환 그리고 증자와 배당 등의 재무활동에 관한 현금흐름정보를 제공하기 때문에 기업의 이익의 질, 자금계획, 유동성 등을 평가하는 데 유용하게 활용할 수 있다.

3) 자본변동

보고실체의 자본변동에 관한 정보는 일정 기간 동안에 발생한 보고실체와 소유주간의 거래 내용을 이해하고 소유주에게 귀속될 이익 및 배당가능이익을 파악하는 데 유용하다.

나. 수탁책임 평가에 유용한 정보와 그 내용

합리적인 투자의사결정과 신용의사결정을 위해서는 특정 실체의 미래현금흐름의 평가와 함께 경영자의 수탁책임에 대한 평가가 필요하다. 여기서 수탁책임(受託責任, stewardship)은 경영자가 대리인의 자격으로 위탁받은 자원을 보전하고 이를 효율적으로 운용해야 할 책임이다. 경영진의 수탁책임이나 회계책임을 평가하려는 정보이용자의 목적은 경제적 의사결정을 하기 위해서이다. 예를 들어, 이러한 경제적 의사결정에는 기업의 투자지분을 계속 보유하거나 매도할지 또는 경영진을 재선임하거나 교체할지와 같은 결정이 포함될 수 있다.

경영자의 수탁책임을 합리적으로 평가하기 위해서는 경영환경변화에 대한 대응전략과 그에 따른 결과에 관한 정보가 필요하다. 수탁책임 이행의 결과는 재무상태, 경영성과 및 현금흐름, 자본변동으로 나타난다. 이 정보는 재무제표를 통해 제공된다. 그러나 환경변화에 대한 경영자의 대응전략에 관한 정보를 공개하는 것은 문제가 있을 수 있다. 환경변화에 대한 구체적 대응전략 중에는 공개하면 경쟁자들이 모방하거나 그에 대한 대응전략을 수립하여 나오기 때문에 결과적으로 공개한 기업의 경영자가 수탁책임을 이행하는 데 오히려 지장을 줄 수 있다. 이 때문에 재무보고를 통해 경영자의 수탁책임 평가에 유용한 정보를 완전하게 제공하기는 어렵다. 따라서 재무보고는 수탁책임 평가를 위해 경영활동의 결과에 대한 정보는 제공하지만, 경영전략에 관한 정보는 충분히 제공하지 못하고 있다.

3. 재무정보의 질적 특성

가. 의의

이용자의 의사결정에 유용한 정보의 제공이라는 재무보고의 목적을 달성하기 위해서는 '유용한 정보'를 구체화하여야 한다. 이를 위해 필요한 것이 재무정보의 질적 특성이다. 재무정보의 질적 특성(質的 特性, qualitative characteristics)은 재무보고를 통해 제공되는 정보가 이용자에게 유용하기 위해 갖추어야 할 속성(屬性, attributes)

을 말한다. 이 질적 특성은 재무정보의 유용성을 판단하는 기준이 된다. 따라서 회계기준설정기구에서 회계기준을 제정하거나 개정할 때, 경영자가 회계정책을 선택할 때, 감사인이 경영자가 적용한 회계정책의 적절성을 평가할 때 대체적 회계기준이나 회계정책을 비교 평가하는 판단기준으로 재무정보의 질적 특성을 사용한다.

재무정보의 질적 특성은 회계기준 설정기구와 회계실무에서 아주 중요한 의미를 갖지만, 그 구성요소와 상대적 중요도에 대해서는 여러 가지 견해가 존재한다. FASB는 1980년에 발표한 재무회계개념보고서(Statement of Financial Accounting Concepts; SFAC) 제2호에서 이해가능성을 전제로 목적적합성과 신뢰성을 1차적으로 중요한 질적 특성으로 하고, 비교가능성을 2차적인 질적 특성으로 체계화하였다. 그러나 IASB는 2001년에 발표한 개념체계에서 이해가능성, 목적적합성, 신뢰성, 비교가능성 모두를 주요 질적 특성으로 하고 질적 특성간의 균형을 요구하였다.

IASB와 FASB는 개념체계의 차이를 조정하기 위한 작업을 진행하여 2010년에 질적 특성의 구성과 구조에 합의하였다. 여기서는 질적 특성을 기본적 질적 특성과 강화적 질적 특성으로 구분하고 있다. 기본적 질적 특성은 재무정보가 유용하려면 갖추어야 할 속성을 의미하고, 강화적 질적 특성은 정보가 가지고 있는 유용성을 증진시키는 속성을 의미한다. IASB와 FASB는 목적적합성과 표현충실성을 기본적 질적 특성으로 하고, 비교가능성, 검증가능성, 적시성, 이해가능성을 강화적 질적 특성으로 하였다. 따라서 목적적합하고 표현충실한 정보는 유용하다. 그리고 정보가 비교가능하고, 검증가능하고, 적시성 있고, 이해가능하면 그 유용성은 증진된다.

[표 3-2] 질적 특성의 구성과 구조

분류	IASB***	FASB**	IASB와 FASB*
기본적 질적 특성	이해가능성, 목적적합성, 신뢰성, 비교가능성	목적적합성, 신뢰성	목적적합성, 표현충실성
강화적 질적 특성		비교가능성	비교가능성, 검증가능성, 적시성, 이해가능성
전제		이해가능성	
제약요인	적시성, 경제성, 균형	중요성, 경제성	경제성

*** IASB, 2001, Framework for the Preparation and Presentation of Financial Statements
** FASB, 1980, SFAC No. 2: Qualitative Characteristics of Accounting Information.
* FASB, 2010, SFAC No. 8: Conceptual Framework for Financial Reporting.

나. 기본적 질적 특성

유용한 재무정보(有用한 財務情報, useful financial information)의 기본적 질적 특성(基本的 質的 特性, fundamental qualitative characteristics)은 목적적합성과 표현충실성이다. 재무정보가 유용하기 위해서는 목적적합하고 그 정보로 표현하고자 하는 것을 충실하게 보고하여야하기 때문이다. 다시 말해 목적적합성과 표현충실성의 질적 특성이 없는 정보는 유용할 수 없다. 따라서 기본적 질적 특성은 유용한 재무정보의 질적 특성 중 가장 중요한 핵심적인 특성이다.

기본적 질적 특성	
목적적합성	표현충실성

1) 목적적합성

정보가 유용하기 위해서는 그것이 의사결정과 관련성을 가지고 있어야 한다. 의사결정과 무관한 정보는 이용자가 활용하지 않을 것이기 때문에 유용성이 있을 수 없다. 의사결정목적과 정보와의 관련성을 목적적합성(目的適合性, relevance)이라고 한다. 목적적합성이 있는 정보는 이용자의 의사결정에 차이(difference in users' decisions)를 초래할 수 있다. '의사결정에 차이를 초래할 수 있다'는 것은 모든 이용자들이 그 정보를 통해 의사결정을 한다는 것을 의미하지 않는다. 일부 이용자들이 특정 정보를 이용하지 않는 경우에도 그 정보는 목적적합할 수 있다. 그리고 이용자들이 재무보고가 아닌 다른 정보원을 통해 정보를 입수하여 의사결정을 하는 경우에도 그 정보를 제공하는 재무보고는 목적적합한 정보를 제공한다. 이용자들이 입수한 정보의 원천을 찾아내는 것은 실무적으로 불가능하기 때문이다. 따라서 이용자들이 이미 알고 있을 것으로 기대하는 정보를 제공하는 경우에도 그 정보는 목적적합할 수 있다.

가) 목적적합성의 결정요소

목적적합성의 존재는 예측가치나 확인가치를 통해 알 수 있다. 예측가치나 확인가치가 있는 정보는 이용자의 의사결정에 차이를 초래할 수 있기 때문이다.

목적적합성의 결정요소	
예측가치	확인가치

예측가치(豫測價値, predictive value)는 의사결정자의 미래예측능력을 향상시켜 줄 수 있는 정보가치를 의미한다. 이용자들은 예측가치를 가진 정보를 통해 미래를 예측한다. 따라서 특정 과거 및 현재의 정보가 미래의 결과(future outcomes)를 예측하기 위한 모형의 투입변수가 될 때, 그 정보는 예측가치를 가진다. 일반적으로 미래의 재무상태와 성과, 그리고 배당과 급여 지급능력, 주가변동, 기업의 의무이행능력과 같이 이용자와 직접적 이해관계가 있는 사안을 예측하기 위한 모형에서 과거와 현재의 재무상태와 성과에 대한 정보는 투입변수로 이용된다. 따라서 정보자체가 명백한 예측의 형태를 갖추어야만 예측가치가 있는 것은 아니다. 미래예측은 정보이용자가 하기 때문이다. 만약 경영자가 제공하는 예측치가 미래에 존재하는 불확실성을 감소시키고 의사결정자의 미래예측능력을 높여준다면 그 예측치는 예측가치가 있는 정보가 된다.

확인가치(確認價値, confirmatory value)는 의사결정자가 내린 예측을 확인하거나 수정해주는 정보가치이다. 확인가치는 피드백가치(feedback value)라고도 한다. 미래에 존재하는 불확실성으로 인해 예측은 실제와 다른 것이 일반적이다. 의사결정자가 예측능력을 향상시키기 위해서는 예측이 실제와 다르게 나타난 이유를 분석하고 그 결과를 다음 예측에 활용하여야 한다. 따라서 확인가치도 의사결정자의 예측능력을 향상시키는 역할을 한다.

일반적으로 재무정보의 예측가치와 확인가치는 상호작용을 한다. 예를 들어, 기업이 현재 보유하고 있는 자산규모와 그 구성에 관한 정보는 이용자가 기업의 기회활용능력과 위기대응능력을 예측하는 데 활용하므로 예측가치를 가진다. 그리고 그 정보는 기업의 예상 조직구조나 계획한 영업의 성과에 대한 이용자의 과거 예측이 적절하였는지를 확인하는 역할을 하기도 하므로 확인가치를 가진다.

회계정보가 예측가치나 확인가치 등의 정보가치를 가져야 하는 것은 정보이용자의 투자 및 신용의사결정이 미래에 대한 예측에 근거하여 이루어지기 때문이다. 재무제표에서 제공하는 회계정보는 과거에 대한 것이지만, 미래에 대한 예측의 근거로 활용될 수 있기 때문에 유용성을 갖는다. 따라서 목적적합성은 정보이용자가 기업실체의 과거, 현재 또는 미래 사건의 결과에 대한 예측을 하는 데 도움이 되거나, 그러한 결과에 대한 정보이용자의 과거의 기대를 확인 또는 수정할 수 있게 함으로써 의사결정에 차이를 가져올 수 있는 정보를 말한다. 여기서 사건이란 기업실체의 재무상태와 경영성과 등에 영향을 미치는 거래와 외부적 영향을 의미한다.

나) 목적적합성과 중요성

중요성(重要性, materiality)은 정보가 이용자의 의사결정에 영향을 미치는 정도를 의미한다. 목적적합성이 정보와 의사결정과의 관련성을 의미하는 데 비해 중요성은 정보와 의사결정과의 관련성 정도를 의미한다. 즉, 특정 정보가 생략되거나 잘못 표시될 때 재무정보를 근거로 한 이용자의 의사결정에 영향을 미친다면, 그 정보는 중요성이 있다.

중요성은 재무보고의 경제성과 이해가능성과 관련하여 광범위하게 사용된다. 첫째, 재무보고에서 경제성이 있는 정보를 생산하여 보고하기 위해서 중요성 개념을 사용한다. 일반적으로 특정 거래나 사건에서 이용자의 의사결정에 목적적합한 정보는 여러 가지가 있을 수 있다. 예를 들어 기업이 다양한 품목의 제품을 생산하는 경우, 각 품목별 재고자산 금액과 손상손실은 목적적합할 수 있다. 그러나 전체에서 차지하는 비중이 매우 낮은 품목의 재고자산에 관한 정보는 이용자의 의사결정에 영향을 미치지 않을 것이다. 미래예측에서 수반되는 예측오차보다 그 금액이 적을 것이기 때문이다. 이런 상황에서 기업이 목적적합한 모든 정보를 생산해서 보고하게 되면 정보생산비용이 크게 증가하지만, 그 정보에서 얻게 되는 효익은 변하지 않을 수 있다. 따라서 경제성 있는 정보를 생산하기 위해서 중요성이 필요하게 된다. 중요한 정보만을 모두 빠짐없이 생산하여 보고하게 되면 정보비용도 줄이면서 정보의 목적적합성을 확보할 수 있는 것이다.

둘째, 정보이용자의 이해가능성을 높이고 의사결정을 촉진시키기 위해서 재무보고에서 중요성 개념이 필요하다. 이용자의 의사결정에 투입되는 정보의 양은 이용자의 정보처리능력에 의해 결정된다. 목적적합하지만 중요성에 큰 차이가 있는 정보를 많이 제공하는 경우, 이용자가 정보의 중요성을 합리적으로 결정하지 못 해 정보를 기초로 한 의사결정을 하지 못하는 현상이 발생된다. 이것을 정보 과부하현상이라고 한다. 정보를 제공할 때 중요한 것을 중심으로 보고하면, 정보 과부하현상을 예방할 수 있다.

이처럼 재무보고에서 중요성은 광범위하게 사용되지만, 중요성은 보고실체의 정보보고능력에 대한 제약요인이나 목적적합성과 함께 고려해야 할 정보의 질적 특성은 아니다. 중요성은 목적적합성의 한 측면(aspect of relevance)에 불과한 것이다. 중요하지 않은 정보는 이용자의 의사결정에 영향을 미치지 않기 때문에 목적적합하지 않은 것이다. 또한 중요성은 상황에 따라 달라지는 상대적인 개념이다. 중요성은 정보 자체의 성격이나 금액의 크기 또는 특정 보고실체의 상황에 따라 달라지기 때문이다. 예를 들어 신재생에너지 사업에 신규로 참여한 경우, 그 신규사업에서 달성한 결과의 규모에 관계없이 신규사업부문에 관한 정보는 중요하다. 왜냐 하면 신규사업에 대한 재무보고는 기업이 직면하고 있는 위험과 기회를 평가하는 데 영향을 미칠 수 있다. 그러나 기존에 신재생에너지 사업에 진출해 있고, 그 사업이 기업 전체에서 차지하는 비중이 매우 낮은 경우에는 중요하지 않을 수 있다. 따라서 중요성은 개별실체차원(individual entity level)에서 목적적합성을 판단할 때 존재하는 실무적 개념이라고 할 수 있다.

2) 표현충실성

재무보고는 경제적 현상(經濟的 現狀, economic phenomena)을 글과 숫자로 표시한 것이다. 여기서 경제적 현상은 보고실체의 경제적 자원, 보고실체에 대한 청구권, 그리고 경제적 자원과 청구권에 영향을 미치는 거래나 사건 및 상황의 효과를 의미한다. 표현충실성(表現充實性, faithful representation)은 중요한 오류나 편의 없이 정보가 경제적 현상을 충실하게 표현하고 있다는 것을 정보이용자에게 확신시켜주는 정보의 특성이다. 표현충실성은 신뢰성(信賴性, reliability)이라고도 한다. 유용하기 위해서 재무정보는 목적적합한 경제적 현상을 표시하여야 할뿐만 아니라 표시하고자 하는 그 현상을 충실하게 표현하여야 한다.

재무정보가 경제적 현상을 충실하게 표현하기 위해서는 거래나 사건의 경제적 실질(經濟的 實質, economic substance)을 반영해야 한다. 거래의 경제적 실질과 다른 법적 형식(法律的 形式, legal form)을 반영하는 재무정보는 표현충실하지 않다. 즉 실질우선(實質優先, substance over form)은 표현충실성에 내재되어 있는 개념인 것이지 표현충실성을 결정하는 요인이 아니다. 법적 형식과 경제적 실질이 다른 예로는 리스계약이 있다. 리스계약의 법적 형식은 임대차계약이지만 리스이용자가 리스자산에서 창출되는 경제적 효익의 대부분을 향유하고 당해 리스자산과 관련된 위험을 부담하는 금융리스계약의 경제적 실질은 매매계약이다. 이러한 리스는 경제적 실질의 관점에서 자산과 부채의 정의를 충족하므로 리스이용자는 리스거래 관련 자산과 부채를 인식하여야 한다. 또 다른 예로는 자산을 다른 기업이나 개인에게 처분하여 서류상으로는 자산의 법률적 소유권을 이전하지만 자산을 처분한 기업이 그 자산이 갖는 미래 경제적 효익을 계속 향유하기로 합의하는 거래가 있다. 이 경우 거래를 자산의 매각으로 회계처리 한다면 (거래가 실제로 있었더라도) 표현충실성을 충족한 것으로 볼 수 없다.

가) 표현충실성의 결정요소

표현충실성을 갖기 위해 정보는 완전성, 중립성, 무결성을 가져야 한다. 표현하고자 하는 경제적 현상을 이용자가 이해하는 데 필요한 모든 정보를 제공할 때 재무보고는 완전성(完全性, complete depiction)을 가진다. 완전성을 갖추기 위해 필요한 모든 명세서와 해설이 재무보고에 포함되어야 한다. 예를 들어 자산의 유형을 완전하게 묘사하기 위해서는 최소한 유형별 자산의 성격, 금액, 그 금액의 성격(예, 최초원가, 조정원가, 공정가치)에 대한 설명이 포함되어야 할 것이다. 경우에 따라서는 완전성을 갖추기 위해 항목의 본질과 성격에 대한 중요한 사실, 그 본질과 성격에 영향을 미칠 요인과 상황, 그리고 금액을 결정하기 위해 사용한 과정 등에 관한 설명이 추가되어야 한다.

표현충실성의 결정요소		
완전성	중립성	무결성

정보가 표현충실성을 갖기 위해서는 재무정보의 선택이나 표시에 편의(bias)가 없어야 한다. 중립성(中立性, neutral depiction)은 재무보고에 의도적인 편의가 없어야 한

다는 것을 의미한다. 이해관계의 상충이 있는 상황에서 의도적으로 미리 예정해 놓은 어떤 행동을 유발하게 하거나, 바람직한 결과를 얻기 위하여 왜곡, 가중치 부여, 강조, 조작하는 것은 중립성에 위배된다. 중립성은 이용자의 의사결정에 영향을 미치지 않아야 한다는 것을 의미하지 않는다. 목적적합한 정보는 이용자의 의사결정과 행동에 영향을 미치기 때문이다. 중립성은 표현충실하지 않은 방법으로 재무정보를 선택하거나 표시해서는 안 된다는 것이다.

무결성(無缺性, free from error)은 경제적 현상의 표현에 오류나 누락이 없고, 보고하는 정보의 산출에 사용된 절차의 선택과 적용에 오류가 없어야 한다는 것을 의미한다. 재무보고에서 무결성은 모든 면에서 완벽하게 정확하다는 것을 의미하지 않는다. 대부분의 경제적 현상을 정확하게 표현하지 못할 위험이 있다. 이는 측정에 중립성이 결여되어 있기 때문이 아니라 경제적 현상을 식별하는 데 어려움이 있거나, 경제적 현상에 부합되는 정보를 전달하기 위해 필요한 측정방법과 표시방법을 선택하고 적용하는 데 본질적인 어려움이 있기 때문이다. 예를 들어 관찰할 수 없는 가격이나 가치에 대한 추정은 정확성을 판단할 수 없다. 그러나 그 금액이 추정치임을 명확하고 정확하게 표시하고, 추정과정의 특성과 한계를 완전하게 설명하고, 그 추정치 산출에 적절한 절차를 선택하고 적용하는 데 오류가 없다면, 그 추정치는 표현충실한 것이다.

나) 표현충실성과 유용성

재무보고에서 표현충실성을 검토할 때는 목적적합성과 함께 고려해야 한다. 표현충실성, 그 자체가 유용하다는 것을 의미하지 않기 때문이다. 예를 들어, 보고실체가 정부로부터 유형자산을 수증한 경우, 그 자산의 원가를 ₩0으로 표시하는 것은 표현충실하지만 그 원가정보는 유용하다고 할 수 없다. 조금 더 미묘한 경우도 있다. 자산의 장부금액에 자산가치의 손상을 반영하기 위해 회수가능액을 추정하는 하는 경우이다. 이때 보고실체가 그 추정에 적절한 절차를 적용하고, 그 추정을 적절하게 기술하고, 그 추정치에 유의한 영향을 미치는 불확실성을 설명한다면, 그 추정치는 표현충실성을 가질 수 있다. 그러나 그 추정에 큰 불확실성이 존재한다면, 그 추정치는 특별히 유용하지 않을 것이다. 달리 말해 표현충실성을 가진 측정치에 대한 목적적합성에 의문이 있을 수 있다. 이 경우에는 보다 더 충실하게 표현할 수 있는 다른 대안이 없다면, 그 추정치가 이용가능한 최선의 정보를 제공할 것이다. 경우에 따라서는 특정 항목에 대한 재무적 영향의 측정이 매우 불확실하기 때문에 그 항목을 재무제표에 인식하지 않기도 한다. 예를 들어, 대부분 기업은 시간의 경과에 따라 내부적 영업권이 발생한다. 그러나 그 내부창출영업권은 표현충실성 있게 식별하거나 측정하기 어렵기 때문에 자산으로 인식하지 않는다.

3) 기본적 질적 특성의 적용

정보가 유용하기 위해서는 목적적합하고 표현충실해야 한다. 목적적합하지 않은 현상을 충실하게 표현하거나 목적적합한 정보를 충실하지 않게 표현하는 것은 어느 것도 이용자의 합리적 의사결정에 도움이 되지 않는다. 기본적 질적 특성을 적용하기 위한 가장 효율적이고 효과적인 절차는 다음과 같다.

1단계: 재무정보이용자에게 유용할 가능성이 있는 경제적 현상을 식별.
2단계: 경제적 현상에 대한 가장 목적적합한 정보의 형태 식별.
3단계: 식별한 정보를 실무적으로 산출할 수 있고, 표현충실성을 갖출 수 있는지를 결정.

3단계에서 긍정적이면 기본적 질적 특성을 충족하기 위한 절차가 종료된다. 부정적이면, 그 다음으로 가장 목적적합한 정보의 형태를 가지고 기본적 질적 특성을 충족하기 위한 절차를 반복한다.

다. 강화적 질적 특성

강화적 질적 특성(强化的 質的 特性, enhancing qualitative characteristics)은 목적적합하고 표현충실한 정보의 유용성(usefulness of information)을 증진시키는 질적 특성이다. 강화적 질적 특성은 정보의 유용성을 결정하는 요인이 아니다. 정보의 유용성은 기본적 질적 특성에 의해 결정된다. 강화적 질적 특성은 유용성이 있는 정보의 유용성을 증진시키는 것이다. 경제적 현상에 대해 동일한 목적적합성과 표현충실성을 갖는 방법 중 하나를 선택해야 하는 상황에서도 강화적 질적 특성은 활용된다. 강화적 질적 특성에는 비교가능성, 검증가능성, 적시성, 이해가능성이 있다.

강화적 질적 특성			
비교가능성	검증가능성	적시성	이해가능성

1) 비교가능성

다른 기업 또는 다른 기간과 비교하여 유사점과 차이점을 발견할 수 있는 성격을 비교가능성(比較可能性, comparability)이라고 한다. 목적적합성과 표현충실성이 있는 정보가 비교가능성을 갖는다면, 그 정보의 유용성은 더 높아진다. 의사결정은 여러 가지 대안을 비교하여 가장 좋은 방안을 선택하는 것이기 때문이다. 비교가능성은 낮아도 목적적합성과 표현충실성을 갖는 정보는 유용성을 갖는다. 그러나 목적적합성과 표현충실성이 낮은 정보는 비교가능성이 높아도 유용하지 않다.

비교가능성은 상호비교가능성과 기간비교가능성으로 구분할 수 있다. 상호비교가능성(相互比較可能性, intra-comparability)은 동일한 시기에 있는 다른 기업과의 비교가능성을 의미한다. 기업간의 경제적 현상을 비교하여 평가하는 횡단면분석에서 상호비교가능성을 중요하다. 기간비교가능성(期間比較可能性, inter-comparability)은 동일한 기업에서 다른 회계기간과의 비교가능성을 의미한다. 경제적 현상의 추세를 분석하는 시계열분석에서 기간비교가능성은 중요한 의미를 갖는다.

비교가능성의 질적 특성이 가지는 중요한 의미는 이용자가 재무제표의 작성에 사용된 회계정책 및 회계정책의 변경과 그 영향에 대해 알 수 있다는 것이다. 이용자는 유사한 거래나 사건에 대해 한 기업이 기간별로 적용한 회계정책이나 기업 간에 적용한 회계정책의 차이점을 파악할 수 있어야 한다.

가) 비교가능성과 일관성

비교가능성을 달성하기 위해 회계에서 전통적으로 적용해온 원칙으로 일관성(一貫性, consistency)이 있다. 동일한 항목에 대해서는 동일한 방법을 사용하라는 것이 일관성이다. 하나의 보고실체의 각 회계기간과 동일한 회계기간의 각 보고실체에 일관성 개념을 적용할 수 있다. 특히 하나의 보고실체에서 유사한 회계사건에 대하여 매기 동일한 회계방법과 절차를 적용하고, 정당한 사유 없이 이를 변경해서는 안 된다는 개념을 계속성(繼續性)이라고 한다. 회계에서 계속성은 중시하는 이유는 재무정보의 비교가능성의 제고뿐만 아니라, 회계조작의 위험을 줄여 정보의 표현충실성을 높이기 위해서 이다.

일관성은 비교가능성이라는 목표를 달성하기 위한 수단이고, 비교가능성은 강화적 질적 특성이다. 따라서 계속성을 확보하기 위해 과거에 선택한 회계처리와 보고방법을 그대로 사용하는 것은 적절하지 않을 수 있다. 현재까지 사용한 것과는 다른 회계방법이 오히려 정보의 목적적합성과 표현충실성을 높인다면 변경을 해야 한다. 이 경우 회계변경에 관한 국제회계기준을 준수하여 재무제표를 작성하고 적용한 회계정책을 공시한다면 비교가능성도 달성할 수 있다.

나) 비교가능성과 기본적 질적 특성

기본적 질적 특성을 만족하는 재무정보는 일정 수준의 비교가능성을 갖는다. 목적적합한 경제적 현상의 충실한 표현을 위해서 다른 보고실체가 유사한 경제적 현상을 어떻게 인식하고 측정하여 보고하는지를 분석하고 비교하기 때문이다.

다) 비교가능성과 통일성

비교가능성은 단순한 통일성과 혼동되지 않아야 하며, 개선된 회계기준의 도입에 장애가 되지 않아야 한다. 기업이 채택한 회계정책이 목적적합성과 표현충실성의 질적 특성이 확보되지 않았는데도 특정 거래나 사건에 대해 동일한 방법을 계속 적용하는 것은 적절하지 않다. 또한 목적적합성과 표현충실성을 제고할 수 있는 대체적 방법이 있음에도 기존의 회계정책을 유지하는 것도 적절하지 않다.

2) 검증가능성

검증가능성(檢證可能性, verifiability)은 특정 재무보고정보가 표현충실성을 갖는다는 데 식견이 있는 독립적인 다른 관찰자가 동의(同意, consensus)할 수 있다는 것을 의미한다. 여기서 동의는 완전한 의견일치(complete agreement)일 필요는 없다. 경제적 현상의 인식과 측정에 존재하는 불확실성에 대한 태도가 관찰자에 따라 차이가 있을 수 있기 때문이다. 검증가능성은 정보가 표시하고자 하는 경제적 현상을 충실하게 표현하고 있다는 확신을 이용자에게 주기위해 필요한 질적 특성이다.

검증은 직접적일 수도 있고, 간접적일 수도 있다. 직접검증(直接檢證, direct verification)은 직접적인 관찰을 통해 금액이나 다른 표현을 검증하는 것을 의미한다. 직접검증의 예에는 현금이나 재고자산의 실사 등이 있다. 간접검증(間接檢證, indirect verification)은 모형이나 공식 등의 측정기법의 투입변수를 점검하고 동일한 방법으로 결과를 재계산하는 것을 의미한다. 예를 들어 기말재고자산의 장부금액을 검증할 경우에는 수량과 원가 등의 투입변수를 점검하고, 동일한 원가흐름가정을 적용하여 기말재고자산원가를 재계산하여 검증할 수 있다. 재무보고 중 미래 예측치와 상황에 대한 설명 등은 직접검증이 불가능하다. 따라서 간접검증이 가능하도록 기초적 가정, 정보산출방법, 그 정보의 근거가 되는 요인과 상황 등을 공시하여야 한다.

질적 특성으로서 검증가능성에 대해서는 유의할 점이 있다. 첫째, 양적 정보는 검증가능한 단일 금액에 의한 추정일 필요는 없다. 일정 범위와 그와 관련된 가능성도 검증될 수 있기 때문이다. 둘째, 검증가능성이 결여된 정보는 유용하지 않다는 것을 의미하지 않는다. 이용자는 검증가능한 정보는 확신을 가지고 사용하지만, 검증가능하지 않은 정보는 조심하여 사용할 것이다. 정보가 표시하고자 하는 것을 충실하게 표현하고 있지 않을 위험이 크기 때문이다. 만약 검증가능하지 않다는 이유로 정보를 표시하지 않게 되면, 재무보고의 유용성이 낮아질 수 있다. 따라서 검증가능성은 필요하지만 요구하지는 않는 강화적 질적 특성이 된다.

3) 적시성

이용자의 의사결정에 영향을 미칠 수 있는 시기에 정보를 제공할 때 적시성(適時性, timeliness)이 확보된다. 일반적으로 정보는 오래될수록 그 유용성이 저하된다. 그러나 일부 정보는 보고기말 이후 오랫동안 유용할 수 있다. 예를 들어 추세를 분석하기 위해서는 과거의 오래된 정보가 필요하다.

적시성은 정보가 유용하기 위해 필요한 질적 특성이지만, 목적적합성과 표현충실성만큼 중요하지는 않다. 목적적합하고 표현충실한 정보가 적시성을 가지면 유용성이 증가하지만, 목적적합하고 표현충실하지 않은 정보를 적시에 제공하면 유용하지 않기 때문이다. 더욱이 적시성이 없어도 목적적합하고 표현충실한 정보는 유용할 수도 있다. 확인목적(confirmatory purposes)이나 추세분석의 자료로 유용성을 가지기 때문이다.

4) 이해가능성

정보가 이용자의 의사결정에서 유용하기 위해서는 정보이용자가 그것을 이해할 수 있어야 한다. 이용자가 정보의 내용과 가치, 그리고 그 중요성을 이해할 수 있어야 그 정보를 그들의 의사결정모형에 투입하여 활용할 수 있기 때문이다. 따라서 재무보고를 할 때는 정보를 명확하고 간결하게 분류하고 표시하여 이해가능하도록 하여야 한다. 그런데 정보의 이해가능성(理解可能性, understandability)은 정보 자체의 특성과 제공방법에 의해서도 영향을 받지만 이용자의 특성에 의해서도 영향을 받는다. 따라서 이해가능성을 판단의 기준으로 하려면 이용자의 특성에 대한 전제가 있어야 한다. 회계에서는 정보이용자가 기업실체의 경제활동 및 회계에 대한 합리적인 지식과 경험을 가지고 있고, 성실하게 회계정보를 이해하기 위한 노력을 할 것이라는 가정이 전제된다. 따라서 이해가능성은 정보가 갖고 있는 질적 특성이기도 하지만, 정보이용자가 갖고 있어야 하는 질적 특성이기도 하여 이중적인 의미를 갖는다.

정보가 유용하기 위해서는 이해가능성이 필요하지만, 이해가능성이 정보의 유용성을 결정하는 중요한 요소인 것은 아니다. 이해가능성은 상대성을 가지기 때문이다. 일부 이용자가 이해할 수 없는 정보라고 하더라도 그것을 이해할 수 있는 다른 이용자가 많이 있을 수 있다. 따라서 이해가능성을 강조하여 의사결정에 목적적합하고 표현충실성 있는 정보를 제외시켜서는 안 된다. 즉 이해가능성은 목적적합성과 표현충실성을 갖는 정보를 명확하고 간결하게 표시하여 이해 가능하도록 하라는 것이지, 목적적합성과 표현충실성을 손상시키면서까지 이해가능성을 중시하라는 것은 아니다. 오늘날 재무보고 중에는 식견이 있고 성실한 이용자라 할지라도 이해하기 위해서 전문가의 도움을 받아야 할 정도로 복잡한 경제적 현상에 관한 정보가 포함되어 있다.

5) 강화적 질적 특성의 적용

강화적 질적 특성은 가능한 경우 최대한 충족되어야 한다. 그러나 강화적 질적 특성이 정보를 유용하게 하는 것은 아니다. 목적적합성과 표현충실성이 없는 정보는 모든 강화적 질적 특성이 충족되어도 유용하지 않다.

강화적 질적 특성은 반복적 과정을 통해 재무보고에서 적용된다. 미리 순서를 정할 수 없다. 경우에 따라서는 다른 질적 특성을 최대화하기 위해 특정 강화적 질적 특성이 무시되기도 한다. 예를 들어 새로운 재무보고기준을 미래적으로 적용하여 일시적으로 비교가능성을 감소시키는 것이 장기적으로 목적적합성과 표현충실성을 개선하는 효과를 얻는 경우도 있다. 이 경우 비교가능성의 결여는 적절한 공시를 통해 부분적으로 해결할 수 있다.

라. 제약요인

유용한 재무보고의 제약요인은 원가이다. 재무정보의 이용자와 제공자뿐만 아니라 회계기준설정기관이 새로운 재무보고규정(new financial reporting requirement)의 효익을 고려할 때 재무보고에서 원가가 발생한다는 것을 명심해야 한다. 특정 회계정보가 이용자에게 유용한 것이라고 하더라도 이용자가 그 정보로부터 얻게 되는 효익이 그 정보의 원가를 초과하지 못하면, 사회 전체적으로 볼 때 그 정보는 가치를 상실하기 때문이다. 이 원가-효익관계(原價-效益關係, cost-benefit relationship)는 정보에 국한되는 것이 아니라 모든 문제에서 경제성과 합리성을 확보하기 위해 일반적으로 적용되는 제약요인이다.

회계정보가 제공되고 이용되는 과정에서 여러 유형의 원가가 발생한다. 재무보고의 원가에는 재무제표 작성자의 정보제공에 소요되는 원가뿐만 아니라 정보이용자의 정보처리 비용도 포함된다. 재무제표 작성자는 정보의 수집, 처리, 감사 및 공시와 관련된 비용을 부담하며, 소송위험 또는 경쟁기업에의 정보유출가능성 등과 관련된 비용을 부담하게 된다. 그리고 정보이용자는 주로 재무제표의 이해와 분석과 관련된 비용을 부담하게 된다. 만약 재무보고에서 이용자가 필요로 하는 정보를 제공하지 않으면, 이용자는 그 정보를 추정하거나 다른 곳에서 얻기 위해 추가적인 원가를 부담한다. 이 추가적 원가도 재무보고의 원가에 포함된다.

재무보고는 사회적 차원과 개별재무정보이용자 차원에서 효익이 있다. 재무보고에서 이용자의 의사결정에 유용한 정보를 충분히 제공한다면, 자본시장이 보다 더 효율적으로 기능하게 하고 사회 전체의 정보탐색비용을 낮출 수 있다. 따라서 재무보고는 경제권 내에서 자원의 효율적 배분에 기여하는 효익이 있다. 재무보고는 개별정보이용자에게도 효익이 있다. 재무보고는 투자자 및 채권자를 포함한 정보이용자의 합리적 의사결정을 가능하게 한다. 개별 기업의 입장에서도 자본시장에서의 자본조달이 용이해지는 효익이 있다. 충실한 재무보고는 회계투명성을 의미하므로 기업이미지의 개선가능성도 잠재적 효익에 포함될 수 있다.

이와 같이 회계정보의 제공 및 이용에는 효익과 함께 원가가 수반된다. 따라서 원가제약요인(原價制約要因, cost constraint)을 적용할 때는 특정 정보의 보고에서 얻게 될 효익이 그 정보의 제공과 이용에서 발생하는 원가를 정당화할 수 있는지를 평가해야 한다. 문제는 재무보고의 원가에 비해 효익의 측정이 어렵다는 것이다. 원가는 비교적 명시적이지만, 효익은 그렇지 않기 때문이다. 이 때문에 종종 원가-효익관계가 특정 재무정보를 공시하지 않으려는 이유로 악용되기도 한다. 따라서 재무보고기준의 개발에 원가제약요인을 적용할 경우는 재무정보의 제공자, 이용자, 외부감사인, 회계학계 등 광범위한 이해관계자로부터 그 기준에서 발생할 것으로 예상되는 효익과 원가의 성격과 크기에 관한 정보를 수집해야 한다. 이때 특정 항목의 효익과 원가에 대한 평가는 이해관계자에 따라 달라진다는 것을 유념해야 한다. 효익과 원가는 평가는 본질적으로 주관성을 가지기 때문이다. 그리고 기준설정기관은 개별보고실체가 아닌 일반적인 재무보고와 연관지어 효익과 원가를 평가해야 한다. 이것은 모든 실체에 대해 동일한 재무보고를 요구해서는 안 된다는 것을 의미한다. 실체의 규모, 자본조달방법, 이용자의 정보욕구 등이 상이하면, 재무보고규정도 달라져야 한다.

4. 재무제표

가. 재무제표와 정보의 특성

1) 재무제표의 구성

재무제표(財務諸表, financial statements)는 기업의 재무상태와 재무성과를 체계적으로 표현한 공식적인 재무보고서이다. 재무제표를 작성하는 주된 이유는 기업의 이해관계자가 경제적 의사결정을 할 때 유용한 기업의 재무상태, 재무성과와 재무상태변동, 현금흐름에 관한 정보를 제공하기 위해서 이다. 또한 재무제표는 위탁받은 자원에 대한 경영진의 수탁책임 결과도 보여준다.

재무상태에 관한 정보는 재무상태표에서 제공된다. 기업의 재무상태는 기업활동에 의해 변한다. 회계기간 중 재무상태의 변동을 성과관점에서 작성한 보고서는 포괄손익계산서이고, 현금흐름관점에서 작성한 것은 현금흐름표이다. 주주에 대한 경영진의 수탁책임을 평가하기 위한 정보 중 하나는 자본의 변동이다. 자본변동표는 자본변동의 원인에 관한 정보를 제공하는 보고서이다.

재무제표에는 본문에 기재되어 있는 항목에 대한 이해를 높이기 위해 추가적인 정보를 제공하기 위해 사용하는 주기와 주석도 재무제표에 포함된다. 주기는 재무제표 본문에 간략하게 표시되는 정보라는 점에서 주석과 구분된다. 주석(註釋, notes)은 재무제표에 표시하는 정보에 추가하여 제공된 정보이다. 주석은 재무제표에 표시된 항목을 구체적으로 설명하거나 세분화한 것으로 재무제표 인식요건을 충족하지 못하는 항목에 대한 정보를 제공한다.

[표 3-3] 재무보고를 위한 재무제표의 구성

• 기말 재무상태표	• 기간 포괄손익계산서	• 기간 자본변동표
• 기간 현금흐름표	• 주석	
• 소급처리로 보고하는 경우 가장 이른 비교기간의 기초 재무상태표[5]		

5. 국제회계기준은 회계정책을 소급하여 적용하거나, 재무제표의 항목을 소급하여 재작성 또는 재분류하는 경우에는 비교가능성을 높이기 위해 가장 이른 비교기간의 기초 재무상태표를 포함하여 재무보고할

각 재무제표와 주석은 명확하게 식별되도록 하여야 한다. 그리고 다음 사항을 명기하고 정보의 이해를 위해서 필요하면 반복 표시하여야 한다.

- 보고실체의 명칭 또는 식별기호(other means of identification)와 전기 말 이후 그에 대한 변경
- 재무제표가 개별실체에 대한 것인지 연결실체에 대한 것인지의 여부
- 재무제표나 주석이 포함하고 있는 보고기간이나 보고기말
- 재무제표의 금액 표시를 위하여 사용한 금액 단위와 표시통화

2) 재무제표와 첨부자료

기업의 이해관계자들은 재무제표를 통해 기업의 미래현금흐름의 규모, 실현시기 및 실현가능성을 예측하고, 경영진의 수탁책임을 평가한다. 이를 위해 경영진은 재무제표 이외의 보고서를 추가로 제공하기도 한다. 경영진이 자발적으로 추가 제공하는 기타보고서에는 재무검토보고서, 환경보고서, 부가가치보고서 등이 있다. 경영진은 기업의 경영성과와 재무성과의 주요특성 및 기업이 직면한 주요 불확실성을 설명하기 위해 재무검토보고서[6]를 제공하고, 환경문제가 중요한 관심사인 경우나 종업원이 주요 재무제표이용자인 경우 그 정보를 제공하기 위해 환경보고서나 부가가치보고서와 같은 보고서를 제공하기도 한다. 경영진이 자발적으로 제공하는 이러한 재무제표의 첨부자료는 재무제표를 구성하지 않기 때문에 이용자들이 재무제표로 오해하지 않도록 명확히 구분하여야 한다.

3) 재무제표의 상호관련성

재무제표는 특정 회계기간동안의 경영활동 결과를 개별적인 관점에서 작성된다. 그러나 재무제표는 일정기간 동안의 기업활동의 내용과 결과를 재무제표 요소로

것을 요구하고 있다.

6. 경영진의 재무검토보고서에는 다음의 정보가 제공된다.
   ①재무성과의 주요 결정 요인과 영향: 기업이 처한 영업환경의 변화, 이에 대한 기업의 대응계획 및 재무성과를 유지하고 향상시키기 위한 기업의 투자정책 및 배당정책 등
   ②기업의 자금 조달원천과 목표 부채비율
   ③재무상태표에 인식되지 아니한 기업의 자원

파악하여 요약·정리한 각종 보고서이기 때문에 상호간에 깊은 관련성이 있다. 즉 경제적 자원(자산)과 그 청구권(부채와 자본)에 관한 정태적 정보(情態的 情報, static information)는 재무상태표에서 제공하고, 재무상태의 변동에 관한 동태적 정보(動態的 情報, dynamic information)는 포괄손익계산서, 현금흐름표, 자본변동표에서 제공한다. 포괄손익계산서는 재무상태표 요소의 변동을 성과, 즉 이익이라는 관점에서 파악하여 보고하는 것이고, 현금흐름표는 재무상태표 요소의 변동을 현금흐름의 관점에서 파악하여 보고하는 것이다. 따라서 포괄손익계산서와 현금흐름표는 모두 기업활동에 관한 포괄적 정보를 제공하는 것이지만, 포괄손익계산서는 발생주의 관점에서 이익에 관한 정보를 제공하고 현금흐름표는 현금주의 관점에서 현금흐름에 관한 정보를 제공한다는 데서 차이가 있다. 자본변동표는 재무상태표 요소 중 자본의 변동에 관한 정보를 제공한다.

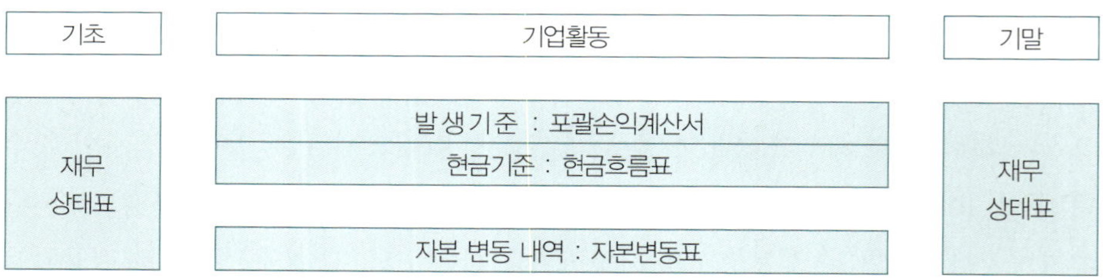

[그림 3-2] 재무제표의 상호관련성

이처럼 재무제표는 하나의 기업활동을 여러 관점에서 요약·정리한 보고서지만 상호 밀접하게 연관되어 있다. 재무제표를 구성하는 특정 재무보고서는 특정 정보를 주로 제공하지만, 그 재무보고서가 특정 의사결정에 충분한 모든 정보를 제공하지는 않는다. 따라서 재무제표를 이용할 때는 재무보고서의 연관관계에 따른 상호보완적 성격을 이해하여야 한다. 이에 대한 예는 다음과 같다.

❶ 단기지급능력이나 재무탄력성 평가에 유용한 정보는 주로 재무상태표에서 제공된다. 그러나 보다 정교한 분석을 위해서는 현금흐름표도 활용하여야 한다.

❷ 수익성 평가에 유용한 정보는 주로 포괄손익계산서에서 제공된다. 그러나 포괄손익계산서 정보는 재무상태표 정보와 함께 사용될 때 더욱 의미 있는 해석

이 가능하게 된다. 즉, 자기자본이익률이나 재고자산회전률 등은 수익성의 기간비교나 상호비교에 있어 보다 유용한 정보를 제공한다.

❸ 현금흐름표는 보고기간 동안의 현금유입과 현금유출에 대해 많은 정보를 제공한다. 그러나 현금유입과 현금유출은 동일한 보고기간 내에서 수익과 비용과 같이 서로 대응되어 표시되지 않으므로 현금흐름표는 기업실체의 미래 현금흐름을 전망하는 데 충분한 정보를 제공하지 못한다. 예를 들어, 영업활동에서의 현금유입은 많은 부분이 과거의 영업활동에 의해 나타나게 되고, 또한 현재의 현금지출은 미래의 현금유입을 위해 이루어진다. 그러므로 미래의 현금흐름을 예측하기 위해서는 현금흐름표 뿐만 아니라 포괄손익계산서와 재무상태표에서 제공하는 정보를 함께 사용할 필요가 있다.

4) 재무제표 정보의 특성과 한계

재무제표에 제시되는 정보는 다음과 같은 특성과 한계를 갖고 있으므로 의사결정에 활용할 때는 유의해야 한다.

❶ 재무제표는 주로 화폐금액으로 요약한 정보를 제공한다. 따라서 기업의 재무상태에 영향을 미치는 거래라 하더라도 화폐단위로 측정할 수 없는 것은 반영되지 않는다. 수량이나 세부적 정보가 필요할 경우는 재무제표의 보조정보나 기타 재무보고 정보, 재무보고 이외의 정보원으로 부터 추가적인 정보를 입수해야 한다.

❷ 재무제표는 대부분 과거에 발생한 거래 및 사건에 대한 정보를 나타낸다. 미래 예측치는 재무제표분석을 통해 얻어야 한다.

❸ 재무제표는 합리적 추정에 의한 측정치를 포함하고 있다. 따라서 재무제표 정보를 의사결정에 활용할 때는 감사의견 등으로 재무제표 정보의 신뢰성을 확인해야 한다.

❹ 재무제표는 개별 기업에 관한 정보를 제공하며, 산업 또는 경제 전반에 관한 정보를 제공하지는 않는다.

❺ 재무제표는 정보이용자의 정보요구를 충족시키기 위한 하나의 수단이다.

❻ 재무제표는 다양한 대체가능한 회계방법에 따라 측정된 재무정보를 제공한다.

따라서 회계방법의 선택에 경영자의 자의적인 판단이 반영될 수 있고, 동일한 경제적 사건에 대해 상이한 회계방법적용으로 인해 상이한 정보가 반영될 수 있다.

나. 기초적 가정

회계에서 인식과 측정을 위한 기초적 가정(基礎的 假定, underlying assumptions) 또는 기본가정(基本假定, basic assumptions)은 회계실무를 관찰해서 나온 것 중에서 자명하고 보편타당성을 갖는 것을 의미하기 때문에 환경적 가정(環境的 假定, environmental assumptions), 또는 회계공준(會計公準, accounting postulates)이라고도 한다. 기초적 가정의 구성요소에 대해서는 논란이 있다. IASB는 개념체계(Framework for the Preparation and Presentation of Financial Statements)에서 발생기준과 계속기업만을 기초적 가정으로 하고 있다. 여기서는 보고실체를 기초적 가정에 포함하여 설명하기로 한다. 보고실체는 재무보고의 범위를 결정하는 가정이기 때문이다.

인식과 측정 및 보고를 위한 기초적 가정		
보고실체	계속기업	발생기준

1) 보고실체

보고실체(報告實體, reporting entity)는 재무회계와 보고의 범위를 결정하기 위해 필요한 가정으로 경제적 실체(經濟的 實體, economic entity)나 회계실체(會計實體, accounting entity)라고도 한다. 보고실체의 가정은 회계주체론과 구별될 수 있다. 회계주체론은 보고실체에 대한 재무보고를 하기 위한 관점에 관한 것으로 실체이론과 소유주이론이 있다. 실체이론(實體理論, entity theory)은 보고실체의 관점에서 보고실체에 관한 재무보고를 해야 한다는 것이고, 소유주이론(所有主理論, proprietary theory)은 보고실체의 소유주 관점에서 보고실체에 관한 재무보고를 해야 한다는 것이다. 국제회계기준은 실체이론을 기초로 하고 있다. 일반목적재무보고는 소유주뿐만 아니라 채권자 등의 정보욕구도 충족하여야 하기 때문이다.

보고실체를 정의하는 방법은 두 가지가 있다. 하나는 경제활동단위(經濟活動單位,

economic unit)로 정의하는 것이고, 다른 하나는 이용자의 경제적 이해관계(經濟的 利害關係, economic interest)의 관점에서 정의하는 것이다. 여기서 경제활동단위는 구분 가능한 사업활동 영역(circumscribed area of business activity)을 의미한다. 일반적으로 이용자들은 경제활동단위에 대해서 관심을 가지므로 경제활동단위로 정의하나 경제적 이해관계로 정의하나 동일한 결과를 얻게 된다. 즉 독립된 법인격을 갖는 법적 실체(法的 實體, legal entity)인 기업은 하나의 경제활동단위이고 이용자들이 개별기업에 경제적 이해관계를 가지므로 법적 실체인 기업이 보고실체가 된다. 또 법적으로는 독립된 실체라고 하더라도, 지배종속관계에 있는 기업들은 경제적으로는 전체가 하나의 경제활동단위이고 이용자들은 기업군 전체에 경제적 이해관계를 가진다. 따라서 지배종속관계에 있는 기업군이 보고실체가 된다. 지배종속관계에 있는 기업군을 보고실체로 하는 것을 연결회계라고 한다. 따라서 보고실체는 법적 실체보다 넓은 개념이다.

2) 계속기업

계속기업(繼續企業, going concern)의 가정은 보고실체가 예상가능한 기간 동안 사업활동을 계속할 것이라는 가정으로 영속성 가정(永續性 假定, continuity assumption)이라고도 한다. 보고실체가 사업활동을 청산하거나 중요하게 축소시킬 의도가 없을 뿐 아니라 그러한 필요성도 없다면 계속기업이 된다.

계속기업의 가정은 회계에서 다음과 같은 의미를 갖는다.

첫째, 회계에서 자산을 원가로 측정하는 근거를 제공해준다. 사업활동이 지속된다는 것은 현재 보유하고 있는 자산을 처분하지 않는다는 것을 의미한다. 따라서 기업이 사업활동에 사용하기 위해 보유하고 있는 자산을 처분가격으로 평가하는 것은 계속기업의 관점에서 볼 때 적절하지 않다. 만약 계속기업의 가정이 성립되지 않는다면 기업이 보유하고 있는 모든 자산을 청산가치로 보고해야 할 것이다. 그러나 이런 청산가치로 현행판매가격 내지 순실현가능액 등 명시적으로 규정할 수 없어 회계보고에 많은 어려움이 따른다. 이에 현행 회계기준은 원칙적으로 원가로 평가하여 보고하도록 하고 있는데 이는 원가가 확정적인 정보를 제공하기 때문이다. 회계에서 자산을 취득하기 위해서 기업이 부담하는 모든 대가인 원가로 자산을 평가하는 것은 계속기업의 가정 때문이다.

둘째, 감가상각회계의 근거가 된다. 감가상각은 이미 지출된 자산의 원가를 미래의 일정기간 동안에 배분하여 비용으로 인식하는 회계절차를 의미하므로 계속기업을 전제로 하지 않으면 있을 수 없는 회계처리이다.

셋째, 재공품이나 공사중인 자산 등을 자산으로 인정하고, 생산이 진행중인 상태에서 수익을 인식하는 것도 계속기업을 전제로 한 것이다. 이런 유형의 자산이나 수익은 계속기업을 전제로 하지 않으면 의미를 상실하게 된다.

물론 보고실체의 중요한 사업활동이 축소되거나 청산할 의도나 필요성이 있어 계속기업을 가정하기 어려운 경우에는 계속기업을 가정하지 않은 다른 회계기준을 적용하는 것이 타당하다. 이 경우 계속기업의 가정과 다르게 적용된 회계기준, 즉 청산회계(清算會計, liquidation accounting)를 위한 기준은 별도로 공시하여야 한다.

3) 발생기준

재무제표는 그 목적에 부합하기 위하여 발생기준을 적용하여 작성한다[7]. 발생기준(發生基準, accrual basis)에서는 거래나 그 밖의 사건의 영향을 현금이나 현금성자산의 수취나 지급 시점이 아니라 발생한 기간에 인식하며 해당기간의 장부에 기록하고 재무제표에 표시한다. 발생기준을 적용하여 작성한 재무제표는 현금의 수지를 수반한 과거의 거래뿐만 아니라 미래에 현금을 지급해야 하는 의무와 현금의 수취가 기대되는 자원에 대한 정보를 이용자에게 제공한다. 따라서 재무제표는 과거의 거래와 그 밖의 사건에 대해 이용자의 경제적 의사결정에 가장 유용한 형태의 정보를 제공한다. 일반적인 거래는 하나의 회계기간에만 관련되는 것은 아니며, 여러 회계기간에 걸쳐 나타나기도 한다. 또한 거래가 반드시 현금흐름을 수반하는 것은 아니며 신용거래도 일반적인 현상이므로 현금주의보다는 발생주의 개념에 따른 회계처리가 더 목적적합한 정보를 제공할 수 있고 재무제표의 구성요소의 정의와도 부합한다.

---

7. 현금흐름표는 현금기준으로 작성된 재무보고서이다.

발생기준은 회계의 기본적 특징으로서 재무제표의 기본요소의 정의 및 인식, 측정과 관련이 있다. 이 때문에 통상적으로 회계라고 하면, 발생주의 회계(發生主義 會計, accrual basis accounting)를 의미한다. 발생주의 회계에서는 인식하는 자산이나 부채와 현금흐름의 관계를 발생과 이연 개념을 도입하여 설명한다.

가) 발생

발생(發生, accruals)이란 미래에 수취 또는 지급할 금액과 관련하여 현재 시점에서 자산 또는 부채를 관련된 부채, 자산, 수익, 비용 등과 함께 인식하는 회계과정을 의미한다. 예를 들어, 재화나 용역을 신용으로 판매할 때 매출채권이라는 자산과 함께 매출액이라는 수익을 인식하거나, 현금이 지급되지 않은 이자 또는 급여 등에 대해 미지급비용이라는 부채와 함께 이자비용이나 급료라는 비용을 인식하게 된다. 따라서 미수계정과 미지급계정은 발생이라는 개념에 의해 도출되는 계정이다.

나) 이연

이연(移延, deferrals)이란 미래에 수익을 인식하기 위해 현재의 현금유입에 대해 부채를 인식하거나, 또는 미래에 비용을 인식하기 위해 현재의 현금유출에 대해 자산을 인식하는 회계과정을 의미한다. 전자의 경우 수익의 인식은 관련 부채에 내재된 의무의 일부 또는 전부가 이행될 때까지 연기된다. 마찬가지로 후자의 경우 비용의 인식은 관련 자산에 내재된 미래 경제적 효익의 일부 또는 전부가 사용될 때까지 연기된다[8]. 수익 이연의 예로는 임대료의 선수가 있고, 비용 이연의 예로는 보험료의 선급이 있다. 따라서 선수계정과 선급계정은 이연이라는 개념에 따라 도출되는 계정이다.

이와 같이 발생주의를 기본적 가정으로 하면, 거래의 본질을 잘 반영하고, 현금흐름과는 무관하게 자산, 부채, 수익, 비용 등 재무제표의 구성요소의 정의에 부합하는 회계정보를 제공할 수 있는 장점이 있다. 따라서 현대의 회계기준은 발생주의를 기초적인 가정으로 하고 있다.

8. 이연된 수익이나 비용, 즉 선수수익이나 선급비용은 미래 회계기간의 수익과 비용으로 기간배분된다. 이러한 기간배분을 상각이라고 한다. 상각이 되면 선수수익이나 선급비용이 감소된다.

계속기업과 회계기간 및 발생기준의 관계

기간별 보고(periodicity) 또는 회계기간(accounting period)의 가정은 회계실체의 지속적인 경제활동을 일정기간 단위로 구분하여 기간별 보고를 한다는 가정이다.

계속기업을 전제로 재무보고를 할 경우에는 회계기간개념(會計期間槪念, accounting period concept)을 도입할 필요가 있다. 회계기간은 이용자에게 정기적으로 재무보고를 하기 위해 정한 기간을 의미한다. 따라서 회계기간개념을 기간별보고개념(期間別報告槪念, periodicity concept)이라고도 한다. 보고실체의 회계기간을 정할 때는 회계기간의 장·단기에 따라 발생할 수 있는 정보의 목적적합성과 신뢰성간의 상충관계가 고려되어야 한다. 회계기간은 1년으로 하는 것이 일반적인 관행이다. 그러나 적시성 있는 정보를 제공하기 위해서 1년을 4분기로 세분하여 각 분기별로 중간보고를 하기도 한다.

회계기간개념은 회계에서 인식을 할 때 매우 중요한 역할을 한다. 일정한 회계기간 동안의 정보를 제공하기 위해서는 여러 기간에 걸쳐 있는 기업활동을 어느 회계기간에서 인식할 것인가라는 문제를 해결해야 한다. 이러한 인식기준으로 회계에서 사용하는 것이 발생기준이다. 따라서 발생기준을 회계기간개념에 도출되는 하위의 회계개념으로 보기도 한다.

4) 기타

IASB의 개념체계에서는 기초적 가정으로 인정하지 않지만, 종종 언급되는 기초적 가정으로 화폐측정이 있다. 화폐측정개념(貨幣測定槪念, monetary measurement concept)은 회계에서 거래나 사건을 측정하는 기준으로 화폐단위를 사용한다는 것이다. 일정기간 동안의 기업은 무수히 많은 활동을 한다. 이러한 모든 활동을 기록하여 요약·정리하기 위해서 공통적인 측정단위가 필요하다. 회계에서는 일반적 공통측정단위로 화폐를 사용한다. 재무제표요소를 화폐금액으로 측정하면, 가감승제가 가능하여 요약된 정보를 보고할 수 있기 때문이다.

재무제표 중 재무상태표, 손익계산서, 현금흐름표, 자본변동표는 화폐측정개념을 적용한 정보를 제공한다. 그러나 주석이나 재무제표에 대한 보충정보 또는 보조정보에는 화폐를 측정단위로 하지 않은 비개량적 정보 또는 비재무적 정보가 다수 포함된다. 따라서 화폐측정을 재무보고의 기초적 가정으로 인정하기 어렵다.

다. 재무제표 기본요소의 정의와 인식기준

1) 의의

재무제표는 거래나 사건의 재무적 영향을 경제적 특성에 따라 대분류하여 나타낸다. 이러한 대분류를 재무제표의 요소로 정의한다. 재무상태표에서 재무상태의 측정과 직접 관련된 요소는 자산, 부채, 자본이고 포괄손익계산서에서 성과의 측정과 직접 관련된 요소는 수익과 비용이다. IASB의 개념체계에서는 현금흐름표와 자본변동표에 고유한 요소를 별도로 식별하지 않고 있다. 이들 재무제표는 일반적으로 재무상태표 요소의 변동과 포괄손익계산서 요소를 반영하기 때문이다.

회계는 재무제표 요소에 따라 거래나 사건을 인식하고 측정하여 보고한다. 즉 회계에서 인식(認識, recognition)은 특정 거래나 사건을 재무제표요소에 따라 분류하여 회계시스템에 투입하는 것을 의미하고, 측정(測定, measurement)은 인식한 거래나 사건을 측정단위로 계량화하는 것을 의미한다. 전통적으로 회계에서는 화폐금액을 측정단위로 사용하고 있다. 인식된 거래나 사건은 회계시스템을 거치면서 요약·정리되어 그 거래나 사건의 성격을 나타내는 명칭인 계정과목과 화폐적 측정치가 재무제표로 보고된다. 이는 회계에서 인식과 측정은 동시에 일어난다는 것을 의미한다. 이 때문에 인식은 가능하지만 신뢰성 있게 측정할 수 없는 경우, 회계에서는 측정가능할 때까지 그 거래나 사건의 인식을 연기한다.

여기서는 재무제표 기본요소의 정의와 인식기준에 관한 기본원칙을 살펴보기로 한다. 구체적인 인식기준은 제4장과 제5장, 측정기준은 제4장에서 설명한다.

2) 재무제표 기본요소의 정의

재무상태의 측정에 직접 관련되는 요소는 자산, 부채 및 자본이다. 이러한 요소의 정의는 다음과 같다.

- 자산은 과거 사건의 결과로 기업이 통제하고 있고 미래경제적효익이 기업에 유입될 것으로 기대되는 자원이다.
- 부채는 과거 사건에 의하여 발생하였으며 경제적효익을 갖는 자원이 기업으로부터 유출됨으로써 이행될 것으로 기대되는 현재의무이다.

• 자본은 기업의 자산에서 모든 부채를 차감한 후의 잔여지분이다.

이익은 흔히 성과의 측정치로 사용되거나 투자수익률이나 주당이익과 같은 측정치의 기초로 사용된다. 이익의 측정과 직접 관련된 요소는 수익과 비용이다[9]. 수익과 비용은 다음과 같이 정의한다.

• 수익은 자산의 유입이나 증가 또는 부채의 감소에 따라 자본의 증가를 초래하는 특정 회계기간 동안에 발생한 경제적효익의 증가로서, 지분참여자에 의한 출연과 관련된 것은 제외한다.
• 비용은 자산의 유출이나 소멸 또는 부채의 증가에 따라 자본의 감소를 초래하는 특정 회계기간 동안에 발생한 경제적효익의 감소로서, 지분참여자에 대한 분배와 관련된 것은 제외한다.

3) 인식기준

인식은 재무제표 요소의 정의에 부합하고 인식기준을 충족하는 항목을 재무상태표나 포괄손익계산서에 반영하는 과정을 말한다. 이 과정은 해당 항목을 서술하는 계정명칭과 화폐금액으로 기술하고 그 금액을 재무상태표 또는 포괄손익계산서 총계에 산입하는 것을 포함한다.

거래나 사건의 인식기준(認識基準, recognition criteria)은 미래 경제적 효익의 발생가능성과 측정의 신뢰성 등 2가지 요소로 구성되어 있다. 이 2가지 요소가 모두 충족될 때 인식기준이 충족된다.

거래나 사건의 인식기준
• [발생가능성] 미래 경제적 효익이 기업에 유입되거나 기업으로부터 유출될 가능성이 높다. • [측정의 신뢰성] 원가나 가치를 신뢰성 있게 측정할 수 있다.

재무제표 요소의 정의에 부합하는 항목이 인식기준을 모두 충족한다면 재무상태

9. 수익과 비용의 인식과 측정, 그리고 그에 따른 이익은 부분적으로는 기업의 재무제표 작성에 적용된 자본과 자본유지개념에 의존한다. 이에 대해서는 제7장에서 설명한다.

표나 포괄손익계산서에 인식되어야 한다[10]. 관련된 회계정책의 공시, 주석 또는 설명 자료만으로는 그러한 항목의 인식누락을 정당화할 수 없다.

가) 식별

어떠한 항목이 재무제표 기본요소의 정의에 부합한다면, 그 항목은 회계사건이나 거래에서 발생한 것이므로 인식대상이 될 수 있다. 만약 어떠한 항목이 재무제표 기본요소의 정의에 부합하지만, 다른 인식조건이 충족되지 않으면 그 항목을 재무제표에 보고하지 않는다. 그러나 정보이용자들이 회계실체의 미래 현금흐름을 평가하는 데 그 항목이 목적적합성과 중요성을 갖는 경우에는 그 내용을 주석, 설명자료 또는 부속명세서에 공시하여야 한다. 그리고 식별이 되는 경우, 인식기준의 충족 여부를 지속적으로 검토하여야 한다. 특정 시점에서는 인식기준을 충족하지 못하는 항목이더라도 그 후에 후속 상황이나 사건의 결과에 따라 인식기준을 충족할 수도 있기 때문이다.

나) 미래 경제적 효익의 발생가능성

인식기준에는 발생가능성개념(發生可能性概念, concept of probability)이 사용된다. 발생가능성은 특정 항목과 관련된 미래 경제적 효익이 기업에 유입되거나 기업에서 유출될 불확실성의 정도를 의미한다. 인식기준에서 미래 경제적 효익(未來 經濟的 效益, future economic benefit)의 발생가능성 조건은 불확실성 하에서 기업활동을 수행하는 기업에 대해 발생기준을 적용해야 하기 때문에 필요하다. 미래경제적효익의 유입과 유출에 대한 불확실성 정도의 평가는 재무제표를 작성할 때 이용가능한 증거에 기초하여야 한다. 예를 들어, 기업이 보유하는 특정 매출채권의 대손가능성에 대한 증거가 없고 회수가능성이 높다면 그 매출채권을 자산으로 인식하는 것이 정당화 된다. 그러나 대손이 발생할 가능성이 높은 것으로 추정된다면, 미래에 예상되는

10. 재무제표의 기본요소들은 경제적 사건이나 거래의 재무적 효과를 표현함에 있어 서로 연관되어 있다. 어떤 항목이 한 기본요소의 인식기준을 충족하여 인식될 때에는 자동적으로 다른 기본요소의 인식이 수반된다. 예를 들면, 자산의 인식기준을 충족하는 어떤 항목이 자산으로 인식될 때 수익 또는 부채의 인식이 동시에 이루어진다. 또한, 비용의 인식기준을 충족하는 어떤 항목이 비용으로 인식될 때 자산의 감소 또는 부채의 증가가 동시에 인식된다.

경제적 효익의 감소를 비용으로 인식하여야 한다.

다) 측정의 신뢰성

인식기준에는 측정의 신뢰성 개념(concept of measurement reliability)이 사용된다. 회계에서는 인식과 측정이 동시에 발생하기 때문에 인식조건에 측정의 신뢰성이 포함된다. 측정의 신뢰성 개념은 어떤 항목을 인식하기 위해서는 그 항목이 화폐단위로 계량화될 수 있는 측정 속성을 갖고 있고 또한 그것을 신뢰성 있게 측정할 수 있어야 한다는 것이다. 여기서 신뢰성 있게 측정할 수 있다는 것은 그 측정 속성의 금액이 확정되어야 한다는 의미가 아니다. 추정에 의한 측정치도 합리적인 근거가 있을 경우 신뢰성 있는 측정치가 될 수 있다. 예를 들어, 제품의 하자보수에 소요될 비용을 과거의 하자보수 실적을 토대로 추정하는 것은 합리적 추정치(合理的 推定値, reasonable estimates)가 될 수 있다. 그러나 추정의 근거가 불충분하여 추정치의 신뢰도가 의문시되는 경우에는 인식기준이 충족되지 않는다. 예를 들어, 소송으로부터 예상되는 자원의 유출이 부채와 비용의 정의에 부합하고 경제적 효익의 유출가능성 기준을 충족시킨다 하더라도 그 금액을 합리적으로 추정할 수 없는 경우에는 이를 재무제표에 부채와 비용으로 인식하지 않는다. 그러나 소송사건의 존재는 주석, 설명 자료 또는 부속명세서에 공시될 수 있다.

라. 재무제표 표시의 일반원칙

국제회계기준은 재무제표를 작성할 때 고려하여야 할 일반원칙으로 8가지를 제시하고 있다.

1) 표시의 공정성 및 한국채택국제회계기준 준수

재무제표는 기업의 재무상태, 재무성과 및 현금흐름을 공정하게 표시해야 한다. 공정한 표시(公正한 表示, fair presentation)를 위해서는 '개념체계'에서 정한 자산, 부채, 수익 및 비용에 대한 정의와 인식요건에 따라 거래, 그 밖의 사건과 상황의 효과를 충실하게 표현해야 한다. 거의 모든 상황에서 공정한 표시는 관련 한국채택국제회계기준을 준수함으로써 달성된다. 따라서 한국채택국제회계기준에 따라 작성된 재무제표(필요에 따라 추가 공시한 경우 포함)는 공정하게 표시된 재무제표로 본다[11].

공정한 표시를 위해 준수하여야 할 사항은 다음과 같다.

첫째, 회계정책을 선택하고 적용할 때는 한국채택국제회계기준서 제1008호 '회계정책, 회계추정의 변경 및 오류'를 준수하여야 한다. 이 기준서에는 구체적으로 적용할 한국채택국제회계기준이 없는 경우에 경영진이 고려할 관련 기준의 우선순위도 규정하고 있다. 부적절한 회계정책은 이에 대하여 공시나 주석 또는 보충 자료를 통해 설명하더라도 정당화될 수 없다.

둘째, 회계정책을 포함하여 목적적합하고, 신뢰할 수 있고, 비교가능하며 이해가능한 정보를 표시한다.

셋째, 한국채택국제회계기준의 구체적인 요구사항을 준수하더라도 특정거래, 그 밖의 사건 및 상황이 기업의 재무상태와 재무성과에 미치는 영향을 재무제표이용자가 이해하기에 충분하지 않은 경우 추가공시를 제공한다.

극히 드문 상황이지만, 한국채택국제회계기준의 요구사항을 준수하는 것이 오히려 '개념체계'에서 정하고 있는 재무제표의 목적과 상충되어 재무제표이용자의 오해를 유발할 수 있다고 경영진이 결론을 내리는 경우가 있다. 이 경우에는 그러한 결론을 내린 이유와 재무제표 각 항목에 미치는 재무적 영향 등을 공시하여야 공정한 표시가 된다[12].

2) 계속기업의 전제

기업이 경영활동을 청산 또는 중단할 의도가 있거나, 경영활동을 계속할 수 없는 상황에 놓인 경우를 제외하고는 계속기업(繼續企業, going concern)을 전제로 재무제표를 작성한다. 따라서 경영자는 재무제표를 작성할 때 기업의 존속가능성을 평가할 필요가 있다. 평가결과 경영자가 계속기업의 전제에 대한 중요한 의문을 가지게 된

---

11. 한국채택국제회계기준을 준수하여 재무제표를 작성하는 기업은 그러한 준수 사실을 주석으로 기재한다. 이때 재무제표가 한국채택국제회계기준의 요구사항을 모두 충족한 경우가 아니라면 한국채택국제회계기준을 준수하여 작성되었다고 기재하여서는 안 된다.

12. 공정한 재무제표의 작성에 대한 1차적 책임은 경영자에게 있다.

경우에는 그 내용을 주석으로 기재하여야 한다.

존속가능성을 판단할 때 경영자는 기업의 수익성, 부채상환계획, 대체적 재무자원의 조달계획 등 재무상태표일로부터 최소한 1년간의 예상 가능한 모든 정보를 종합적으로 검토하여야 한다. 그러나 기업이 상당기간동안 계속사업이익을 보고하여 왔고, 재무상태표일 현재 경영에 필요한 재무자원을 확보하고 있는 경우에는 계속기업에 대한 불확실성이 존재하지 않는다고 볼 수 있으므로 존속가능성에 대한 판단 없이 계속기업의 전제를 적용할 수 있다.

3) 발생기준 적용

기업은 현금흐름 정보를 제외하고는 발생기준회계(發生基準會計, accrual basis of accounting)로 재무제표를 작성한다. 발생기준회계를 사용하는 경우, 각 항목이 '개념체계'의 정의와 인식요건을 충족할 때 자산, 부채, 자본, 광의의 수익 및 비용(재무제표의 요소)으로 인식한다.

4) 중요성과 통합표시

수많은 거래와 사건은 성격이나 기능에 따라 범주별로 통합되어 재무제표에 표시된다. 통합 및 분류의 마지막 단계는 재무제표에 각 개별 항목으로 나타내기 위하여 관련 자료를 요약하고 분류하여 표시하는 것이다. 이때 판단기준은 중요성(重要性, materiality)이다. 성격이나 금액이 중요한 항목은 그 내용을 명확히 나타낼 수 있도록 재무제표의 본문 또는 주석에서 구분하여 표시하여야 하지만, 개별적으로 중요하지 않은 항목은 재무제표의 본문이나 주석으로 표시되는 성격이나 기능이 유사한 항목과 통합표시할 수 있다. 중요하지 않은 항목은 설령 기업회계기준에서 재무제표의 본문 또는 주석에 구분표시 하도록 요구하더라도 유사한 항목과 통합하여 표시할 수 있다.

재무제표의 표시와 관련하여 재무제표 본문과 주석에 적용하는 중요성 기준은 서로 다를 수 있다. 예를 들어, 재무제표 본문에서 통합하여 표시한 항목이라 할지라도 주석에서는 구분하여 표시할 수 있다. 이 경우 재무제표 본문에 통합 표시한 항목의 세부 내용도 주석에 포함시켜야 한다.

흔히 재무제표의 표시통화를 천 단위나 백만 단위로 표시할 때 더욱 이해가능성이 제고될 수 있다. 이러한 표시는 금액 단위를 공시하고 중요한 정보가 누락되지 않는 경우에 허용될 수 있다.

5) 상계의 제한

원칙적으로 자산과 부채, 그리고 수익과 비용은 구분하여 표시하여야 한다. 재무제표에서 상계표시(相計表示, offsetting)하면 발생한 거래나 사건과 상황을 이해하고 기업의 미래현금흐름을 분석할 수 있는 재무제표이용자의 능력을 저해하기 때문이다.

국제회계기준은 상계를 금지하지는 않는다. 동일 거래에서 발생하는 수익과 관련비용의 상계표시가 거래나 그 밖의 사건의 실질을 반영한다면 그러한 거래의 결과는 상계하여 표시한다. 예를 들면 다음과 같다.

- 투자자산 및 영업용자산을 포함한 비유동자산의 처분손익은 처분대금에서 그 자산의 장부금액과 관련처분비용을 차감하여 표시한다.
- 충당부채와 관련된 지출을 제3자와의 계약관계(예: 공급자의 보증약정)에 따라 보전 받는 경우, 당해 지출과 보전받는 금액은 상계하여 표시할 수 있다.
- 외환손익 또는 단기매매 금융상품에서 발생하는 손익과 같이 유사한 거래의 집합에서 발생하는 차익과 차손은 순액으로 표시한다. 그러나 그 차익과 차손이 중요한 경우에는 구분하여 표시한다.

상계표시와 구분하여야 개념으로 순액표시(純額表示, net of valuation allowances)가 있다. 차감계정이나 부가계정 등의 평가계정을 가감한 순액으로 자산과 부채를 표시하는 것은 상계가 아니다. 순액표시는 재무제표에 대한 이해가능성을 제고할 수 있다. 예를 들어 매출채권, 미수금, 단기대여금, 장기대여금, 장기성매출채권 등에 대한 대손충당금, 유형자산에 대한 감가상각누계액, 사채액면가액에 대한 사채발행차금 등의 가감항목을 해당 항목에서 가감하는 형식으로 표시할 경우 재무상태표가 지나치게 복잡해질 수 있다. 순액표시를 할 경우 평가계정잔액은 주기하고 세부 내용은 주석으로 기재할 수 있다.

6) 연차보고

전체 재무제표는 적어도 1년마다 작성한다[13]. 보고기간종료일을 변경하여 재무제표의 보고기간이 1년을 초과하거나 미달하는 경우 재무제표 해당 기간뿐만 아니라 보고기간이 1년을 초과하거나 미달하게 된 이유와 재무제표에 표시된 금액이 완전하게 비교가능하지는 않다는 사실을 추가로 공시하여야 한다.

7) 비교정보 제공

기업의 기간별 비교가능성을 제고하기 위하여 전기 재무제표의 모든 계량정보는 당기와 비교하는 형식으로 보고하여야 한다. 이처럼 당기와 전기 등 두 기간 이상의 재무제표를 비교하는 형식으로 작성된 재무제표를 비교재무제표(比較財務諸表, comparative financial statements)라고 한다.

비교정보제공의 원칙은 서술형 정보에도 적용된다. 즉 전기 재무제표의 비계량정보가 당기 재무제표를 이해하는 데 관련되어 있는 경우에는 이를 당기의 정보와 비교하여 주석에 기재한다. 예를 들어, 전기 재무보고일 현재 미해결된 소송사건이 당기 재무제표가 사실상 확정된 날까지 해결되지 않은 경우에는 전기 재무상태표일에 불확실성이 존재하였다는 사실과 내용, 당기 중 취해진 조치 및 결과 등에 대한 정보를 주석으로 기재한다.

8) 표시와 분류의 계속성

재무제표의 기간별 비교가능성을 제고하기 위해 재무제표의 표시와 분류는 정당한 사유가 없다면 매기 동일하여야 한다. 재무제표 항목의 표시 또는 분류방법의 변경에 대한 정당한 사유는 아래와 같다.

- 자발적 변경: 사업내용의 유의적인 변화나 재무제표를 검토한 결과 다른 표시나 분류방법이 더 적절한 것이 명백한 경우[14].

---

13. 일반적으로 재무제표는 일관성 있게 1년 단위로 작성한다. 그러나 실무적인 이유로 어떤 기업은 예를 들어 52주의 보고기간을 선호한다. 국제회계기준은 이러한 보고관행을 금지하지 않는다.

14. 이 경우는 기업회계기준서 제1008호에서 정하는 회계정책의 선택 및 적용요건을 고려한다.

• 강제적 변경: 한국채택국제회계기준에서 표시방법의 변경을 요구하는 경우

사업내용의 유의한 변화의 예는 인수합병이나 사업양도로 인한 기업의 구조변경이 있다. 이 경우 변경된 표시방법이 재무제표이용자에게 신뢰성 있고 더욱 목적적합한 정보를 제공하며, 변경된 구조가 지속적으로 유지될 가능성이 높아 비교가능성을 저해하지 않을 것으로 판단할 때에만 재무제표의 표시방법의 변경에 대해 정당성이 인정된다.

재무제표 항목의 표시나 분류를 변경하는 경우에는 비교금액도 재분류하고, 재분류의 성격과 이유, 재분류된 개별 항목이나 항목군의 금액을 공시하여야 한다. 정보의 기간별 비교가능성이 제고되면 예측을 위한 재무정보 추세분석이 가능하여 재무제표이용자의 경제적 의사결정에 도움을 주기 때문이다. 그러나 특정 과거기간 비교정보를 실무적으로 재분류 할 수 없는 경우도 있다. 예를 들어, 재분류가 가능한 방법으로 과거기간의 정보를 수집하지 못했거나, 실무적으로 정보를 재생시킬 수 없는 경우이다. 이때는 해당 금액을 재분류하지 아니한 이유와 재분류한다면 해야 할 수정의 성격을 공시하여야 한다.

연습문제

1. 현대의 회계기준은 회계정책 선택에 있어 계속성을 준수하도록 요구하고 있는데 그 이유로 타당한 것으로만 짝지어진 것은?

Ⓐ 경영자의 자의적 판단에 의한 회계 정보의 임의적 조작을 방지하기 위하여 Ⓑ 정보 이용자의 의사 결정에 목적 적합한 정보를 제공하기 위하여 Ⓒ 서로 다른 회계 실체 간에 회계 정보의 비교 가능성을 확보하기 위하여 Ⓓ 한 회계 실체의 회계 정보 간에 기간별 비교 가능성을 확보하기 위하여

① Ⓐ,Ⓑ ② Ⓑ,Ⓒ ③ Ⓒ,Ⓓ ④ Ⓐ,Ⓓ ⑤ Ⓐ,Ⓒ

2. 회계정보의 질적 특성은 때로는 서로 상충되는 경우도 발생한다. 자산의 평가기준으로 역사적 원가와 현행 원가의 두 가지 자산평가 기준에 따를 경우 관련 회계정보는 어떤 질적 특성이 상충되는가?

① 목적적합성과 비교가능성
② 중요성과 비교가능성
③ 신뢰성과 중요성
④ 신뢰성과 목적적합성
⑤ 목적적합성과 중요성

3. 역사적 원가로 측정된 자산 및 부채의 정보는 어떤 질적 특성과 관련이 있는가?

① 중요성 ② 신뢰성 ③ 예측가치 ④ 충분성 ⑤ 목적적합성

4. 재무회계개념체계에 의한 재무제표에 대한 설명 중 틀린 것은?

① 재무상태표는 일정시점에서 기업실체의 유동성, 재무적 탄력성, 수익성 및 위험 등을 평가하는 데 유용한 정보를 제공한다.
② 포괄손익계산서는 일정 기간 동안 소유주와의 자본거래를 제외한 모든 원천에서 발생한 순자산의 증감액에 관한 정보를 제공한다.
③ 자본변동표는 일정기간동안의 기업실체에 대한 순자산의 변동에 관한 정보를 제공하는 재무제표로 포괄이익에 대한 정보는 제공하지 못한다.
④ 현금흐름표는 일정기간동안의 기업실체의 미래현금흐름의 현재가치를 측정하고 기업가치를 평가하는 데 유용한 정보를 제공한다.
⑤ 재무제표를 통해 제공되는 정보는 과거에 발생한 거래나 사건에 관한 것으로 확정된 정보뿐만 아니라 추정에 의한 정보도 포함된다.

5. 재무제표정보가 정보이용자의 경제적 의사결정에 유용하기 위해서 갖추어야 할 질적특성을 충족시키기 위해 불가피하게 발생하는 중요 제약조건이 아닌 것은?

❶ 중요성 ❷ 효익과 비용간의 균형 ❸ 질적특성간의 균형 ❹ 신뢰성 ❺ 표현충실성

6. 재무제표의 작성과 표시에 대한 책임이 있는 이해당사자는 누구인가?

❶ 투자자 ❷ 기업실체의 회계담당자 ❸ 회계감사인 ❹ 이사회 ❺ 경영자

7. 회계정보의 목적적합성을 위하여 갖추어야 할 하부속성에 해당하는 것은?

❶ 예측가치 ❷ 신뢰성 ❸ 이해가능성 ❹ 무결성 ❺ 중요성

8. 회계정보의 질적특성으로 표현충실성과 관련 없는 것은?

❶ 자산의 유형별 성격, 금액 등에 대한 정보공시
❷ 충당금법에 의한 감가상각처리
❸ 적용한 회계처리방법의 공시
❹ 자산의 손상반영을 위한 회수가능액 정보제공
❺ 내부적 영업권 계상 금지

9. 다음 중 재무보고의 기초적 가정과 관련 없는 것은?

❶ 보고실체 ❷ 계속기업 ❸ 화폐측정단위 ❹ 실현주의 ❺ 발생기준

10. 연간 매출수익이 100억원, 연간 영업비용이 30억인 경남(주)는 2013년 보유하고 있던 휴휴설비를 처분하면서 100만원의 처분손실이 발생하였다. 유휴설비의 처분손실은 별도의 계정으로 구분하지 않고 다른 기타 비용과 통합하여 재무제표에 반영하였다. 이러한 회계처리와 관련이 깊은 항목은?

❶ 역사적 원가주의 ❷ 발생주의 ❸ 수익·비용의 대응원칙 ❹ 보수주의 ❺ 중요성

11. 다음은 재무제표의 작성과 표시를 위한 개념체계의 내용 중 일부이다. 옳지 않은 것은?

❶ 개념체계의 목적 중 하나는 한국회계기준위원회가 재무제표의 표시와 관련되는 법규, 회계기준 및 절차를 조화시킬 수 있도록 도움을 제공하는 것이다.

② 개념체계의 목적 중 하나는 재무제표의 이용자가 한국채택국제회계기준에 따라 작성된 재무제표에 포함된 정보를 해석하는 데 도움을 제공하는 것이다.
③ 개념체계의 목적 중 하나는 한국회계기준위원회의 업무활동에 관심 있는 이해관계자에게 한국채택국제회계기준을 제정하는 데 사용한 접근방법에 대한 정보를 제공하는 것이다.
④ 개념체계가 특정 한국채택국제회계기준과 상충되는 경우에는 개념체계가 특정 한국채택국제회계기준에 우선한다.
⑤ 한국채택국제회계기준뿐만 아니라 개념체계도 개정될 수 있다.

12. 다음은 재무제표의 작성과 표시를 위한 개념체계의 내용이다. 옳지 않은 것은?

① 재무제표의 목적은 경영자의 경제적 의사결정에 유용한 기업의 재무상태, 성과 및 재무상태변동에 관한 정보를 제공하는 것이다.
② 재무제표는 주로 과거 사건의 재무적 영향을 표시하는 것을 목적으로 하며 비재무적인 정보까지는 제공하지 못하므로, 정보이용자의 경제적 의사결정을 위해 필요할 수 있는 모든 정보를 제공하지는 못한다.
③ 재무제표는 또한 위탁 받은 자원에 대한 경영진의 수탁책임이나 회계책임의 결과를 보여준다.
④ 재무제표는 재무보고의 일부분이며 재무제표에는 주석이 포함된다.
⑤ 재무제표의 작성과 표시에 대한 1차적 책임은 경영진이 진다.

13. 다음은 재무제표의 작성과 표시를 위한 개념체계의 내용 중 일부이다. 옳지 않은 것은?

① 재무제표를 작성하기 위한 기본가정에는 발생기준과 계속기업의 가정이 있다.
② 기업은 그 경영활동을 청산하거나 중요하게 축소할 의도가 있는 경우에는 계속기업을 가정한 기준과는 다른 기준을 적용하여 재무제표를 작성하는 것이 타당하며, 이때 적용한 기준은 별도로 공시하여야 한다.
③ 재무제표의 구성요소들은 동일한 거래나 그 밖의 사건을 대상으로 서로 각각 다른 측면을 반영하고 있으므로 상호 연관성이 있다.
④ 정보의 신뢰성은 정보의 성격과 중요성에 따라 영향을 받는다.
⑤ 재무제표의 질적 특성에는 이해가능성, 목적적합성, 신뢰성 및 비교가능성이 있다.

14. 다음은 재무제표의 작성과 표시를 위한 개념체계의 내용 중 일부이다. 옳지 않은 것은?

❶ 투자위험을 감수하고 기업에 자본을 제공하는 투자자의 정보수요를 충족시키기 위해 제공되는 재무제표 정보는 그 밖의 이용자의 정보수요도 상당부분 충족시킬 것으로 가정하고 재무제표를 작성한다.

❷ 재무상태표를 통하여 기업이 통제하는 경제적 자원, 기업의 재무구조, 유동성과 지급능력에 대한 정보를 제공한다.

❸ 정보의 예측역할과 확인역할은 상호 관련이 있다.

❹ 어떤 정보가 누락되거나 왜곡표시 되어, 재무제표에 기초한 이용자의 경제적 의사결정에 영향을 미친다면 이는 중요한 정보이다.

❺ 대부분의 재무정보는 나타내고자 하는 대상을 충실하게 표현하지 못할 위험이 있다. 이는 측정에 따른 편의가 있기 때문이다.

15. 재무제표의 질적특성에 대한 다음 설명 중 옳지 않은 것은?

❶ 미리 의도된 결과를 달성할 목적으로 특정 정보를 선택하거나 표시하여 이용자의 의사결정이나 판단에 영향을 미친다면 그 재무제표는 완전성이 결여된다.

❷ 신중성은 불확실한 상황에서 요구되는 추정에 필요한 판단을 하는 경우, 자산이나 수익이 과대평가되지 않고 부채나 비용이 과소평가되지 않도록 상당한 정도의 주의를 기울이는 것을 말한다.

❸ 목적적합성과 신뢰성을 제고할 수 있는 대체적 방법이 있는 경우에는 비교가능성이 희생되더라도 회계정책의 변경을 하여야 한다.

❹ 효익과 원가 간의 균형은 질적특성이라기 보다는 포괄적 제약요인이다.

❺ 질적특성이 상충하는 경우에는 재무제표의 목적을 달성하기 위하여 적절한 균형을 이루어야 하며, 질적특성의 상대적 중요성을 결정하는 문제는 전문적 판단사항이다.

16. 재무제표 요소의 정의와 인식에 대한 다음 설명 중 옳지 않은 것은?

❶ 개념체계에서는 재무상태표, 포괄손익계산서 및 재무상태변동표의 고유한 요소에 대해 별도로 정의하고 있다.

❷ 부채의 본질적 특성은 기업이 현재의무를 갖고 있다는 것이다. 의무란 특정 방법으로 실행하거나 수행할 책무 또는 책임을 말한다.

③ 수익은 자산의 유입이나 증가 또는 부채의 감소에 따라 자본의 증가를 초래하는 특정 회계기간 동안에 발생한 경제적효익의 증가로서, 지분참여자에 의한 출연과 관련된 것은 제외한다.

④ 개념체계에서는 광의의 수익에 차익의 개념을 포함하고 있으므로 차익을 별개의 요소로 보지 않는다.

⑤ 특정 항목이 재무제표 요소의 정의에 부합하고, 미래경제적 효익이 기업에 유입되거나 기업으로부터 유출될 가능성이 높고, 그 항목의 원가 또는 가치를 신뢰성 있게 측정할 수 있는 경우에 인식한다.

17. 회계정보의 신뢰성에 대한 다음의 설명 중 옳지 않은 것은?

① 신뢰성은 중대한 오류나 편의(basis)가 없이 표현하고자 하는 바를 충실화게 표현하고 있다고 이용자가 믿을 수 있는 정보를 의미한다.

② 사실상 회수불가능한 매출채권이 회수가능한 것처럼 재무상태표에 표시된다면 이 매출채권 측정치는 충실한 표현을 상실한 정보가 된다.

③ 신뢰성을 확보하기 위해서는 회계처리대상이 되는 거래 및 사건의 형식보다는 그 경제적 실질에 따라 회계처리하고 보고하여야 한다.

④ 의도된 결과를 유도할 목적으로 회계기준을 제정하거나 재무제표에 특정 정보를 표시함으로써 정보이용자의 의사결정이나 판단에 영향을 미친다면 그러한 회계정보는 완전성이 결여된 정보이다.

⑤ 신중성이란 불확실한 상황에서 요구되는 추정에 필요한 판단을 하는 경우 자산이나 수익이 과대평가되지 않고 부채나 비용이 과소평가되지 않도록 상당한 주의를 기울이는 것을 말한다.

18. 대체적인 회계처리 방법 중 어떠한 방법을 선택해야 할 지 의심스러운 경우에는 재무적 기초를 견고하게 하는 관점을 선택하라는 것과 관련 있는 것은?

① 완전공시의 원칙 ② 중요성의 원칙 ③ 목적적합성 ④ 보수주의 ⑤ 신뢰성

19. 다음 중 회계에서 말하는 보수주의(conservatism)와 관련된 사례로 볼 수 없는 것은?

① 발생가능성이 높은 우발이익을 자산으로 인식하지 않고 주석으로 보고 하는 회계처리

❷ 미래 경제적 효익의 측정과 관련한 불확실성이 높으므로 광고비를 무형자산으로 인식하지 않고 비용으로 처리하는 회계관행
❸ 차세대 정보통신기술에 관한 연구개발 지출을 발생시 비용으로 인식하는 회계처리
❹ 회계연도의 이익을 줄이기 위해 유형자산의 내용연수를 단축하는 회계추정의 변경
❺ 저가법에 의한 재고자산의 회계처리

20. 자산과 관련된 내용을 설명한 다음 항목 중 옳지 않은 것은?

❶ 자산은 기업이 통제하고 있는 경제적 자원이다.
❷ 자산은 기업에 미래의 경제적 효익을 가져다 줄 수 있어야 한다.
❸ 자산은 소멸되지 않은 원가이다.
❹ 타인자본과 자기자본의 합계는 자산의 합계와 같다.
❺ 자산합계는 자본합계에서 부채합계를 차감한 금액이다.

21. 한국채택국제회계기준의 개념체계에서 재무제표 작성과 관련된 기본가정으로 옳은 것은?

❶ 재무제표는 일반적으로 기업이 계속기업이며 예상 가능한 기간 동안 영업을 계속할 것이라는 가정 하에 작성된다.
❷ 전체 재무제표는 적어도 1년마다 작성한다. 다만, 보고기간이 1년을 초과하거나 미달하는 경우에는 그 기간과 사유, 재무제표에 표시된 금액이 완전하게 비교가능하지 않다는 사실을 추가로 공시하여야 한다.
❸ 기업을 소유주와는 독립적으로 존재하는 회계단위로 간주하고, 이 회계단위의 관점에서 그 경제활동에 대한 재무정보를 측정 · 보고한다.
❹ 한국채택국제회계기준이 달리 허용하거나 요구하는 경우를 제외하고는 당기 재무제표에 보고되는 모든 금액에 대해 전기 비교정보를 공시한다.

22. 일반적으로 인정된 회계원칙에 따르면, 제품의 판매 이후에 예상되는 품질보증비는 실제 현금이 지출되는 시점이 아닌 제품의 판매시점에서 계상된다. 이와 가장 관련이 있는 원칙은?

❶ 수익·비용 대응의 원칙　　❷ 중요성의 원칙
❸ 취득원가 계상의 원칙　　❹ 수익실현의 원칙

23. 다음 중 회계정보의 질적 특성에 대한 설명으로 잘못된 것은?

❶ 회계정보의 질적 특성이란 정보이용자의 의사결정에 유용한 정보가 되기 위하여 회계정보가 갖추어야 할 특성이다.

❷ 회계정보의 근본적 질적 특성으로 목적적합성과 충실한 표현이 있으며, 이들을 보강하는 질적 특성으로 비교가능성, 검증가능성, 적시성, 이해가능성이 있다.

❸ 비교가능성이란 기업의 회계정보가 기간별 혹은 기업별로 비교가능해야 한다는 정보특성이다.

❹ 목적적합성의 하위속성으로 예측 및 확인의 역할, 중요성이 있다.

❺ 중요성이란 정보가 생략되거나 잘못 기재됨으로써 재무제표를 기초로 한 경제적 의사결정에 영향을 미칠 수 있는 제약요인이다.

24. 성격과 경제환경이 다른 두 개의 기업에 대해 동일한 회계처리방법을 적용한다면, 이 결과 작성되는 재무제표는 다음 중 회계정보의 어떤 특성이 상실될 가능성이 가장 높은가?

❶ 검증가능성 ❷ 충실한 표현 ❸ 이해가능성 ❹ 중요성

25. 다음 회계정보의 질적 특성 중에서 보강적 질적 특성에 해당하지 않는 항목은 ?

❶ 비교가능성 ❷ 검증가능성 ❸ 중립적 서술 ❹ 적시성 ❺ 이해가능성

26. 계속기업의 가정이 성립하지 않는 경우, 자산으로서의 의미를 상실하게 되는 계정과목은?

❶ 현금 및 현금성자산 ❷ 유가증권 ❸ 매출채권 ❹ 개발비

27. 다음 중 기간비용에 대한 설명으로 옳지 않은 것은?

❶ 발생하는 기간의 비용으로 계상한다.

❷ 손익계산서에 판매비와 관리비로 계상된다.

❸ 제품제조와 직접 관련이 없는 활동들에 대한 원가로 이루어진다.

❹ 기간비용의 원가배분 개선으로 제품별 수익성의 정확성을 높일 수 있다.

❺ 손익계산서상에 수익과 비용의 기간별 대응이 효과적으로 이루어질 수 있다.

28. 다음 중 '재무보고를 위한 개념체계'에 대한 설명으로 타당하지 않은 것은? (공인회계사 2011 수정)

❶ 측정은 재무상태표와 포괄손익계산서에 인식되고 평가되어야 할 재무제표 요소의 화폐금액을 결정하는 과정으로 재무제표를 작성하기 위해서는 다수의 측정기준이 다양한 방법으로 결합되어 사용된다.

❷ 한국채택국제회계기준개념체계는계속기업을 기본가정으로 하고 있다. 따라서 재무제표는 일반적으로 기업이 계속기업이며 예상가능한 기간 동안 영업을 계속할 것이라는 가정 하에 작성된다.

❸ 한국채택국제회계기준 개념체계는 질적 특성을 근본적 질적 특성과 보강적 질적 특성으로 구분하며, 근본적 질적 특성은 목적적합성과 검증가능성이다.

❹ 완벽하게 충실한 표현을 하기 위해서는 서술에 세 가지의 특성이 있어야 할 것이다. 서술은 완전하고, 중립적이며, 오류가 없어야 할 것이다.

❺ 중요성은 개별 기업 재무보고서 관점에서 해당 정보와 관련된 항목의 성격이나 규모 또는 이 둘 모두에 근거하여 해당기업에 특유한 측면의 목적적합성을 의미한다. 회계기준위원회는 중요성에 대한 획일적인 계량 임계치를 정하거나 특정한 상황에서 무엇이 중요한 것 인지를 미리 결정할 수 없다.

29. 재무보고를 위한 개념체계에 관한 내용으로 옳지 않은 것은? (세무사 2010 수정)

❶ 한국채택국제회계기준과 개념체계가 상충되는 경우 한국채택국제회계기준이 개념체계보다 우선한다.

❷ 재무정보가 유용하기 위해서는 목적적합해야 하고 나타내고자 하는 바를 충실하게 표현해야 한다. 재무정보가 비교가능하고, 검증가능하며, 적시성 있고, 이해가능한 경우 그 재무정보의 유용성은 보강된다.

❸ 수익은 기업의 정상영업활동의 일환으로 발생하는 반면, 차익은 기업의 정상영업활동의 일환이나 그 이외의 활동에서 발생할 수 있다. 그러나 개념체계에서는 차익을 수익과 별개의 요소로 보지 않는다.

❹ 자산의 취득은 지출의 발생과 밀접한 관련이 있으므로 취득 시 지출이 발생하지 않은 증여받은 재화는 자산의 정의를 충족하지 않는다.

❺ 재무상태표와 포괄손익계산서에 인식되고 평가되어야 할 재무제표 요소의 화폐금액을 결정하는 과정을 측정이라 한다.

30. 다음은 '재무보고를 위한 개념체계'상의 자산과 관련된 설명이다. 타당하지 않은 것은? (공인회계사 2010 수정)

❶ 수취채권과 부동산을 포함한 많은 종류의 자산은 소유권 등 법률적 권리와 관련되어 있다. 그런데 자산을 인식함에 있어서 소유권을 가지고 있는가의 여부가 필수적인 것은 아니다.

❷ 기업이 개발활동에서 습득한 핵심지식을 독점적으로 보유하고 그로부터 미래에 유입될 것으로 기대되는 효익을 통제한다면 자산의 정의를 충족할 수 있다.

❸ 일반적으로지출의발생과자산의취득은밀접하게관련되어있다. 따라서 무상으로 증여받은 자산은 자산의 정의를 충족할 수 없다.

❹ 자산은 과거의 거래나 그 밖의 사건에서 창출된다. 미래에 발생할 것으로 예상되는 거래나 사건 자체만으로는 자산이 창출되지 않는다.

❺ 자산에 내재된 미래 경제적효익이란 미래 현금 및 현금성자산이 기업에 유입되도록 기여하게 될 잠재력을 말한다. 기업의 현금유출을 감소시키는 능력 예를 들어, 대체적인 제조과정의 도입으로 생산원가가 절감되는 경우도 이 잠재력에 포함될 수 있다.

31. 다음 중 재무보고를 위한 개념체계의 내용으로 옳지 않은 것은? (관세사 2010 수정)

❶ 개념체계와 한국채택 국제회계기준이 상충되는 경우에는 한국채택 국제회계기준이 개념체계보다 우선한다.

❷ 유용한 회계정보가 되기 위한 근본적 질적 특성은 목적적합성과 충실한 표현이다.

❸ 기업이 그 경영활동을 청산할 의도가 있더라도 재무제표는 계속기업을 가정한 기준을 적용하여 작성해야 한다.

❹ 비용은 자산의 감소나 부채의 증가와 관련하여 미래 경제적효익이 감소하고 이를 신뢰성있게 측정할 수 있을 때 인식한다.

❺ 실물자본유지 개념에서 자산과 부채에 영향을 미치는 모든 가격변동은 자본유지조정으로 처리한다.

32. 다음 중 재무보고를 위한 개념체계에 대한 설명으로 옳지 않은 것은? (공인회계사 2012)

❶ 어떤 항목이 재무제표 요소에 부합하는 본질적 성격을 가지고 있으나 인식기준을 충족하지 못하는 경우에도 해당 항목은 주석, 설명자료 또는 부속명세서에 공시될 수 있다.

❷ 지출이 발생하였으나 당해 회계기간 후에는 관련된 경제적효익이 기업에 유입될 가

능성이 높지 않다고 판단되는 경우에도 재무상태표에 자산으로 인식할 수 있다.

③ 경제적효익이 여러 회계기간에 걸쳐 발생할 것으로 기대되고 수익과의 관련성이 단지 포괄적으로 또는 간접적으로만 결정될 수 있는 경우 비용은 체계적이고 합리적인 배분절차를 기준으로 포괄손익계산서에 인식된다.

④ 미래 경제적효익이 기대되지 않는 지출이거나, 미래 경제적효익이 기대되더라도 재무상태표에 자산으로 인식되기 위한 조건을 원래 충족하지 못하거나 더 이상 충족하지 못하는 부분은 즉시 포괄손익계산서에 비용으로 인식되어야 한다.

⑤ 제품보증에 따라 부채가 발생하는 경우와 같이 자산의 인식을 수반하지 않는 부채가 발생하는 경우에는 포괄손익계산서에 비용을 동시에 인식한다.

해답

1. ④	2. ④	3. ②	4. ③	5. ③	6. ⑤	7. ①	8. ②	9. ④	10. ⑤
11. ④	12. ①	13. ④	14. ⑤	15. ①	16. ①	17. ④	18. ④	19. ④	20. ⑤
21. ①	22. ①	23. ⑤	24. ②	25. ③	26. ④	27. ⑤	28. ③	29. ④	30. ③
31. ③	32. ②								

제2부

재무제표

제4장 재무상태의 보고

1. 재무상태와 재무상태표

가. 재무상태 측정요소

재무상태의 측정에 직접 관련되는 요소는 자산, 부채 및 자본이다. 재무상태표(財務狀態表, statement of financial position)는 재무보고일 현재 보고실체가 통제하고 있는 자산과 부채 및 자본에 관한 정보를 제공하는 보고서이다. 자산은 사업활동을 위한 경제적 자원이므로, 보고실체는 자산을 취득하기 위해 외부자금을 조달한다. 외부자금은 그에 대한 보고실체의 상환의무 존재 유무에 따라 부채와 자본으로 분류된다. 따라서 자산은 자금운용의 결과, 부채와 자본은 자금조달원천의 성격을 갖는다.

부채와 자본은 여러 가지로 지칭된다. 즉 부채는 보고실체의 자산으로 상환되어야 할 의무라는 점에서 채권자지분, 채권자청구권 또는 타인자본이라고도 한다. 자본은 자산에서 부채를 차감한 잔액이라는 점에서 순자산이나 잔여지분이라고 하고, 보고실체의 자산에 대한 소유주의 권리라는 점에서 소유주지분, 주주지분, 소유청구권, 또는 자기자본이라고도 한다.

자산		부채		자본
경제적 자원	=	채권자지분 채권자청구권 타인자본	+	소유주(주주)지분 소유주(주주)청구권 자기자본
자금운용결과		자금조달원천		

[그림 4-1] 재무상태 측정요소

재무상태표의 차변에 표시되는 자산과 대변에 표시되는 부채와 자본의 합계금액은 항상 일치되며, 이를 대차균형의 원리라고 한다. 따라서 재무상태표를 대차대조표(貸借對照表, balance sheet)라고도 한다. 재무상태표는 보고식(報告式, report form)으로 작성할 수도 있고 계정식(計定式, account form)으로 작성할 수도 있다.

나. 재무상태에 관한 정보를 제공하는 이유

재무상태표는 자산, 부채, 자본의 금액과 그 구성요소에 관한 정보를 제공한다. 이러한 재무상태에 관한 정보는 기업의 미래현금흐름, 기업가치, 재무적 건전성, 유동성 및 재무적 탄력성을 평가하는 데 유용하다.

첫째, 기업의 미래현금흐름 창출능력을 평가하는 데 목적적합한 정보를 제공한다. 기업은 보유하고 있는 경제적 자원, 즉 자산을 활용하는 영업활동을 통해 현금을 창출하게 된다. 따라서 기업이 어떤 유형의 자산을 어느 정도 가지고 있는가에 관한 정보는 기업의 영업능력, 즉 미래현금흐름 창출능력을 평가하는 데 중요한 정보 중 하나가 된다. 이 때문에 재무상태표는 기업이 보유하고 있는 자산을 유형별로 분류하여 보고한다.

둘째, 기업가치를 평가하는 데 목적적합한 정보를 제공한다. 기업가치는 기업이 창출할 미래현금흐름을 예측해서 평가하는 방법과 현재 보유하고 있는 자산과 부채를 통해서 평가하는 방법이 있다. 재무상태표는 기업가치 평가에 필요한 자산과 부채의 유형과 규모에 관한 정보를 제공한다. 주의할 점은 불확실성이나 비용-효익 관계의 고려 등으로 인해 재무상태표에 모든 자산과 부채가 망라되어 있지 않을 수 있을 뿐만 아니라, 재무상태표에 포함되어 있는 일부 자산과 부채는 가치변동의 영향이 반영되어 있지 않다는 점이다.

셋째, 재무적 건전성을 평가하는 데 목적적합한 정보를 제공한다. 재무적 건전성을 평가하기 위해서는 어떤 방법으로 자금을 조달해서 어떻게 활용하고 있는가에 대한 정보가 필요하다. 재무상태표의 부채와 자본은 자금조달원천을 의미하고, 자산은 조달된 자금을 활용한 결과를 의미한다. 따라서 재무상태표의 자산과 부채 및 자본의 구조를 분석하면 재무적 건전성을 평가할 수 있다.

넷째, 유동성을 평가하는 데 목적적합한 정보를 제공한다. 유동성은 현금화 가능성을 의미한다. 유동성이 높다는 것은 신속하게 현금화가 가능한 자산이 많고, 신속하게 상환해야 할 부채는 적다는 것을 의미한다. 재무상태표는 자산과 부채를 현금화 가능성, 즉 유동성의 크기에 따라 배열하고 있으므로 유동성을 평가하는 데 목적적합한 정보를 제공한다.

다섯째, 재무적 탄력성을 평가하는 데 목적적합한 정보를 제공한다. 재무적 탄력성은 사전에 예상하지 못했던 자금수요에 대응할 수 있는 능력을 의미한다. 기업이 자금을 조달하는 방법에는 차입이나 주식 및 사채의 발행을 통한 외부자금조달과 영업활동이나 보유 자산의 처분을 통한 내부자금조달이 있다. 이러한 자금조달능력이 크다는 것은 재무적 탄력성이 높다는 것을 의미한다. 일반적으로 자산에 비해 부채가 적은 기업은 외부자금조달이 용이해서 재무적 탄력성이 높다. 그리고 시장성이 있는 투자자산을 많이 보유하고 있는 기업은 내부자금조달이 용이해서 재무적 탄력성이 높다. 따라서 재무상태표에 보고되는 자산과 부채의 양과 유형에 관한 정보는 재무적 탄력성을 평가하는 데 목적적합한 정보가 된다.

2. 재무상태 측정요소의 정의와 인식

가. 자산

1) 자산의 정의

자산(資産, assets)은 과거 거래나 사건의 결과(result of past trades and events)로 현재 기업실체가 통제하고 있는 미래에 경제적 효익을 창출할 것으로 기대되는 자원으로 정의된다. 이 정의에는 다음과 같은 중요한 개념이 포함되어 있다.

자산의 정의		
미래 경제적 효익의 존재	지배력 보유	과거 거래나 사건의 결과

가) 미래 경제적 효익

자산에 내재되어 있는 미래 경제적 효익(未來 經濟的 效益, future economic benefit)이란 미래의 현금흐름에 직간접적으로 기여할 수 있는 잠재력인 미래현금흐름 창출 능력을 의미한다. 일반적으로 자산은 고객의 요구를 충족시킬 수 있는 재화 및 용역의 생산에 이용된다. 그리고 자산은 다른 자산과의 교환 또는 부채의 상환에 사용되거나 소유주에 대한 분배에 사용될 수 있다. 현금은 그 자체로서 다른 자산에 대한 구매력을 통하여 기업실체에 경제적 효익을 제공하는 자산이다.

나) 지배력

통제한다는 것은 획득 등의 방법으로 미래 현금흐름을 지배(支配, control)한다는 것을 의미한다. 이 지배력은 소유권 등의 법적 권리(法的 權利, legal rights)보다 넓은 개념이라는 데 유의해야 한다. 일반적으로 채권과 부동산을 포함한 많은 자산이 법적 권리와 결부되어 있다. 그러나 법적 권리가 자산의 존재를 판단하는 데 필수적인 것은 아니다. 경제적 효익에 대한 지배력은 법적 권리에 따라 발생하나, 경우에 따라서는 법적 권리가 없어도 경제적 효익에 대한 지배력이 있어 자산의 정의를 충족시킬 수 있다. 소유권이 없어도 지배력을 가지는 예는 금융리스계약이 있다. 금융리스계약에 따라 사용하고 있는 설비자산에 대해서 기업은 리스자산에 대한 법적 소유권을 가지고 있지 않다. 그러나 그 설비자산에서 기대되는 미래현금흐름을 지배할 수 있는 계약상의 권리를 가지고 있으므로 그 설비자산은 리스자산 사용 기업의 자산이 된다. 또한 법적 권리가 전혀 없지만, 자산이 될 수 있는 예는 개발비가 있다. 기업실체가 개발활동으로 신기술을 개발하고 그 신기술로부터 기대되는 미래 현금흐름을 지배할 수 있다면, 그와 관련된 개발비는 자산이 된다.

자산을 법적 권리가 아닌 지배권으로 판단하는 것은 회계가 그 거래의 형식보다 실질을 우선하기 때문이다.

다) 과거 거래나 사건의 결과

기업의 자산은 과거의 거래나 사건에서 창출된다. 기업은 일반적으로 구매나 생산을 통하여 자산을 획득하지만 다른 거래나 사건에 의해서도 자산이 창출될 수 있다. 예를 들어 지역의 경제성장을 장려하기 위한 정부의 프로그램에 따른 증여나 매장된 광물의 발견 등으로 자산을 획득할 수도 있다. 자산이 과거의 거래나 사건의 결과라 함은 자산을 취득하는 거래나 사건이 이미 발생하였음을 의미한다. 따라서 미래의 거래나 사건에 의해 얻어질 경제적 효익은 자산이 아니다. 예를 들어 미래에 상품을 매입하기로 하는 매입계약을 체결한 경우, 이 계약은 상품 이전이라는 거래가 발생하지 않은 미이행계약(未已行契約, executory contract)이다. 따라서 매입계약에 따라 미래에 취득하게 될 계약상의 상품은 자산의 정의를 충족하지 못한다.

2) 자산의 인식

자산의 정의를 충족하는 것 중 그 항목에 내재되어 있는 미래 경제적 효익이 기업실체에 유입될 가능성이 높고 그 항목의 원가나 가치를 신뢰성 있게 측정할 수 있을 때 재무상태표에 자산으로 인식한다. 어떤 거래로 인한 지출이 발생하였지만 당기 이후에 그와 관련된 미래 경제적 효익이 기업에 유입될 가능성이 높지 않다고 판단되면, 자산이 아닌 비용으로 인식하여야 한다. 이러한 회계처리는 경영진이 그 지출과 관련하여 미래 경제적 효익을 창출하려는 의도가 없었거나 의사결정이 잘못되었다는 것을 의미하지는 않는다. 이는 단지 당해 회계기간 후 관련된 경제적 효익이 기업에 유입될 가능성의 정도가 자산의 인식을 정당화하기에는 불충분하다는 것을 의미할 뿐이다.

자산의 인식기준		
식별(자산 정의 충족)	경제적 효익의 유입가능성	측정의 신뢰성

나. 부채

1) 부채의 정의

부채(負債, liability)는 과거 거래나 사건의 결과로 미래에 경제적 효익을 내재하고 있는 자원이 기업으로부터 유출됨으로써 이행될 것으로 기대되는 현재의무이다. 이러한 부채의 정의에 포함되어 있는 중요한 개념은 다음과 같다.

부채의 정의		
현재의무	미래에 경제적 자원이 유출	과거 거래나 사건의 결과

가) 현재의무

부채의 본질적 특성은 기업이 현재의무(現在義務, present obligation)를 갖고 있다는 것이다. 의무란 특정된 방법으로 실행하거나 수행할 책무 또는 책임(duty or responsibility)을 말한다. 이 의무에는 명시적 의무(明示的 義務, expressed obligation)뿐만 아니라 묵시적 의무(黙示的 義務, implied obligation)도 포함된다.

명시적 의무는 구속력 있는 계약이나 법령에 의해 법적 강제력이 있는 의무이다. 기업의 의무 중 대부분은 명시적 계약(express contract)에 의한 명시적 의무이다. 제공받은 재화와 용역에 대해 지급해야 할 금액은 명시적 의무의 예이다. 묵시적 의무는 정상적인 상관습이나 관행 또는 거래상대방과의 원활한 관계를 유지하기 위한 정책 등으로 인해 발생하는 의무이다. 묵시적 의무를 야기하는 계약을 묵시적 계약(implied contract)이라고 한다. 묵시적 계약은 당사자가 계약의 내용에 대하여 명시적으로 합의하지 아니하였으나 묵시적으로 합의한 것으로 간주되어 유효하게 성립하는 계약을 말한다. 법적 의무가 없는 묵시적 계약은 관계형 계약(relational contract)이라고 한다. 제품보증기간 후에 발생하는 하자에 대해서도 보수해주기로 방침을 정한 경우 품질보증기간이 경과한 후에 지출될 것으로 예상되는 금액은 관계형 계약에 따른 묵시적 의무의 예이다.

현재의무와 미래의 약속(future commitment)은 구별되어야 한다. 미래에 특정 자산을 취득하겠다는 경영진의 의사결정 그 자체만으로는 현재의무가 발생하지 아니한다. 의무는 일반적으로 그 자산이 인도되는 때 또는 기업이 자산획득을 위한 취소불능약정(取消不能約定, irrevocable agreement)을 체결하는 때 발생한다. 여기서 취소불능약정은 예를 들어, 의무불이행의 결과에 따른 상당한 위약금 때문에 거래상대방에 대한 자원의 유출을 회피할 여지가 거의 없는 약정을 말한다. 따라서 미래의 일정 시점에서 자산을 취득한다는 결정이나 단순한 약정은 현재의 의무가 아니다.

나) 미래에 경제적 효익이 유출

기업실체의 현재의무의 이행(settlement of a present obligation)에는 경제적 효익이 내재되어 있는 자원의 희생이 수반된다. 현재의무는 주로 현금 등의 자산의 이전이나 용역의 제공으로 이행되지만, 다른 의무로의 대체나 자본으로의 전환 등의 방법으로 이행되기도 한다. 드물지만, 채권자의 권리의 포기나 상실 등에 의해 현재의무가 소멸되기도 한다.

다) 과거 거래나 사건의 결과

부채는 과거의 거래나 사건으로부터 발생한다. 일반적으로 부채는 거래나 사건으로 인해 특정 실체가 재화나 용역을 인수하였을 때 발생한다. 즉 신용으로 재화를 구입하였거나 용역을 제공받은 경우 매입채무가 발생하며, 은행대출을 받은 경우에는 상환의무가 발생한다.

고객충성제도에서 인식되는 부채도 과거 거래나 사건의 결과이다. 예를 들어 기업이 고객충성도를 제고하기 위해 매출액의 일부를 마일리지라는 보상점수를 부여하고 일정한 조건이 충족되면 그에 대한 대가를 기업이 직접 지불하는 경우, 기업이 미래에 이행할 현재의무는 매출이라는 거래가 있었기 때문이다. 즉 과거의 판매라는 행위가 현재의무를 발생시키는 거래이다. 이 경우 미래에 기업의 경제적 자원이 고객으로 유출될 가능성이 높으면, 이연수익이라는 부채를 인식하여야 한다.

[고객충성제도에 따른 부채] 고객충성제도에 따라 현금 판매액 1,000원에 대해 10원의 포인트를 제공

차)	현금	1,000	대)	매 출 액	990
				이연수익	10

미래에 자원의 유출이나 사용이 예상된다 하더라도 과거의 거래나 사건으로부터 기인하지 않은 의무는 부채가 되지 못한다. 이에 대한 예로는 미래에 발생이 예상되는 대규모 수선과 미이행계약(executory contract)에 따른 의무가 있다. 즉 미래의 일정 시점에서 자산을 취득하겠다는 결정이나 약정에 따른 의무는 미래의 거래나 사건에 의해 발생할 미래 경제적 효익의 희생인 미이행계약(executory contract)상 의무이므로 부채가 아니다. 그러나 재화나 용역을 취득하겠다는 취소불능계약을 체결

할 때는 현재의무가 발생할 수 있다.

[취소불능 매입계약에 따른 부채] 내년부터 2년간 배럴당 110원으로 매년 100배럴의 원유를 도입하는 취소불가능한 구매계약을 체결. 원유가격이 배럴당 80원으로 하락하고, 앞으로도 이 가격이 장기간 유지될 것으로 예상된다.					
차)	구매계약손실	6,000	대)	구매계약손실충당부채	6,000

2) 부채의 인식

부채는 현재 의무의 이행에 따라 경제적 효익을 갖는 자원의 유출가능성이 높고, 결제될 금액을 신뢰성 있게 측정할 수 있을 때 재무상태표에 인식한다.

부채의 인식기준		
식별(부채 정의 충족)	경제적 효익의 유출가능성	측정의 신뢰성

다. 자본의 정의와 인식

자본(資本. equity)은 기업실체의 자산 총액에서 부채 총액을 차감한 순자산(純資産, net assets)을 의미한다. 이 순자산은 기업실체의 자산에 대한 잔여지분(殘餘持分, residual interest)이라고도 한다[1]. 따라서 자산과 부채를 인식하고 측정하면, 자본은 결정된다. 그러므로 자본에 대해서는 별도의 인식 및 측정기준이 필요하지 않다.

자본 = 자산 – 부채

재무상태표에 표시되는 자본의 금액은 자산과 부채 금액의 측정에 의해 결정되므로 재무상태표에 표시되는 자본총액은 그 기업이 발행한 주식의 시가총액이나 기업의 청산가치 또는 계속기업의 가치와 일치하지 않는다. 발행한 주식의 시가는 주식시장에서 결정되는 가격이고, 기업의 청산가치(清算價值, liquidation value)는 현재 시점에서 기업의 영업활동을 중단하고 자산과 부채를 현재 상태에서 개별적으

1. 주식회사에서 소유주는 주주이므로, 주주지분은 자본과 동의어로 사용된다.

로 매각하고 상환한 후 회수가능한 금액이고, 계속기업가치(繼續企業價値, going concern value)는 계속기업을 전제로 기업전체를 매각할 때 받을 수 있는 총액을 의미하기 때문이다.

3. 재무제표요소의 측정

측정(測定, measurement)은 재무상태표와 포괄손익계산서에 인식되고 평가되어야 할 재무제표 요소의 화폐금액을 결정하는 과정이다. 측정과정에서 특정 측정기준이 선택된다. 재무제표를 작성할 때는 여러 가지의 측정기준이 다양한 방법으로 결합되어 사용된다.

가. 시장가격과 측정기준

측정기준(測定基準, measurement basis)에는 시장가격을 기초로 한 원가나 가치와 미래현금흐름을 할인하는 현재가치가 있다. 시장가격을 기초로 측정할 경우에는 측정에 사용하는 시장가격이 형성된 시기와 시장의 유형에 따라 측정기준이 달라진다. 기업 입장에서 보면 시장은 투입시장(유입시장)과 산출시장(유출시장)으로 구분되고, 시장가격은 과거, 현재, 미래에 따라 달라지기 때문이다. 투입시장(投入市場, input market)은 기업활동에 필요한 재화나 용역을 취득하는 시장이고, 산출시장(産出市場, output market)은 기업이 생산한 재화나 용역을 판매하는 시장이다. 따라서 투입시장의 가격을 유입가격(流入價格, entry price), 산출시장의 가격을 유출가격(流出價格, exit price)이라 한다. 현재가치(現在價値, present value)는 기업이 미래에 산출시장에서 얻게 될 현금흐름을 기초로 계산되므로 산출시장가격의 일종으로 볼 수 있다. 현재가치는 자산과 부채 모두에 적용할 수 있다.

시장가격을 기초로 한 자산의 측정기준은 측정에 사용하는 시장가격이 형성된 시기와 시장유형과 결합하여 여러 가지 대안이 나올 수 있지만, 일반적으로 취득원가, 현행원가 및 현행현금등가액, 순실현가능가치 및 만기금액 등이 측정기준으로 사용된다.

[표 4-1] 자산의 측정기준

구분		과거	현재	미래
시장가격	유입가격	취득원가	현행원가	
	유출가격		현행현금등가액	순실현가능가치 만기금액

자산과 마찬가지로 부채의 측정기준도 측정에 사용하는 시장가격이 형성된 시기와 시장의 유형에 따라 현금수취액, 이행가치, 순실현가능가치 및 만기금액 등으로 구분할 수 있다. 자산과 달리 대부분 부채는 일반적으로 유입가격과 유출가격이 동일하다.

[표 4-2] 부채의 측정기준

구분		과거	현재	미래
시장가격	유입가격	역사적현금수취액		
	유출가격		현행현금등가액	순실현가능가치 만기금액

나. 측정기준

1) 취득원가와 역사적 현금수취액

보유하고 있는 자산의 과거 취득시점에서 공정한 유입시장가격을 기초로 한 측정기준을 취득원가(取得原價, acquisition cost), 또는 역사적 원가(歷史的 原價, historical cost)라 한다. 취득원가는 현재 보유하고 있는 자산의 과거 취득시점의 매입가격에 취득을 위한 불가피한 지출인 부대비용을 합해서 계산한다. 그리고 과거 거래나 사건에서 의무를 부담하면서 수취한 현금액을 역사적 현금수취액(歷史的 現金受取額, historical proceeds)라고 한다. 이 현금수취액은 의무부담과 관련하여 불가피하게 지출한 부대비용을 차감하여 계산한다.

[부채의 현금수취액] 사채(액면 1,000원)를 발행가격 1,000원에 발행. 사채발행비 10원을 지급.				
차)	현 금	990	대) 사 채	1,000
	사채할인발행차금	10		

취득원가와 역사적 현금수취액의 결정에 필요한 정보는 거래나 사건에 관한 증빙서류로 확인이 가능하기 때문에 취득원가와 역사적 현금수취액은 객관적이고, 검증가능성과 신뢰성이 높다는 장점이 있다. 그러나 현재 시점에서의 자산이나 부채의 가치를 충실하게 표현하지 못해 목적적합한 정보를 제공하지 못한다는 결점이 있다.

2) 현행원가

보유하고 있는 자산과 동일한 자산의 현재 매입시장가격을 기초로 한 측정기준을 현행원가(現行原價, current cost)라 한다. 현행원가는 기존 자산의 대체나 재생산을 전제로 한 원가개념이므로, 각각 대체원가(代替原價, replacement cost)나 재생산원가(再生産原價, reproduction cost)라고도 한다.

현행원가는 기업이 보유하고 있는 자산의 현재 시점에서의 가치를 반영하므로 정보가치와 표현충실성이 있다는 장점이 있다. 첫째, 현행원가는 시장가격을 기초로 한 것이므로 자산의 사용가치에 대한 최상의 이용가능한 근사치이다. 따라서 자산의 현행원가는 그것이 미래에 창출할 현금흐름을 평가하는 데 목적적합한 정보를 제공한다. 둘째, 현행원가는 계속기업으로써 현재의 영업능력을 유지하기 위해 필요한 자산 규모에 대한 정보를 제공한다. 따라서 현행원가는 현재의 재무상태에 관한 표현충실성이 있는 측정치이다. 셋째, 현행원가를 사용하면, 자산의 보유이익과 자산 판매에 의한 이익을 구분할 수 있어 영업활동의 성과를 보다 잘 측정할 수 있다.

그러나 현행원가는 현재 보유하고 있는 중고자산의 취득을 가정했을 때의 가격을 기초로 한 것이므로, 측정에 검증가능성이 낮다는 한계가 있다.

3) 현행현금등가액과 현행이행가치

현행현금등가액(現行現金等價額, current cash equivalent)은 자산을 현재의 상태에서

매각할 때 기업에 유입되는 현금액이나 부채를 현재의 상태에서 상환할 때 기업이 지급하여야 하는 현금액을 의미한다. 따라서 현행현금등가액은 현재 시장에서의 유출가격을 기초로 측정된다. 자산의 현행현금등가액은 보유하고 있는 자산을 현재시점에서 처분할 때 받게 될 실수령액이고, 부채의 현행현금등가액은 부담하고 있는 부채를 현재시점에서 상환할 때 지급해야 할 총금액이 된다. 부채의 현행현금등가액는 현행이행가치(現行履行價值, current settlement value)라고도 한다.

현행현금등가액은 기업이 환경변화에 대응하기 위해 필요한 자금, 즉 적응자본(adaptive capital)의 양에 관한 정보를 제공한다. 그러나 현행현금등가액은 자산의 처분과 부채의 상환을 전제로 한 것이므로 회계의 기본전제 중의 하나인 계속기업의 가정과 일관성을 갖지 못하고, 현행원가와 마찬가지로 중고시장에서의 거래를 가정했을 때의 시장가격을 기초로 한 것이므로 측정에 검증가능성이 낮다는 한계가 있다.

현행현금등가액이나 현행이행가치는 공정가치(公正價值, fair value)가 될 수 있다. 공정가치란 "자산 또는 부채의 측정일에 시장참여자 사이의 정상적인 거래에서 자산을 매도할 때 수취하거 부채를 이전할 때 지급하게 될 유출가격으로 합리적 판단력과 거래의사가 있는 독립된 당사자인 매도인과 매입자간의 거래에서 형성된 정상적인 가격"을 말한다. 따라서 이러한 공정가치의 정의에 비추어 현행현금등가액과 현행이행가치는 독립된 거래 당사자간의 자산 또는 부채에 대한 현재시점에서의 거래에서 형성된 측정치이므로 공정가치가 될 수 있다.

4) 순실현가능가치

순실현가능가치(純實現可能價值, net realizable value)는 보유하고 있는 자산을 정상적으로 판매가능한 상태가 된 다음 처분했을 때 받을 수 있는 현금액에서 그렇게 하기까지 발생된 모든 비용을 차감한 것을 의미한다. 순실현가능가치는 미래에 자산을 처분할 때의 공정한 판매시장가격을 기초로 한 측정기준이다. 만약 보유하고 있는 자산이 현재시점에서 판매가능하다면 현행현금등가액과 순실현가능가치는 동일하다.

부채의 순실현가능가치는 현재의 의무를 정상적인 시장에서 충분한 협상과정을 거쳐 상환할 때 지급할 현금액에서 그렇게 하기까지 발생된 모든 비용을 가산한 것을 의미한다.

자산과 부채의 순실현가치는 미래의 유출시장가격을 전제로 하지만, 미래의 현금흐름을 현재가치로 할인하지 않고 산정한다. 정상적인 상황에서는 평가하는 현재시점에서 측정하는 미래시점까지의 기간이 단기일 것이기 때문이다.

자산과 부채의 순실현가치도 공정가치의 정의에 부합하며, 공정가치가 될 수 있다.

5) 만기금액

자산이나 부채에서 만기일에 유입되거나 유출되는 현금액을 만기금액(滿期金額, maturity amounts)이라고 한다. 회계에서는 중요성개념을 적용하여 만기까지의 기간이 단기인 자산과 부채는 만기금액을 측정기준으로 한다.

[만기금액에 의한 측정] 당기에 발생한 법인세비용은 300원, 납부할 법인세는 200원					
차)	법인세비용	300	대)	미지급법인세	200
				이연법인세부채	100

6) 현재가치

현재가치(現在價値, present value)는 미래의 현금흐름을 현재의 화폐가치로 할인한 것이다. 자산은 현재 지배하고 있는 미래의 용역잠재력이고 부채는 현재 부담하고 있는 경제적 의무이므로 그 속성은 현재가치가 충실하게 표현할 수 있다. 자산의 현재가치는 정상적인 영업과정에서 그 자산이 창출할 것으로 기대되는 미래 순현금유입액의 현재할인가치이고, 부채의 공정가치는 정상적인 영업과정에서 그 부채를 상환할 때 필요할 것으로 예상되는 미래 순현금유출액의 현재할인가치이다.

현재가치를 계산하기 위해서는 미래 현금흐름 금액과 그 시기를 알고, 할인율을 선택해야 한다. 대부분의 자산은 이러한 현재가치결정에 필요한 3요소에 많은 불확실성이 있다. 예를 들어 기계장치는 기업의 미래현금흐름 창출에 기여하지만, 거기에는 경제 및 산업환경, 자산활용능력 등 여러 요인이 영향을 미치기 때문에 미래 현금흐름 금액과 시기를 검증가능성 있게 파악하기 어렵다. 따라서 현재가치는 주로 미래 현금흐름의 금액과 시기가 결정되어 있는 화폐성 자산과 부채에 적용되는 측정기준이다. 현재가치는 회계에서 중요하게 사용되는 측정기준이므로 제8장에서 자세하게 설명하기로 한다. 현재가치는 공정가치가 될 수 있다.

4. 공정가치

한국채택국제회계기준(이하, K-IFRS라 칭함) 제1113호(공정가치의 측정)에서는 자산과 부채를 공정가치로 평가하는 것을 의무화하거나 선택가능하도록 규정하고 있다.

가. 공정가치의 정의와 측정

공정가치란 "자산 또는 부채의 측정일에 시장참여자 사이의 정상적인 거래에서 자산을 매도할 때 수취하거 부채를 이전할 때 지급하게 될 유출가격으로 합리적 판단력과 거래의사가 있는 독립된 당사자인 매도인과 매입자간의 거래에서 형성된 정상적인 가격"을 말한다. 따라서 자산과 부채를 공정가치로 측정하기 위해서는 시장에서 거래된 사실이 있는 활성시장의 가격이 필요하다. 그러나 활성시장에서 형성된 가격이 없는 경우에는 자산 또는 부채의 가치평가기법(vlauation techniques)을 사용하여 측정한 금액으로 대체할 수 있다.

가치평가기법으로 흔히 사용되는 방법으로 이익접근법, 시장접근법, 원가접근법이 있다. 이익접근법(income approach)은 자산 또는 부채로부터 기대되는 미래현금흐름액을 해당 자산 또는 부채와 관련된 적절한 할인율로 할인하여 측정하는 방법으로 일반적으로 현재가치법이라고 한다. 시장접근법(market approach)은 해당 자산 또는 부채와 동일하거나 유사한 자산 또는 부채에 대해 시장에서 형성된 가격이나 기타의 정보를 이용하여 측정하는 방법이다. 이 접근법은 시장에서 획득가능한 최선의 정보를 토대로 측정하는 방법으로 시장가격을 사용할 수 없는 경우에 우선적으로 사용되어야 할 방법이라고 할 수 있다. 한편, 원가접근법(cost approach)은 자산 또는 부채의 사용가치를 대체하는 데 필요한 금액으로 측정하는 방법으로 유출가치인 현행현금등가액과 유입가치인 현행대체원가를 사용하는 방법이다.

나. 공정가치서열체계

가치평가기법을 이용하여 자산 또는 부채의 공정가치를 측정할 때, 고려해야 할 요소의 우선순위를 부여한 것을 공정가치서열체계(fair value hierarchy)라고 한다. 공정가치서열체계는 수준1, 수준2, 수준3으로 구분한다. 수준1은 활성시장의 공시가격을 그대로 이용하는 것을 말하며, 수준2는 수준1을 사용할 수 없는 경우 관측가능한 시장의 직·간접적인 요소로 이자율, 수익률, 시장변동성 등을 말한다. 수준3은 관측불가능한 요소로 예측자료 등이 해당되며 이 수준3은 가능한 사용수준을 최소화하는 것이 바람직하다.

5. 자산과 부채의 유형

자산과 부채는 분류기준에 따라 다양하게 유형화할 수 있다. 재무제표를 작성할 때는 자산과 부채의 기능과 성격, 그리고 소멸기간이나 유동성에 따른 유형화가 필요하다.

가. 자산의 기능별 분류

기업에서 자산이 갖는 기능이란 기업이 자산을 보유하게 된 이유, 즉 보유목적을 의미한다.

1) 현금 및 현금성자산

현금 및 현금성자산은 기업 활동에서 결제수단 또는 교환의 매개수단으로 사용되는 자산이다. 여기서 현금은 통화와 통화대용증권, 그리고 요구불예금을 의미하고, 현금성자산은 현금과 유사한 경제적 실질을 갖는 단기성 투자자산을 의미한다.

가) 현금

현금(現金, cash)은 일반적인 결제수단으로 즉시 사용할 수 있는 보유현금과 요구불예금으로 구성된다. 보유현금(保有現金, cash on hand)은 통화나 통화대용증권으로 구성된다. 통화대용증권(通貨代用證券, currency equivalents)은 타인발행수표, 자기앞수표, 송금환어음, 우편환증서, 지급기일이 도래한 국·공채의 이자표 등과 같이 통화와 동일하게 결제수단으로 사용되는 증권을 의미한다. 요구불예금(要求佛預金, demand deposits)은 당좌예금이나 보통예금, 저축예금 등과 같이 입출금이 자유로운 예금[1]을 의미한다. 통화대용증권은 통화와 동일한 기능을 하고, 요구불예금은 언제든지 통화로 교환할 수 있기 때문에 통화와 동일한 경제적 실질을 갖는다.

보유현금	통화	지폐, 주화
	통화 대용 증권	• 수표: 타인발행수표, 송금수표, 자기앞수표, 가계수표, 여행자수표 • 송금환어음, 우편환증서, 대체저축출금증서, 지급기일이 도래한 배당금지급증서 및 공사채이자표, 국고지급명령서
요구불예금		당좌예금, 보통예금, 저축예금

타인발행수표와 관련해서 유의할 것은 타인발행 선일자수표이다. 선일자수표(先日字手票, postdated checks)는 실제 발행일 이후의 날짜를 수표상의 발행일로 한 당좌수표로서 연수표라고도 한다. 선일자수표를 발행하는 이유는 실제 발행일 이후에 수표금액을 결제하기 위해서 이다. 당좌수표는 소지자가 은행에 제시하면 즉시 지급하는 일람성이므로 선일자수표도 법적으로는 일반 수표와 같다. 그러나 거래관행은 수표상의 발행일 이후에 소지자가 은행에 제시하여 현금화한다. 이러한 거래관행에서 보면, 선일자수표의 경제적 실질은 약속어음과 유사하다. 따라서 실질우선의 원칙에 따라 선일자수표를 수취할 경우에는 거래의 성격에 따라 매출채권, 미수금 등의 적절한 수취채권과목으로 처리하여야 한다.

나) 현금성자산

앞서 설명한 현금에는 해당되지 않지만, 현금과 유사한 경제적 실질을 갖는 단기성 투자자산을 현금등가물 또는 현금성자산(現金性資産, cash equivalents)이라고 한다.

---

1. 통상적으로 현금(cash on hand)이라고 하는 통화나 통화대용증권은 도난의 위험이 매우 높다. 기업은 유동성은 유지하면서 이 위험을 줄이기 위해 요구불예금 형태로 은행에 현금(cash in bank)을 보관시키는 것이 일반적이다.

기업이 현금성자산을 보유하는 목적은 기업활동에서 나타나는 단기의 현금수요를 충족하기 위한 것이지 투자나 다른 목적이 아니다. 현금성자산은 현금과 유사할 정도의 유동성을 가지므로 재무상태표에는 현금및현금성자산이라는 통합과목으로 보고된다. 현금흐름표에서의 현금은 현금및현금성자산을 의미한다.

현금성자산으로 분류되기 위한 구체적인 요건은 다음과 같다.

❶ 보유목적: 기업활동에 필요한 단기 현금수요를 충족할 목적이어야 한다. 따라서 매출채권이나 대여금은 현금성자산이 될 수 없다. 이들은 각각 판매나 투자수익을 목적으로 하기 때문이다.

❷ 유동성: 확정된 금액의 현금으로 전환이 용이하고, 가치변동의 위험이 경미하여야 한다. 따라서 화폐성자산만이 현금성자산이 될 수 있다. 보유하고 있는 주식 등의 지분상품은 비화폐성자산이므로 현금성자산이 될 수 없다. 채무증권[2]이나 단기예금은 현금성자산이 될 수 있다. 그러나 채무증권 발행회사나 금융기관의 신용도가 안정적이지 않는 경우는 현금성자산이 될 수 없다. 여건의 변화에 따라 채권의 가치가 급변하고, 채무불이행으로 확정된 현금으로 전환될 가능성이 낮아지기 때문이다. 유의할 것은 보유하고 있는 상환우선주이다. 상환우선주는 주식의 형식을 가지지만, 경제적 실질은 채무증권의 성격을 가진 화폐성자산이다. 따라서 상환우선주는 다른 모든 요건이 충족될 경우 현금성자산이 된다.

❸ 현금화시기 3개월 이내: 취득일부터 만기일 또는 상환일까지 기간이 3개월 이내이어야 한다. 따라서 취득당시에는 만기일 또는 상환일이 3개월을 초과하였으나 기간이 경과하여 재무상태표일(결산일) 시점에 3개월 이내의 기간내에 만기일 또는 상환일이 도래하는 경우에는 현금성자산으로 분류되지 않는다.

---

2. 채무증권은 발행자에 대하여 금전을 청구할 수 있는 권리를 표시하는 유가증권으로 국채, 공채, 사채(전환사채 포함), 자산유동화채권 등이 있다.

[표 4-3] 현금성자산의 예

❶ 취득 당시 만기가 3개월 이내에 도래하는 국공채와 사채
❷ 취득 당시 상환일이 3개월 이내에 도래하는 상환우선주
❸ 양도성예금증서
❹ 가입 당시 만기가 3개월 이내인 정기예금이나 정기적금

현금및현금성자산과 관련하여 유의할 점은 다음과 같다.

첫째, 현금및현금성자산으로 분류하기 위해서는 사용에 제약이 없어야 한다. 따라서 사용이 제한된 자산은 그 제한된 기간에 따라 단기 또는 장기투자자산으로 분류하여야 한다.

둘째, 발행한 당좌수표의 인출액이 당좌예금 잔액을 초과하는 경우 나타나는 당좌차월(當座借越, bank overdrafts)은 현금성자산에서 차감한다. 당좌차월은 은행과의 당좌차월계약에 따라 발생되는 초단기 차입금이다. 은행 차입은 일반적으로 부채로 인식한다. 그러나 금융회사의 요구에 따라 즉시 상환하여야 하는 당좌차월은 기업의 현금관리의 일부를 구성한다. 이때 당좌차월은 기업이 사용가능한 현금및현금성자산을 충실하게 표현하기 위해 현금및현금성자산의 구성요소에 포함하여야 한다.

[당좌차월] 당좌예금 잔액이 100원이지만, 당좌차월계약에 따라 원재료 매입대금으로 당좌수표 120원을 발행

차)	원재료	120	대)	당좌예금	100
				당좌차월	20

예제 4-1 현금및현금성자산

다음은 제조업을 운영하고 있는 ㈜월영이 29년 결산일 현재 보유하고 있는 항목들이다. 현금과 현금성자산은 얼마인가? 당좌개설보증금 이외의 항목들은 사용에 제한이 없다.

• 한국은행 발행 통화	₩450	• 수입인지	₩ 20
• 당좌예금(경남은행)	720	• 당좌개설보증금	30
• 당좌차월(경북은행)	250	• 보통예금	730
• 우편환증서	50	• 소액현금	70
• 양도성예금증서(최초 취득일로부터 60일 만기)			300

풀이

보유현금: 450+50+70=570원, 요구불예금: 720+730=1,450원, 현금성자산: 300-250=50원
∴ 현금및현금성자산: 2,070원

2) 상거래 채권

상거래 채권은 생산적 자원을 획득하고 제공하는 거래에서 발생한 자산이다. 여기서 생산적 자원(生産的 資源, productive resources)은 기업이 생산물을 생산하기 위해 사용하는 수단이 되는 경제적 자원인 원재료, 설비, 자연자원, 특허권, 용역 등을 의미한다. 상거래와 관련한 채권은 생산적 자원에 대한 계약상의 권리와 생산물이나 생산적 자원의 제공으로 인한 화폐청구권으로 구성된다. 생산적 자원에 대한 계약상의 권리에는 선급금(advance payments)과 선급비용(prepaid expenses), 영업보증금(deposits provided for business) 등이 있다. 그리고 교환거래에서 기업이 생산물이나 생산적 자원을 제공하는 대가로 취득하는 화폐청구권으로는 매출채권(trade receivables), 미수금(non-trade receivables), 미수수익(accrued revenues) 등이 있다.

3) 재고자산

정상적인 영업활동과정에서 판매를 위하여 보유하거나 생산 중인 자산, 또는 생산이나 용역제공에 사용될 자산을 재고자산(在庫資産, inventories)이라고 한다. 따라서 동일한 형태의 자산이라고 판매 또는 생산과정에 사용될 목적이외의 목적의 자산은 재고자산으로 분류할 수 없다. 재고자산을 그 보유목적에 따라 구분하면 다음과 같다.

[표 4-4] 재고자산의 유형

자산 보유목적		예
정상적 영업과정에서	판매를 위해 보유하는 자산	상품, 미착상품, 적송품, 제품
	판매를 목적으로 한 생산과정에 있는 자산	재공품
	판매를 목적으로 한 생산과정에 투입될 자산	원재료, 부분품, 소모품, 소모공구기구, 수선용 부분품이나 비품 등의 저장품

4) 투자자산

투자자산(投資資産, investments)은 기업이 여유자금을 운용하거나 다른 기업에 영향력을 행사하거나 지배할 목적으로 보유하는 자산이다. 투자자산에는 당기손익인식금융자산, 기타포괄손익인식금융자산, 상각후원가측정금융자산, 지분법적용투자지분(investments accounted for using equity method), 대여금(loans), 투자부동산(investment property) 등이 있다.

5) 장기영업용자산

장기영업용자산(長期營業用資産, long-term operating assets)은 기업이 영업활동에 장기간 사용할 목적으로 보유하는 자가사용자산을 의미한다. 여기서 자가사용은 생산물인 재화나 용역의 생산을 위해 기업이 자체적으로 사용한다는 것을 의미한다. 장기영업용자산은 기업의 영업능력과 밀접한 관계에 있다. 기업이 영업활동을 위하여 투자한 설비의 규모와 무형의 지적자산에 대한 투자규모는 기업의 성장잠재력을 판단하는 중요한 정보이다. 장기영영용자산은 장기간 기업의 영업활동에 사용 또는 임대, 관리목적으로 보유하는 자산이며, 일반적으로 취득원가가 거액이고, 토지 등의 일부자산을 제외하고는 기간경과에 따라 그 경제적 효익이 감소된다는 공통적인 특징이 있다. 그러나 장기영업용자산은 물리적 형태의 유무에 따라 유형자산(有形資産, property, plant and equipment)과 무형자산으로 구분된다.

무형자산(無形資産, intangible assets)은 물리적 형태는 없지만 개별적으로 식별가능한 장기영업용자산과 영업권(goodwill)으로 구성된다. 한국채택국제회계기준(K-IFRS) 제1038호(무형자산)에 따르면, 무형자산은 "정상적인 영업활동 과정에 사용할 목적으로 보유하고 있는 물리적 실체는 없지만 식별가능한 비화폐성자산"으로 정의하고 있다. 매출채권, 대여금 등도 물리적인 실체는 없지만 무형자산에 해당되지는 않는다. 또한 '식별가능하다'는 것은 특정 자산이 다른 자산과 분리될 수 있고, 개별적으로 처분가능하다는 것을 의미한다. 그러나 영업권은 다른 자산과 분리되거나 개별적으로 처분가능하지 않는 자산이라도 무형자산으로 분류하도록 하고 있다. 다만 영업권은 사업결합을 통해 취득한 것만 무형자산으로 인정하며, 자가창설영업권은 인정하지 않는다.

따라서 무형자산이 되기 위해서는 다음과 같은 세 가지 조건을 충족해야 한다.

❶ 식별 가능해야 한다.

❷ 특정 기업이 자원에 대한 통제권을 행사하고 있어야 한다.

❸ 자산으로부터 미래 경제적 효익이 창출되어야 한다.

[표 4-5] 유형자산과 무형자산의 유형

구분		유형
유형자산		토지(land), 건물(buildings), 구축물(structure), 기계장치(machinery), 차량운반구(vehicles), 집기(fixtures and fittings), 사무용비품(office equipment), 건설중인자산(construction in progress)
무형자산	식별불가능	영업권(goodwill)
	식별가능	상표(brand name), 제호와 출판표제(mastheads and publishing titles), 컴퓨터소프트웨어, 라이선스와 프랜차이즈, 저작권(copyrights), 특허권 등의 산업재산권(patents and other industrial property rights), 용역운영권(service and operating rights)

6) 매각예정자산

매각예정자산(賣却豫定資産, assets classified as held for sale)은 앞으로 기업활동에 사용하지 않고 매각할 자산으로 재무상태표에 다른 자산과는 별도로 표시하도록 규정하고 있다. 이 자산은 기업의 미래 영업능력과 무관하다. 사업부 등을 매각하는 경우에는 그 사업부에 귀속되는 모든 자산과 부채가 함께 매각된다. 이 경우 사업부를 매각예정처분자산집단(賣却豫定處分資産集團, disposal groups classified as held for sale)이라고 하고, 그 사업부의 모든 자산을 매각예정처분자산집단에 포함된 자산(assets included in disposal groups classified as held for sale)이라고 한다.

매각예정비유동자산이 되기 위해서는 다음의 조건을 충족해야 한다.

첫째, 통상적이고 관습적인 거래조건만으로 즉시 매각 가능해야 한다.

둘째, 매각될 가능성이 매우 높아야 한다. 매각가능성이 높은 경우로 볼 수 있는 경우는 ❶적절한 지위의 경영진이 자산 매각 계획을 확실하게 약속하였고, ❷매수자를 물색하며 매각계획을 이행하기 위한 적극적인 업무진행을 이미 시작하였고, ❸당해 자산의 현행 공정가치에 비추어 볼 때 합리적인 가격수준으로 적극적으로 매각을 추진하고 있어야 하며, ❹매각예정으로의 분류시점에서 1년 이내에 매각이 완료될 수 있어야 하며, ❺매각계획을 이행하기 위하여 필요한 조치로 보아 그 계획이 중요하게 변경되거나 철회될 가능성이 낮아야 한다.

이러한 매각예정비유동자산으로 매각예정으로 분류되는 시점에서 1년 이내의 기간에 매각될 자산이기 때문에 유동자산으로 재분류하여야 하며, 이와 관련된 부채도 별도로 표시하여야 한다. 다만, 폐기될 비유동자산 또는 처분자산집단은 매각예정으로 분류할 수 없다.

7) 투자부동산

투자부동산(investment property)은 임대수익 또는 시세차익 그리고 이 두 가지를 모두 얻을 목적으로 소유자 또는 금융리스이용자가 보유하고 있는 건물이나 토지와 같은 부동산을 말한다. 따라서 투자부동산은 다음과 같은 것이 해당된다.

❶ 장기 시세차익을 얻기 위해서 보유하고 있는 토지
❷ 장래에 사용목적을 결정하기 못하고 보유하고 있는 토지
❸ 직접소유 또는 금융리스를 통해 보유하고 운용리스로 제공하고 있는 건물
❹ 운용리스로 제공하기 위해 보유하고 있는 미사용 건물
❺ 미래에 투자부동산으로 사용하기 위해 건설 또는 개발중인 부동산

이와 같은 투자부동산은 다른 자산과는 달리 독립적으로 현금흐름을 창출하고 있기 때문에 재무상태표에 다른 자산과 구분하여 기재하여야 한다.

나. 부채의 성격별 분류

1) 상거래 채무

상거래 채무는 생산적 자원을 획득하고 제공하는 거래에서 발생한 부채이다. 생산적 자원의 획득거래와 관련된 부채에는 매입채무(trade payables), 미지급금(non-trade payables), 미지급비용(accrued expenses) 등이 있고, 제공거래와 관련된 부채에는 선수금(advances customers), 선수수익(unearned revenues) 등이 있다.

매입채무는 기업의 정상적인 영업활동에서 재화와 용역을 외상으로 구입함으로

써 발생하는 채무로, 외상매입금과 지급어음으로 구분된다. 미지급금은 정상적인 영업활동 이외에서 발생하는 채무이며, 미지급비용은 한 회계기간 동안 발생된 비용으로 아직 지급되지 않은 것을 말한다. 선수금은 수주공사, 수주품 및 기타 정상적인 영업활동에서 발생한 선수액으로 미래에 상품 등을 제공하기로 하고 그 대금의 전부 또는 일부를 미리 수령한 것으로 해당되는 상품 등을 제공함으로써 채무가 이행된다. 선수수익은 기업이 일정기간 동안 계속적으로 용역을 제공하기로 하고 받은 수익 중 차기 이후의 기간에 속하는 금액을 말한다.

2) 차입채무

차입채무는 외부자금조달과 관련된 부채이다. 차입채무에는 차입금(borrowings)과 사채(bonds payable)가 있다. 차입채무가 없이 기업을 운영할 때 무차입경영이라고 한다. 무차입경영을 하는 기업은 재무위험이 없으므로 경영환경이 악화될 때 부도가능성이 낮다. 그러나 차입채무의 이자율과 기업활동에서 얻는 이익률의 차이로 인해 발생하는 재무레버리지효과를 얻을 수 없다.

차입금은 그 상환기간(1년)에 따라 단기차입금과 장기차입금으로 구분되며, 금융기관이나 다른 실체로부터 일정기간 후 자금을 상환하는 조건으로 자금을 차입함으로써 부담하게 되는 채무를 말한다. 또한 기업이 은행과 당좌차월계약을 체결하고 계약상 허용되는 한도내에서 당좌예금 잔액을 초과하여 당좌수표를 발행함으로써 부담하는 것을 당좌차월이라고 한다. 이러한 당좌차월은 별도의 계정으로 기록할 수 있지만, 단기차입금에 포함할 수도 있다.

사채는 기업이 일반대중으로부터 거액의 자금을 쉽게 조달하기 위해 회사채를 발행하여 집단적, 대량적으로 부담하는 장기 채무를 말한다. 자금수요자는 만기시에 지급할 액면금액(원금액), 액면이자율, 만기일, 이자지급방법 등을 기재하고 이를 이행하겠다는 약속으로 증서인 회사채를 자금제공자에게 이전하게 된다.

3) 충당부채

충당부채는 의무를 이행할 시기나 의무이행에 소요될 금액을 추정하여야 하는 부채이다. 충당부채에는 고객에서 이행하여야 할 제품보증과 관련한 제품보증충당부채(warranty provision), 종업원에게 지급해야 할 급여와 관련한 종업원급여충당부채(provisions for employee benefits), 손실부담계약충당부채(onerous contracts provision) 등이 있다.

[손실부담계약충당부채] 제품(원가 11,000원)을 $10에 판매하는 계약을 체결. 계약불이행 위약금 4,000원. 환율 900원이 장기간 유지될 것으로 예상					
차)	손실부담계약손실	3,000	대)	손실부담계약충당부채	3,000

4) 매각예정 처분자산집단에 포함된 부채

사업부 등을 매각하는 경우에는 그 사업부에 귀속되는 모든 자산과 부채가 함께 매각된다. 이 경우 그 사업부, 즉 처분자산집단에 귀속되어 있는 모든 부채를 매각예정 처분자산집단에 포함된 부채(liabilities included in disposal groups classified as held for sale)라고 한다.

다. 자산과 부채의 소멸기간별 분류

기업이 보유하고 있는 자산과 부채는 언젠가는 소멸된다. 부채는 의무이행에 의해 소멸되고, 자산은 현금화 과정이나 그 자산이 가진 현금흐름잠재력을 기업에 제공하는 과정에서 소멸된다. 경제적 효익을 기업에 제공함으로서 소멸되는 자산에는 선급금, 선급비용, 유형자산과 무형자산이 있다. 현금화 과정에서 소멸되는 자산에는 현금성자산, 생산물이나 생산적 자원의 제공으로 인한 매출채권 및 미수금, 재고자산, 투자자산, 매각예정자산 등이 있다.

의무이행시기나 현금화 및 현금흐름잠재력 감소 시기는 자산과 부채에 따라 다르다. 소멸되는 기간이 단기인 자산과 부채를 유동자산과 유동부채, 장기인 자산과 부채를 비유동자산과 비유동부채라 한다. 장단기를 구분하는 기준으로는 1년기준과 영업주기기준이 있다. 이 구분기준은 자산과 부채의 영업주기와의 관련성 여부에 따라 그 적용이 달라진다.

1) 영업주기항목

자산과 부채 중에는 영업주기에 따라 발생과 소멸이 반복되는 영업주기항목(營業週期項目, items in operating cycle)과 영업주기와 무관하게 존재하는 비영업주기항목(非營業週期項目)이 있다. 영업주기항목은 기업의 정상영업주기 내에 사용되는 운전자본의 일부로서 재고자산의 매입이나 판매와 직접적으로 관련되어 있다. 여기서 영업주기는 영업활동을 위한 자산의 취득시점부터 그 자산이 현금이나 현금성자산으로 실현되는 시점까지 소요되는 기간이다.

[표 4-6] 영업주기항목의 유형

영업주기 단계	영업주기자산	영업주기부채
매입과 생산	선급금, 선급비용	매입채무, 미지급비용
보유	재고자산	
판매	매출채권	선수금

2) 유동성과 비유동성 분류기준

자산과 부채를 유동성과 비유동성으로 분류하기 위한 기준에는 1년기준과 영업주기기준이 있다. 국제회계기준은 자산과 부채의 성격에 따라 1년기준이나 영업주기기준을 적용한다.

1년기준(一年基準, one year's rule)은 자산과 부채의 소멸시기가 재무보고일로부터 12개월 이내이면 유동성항목, 이상이면 비유동성항목으로 분류하는 방법이다. 1년기준은 재무제표를 연차보고해야 한다는 원칙과 일관성을 갖고 있다. 그러나 1년기준은 영업주기항목에 적용할 때 기업의 유동성을 충실하게 표현하지 못 하는 문제가 발생할 수 있다. 즉 영업주기가 1년을 초과하는 경우[3], 기업활동에서 영업주기항목은 운전자본의 일부로 인식되지만 1년기준을 적용하면 비유동항목으로 분류되는 모순이 생긴다. 이 문제를 해결하기 위한 것이 영업주기기준이다.

영업주기기준(營業週期基準, business operating cycle basis)에서는 정상영업주기 내에

3. 숙성과정이 필요한 재화를 생산하는 업종이나 자본집약적인 업종에서 정상영업주기가 1년을 초과하는 경우가 있다. 대부분의 업종의 경우에는 대부분 정상영업주기가 1년 이내이다.

서 발생하고 소멸되는 영업주기항목을 유동성항목으로 분류한다. 여기서 정상영업주기는 일반적 상거래를 위한 자금의 평균순환주기를 의미한다. 제조업을 예로 들면, 제조과정에 투입될 재화와 용역을 취득한 시점부터 제품의 판매로 인한 현금의 회수까지 소요되는 평균기간이 정상영업주기이다. 국제회계기준은 정상영업주기를 명확히 식별할 수 없는 경우에는 그 기간이 12개월인 것으로 가정한다.

제조업의 정상영업주기는 평균제조기간, 제품의 평균판매기간, 그리고 매출채권의 평균회수기간 등에 의해 결정되고, 상품매매업의 정상영업주기는 상품의 평균판매기간과 매출채권의 평균회수기간에 의해 결정된다.

매출채권평균회수기간 = 360/매출채권회전율, 매출채권회전율 = 매출액/평균매출채권
재고자산평균판매기간 = 360/재고자산회전율, 재고자산회전율 = 매출원가/평균재고자산

예제 4-2 상품매매업의 영업주기

다음은 상품매매업을 하는 경남기업의 재무자료 중 일부이다. 영업주기를 계산하라.

구분	20-12-31	21-12-31
매출채권	₩35,000	₩40,000
재고자산	25,000	20,000

구분	21년
매출액	₩100,000
매출원가	80,000

[풀이]

평균매출채권: (35,000+40,000)/2=37,500원, 평균재고자산: (25,000+20,000)/2=22,500원
매출채권회전기간: 360×37,500/100,000=135일, 재고자산회전기간: 360×22,500/80,000=101일
∴ 영업주기: 236일

3) 유동자산과 비유동자산

국제회계기준은 1년기준과 영업주기기준을 결합하여 유동성항목과 비유동성항목을 구분한다. 따라서 영업주기자산은 1년과 영업주기 중 긴 기간을 기준으로 분류하고, 비영업주기자산은 1년을 기준으로 분류한다.

유동자산(流動資産, current assets)의 유형과 예는 다음과 같다.

- 현금 및 현금성 자산: 사용의 제한이 없거나 사용이 제한된 기간이 보고기간 후 12개월 이내인 현금 및 현금성자산은 유동자산이다. 예를 들어 채권자와의

계약에 따라 질권(質權, pledge)이 설정된 보통예금의 경우 질권 설정기간이 재무보고일부터 1년 이내이면 유동자산이지만, 1년 이상이면 비유동자산이 된다.

- 영업주기자산: 기업의 정상영업주기 내에 현금화될 것으로 예상하거나, 정상영업주기 내에 판매하거나 소비할 의도가 있는 영업주기자산(營業週期資産, assets in operating cycle)은 유동자산이다. 일반적으로 매출채권이나 미수수익은 정상영업주기 내에 회수할 것으로 예상되고, 상품이나 제품은 정상영업주기 내에 판매할 의도가 있기 때문에 유동자산이다. 그리고 원재료, 소모품, 선급비용 등은 정상영업주기 내에 소비할 의도가 있기 때문에 유동자산이다.
- 보고기간 후 12개월 이내에 실현될 것으로 기대되는 비영업주기자산 : 단기매매목적으로 취득한 지분증권이나 채무증권인 단기매매금융자산은 그 성격으로 인해 유동자산이 된다. 정기예금, 정기적금, 대여금, 미수금, 취득한 지분증권이나 채무증권 등의 금융자산은 재무보고일부터 1년 이내에 현금화되면 유동자산, 그렇지 않으면 비유동자산이 된다. 유동자산인 금융자산은 유동금융자산(流動金融資産, current financial assets) 또는 단기금융자산(短期金融資産, short-term financial assets)이라 하고, 비유동자산인 금융자산은 비유동금융자산(非流動金融資産, non-current financial assets) 또는 장기금융자산(長期金融資産, long-term financial assets)이라고 한다. 비유동금융자산은 시간이 경과하면 현금화되는 시기가 1년 이내에 도래한다. 이 경우에는 유동금융자산으로 분류하여야 한다.

유동자산이 아닌 모든 자산은 비유동자산이다. 비유동자산(非流動資産, non-current assets)은 장기자산(長期資産, long-term assets)이라고도 한다. 비유동자산의 유형은 다음과 같다.

- 투자부동산
- 유형자산
- 무형자산
- 장기금융자산: 일반적으로 장기금융자산은 여유 자금의 장기적 활용이나 타기업에 대한 장기투자목적으로 보유한다. 장기금융자산에는 장기정기예금이나 적금, 장기대여금, 장기투자채무증권, 장기투자지부증권 등이 포함된다. 유의

적 영향력을 가지고 있는 관계기업의 주식에 대한 투자인 관계기업투자지분도 장기금융자산의 성격을 가지고 있다.

4) 유동부채와 비유동부채

부채도 자산과 동일한 기준으로 유동성과 비유동성으로 분류한다. 즉 영업주기부채는 1년과 정상영업주기 중 긴 기간을 분류기준으로 하고, 비영업주기부채는 1년을 분류기준으로 한다.

유동부채(流動負債, current liabilities)의 유형과 예는 다음과 같다.

- 영업주기부채: 정상영업주기 내에 이행될 것으로 예상되는 의무인 영업주기부채(營業週期負債, liabilities in operating cycle)는 유동부채이다. 일반적으로 매입채무와 생산과정에서 발생하는 미지급비용은 정상영업주기 내에 현금으로 결제되고, 매출에 대한 선수금이나 선수수익은 정상영업주기 내에 재화의 판매나 용역의 제공으로 결제될 것으로 예상되기 때문에 유동부채이다.
- 보고기간 후 12개월 이내에 결제될 비영업주기부채 : 시장 상황에 따라 수시로 상환할 목적으로 발행한 채무증권인 단기매매금융부채와 미지급배당금, 미지급법인세 등은 그 성격으로 인해 유동부채가 된다. 차입금, 사채, 상환우선주 등의 금융부채는 현금 결제일이 재무보고일부터 1년 이내이면 유동부채, 그렇지 않으면 비유동부채가 된다. 유동부채인 금융부채는 유동금융부채(流動金融負債, current financial liabilities) 또는 단기금융부채(短期金融負債, short-term liabilities)라고 하고, 비유동부채인 금융부채는 비유동금융부채(非流動金融負債, non-current financial liabilities) 또는 장기금융부채(長期金融負債, long-term liabilities)라고 한다. 비유동금융부채는 시간의 경과로 인해 유동금융부채로 재분류된다. 이것을 유동성장기금융부채(流動性長期金融負債, current portion of long-term financial liabilities)라고 한다. 충당부채도 1년 기준을 적용하여 유동충당부채(流動充當負債, current provisions)와 비유동충당부채(非流動充當負債, non-current provisions)로 구분한다. 유동충당부채는 단기충당부채(短期充當負債, short-term provisions), 비유동충당부채는 장기충당부채(長期充當負債, long-term provisions)라고도 한다.

금융부채에 1년 기준을 적용할 때는 유의할 점이 있다. 1년 기준을 적용할 때 현금 결제일은 최초 약정서의 만기일이 아니라 실질적 의무 이행일을 의미한다. 이 실질적 의무이행일은 재무보고일 현재까지 발생한 거래나 사건을 기초로 판단해야 한다. 따라서 재무보고일 현재 기업이 보고기간 후 12개월 이상 부채의 결제를 연기할 수 있는 무조건의 권리를 가지고 있는 경우, 그 부채는 비유동부채가 된다. 실질적 의무이행일이 1년 이내가 아니기 때문이다. 차환이나 연장, 차입약정의 위반에 대해 이 원칙을 적용해보기로 한다.

가) 차환이나 연장에 대한 재량권

기업이 재무보고일 현재 유효한 대출계약조건에 따라 보고기간 후 12개월 이상 부채를 차환(借換, refinancing)하거나 연장(延長, rolling over)할 것으로 기대하고 있고 재량권이 있다면, 보고기간 후 12개월 이내에 만기가 도래한다 하더라도 비유동부채로 분류한다. 여기서 중요한 것은 재무보고일 현재 기업이 가지고 있는 재량권이다. 예를 들어, 차환약정이 없기 때문에 기업이 부채의 차환이나 연장에 대한 재량(discretion)이 없다면, 차환가능성(potential to refinance)을 고려하지 않고 유동부채로 분류한다.

나) 차입약정의 위반

보고기간 말 이전에 장기차입약정을 위반하고, 이로 인해 대여자가 즉시 상환을 요구할 수 있는 채무는 유동부채로 분류한다. 그 이유는 기업이 보고기간 말 현재 그 시점으로부터 적어도 12개월 이상 결제를 연기할 수 있는 무조건적 권리(無條件的 權利, unconditional right)를 가지고 있지 않기 때문이다. 그러나 보고기간 말 이전에 대여자와 합의하여 보고기간 후 적어도 12개월 이상의 유예기간을 받았고, 기업은 그 유예기간 내에 위반사항을 해소할 수 있고, 또 그 유예기간 동안에는 대여자가 즉시 상환을 요구할 수 없다면 그 부채는 비유동부채로 분류한다.

라. 미래현금흐름의 확정 여부에 따른 분류

자산과 부채 중에는 미래현금흐름 금액이 확정되어 있는 화폐성항목과 그렇지 않는 비화폐성항목이 있다. 매출채권, 미수금, 미수수익, 대여금 등은 화폐성자산(貨幣性資産, monetary assets)이고, 선급금, 선급비용, 지분법적용투자지분, 유형자산과 무형자산은 비화폐성자산(非貨幣性資産, non-monetary assets)이다. 부채는 대부분 화폐성이다. 화폐성부채(貨幣性負債, monetary liabilities)에는 매입채무, 미지급금, 미지급비용과 차입채무 등이 있다. 비화폐성부채(非貨幣性負債, non-monetary liabilities)에는 선수금과 선수수익 등이 있다.

화폐성 자산과 부채는 화폐가치의 변동에 상관없이 수취할 금액 또는 지급할 금액이 확정되어 있는 자산과 부채로 일반물가수준의 변동에도 그 금액이 고정되어 있는 것을 말한다. 반면, 비화폐성 자산과 부채는 그 가치가 일반물가수준의 변동에 따라 변동하는 자산을 말한다. 따라서 물가가 변동하는 경우 화폐성자산이나 부채를 보유하고 있을 때는 보유 현금으로 구입할 수 있는 재화나 용역의 양이 변동하는 구매력 손익(purchasing power gains and losses)이 발생하게 된다. 예를 들어, 물가가 상승하게 되면 보유현금으로 구입할 수 있는 재화와 용역의 양은 점차 감소하여 구매력 손실이 발생하고, 물가가 하락하게 되면 재화와 용역의 구입가능량이 증가하여 구매력 이익이 발생하게 된다.

6. 재무상태표

자산과 부채는 그 성격과 기능에 따라 기업의 유동성과 장기지급능력, 미래현금흐름 창출 잠재력 등에 미치는 영향이 다르다. 따라서 재무상태표에서는 자산과 부채를 유동성과 그 성격 및 기능에 따라 분류한다. 그러나 자본은 발생원천과 법률이나 계약상의 구속력의 차이에 따라 분류한다.

주의할 것은 국제회계기준은 재무상태표에 표시되어야 할 항목의 순서나 형식을 규정하지 않고 있다는 것이다. 국제회계기준은 재무상태표에 표시하여야 할 최소 항목과 구분표시를 위한 원칙만을 제시하고 있다. 따라서 경영자는 기업의 재무상태에 관한 목적적합하고 표현충실한 정보를 제공하기 위해 기업과 거래의 성격에 따라 사용된 용어와 항목의 순서, 또는 유사 항목의 통합방법을 다르게 할 수 있다. 예를 들어, 금융회사는 금융회사의 영업목적에 적합한 정보를 제공하기 위해 제조업과는 다른 용어를 사용할 수 있다.

가. 최소 구분표시 항목

국제회계기준이 재무상태표에 구분표시하도록 요구하는 최소 구분표시 항목은 [표 4-7]에 제시되어 있다. 여기서는 금융자산과 부채, 이연법인세자산과 부채에 대해 설명하기로 한다.

[표 4-7] 재무상태표의 최소 구분표시 항목

자산	부채
❶ 유형자산	❶ 매입채무 등의 채무
❷ 투자부동산	❷ 충당부채
❸ 무형자산	❸ 금융부채(❶과 ❷ 제외)
❹ 금융자산(❺, ❽, ❾ 제외)	❹ 미지급법인세
❺ 지분법적용투자지분	❺ 이연법인세부채
❻ 생물자산[4]	❻ 매각예정 처분자산집단의 부채
❼ 재고자산	**자본**
❽ 매출채권 등의 채권	❶ 비지배지분
❾ 현금및현금성자산	❷ 지배기업 소유주에 귀속되는 자본금과 적립금
❿ 매각예정자산	
⓫ 선납법인세	
⓬ 이연법인세자산	

1) 금융자산과 금융부채

금융자산과 부채를 이해하기 위해서는 금융상품에 대한 지식이 필요하다.

4. 생명이 있는 동식물

가) 금융상품

금융상품(金融商品, financial instrument)은 화폐가치(monetary value)를 가지고 있거나 현금지불에 관한 당사자 사이의 법률상의 계약을 증빙하는 증서를 의미한다. K-IFRS 제1032호(금융상품)의 금융상품이란 "한쪽 거래당사자에게 금융자산을 발생시키면서 다른 거래상대방에게 금융부채나 지분상품을 발생시키는 계약"이라고 명기하고 있다. 최근 다양한 형태의 금융상품이 생겨나고 있는 가운데 이러한 광범위한 금융상품에 대한 정의는 유사한 성격의 금융상품에 대한 회계처리를 용이하게 하기 위한 목적이다. 금융상품은 그 정의에서 제시된 바와 같이 몇 가지 특징을 갖고 있다.

첫째, 양면적 성격을 갖는다. 한쪽 거래당사자에게는 금융자산을 발생시키지만, 다른 거래당사자에게는 금융부채 또는 지분상품을 발생시킨다. 따라서 금융상품의 보유자는 금융자산을, 금융상품의 발행자는 금융부채와 지분상품을 발생시키게 된다.

둘째, 금융상품은 계약상의 권리와 의무에서 발생한다. 따라서 법률적인 권리와 의무에서 발생하는 것은 금융상품이 아니다. 즉, 미지급항목, 충당부채 등은 금융상품이 될 수 없다.

셋째, 주로 화폐액을 통해 권리와 의무가 이행된다. 따라서 재화와 용역을 수수함으로써 이행되는 선급금 등은 금융상품이 아니다.

한편, 이 금융상품은 채무상품과 지분상품으로 구분할 수 있다. 채무상품(債務商品, debt instrument)은 채무의 존재와 그 상환시기를 법적으로 증빙할 수 있는 증서를 말한다. 수표, 양도성예금증서, 회사채, 국공채, 어음(bill), 차용증서, 요건을 갖춘 계약서 등은 채무상품이다. 각 국가의 중앙은행이 발행한 화폐도 일종의 채무상품이다. 지분상품(持分商品, equity instrument)은 기업의 잔여지분 또는 소유권을 법적으로 증빙할 수 있는 증서이다. 통상 주식이라고 하는 주권(share certificate)과 주식매입선택권(stock option)은 지분상품의 예이다.

[지분상품과 금융자산] 에피(주)는 국제(주)를 대상으로 총지분의 20%에 해당하는 제3자 배정 유상증자를 실시. 신주의 발행가액은 898원, 액면가액은 500원. 국제(주)는 에피(주)에 대한 유의적 영향력을 획득

에피	차)	현금	898	대)	자본금	500
					주식발행초과금	398
국제	차)	지분법적용투자지분	898	대)	현금	898

나) 금융자산

금융자산(金融資産, financial assets)은 기업실체가 보유하고 있는 금융상품을 의미한다. 회계는 금융상품의 형태에 따라 기록하지 않고, 금융상품을 보유하게 된 거래의 성격에 따라 기록한다. 예를 들어 상품 판매의 대가로 받은 어음은 매출채권, 토지 매각의 대가로 받은 어음은 미수금, 현금대여의 대가로 받은 어음은 대여금 등으로 기록한다.

기업실체의 금융자산은 화폐, 다른 기업의 지분상품, 금융자산을 획득하게 될 계약상의 권리, 잠재적으로 유리한 조건으로 거래상대방과 금융자산이나 금융부채를 교환하기로 한 계약상의 권리 등으로 분류할 수 있다. 거래상대방에게서 금융자산을 획득할 수 있는 계약상 권리의 예로는 매출채권, 미수금, 대여금, 당좌예금이나 정기적금처럼 금융기관에 예치한 예금이나 적금, 상각후원가측정금융자산 등으로 분류한 다른 기업이 발행한 회사채, 당기손익인식금융자산 등으로 분류한 다른 기업이 발행한 지분상품 등이 있다. 잠재적으로 유리한 조건으로 거래상대방과 금융자산이나 금융부채를 교환하기로 한 계약상 권리의 예로는 옵션이나 선물 등의 파생금융상품이 있다.

국제회계기준은 금융자산 중 ❶현금 및 현금성자산, ❷매출채권 등의 상거래 채권, ❸지분법이 적용되는 관계기업에 대한 투자지분을 표시하는 지분법적용투자주식은 별도 항목으로 구분표시할 것을 요구한다. 따라서 재무상태표에는 이들 3가지 유형에 포함되는 금융자산이 제외된 기타금융자산(其他金融資産, other financial assets)이 표시되어야 한다.

다) 금융부채

기업실체가 발행 등의 방법으로 지급의무를 부담하는 금융상품은 금융부채(金融負債, financial liabilities)이다. 금융부채에는 거래상대방에게 금융자산을 인도하기로 한 계약상 의무와 잠재적으로 불리한 조건으로 거래상대방과 금융자산이나 금융부채를 교환하기로 한 계약상 의무 등이 포함된다. 전자의 예로는 매입채무, 미지급금, 차입금, 사채 등이 있다. 후자는 옵션이나 선물 등의 파생금융상품에 발생하는 의무이다.

국제회계기준은 금융부채 중 ❶매입채무 등의 상거래 채무와 ❷충당부채는 별도로 구분표시할 것을 요구한다. 따라서 재무상태표에는 이들 2가지 유형에 포함되는 금융부채가 제외된 기타금융부채(其他金融負債, other financial liabilities)를 보고하여야 한다.

이상의 금융상품을 금융자산과 금융부채로 구분하여 정리하면 다음과 같다.

[표 4-8] 금융상품의 분류

금융자산	금융부채
❶ 현금	-
❷ 다른 실체의 지분상품	-
❸ 다음 중 하나에 해당하는 계약상의 권리 Ⓐ 거래상대방에게서 현금 등 금융자산을 수취하기로 한 계약상의 권리 Ⓑ 잠재적으로 유리한 조건으로 거래상대방과 금융자산이나 금융부채를 교환하기로 한 계약상의 권리	❸ 다음 중 하나에 해당하는 계약상의 의무 Ⓐ 거래상대방에게서 현금 등 금융자산을 인도하기로 한 계약상의 의무 Ⓑ 잠재적으로 불리한 조건으로 거래상대방과 금융자산이나 금융부채를 교환하기로 한 계약상의 의무
❹ 자기지분상품으로 결제하거나 결제할 수 있는 다음 중 하나의 계약 Ⓐ 수취할 자기지분상품의 수량이 가변적인 비파생상품 Ⓑ 확정수량의 자기지분상품에 대하여 확정금액의 현금 등 금융자산을 교환하는 방법이 아닌 방법으로 결제하거나 결제할 수 있는 파생상품	❹ 자기지분상품으로 결제하거나 결제할 수 있는 다음 중 하나의 계약 Ⓐ 인도할 자기지분상품의 수량이 가변적인 비파생상품 Ⓑ 확정수량의 자기지분상품에 대하여 확정금액의 현금 등 금융자산을 교환하는 방법이 아닌 방법으로 결제하거나 결제할 수 있는 파생상품

2) 이연법인세 자산과 부채

회계에서 인식한 자산과 부채의 장부금액(帳簿金額, book value)은 납부할 법인세를 산정하기 위한 세무기준액(稅務基準額, tax bases)과 개념적으로 차이가 있다. 자산의 세무기준액은 자산의 장부금액이 감소될 때 기업에 유입될 과세대상 경제적 효익에서 세무상 차감될 금액을 말한다. 예를 들어, 장부금액이 100원인 미수이자가 있고 법인세법은 이자수익을 현금기준으로 과세한다면 미수이자의 세무기준액은 영(0)이다. 미수이자를 현금으로 수취할 때 세무상 차감될 금액이 없기 때문이다. 또 다른 예로 장부금액이 100원인 매출채권이 있고, 매출액은 이미 과세소득에 포함되었다고 가정하면, 이 매출채권의 세무기준액은 100원이다. 매출채권을 회수할 때 현금 수령액은 과세대상이 아니므로 세무상 차감될 금액이 100원이기 때문이다.

부채의 세무기준액은 부채의 장부금액에서 미래에 그 부채와 관련하여 세무상 공제될 금액을 차감한 금액이다. 예를 들어, 장부금액이 100원인 미지급비용이 있고, 법인세법은 이와 관련된 비용을 현금기준으로 공제한다면, 이 미지급비용의 세무기준액은 영(0)이다. 미래에 지급할 때 세무상 공제될 금액이 100원이기 때문이다. 만약 장부금액이 100원인 미지급비용과 관련된 비용을 법인세 납부액을 산정할 때 이미 공제받았다면, 이 미지급비용의 세무기준액은 100원이 된다. 미래에 지급할 때 세무상 공제될 금액이 없기 때문이다.

자산의 장부금액이 세무기준액을 초과하거나 부채의 장부금액이 세무기준액에 미달할 때, 그 차액을 가산할 일시적 차이(加算할 一時的 差異, taxable temporary difference)라고 한다. 가산할 일시적 차이는 미래에 납부할 법인세를 증가하게 되므로 이연법인세부채(移延法人稅負債, deferred tax liabilities)라고 한다. 자산의 장부금액이 세무기준액에 미달하거나 부채의 장부금액이 세무기준액을 초과할 때는 차감할 일시적 차이(差減할 一時的 差異, deductable temporary difference)가 발생한다. 차감할 일시적 차이는 미래에 납부할 법인세를 감소하게 하므로 이연법인세자산(移延法人稅資産, deferred tax assets)이라고 한다.

나. 구분표시와 세분류

1) 기본원칙

국제회계기준에서 요구하는 최소 구분표시 항목은 기능이나 성격이 명확하게 상이한 항목일 뿐이다. 실제 재무상태표는 기업의 재무상태를 이해하는 데 목적적합하고 표현충실한 정보를 제공하기 위해 자산과 부채 및 자본을 구분표시하고 항목, 제목 및 중간합계를 추가하여 표시한다.

재무상태표 작성자는 기업의 특정 자산과 부채의 기능과 성격이 상이하거나, 특정 항목이나 통합된 유사 항목의 구분표시가 기업의 재무상태를 이해하는 데 보다 더 유용할 것으로 판단하면 그 항목을 재무상태표에 추가하여야 한다. 기능이나 성격이 상이하기 때문에 재무상태표에 구분표시된 자산이나 부채에 대해서는 서로 다른 측정기준을 사용할 수 있다. 예를 들어, 원가를 장부가액으로 하는 유형자산과 별도로 분류한 유형자산에 대해서는 재평가금액을 장부금액으로 할 수 있다. 추가 항목으로 구분하여 표시할지 여부를 결정할 때 고려하는 요소는 다음과 같다.

- 자산의 성격, 유동성, 기업 내에서의 기능
- 부채의 금액, 성격 및 시기

유사성에 따라 통합된 항목으로 구분표시되는 항목은 국제회계기준의 요구사항과 중요성 판단에 따라 세분류를 할 것이지, 세분류를 재무상태표 본문에 표시할 것인지, 주석으로 공시할 것인지를 결정하여야 한다[5]. 이를 위한 중요성의 판단을 할 때는 구분표시 여부를 결정할 때 사용한 요소뿐만 아니라 금액도 고려하여야 한다. 세분류를 예를 들면 다음과 같다.

- 유형자산은 영업상 유사한 성격과 용도에 따라 분류: 토지, 토지와 건물, 기계장치, 선박, 항공기, 차량운반구, 집기, 사무용비품 등
- 수취채권: 일반 상거래 채권, 특수관계자 채권, 선급금 등
- 재고자산: 상품, 소모품, 원재료, 재공품, 제품 등
- 충당부채: 종업원급여충당부채, 기타충당부채
- 납입자본과 적립금: 자본금, 주식발행초과금, 적립금 등

2) 자산과 부채의 표시방법

가) 유동성에 관한 정보의 제공방법

국제회계기준은 재무상태표에 자산과 부채의 구성항목을 표시하는 방법으로 유

5. 자산, 부채, 자본의 분류항목을 표시함에 있어 성격이 유사한 과목의 개별표시는 정보가치를 증가시키기보다는 오히려 정보의 명료성을 해칠 수 있다. 그러므로 자산, 부채, 자본 중 중요한 항목은 대차대조표 본문에 별도 항목으로 구분표시하지만, 중요하지 않은 항목은 성격 또는 기능이 유사한 항목에 통합하여 표시할 수 있으며, 통합할 적절한 항목이 없는 경우에는 기타항목으로 통합할 수 있다.

동/비유동구분시법, 유동성순서배열, 혼합표시법 등을 인정한다.

(1) 유동/비유동구분표시

유동/비유동구분표시(流動/非流動區分表示, separate presentation of current and non-current)은 자산과 부채를 유동자산과 비유동자산, 유동부채와 비유동부채로 구분하여 표시하는 방법이다. 국제회계기준은 명확히 식별가능한 영업주기 내에서 재화나 용역을 제공하는 기업은 유동/비유동구분법을 적용할 것을 요구한다. 자산과 부채를 유동/비유동으로 구분하는 것은 운전자본으로 사용되는 자산 및 부채와 장기적인 경영활동에 사용되는 자산 및 부채를 구분·표시해 줄 수 있고, 기업의 유동성과 지급능력을 평가하는 데에 유용한 정보를 제공해 주기 때문이다.

[표 4-9] 유동/비유동구분표시의 예

비유동자산	자본: 지배기업 소유주 귀속 자본
장기매출채권 및 기타비유동채권	납입자본
유형자산	이익잉여금
무형자산: 영업권	기타 자본구성요소
영업권외의 무형자산	비지배지분
비유동생물자산	부채: 비유동부채
투자부동산	비유동충당부채
지분법적용투자지분	장기매입채무 및 기타비유동채무
이연법인세자산	장기차입금
기타비유동금융자산	이연법인세부채
기타비유동비금융부채	기타비유동비금융자산
유동자산	기타비유동금융부채
재고자산	유동부채
유동생물자산	유동충당부채
매출채권 및 기타유동채권	매입채무 및 기타유동채무
기타유동금융자산	단기차입금
기타유동비금융자산	미지급법인세
현금 및 현금성자산	기타유동금융부채
매각예정자산	기타유동비금융부채
	매각예정 처분자산집단의 부채

국제회계기준은 유동성항목과 비유동성항목의 배열순서는 규제하지 않는다. [표 4-9]는 비유동성항목을 먼저 표시하는 재무상태표의 유동/비유동구분표시의 예이다. 이 표는 국제회계기준에서 요구하는 최소표시항목을 유동성/비유동성으로 구

분표시하고 있다. 여기서 유의할 것은 이연법인세자산/부채이다. 국제회계기준에 의하면 기업이 유동/비유동구분표시법으로 재무상태표를 작성할 때 이연법인세자산/부채를 유동자산/부채로 분류하지 못한다.

(2) 유동성순서배열

유동성순서배열(流動性順序配列, presentation in order of liquidity)은 자산과 부채를 유동성 순서에 따라 표시하는 것이다. 오름차순이나 내림차순 모두 허용된다. 국제회계기준은 유동/비유동구분표시를 원칙으로 한다. 따라서 재무상태표 작성에 유동성순서배열법을 적용하기 위해서는 이 방법이 유동/비유동구분표시법보다 더 목적적합하고 표현충실한 정보를 제공한다는 증거가 있어야 한다. 일반적으로 유동성순서배열법은 금융회사에서 적용된다. 금융회사는 재화나 서비스를 명확히 식별가능한 영업주기 내에 제공하지 않기 때문이다.

(3) 혼합표시

재무상태표를 작성할 때 신뢰성 있고 더욱 목적적합한 정보를 제공한다면 자산과 부채의 일부에는 유동/비유동구분법으로 표시하고, 나머지는 유동성배열법을 적용할 수 있다. 이러한 혼합표시(混合表示法, mixed basis of presentation)는 금융업과 비금융업을 함께 영위하는 기업에 적합하다.

나) 보고기간후사건의 공시

보고기간후사건(報告期間後事件, events after the reporting period)은 보고기간 말에서 재무제표 발행승인일 사이에 발생한 사건이다. 보고기간말 현재 유동부채로 분류되는 부채는 보고기간후사건에 의해 그 분류가 변하지 않는다. 이는 유동/비유동의 구분은 보고기간말 현재 시점에서 판단해야 하기 때문이다. 예를 들어 보고기간 말 이전에 장기차입약정을 위반했을 때 대여자가 즉시 상환을 요구할 수 있는 채무는 보고기간 후 재무제표 발행승인일 전에 채권자가 약정위반을 이유로 상환을 요구하지 않기로 합의하더라도 유동부채로 분류한다. 그 이유는 기업이 보고기간 말 현재 그 시점으로부터 적어도 12개월 이상 결제를 연기할 수 있는 무조건적 권리를 가지고 있지 않기 때문이다. 그러나 대여자가 보고기간말 이전에 보고기간 후 적어도 12개월 이상의 유예기간을 주는 데 합의하여 그 유예기간 내에 기업이 위반사항을 해소할 수 있고, 또 그 유예기간 동안에는 대여자가 즉시 상환을 요구할 수 없다면 그 부채는 비유동부채로 분류한다.

이처럼 유동부채에 보고기간후사건을 반영하지 않으면, 기업의 유동성 위험을 충실하게 반영하지 못 할 가능성이 있다. 국제회계기준은 이 문제를 주석공시를 통해 해결한다. 즉 유동부채로 분류된 차입채무에 대해 다음의 사건이 보고기간 말과 재무제표 발행승인일 사이에 발생하면, 그 사건을 수정을 요하지 않는(non-adjusting) 보고기간후사건(報告期間後事件, events after the reporting period)으로 주석에 공시한다.

- 장기로 차환하거나 지급기일을 장기로 재조정
- 장기차입약정 위반사항의 해소
- 보고기간 후 적어도 12개월 이상 장기차입약정 위반사항을 해소할 수 있는 유예기간을 대여자로부터 부여받음

다) 자산과 부채의 실현예정일 공시

국제회계기준은 자산과 부채에서 12개월 후에 회수되거나 결제될 것으로 기대되는 금액과 시기를 공시할 것을 요구한다. 자산과 부채의 실현예정일(實現豫定日, expected dates of realisation)에 대한 정보는 기업의 유동성과 부채상환능력을 평가하는 데 유용하기 때문이다. 이 요구사항은 유동성항목과 비유동성항목 모두에 적용된다. 예를 들어, 기업은 보고기간 후 12개월 후에 회수될 것으로 기대되는 재고자산 금액, 결제될 것으로 기대되는 충당부채의 금액, 금융자산과 금융부채의 만기 등을 공시해야 한다. 그리고 자산과 부채의 각 개별 항목이 보고기간 후 12개월 이내와 이후에 회수되거나 결제될 것으로 기대되는 금액이 통합 표시되는 경우, 12개월 후에 회수되거나 결제될 것으로 기대되는 금액을 공시하여야 한다.

3) 자본의 구분표시

국제회계기준에서 요구하는 자본의 최소 구분표시 항목은 자본에 대한 비지배지분과 지배기업의 소유주에게 귀속되는 납입자본과 적립금이다. 따라서 자본은 1단계로 비지배지분과 지배기업 소유주지분으로 구분하고, 지배기업 소유주지분은 납입자본과 적립금으로 구분하여 표시하여야 한다.

가) 비지배지분과 지배기업 소유주지분

비지배지분는 연결재무제표에 나타나는 개념이다. 연결재무제표는 지배종속관계에 있는 지배회사와 종속회사[6]의 개별재무제표를 연결실체 관점에서 통합한 재무제표를 의미한다. 따라서 연결재무상태표의 순자산은 연결실체의 자본을 의미한다. 연결실체의 자본에 대한 지분은 종속회사에 대한 비지배지분과 지배기업 소유주지분으로 구성된다. 여기서 종속회사에 대한 비지배지분(非支配持分, non-controlling interest)은 연결실체 관점에서 본 종속회사 자본에 비지배지분율을 곱하여 산정된다. 그리고 지배기업 소유주지분은 연결실체 관점에서 본 지배기업의 자본과 연결실체 관점에서 본 종속회사의 자본에 대한 지배기업의 지분으로 구성된다. 연결조정이 필요 없는 특수한 경우에는 연결실체 관점에서 본 지배기업과 종속기업의 자본은 각각 지배기업 개별재무상태의 자본과 종속기업 개별재무상태표의 자본과 동일하다. 이 경우 연결실체의 자본은 종속회사의 자본과 지배회사의 자본의 합계가 된다[7].

> 연결실체 자본 = 비지배지분+지배기업 소유주지분
> = 연결실체관점 종속회사 자본×비지배지분율
> + 연결실체관점 종속회사 자본×지배지분율+연결실체관점 지배회사 자본
> = 연결실체 관점 종속회사 자본+연결실체 관점 지배회사 자본

국제회계기준은 비지배지분에 대해서는 구성요소에 대한 소분류를 요구하지 않는다. 그러나 지배기업 소유주지분은 자본의 구성요소에 따라 소분류하여야 한다.

나) 자본의 구성

국제회계기준은 자본을 최소한 자본금과 소유주귀속적립금으로 구분표시할 것을 요구한다[8]. 여기서 자본금(資本金, issued capital)은 발행한 주식의 액면금액을 의미

6. 지배회사는 모회사, 종속회사는 자회사라고도 한다.

7. 연결재무제표는 연결실체 관점에서 작성되지만, 개별재무제표는 지배기업과 종속기업 관점에서 작성된다. 따라서 지배회사와 종속회사의 개별재무상태의 자본을 연결실체 관점으로 조정하는 연결회계가 필요하다. 여기서는 개념만을 설명하기 위해 크게 단순화하였다. 연결회계는 고급회계에서 학습한다.

8. 자본의 구성요소에 대한 설명은 주식회사를 전제로 한다. 사업활동을 하는 실체는 주식회사 외에도 개

하고, 소유주귀속적립금(所有主歸屬積立金, reserves attributable to owners)은 자본 중 자본금을 제외한 잔액을 의미한다. 자본에 대한 국제회계기준의 최소구분표시항목은 두 가지이지만, 기업은 자본을 보다 세분화하여 보고한다. 기업의 정관이나 법률, 계약 등의 요구를 충족시키기거나 재무제표 이용자에게 보다 유용한 정보를 제공하기 위해 자본에 대한 추가적인 소분류가 필요하기 때문이다. 자본은 자본금, 자본잉여금, 자본조정, 기타포괄손익누계액, 이익잉여금으로 구분할 수 있다.

(1) 자본금과 주식발행초과금

출자자본(出資資本, paid-in capital)은 소유주가 기업에 출연한 자본을 의미한다. 주식회사의 출자자본은 자본금과 주식발행초과금으로 구성된다. 주식발행초과금(株式發行超過金, share premium)은 주주가 출연한 주식의 순발행가액과 액면금액의 차액을 의미한다.

[자본금과 주식발행초과금] 주식을 발행. 액면금액 500원. 발행가액 950원. 주식발행비 100원					
차)	현금	940	대)	자본금	500
				주식발행초과금	440

(2) 자본잉여금

자본잉여금(資本剩餘金, capital reserve)은 증자나 감자 등 주주와의 거래인 자본거래에서 발생하여 자본을 증가시키는 잉여금의 누계액이다. 자본잉여금에는 주식발행초과금, 자기주식처분이익, 감자차익 등이 포함된다.

[자기주식처분이익] 보유하고 있는 자기주식을 120원에 매각. 원가 100원. 거래수수료 5원. 자기주식처분 손실 누계액은 없다.					
차)	현금	115	대)	자기주식	100
				자기주식처분이익	15

인사업체, 파트너십, 신탁, 비영리기관 등 그 형태가 다양하고 각 실체에 적용되는 법률 및 감독 체계도 주식회사와는 다르다. 예를 들어, 개인사업체는 자본을 소유주에게 분배하는 데 제한이 거의 없다. 그럼에도 불구하고 이들 실체에 주식회사의 자본에 관한 회계적 시각을 도입하면, 실체의 유지와 성과 관리에 유용하다.

(3) 자본조정

자본조정(資本調整, capital adjustment)은 당해 항목의 성격으로 보아 자본거래에 해당하나 최종 납입된 자본으로 볼 수 없거나 자본의 가감 성격으로 자본금이나 자본잉여금으로 분류할 수 없는 항목이다. 자본조정에는 자기주식, 주식할인발행차금, 주식매수선택권, 출자전환채무, 감자차손 및 자기주식처분손실 등이 있다.

[출자전환채무] 채무조정에 합의. 장기차입금 100원(현재가치할인차금 10원)을 주식발행으로 변제.
전환으로 인하여 발행될 주식의 공정가치는 60원.

차)	장기차입금	100	대)	출자전환채무	60
				현재가치할인차금	10
				채무조정이익	30

(4) 기타포괄손익누계액

기타포괄손익누계액(其他包括損益累計額, accumulated other comprehensive income/loss)은 국제회계기준에서 요구하거나 허용하여 당기손익으로 인식하지 않은 수익과 비용항목인 기타포괄손익의 누계액을 의미한다. 이러한 기타포괄손익누계액에는 매도가능금융자산평가손익, 해외사업환산손익, 현금흐름위험회피 평가손익 중 효과가 있는 부분, 확정급여제도의 재측정 요소, 자산재평가잉여금 등이 포함된다. 국제회계기준은 재무상태표에 기타포괄손익누계액과 그 구성요소를 표시할 것을 특별히 요구하지는 않는다.

(5) 이익잉여금

이익잉여금(利益剩餘金, retained earnings)은 소유주에게 배당하지 않고 사업활동에 재투자하거나 특정 목적을 위해 적립한 이익을 의미한다. 이익잉여금은 기업의 이익 중 배당하지 않고 유보된 것이므로 유보이익(留保利益)이라고도 한다. 기업이 이익을 적립하는 이유는 다양하다. 법률이나 계약의 요구로 인해 의무적으로 이익을 적립하기도 하고, 주주총회의 결의로 특정 목적을 위해 적립하기도 한다. 예를 들어 특정 목적으로 이익을 적립하면 세법에서 면세나 감세 혜택을 부여하는 경우 기업은 세무목적으로 이익을 적립하기도 한다.

이익잉여금은 이익준비금, 임의적립금, 미처분이익잉여금으로 세분류할 수 있다. 이익준비금(利益準備金, legal reserve)은 법률의 요구에 따라 적립한 이익잉여금이고, 임의적립금(任意積立金, voluntary reserve)는 계약상의 요구나 기업 자체의 필요에 따라 특정 목적을 정하고 적립한 이익잉여금, 미처분이익잉여금(未處分利益剩餘金, unappropriated retained earnings)은 이익을 적립하는 이유가 명시되지 않은 이익잉여금을 의미한다. 임의적립금은 이익 적립의 목적에 따라 배당평균적립금, 감채적립금, 사업확장적립금 등 다양하다.

• 부록 4-1 _ 보고기간후사건

1. 의의

회계기간 종료일로부터 재무제표가 확정되기까지는 보통 수주에서 수개월의 기간이 소요된다. 회계기간 종료 후 재고실사·수정분개·장부마감 등의 결산과정을 거쳐 재무제표를 작성하고, 재무제표에 대한 회계감사를 받은 다음 이사회의 승인을 거쳐 정기주주총회에서 재무제표가 확정되기 때문이다. 이 기간 중에 발생한 사건 중 보고기간말(reporting period)[1] 현재 존재하였던 상황에 대한 추가적 증거를 제공하는 것은 적절히 인식하여 회계처리하고 공시할 필요가 있다. 회계정보 이용자들은 회계기간 종료일 현재의 재무제표에 공시된 정보를 바탕으로 회계기말 현재의 재무상태와 해당 기간의 경영성과를 평가하고 미래를 예측하기 때문이다.

2. 보고기간후사건과 재무제표 승인일

보고기간후사건(報告期間後事件, events after reporting period)은 보고기간말과 재무제표 발행승인일(財務諸表 發行承認日, the date when the financial statements are authorised for issue) 사이에 발생한 유리하거나 불리한 사건을 의미한다. 여기서 재무제표 승인일은 재무제표를 외부에 사실상 공개하기 전에 필요한 내부적 승인절차가 완료된 날을 의미한다. 재무제표를 발행하기 위한 승인과정은 경영조직, 법적 요구사항, 재무제표를 작성하고 완성하기 위한 절차 등 여러 가지 요건에 따라 다르다. 따라서 재무제표 발행승인일을 판단하기 위해서는 이에 대한 검토가 필요하다. 예를 들면, 다음과 같다.

- 재무제표를 외부에 발행한 이후에 주주에게 승인을 받기 위하여 제출하는 경우 주주총회일이 아닌 재무제표 발행일 이전에 이사회의 결의로 재무제표의 발행이 승인된다. 따라서 이 경우 재무제표 발행승인일은 이사회가 발행을 승인한 날(date of board authorisation for issue)이 된다.
- 경영진이 승인을 위해 사외이사만으로 구성된(made up solely of nonexecutives) 감독이사회(supervisory board)에 재무제표를 제출하는 경우 재무제표 발행승인일은 감독이사회에 재무제표를 제출하기 위하여 경영진이 승인한 날이다. 감독이사회에 보고되면 사실상 재무제표 정보가 외부에 공개되기 때문이다.

---

1. 보고기간말은 대차대조표일(balance sheet date)이라고도 한다.

예제 재무제표 승인일

다음 두 사례에서 재무제표 승인일은 언제인가?

사례1 경영진은 21년 12월 31일로 종료되는 회계연도의 재무제표 초안을 22년 2월 28일에 완성하였다. 이사회는 22년 3월 18일에 동 재무제표를 검토하고 발행하도록 승인하였다. 22년 3월 19일에 기업의 이익 등 주요 재무정보를 발표하였다. 주주 등의 이용자는 22년 4월 1일부터 재무제표를 이용할 수 있다. 22년 5월 15일 정기 주주총회에서 재무제표를 승인하고, 22년 5월 17일에 감독기관에 제출하였다.

사례2 22년 3월 18일에 경영진은 감독이사회에 제출하기 위한 재무제표의 발행을 승인하였다. 감독이사회는 사외이사로만 구성되어 있다. 감독이사회는 22년 3월 26일에 재무제표 발행을 동의하였다. 주주 등의 이용자는 22년 4월 1일부터 재무제표를 이용할 수 있게 되었다. 22년 5월 15일 정기 주주총회에서 재무제표가 승인되었고, 22년 5월 17일에 감독기관에 재무제표를 제출하였다.

풀이

사례1 22년 3월 18일(이사회가 발행 승인한 날)

사례1 22년 3월 18일(경영진이 감독이사회에 제출할 재무제표의 발행을 승인한 날)

보고기간후사건은 재무보고기간말 현재 존재하는 상황과의 관련성 여부에 따라 재무제표의 수정을 요하는 사건과 수정을 요하지 않는 사건으로 구분된다.

- 보고기간말에 존재하였던 상황에 대해 증거를 제공하는 사건(수정을 요하는 보고기간후사건)
- 보고기간 후에 발생한 상황을 나타내는 사건(수정을 요하지 않는 보고기간후사건)

3. 수정을 요하는 보고기간후사건

보고기간말 현재 존재하는 상황에 대한 추가적 증거를 제공하는 사건은 보고기간의 재무제표 금액에 영향을 주는 수정을 요하는 보고기간후사건(adjusting events after the reporting period)이다. 경영자는 수정을 요하는 보고기간후사건의 영향을 반영하여 재무제표를 수정하여야 한다. 즉 재무제표에 이미 인식한 항목의 추정치는 그 금액을 수정하고, 재무제표에 인식하지 아니한 항목은 추가로 인식하여야 한다. 수정을 요하는 보고기간후사건의 예는 다음과 같다.

- 보고기간말에 존재하였던 현재의무가 보고기간 후에 소송사건의 확정에 의해 확인. 이 경우에는 소송사건과 관련하여 이전에 인식하였던 충당부채를 수정하거나, 새로운 충당부채를 인식한다. 소송사건의 확정은 우발부채에서 고려하여야 할 추가적인 증거를 제공한 것이므로, 단순히 우발부채로 공시하는 것은 적절하지 않다.
- 보고기간말에 자산에 손상이 발생하였음을 알려주는 정보나, 손상차손을 인식한 자산에 대하여 손상차손금액의 수정이 필요함을 알려주는 정보를 보고기간 후에 입수. 이 경

우를 예를 들어 설명하면 다음과 같다.

❶ 보고기간 후의 매출처 파산은 일반적으로 보고기간말의 매출채권에 손상이 발생하였음을 확인해주는 추가적인 정보이다.

❷ 보고기간 후의 재고자산 판매는 재고자산의 보고기간말 현재 순실현가능가치에 대한 증거를 제공한다.

- 보고기간말 이전에 구입한 자산의 취득원가나 매각한 자산의 대가를 보고기간 후에 결정
- 보고기간말 이전 사건의 결과로서 보고기간말에 종업원에게 지급하여야 할 법적 의무나 의제의무가 있는 이익분배나 상여금지급 금액을 보고기간 후에 확정
- 재무제표가 부정확하다는 것을 보여주는 부정이나 오류를 발견

4. 수정을 요하지 않는 보고기간후사건

보고기간 후에 발생한 상황을 나타내는 사건은 보고기간의 재무제표에 영향을 미치지 않는 수정을 요하지 않는 보고기간후사건(non-adjusting events after the reporting period)이다. 경영자는 수정을 요하지 않는 보고기간후사건을 반영하기 위하여 재무제표에 인식된 금액을 수정해서는 안 된다.

수정을 요하지 않는 보고기간후사건의 예로는 보고기간말과 재무제표 발행승인일 사이에 발생한 금융자산의 시장가치 하락을 들 수 있다. 시장가치의 하락은 일반적으로 보고기간말의 상황과 관련된 것이 아니라 보고기간 후에 발생한 상황이 반영된 것이다. 따라서 그 금융자산에 대해서 재무제표에 인식된 금액을 수정해서는 안 된다. 그러나 수정을 요하지 않는 보고기간후사건을 주석으로 공시할 수는 있다.

4. 기타

- 보고기간 후부터 재무제표 발행승인일 전 사이에 배당(配當, dividends)을 선언한 경우, 보고기간말에 부채로 인식하지 아니한다. 재무보고일 현재 선언하지 않은 배당은 재무보고일의 현재의무가 아니기 때문이다. 이익잉여금의 처분은 주주총회의 고유한 권한이므로 기업의 배당지급의무는 주주총회일에 발생한다고 보는 것이 타당하다.
- 보고기간 후에 경영진이 기업을 청산하거나 경영활동을 중단할 의도를 가지고 있거나, 청산이나 경영활동의 중단 외에 다른 현실적 대안이 없다고 판단하는 경우에는 계속기업 기준(繼續企業 基準, going concern basis)으로 재무제표를 작성해서는 안 된다. 유의할 것은 보고기간 후에 영업성과와 재무상태가 악화된 경우이다. 영업성과와 재무상태의 악

화는 계속기업을 부정하는 필요충분한 조건이 아니다. 영업성과와 재무상태가 악화되는 경우 경영자는 계속기업가정이 여전히 적절한지를 고려할 필요가 있다. 만약 계속기업의 가정이 더 이상 적절하지 않다면 그 효과가 광범위하게 미치므로, 단순히 원래의 회계처리방법 내에서 이미 인식한 금액을 조정하는 정도가 아니라 회계처리방법을 근본적으로 변경해야 한다.

• 부록 4-2 _ 현금의 관리와 통제

현금은 일반적인 지불수단으로 사용되기 때문에 기업활동을 원활하게 수행하기 위해서는 적정량의 현금을 보유하고 있어야 한다. 그러나 현금은 도난가능성이 높고, 수익성이 없는 자산이기 때문에 위험과 수익성의 관점에서 볼 때 과도한 보유는 바람직하지 않다. 적정량의 현금을 보유하고 도난가능성을 최소화하기 위해서는 현금계획(cash planning)과 내부통제가 필요하다.

현금에 대한 내부통제를 위해서는 ❶현금의 수취와 지출, 기장 등의 업무를 분장함으로써 업무 자체에서 상호 견제가 가능하게 하고, ❷유입되는 현금은 즉시 예금하고, 지출은 가능한 한 수표나 기업 신용카드를 이용하게 하여 현금의 보유와 현금거래를 최소화하고,❸소액현금제도를 채택하여 소액의 현금거래에 대처할 수 있게 하고, ❹정기적으로 은행계정조정표를 작성하여 예금액과 회사 기록을 대조 확인할 필요가 있다.

1. 소액현금제도

일정한 규모 이내에서 일상적으로 발생하는 지출에 대해 현금지출을 위한 정식승인절차를 거치지 않고 재량에 의해 현금을 지출하도록 한 뒤 증빙서류를 통해 지출의 타당성을 확인하고 지출된 금액을 보충하여 주는 제도를 자금전도제(資金前渡制) 또는 소액현금제도(少額現金制度, petty cash system)라 한다. 소액현금제도는 업무의 편의를 도모하는 동시에 현금에 대한 통제를 위해서 고안된 제도이다.

소액현금제도에서는 소액현금 설정액을 미리 정하고 그 한도 내에서 현금을 사용하고 소액현금보유액이 소진되면 다시 그 설정액을 한도로 하여 소액현금을 보충하여 주면서 비용정산을 하는 방식이 주로 사용된다. 이 방식에서는 현금을 사용하는 부서가 정산을 한 다음에는 항상 미리 정해져 있는 일정액의 현금을 보유하기 때문에 정액현금전도제(定額資金前渡制, imprest petty cash system)라고 한다.

소액현금을 최초로 설정할 경우에는 소액현금으로 사용에 재량권이 부여되어 있는 현금과 그렇지 않는 현금을 구분하는 회계처리가 필요하다.

소액현금의 설정			
차) 소액현금	1,000	대) 당좌예금	1,000
소액현금으로 1,000원을 설정하고, 수표로 지급			

여기서 소액현금은 내부관리목적으로 설정된 것이기 때문에 대차대조표에는 현금및현금성자산 과목에 포함시켜 보고하여야 한다.

소액현금을 보충해 줄 때는 증빙서류와 지출명세서를 기초로 비용의 인식 등 적절한 처리를 하고, 소액현금을 보충해 주게 된다. 만약 소액현금을 운용하는 부서에서 현금을 사용하였지만, 그 용도가 불명확한 경우에는 현금과부족계정으로 처리하고 부족액을 보충해 준다.

소액현금의 보충			
차) 통신비	200	대) 당좌예금	500
현금과부족	300		
소액현금 사용액 500원 중 200원을 통신비, 300원은 원인불명으로 보고받고, 500원을 수표로 보충			

현금과부족(現金過不足, cash over or short)계정은 소액현금 보유액이 장부상의 금액과 일치하지 않을 경우에 사용되는 임시계정이다. 현금과부족계정은 보유액이 장부상의 금액보다 적은 경우는 차변, 많은 경우는 대변에 기록된다. 현금과부족계정은 그 원인이 밝혀지면 그에 따라 적절한 분개를 하고, 재무보고일까지 과부족의 사유가 밝혀지지 않으면 영업외손익(잡수익 또는 잡손실)으로 처리한다.

현금과부족의 원인 확인			
차) 여비교통비	300	대) 현금과부족	300
소액현금 부족액 300원은 여비로 지출된 것임을 확인.			

예제 정액현금전도제

경주(주)는 23년 10월 1일자로 정액자금전도소액현금제도를 채택하였다. 영업부의 전도금은 ₩500,000이다. 23년 11월 15일에 영업부는 현금잔액이 ₩22,000임을 확인하고, 다음과 같은 지출명세서와 함께 소액현금의 보충을 요구하였다.

23년 10월 1일부터 11월 15일까지의 지출내역;

사무용품비	₩52,000	접 대 비	₩240,000
교 통 비	176,000	원인불명	10,000

23년 12월 31일(결산일)까지 영업부서에서 운용하는 소액현금의 지출에 대한 원인불명의 이유를 밝히지 못하였다. 소액현금 설정일, 보충일, 결산일에 필요한 분개를 하라.

풀이

10월 1일: 소액현금의 전도(당좌수표 발행)

차) 소액현금	500,000	대) 당좌예금	500,000

11월 15일: 소액현금의 보충(현금 지급)

차) 사무용품비	52,000	대) 현금	478,000
접 대 비	240.000		
여비교통비	176,000		
현금과부족	10,000		

12월 31일: 결산일(현금과부족의 처리)

차) 잡 손 실	10,000	대) 현금과부족	10,000

2. 은행계정조정표

은행계정조정표(銀行計定調整表, statement of bank reconciliation)는 은행에서 보내온 예금잔고증명서의 잔액과 회사가 작성한 예금출납장의 잔액을 비교하기 위한 표이다. 회사는 주로 요구불예금과 관련한 거래의 정확성을 확인하고, 필요한 수정을 하기 위해 정기적으로 은행계정조정표를 작성한다. 은행잔액조정표에서 회사 장부기록에 대한 모든 조정사항은 수정분개를 하여야 한다. 은행계정조정표는 다양한 형식으로 작성할 수 있지만, 일반적인 양식은 아래와 같다.

은행계정조정표의 양식

은행증명서 잔액	530	회사 장부의 잔액	500
가산항목	13	가산항목	50
차감항목	(18)	차감항목	(25)
조정후 잔액	525	조정후 잔액	525

특히 거래가 빈번하게 발생하는 당좌예금의 경우 회사와 은행에서 기록을 정확히 했다고 하더라도 특정 시점에서 당좌예금출납장과 당좌예금잔고증명서의 잔액은 일치하지 않는다. 그 이유는 회사와 은행에서 당좌예금의 증감을 기록하는 시점이 다르기 때문이다. 일반적으로 예금출납장과 예금잔고증명서의 잔액이 일치하지 않는 원인은 다음과 같다.

1) 기업은 장부에 기록했으나 은행은 계좌에 기록하지 않은 항목

❶ 미인출수표(未引出手票, outstanding checks): 회사가 발행하였지만 은행에 지급청구되지 않은 수표를 미결제수표 또는 미인출수표라고 한다. 미인출수표금액은 언젠가는 결제되어 예금의 인출로 기록되어야 할 것이므로 은행잔고증명서의 잔액에서 차감되어야 한다.

❷ 은행미기록예금(銀行未記錄預金, deposits in transit): 회사는 은행에 현금을 예치하였지만 은행 측의 사정으로 고객예금의 증가로 기록하지 않은 것을 은행미기록예금이라고 한다. 주로 은행의 업무마감시간 이후에 입금하거나 거래은행이 없는 지역에서 타행환으로 입금한 경우에 은행미기록예금이 나타난다. 은행미기록예금은 은행잔고증명서의 잔액에서 가산되어야 한다.

2) 기업은 장부에 기록하지 않았으나 은행은 계좌에 기록한 항목

❸ 미통지예입(未通知預入, deposits by third parties): 회사의 예금구좌에 입금되어 은행에서는 기록하였지만, 입금 사실이 회사에 통지되지 않아 회사는 예금출납장에 반영하지 못한 것을 미통지예입이라 한다. 미통지예입은 거래처에서 회사의 예금구좌에 온라

인 또는 무통장입금, 자동이체(自動移替, automatic transfer) 등의 방법으로 입금하거나, 이자수익이 발생하는 경우에 주로 나타난다. 미통지예입은 예금출납장에서 예금의 증가로 기록되어야 할 것이므로 은행계정조정표의 예금출납장의 잔액에서 가산되어야 한다.

❹ 미통지인출(未通知引出): 은행이 계약에 따라 발생된 은행수수료(bank service charge)나 이자비용 등을 회사의 예금구좌에서 차감하였으나 그 사실이 회사에 통지되지 않아 회사의 장부에 반영하지 못한 것이 미통지인출이다. 미통지인출은 회사가 은행서비스를 이용하거나 당좌차월이 발생하였거나 자동이체를 통해 예금액이 이체되는 경우에 주로 나타난다. 미통지인출은 예금출납장에서 예금의 감소로 기록되어야 할 것이므로 은행계정조정표의 예금출납장의 잔액에서 차감되어야 한다.

❺ 미통지 부도수표(未通知不渡手票, not-sufficient-fund checks; NSF checks): 회사가 타인발행수표를 예금구좌에 입금하여 예금의 증가로 기록하였으나, 부도가 발생하여 은행은 회사의 예금의 증가로 기록하지 않아 발생하는 차이를 미통지부도수표라 한다. 미통지 부도수표는 예금출납장에서 예금의 감소로 기록되어야 할 것이므로 은행계정조정표의 예금출납장의 잔액에서 차감되어야 한다.

3) 기록오류(記錄誤謬, entry errors)

회사 기록에 오류가 있는 경우에는 그 원인을 찾아 오류수정을 위한 기록을 하여야 한다. 은행에서 오류가 발생하였을 경우에는 회사로서는 기록할 필요가 없으며 은행에 통보하여 오류수정을 요구하면 된다.

예제 은행계정조정표

한미(주)는 23회계연도의 결산을 앞두고 당좌예금계정의 조정을 위하여 24년 1월 4일에 거래은행에 조회하였다. 은행에서 통보해 준 당좌예금잔액증명서에는 23년 12월 31일 현재 잔액이 ₩60,000이었다. 그러나 회사의 당좌예금출납장에는 잔액이 ₩47,000이었다. 차이의 원인을 조사한 결과 다음의 사실을 발견하였다.

1) 회사가 23년 12월 31일에 예금한 ₩10,000이 은행에서는 24년 1월 4일에 입금 처리
2) 회사가 23년 12월 29일에 발행한 수표 중에서 23년 12월 31일까지 인출되지 않은 것이 ₩24,000
3) 당좌예금잔액증명서에 포함되어 있는 내용 중 당좌예금출납장에 반영되지 않은 것은 다음과 같다.
   ❶ 12월에 발생된 당좌차월에 대한 이자비용: ₩700
   ❷ 거래처에서 은행에 입금한 판매대금: ₩4,200
   ❸ 회사가 입금한 수표 중 부도처리된 금액: ₩4,000
   ❹ 위의 부도수표에 대한 소구비용: ₩500

위의 자료를 기초로 한미(주)의 23년 12월 31일 현재의 은행계정조정표를 작성하고 필요한 수정분개를 하라.

풀이

1) 은행계정조정표 작성

은행계정조정표

한미(주) 23년 12월 31일 현재

당좌예금잔고증명서		당좌예금출납장	
잔액	₩60,000	잔액	₩47,000
가산: 은행미기록예금	10,000	가산: 판매대금 입금액	4.200
차감: 미인출수표	(24,000)	차감: 이자비용	(700)
		부도수표	(4,500)
수정 후 잔액	₩46,000	수정 후 잔액	₩46,000

2) 수정분개

차) 당좌예금	4,200	대) 매출채권	4,200
차) 이자비용	700	대) 당좌예금	5,200
부도수표	4,500		

연습문제

1. 재무상태표에 대한 설명으로 올바른 것은?

❶ 자산과 부채는 유동성 순서에 따라 배열하는 것을 원칙으로 한다.
❷ 기업의 일정 기간 동안의 경영성과에 대한 보고서이다.
❸ 기업의 일정 기간 동안 재무상태를 나타내는 보고서이다.
❹ 모든 자산과 부채는 공정가액으로 평가하는 것을 원칙으로 한다.
❺ 일정기간동안의 자본의 크기와 그 변동에 관한 정보 제공을 목적으로 한다.

2. 재무상태표에 계상되는 항목은 무엇인가?

❶ 유형자산처분이익　❷ 매도가능증권평가이익　❸ 자산수증이익
❹ 단기매매증권평가이익　❺ 배당금수익

3. 다음 중 자산, 부채, 자본의 총액에는 변동이 없는 거래는 무엇인가?

❶ 건물을 장부가액으로 매각하였다.
❷ 신주를 발행하여 주주들로부터 자금을 조달받았다.
❸ 토지를 취득하고 사채를 발행하였다.
❹ 배당금으로 현금을 지급하였다.
❺ 자기주식을 현금으로 매각하였다.

4. 다음 계정과목에 대한 설명 중 올바른 것은?

❶ 영업활동에 사용할 목적이 아닌 땅을 매입하고 '토지'계정의 유형자산으로 기록한다.
❷ 기업이 단기간 매매차익을 얻을 목적으로 시장성이 있는 타사 발행 사채를 취득한 경우, 이을 '사채'로 기록한다.
❸ 전기난로를 매입하여 판매하는 회사는 전기난로를 '상품'계정의 재고자산으로 기록한다.
❹ 다른 회사에게 약속어음을 받고 현금을 빌려줄 경우, 이에 대한 채권을 '받을어음'으로 기록한다.
❺ 상품을 판매하는 회사가 건물을 취득하면서 대금의 일부를 현금으로 지급하고 나머지를 나중에 지급하기로 하였을 경우, 이에 대한 채무를 '외상매입금' 또는'매입채무'로 기록한다.

5. 취득원가주의에 대한 설명으로 가장 옳은 것은?

❶ 자산의 가액은 취득 시에 취득원가로 기록하고 이후 시장가격이 변동하면 시장가격을 반영하여 적절히 수정한다.

❷ 기업의 활동은 소유주와는 분리되어 별도로 기록되어야 한다.

❸ 자산은 취득당시 지급한 가액으로 평가하여 기록한다.

❹ 오직 화폐단위로 측정 가능한 거래 내용만 기록한다.

❺ 자산의 가액은 미래 경제적 효익의 현재가치로 평가하여 기록한다.

6. 다음 중 임시계정이 아닌 것은?

❶ 배당금계정 ❷ 감가상각비 ❸ 매출 ❹ 재고자산 ❺ 매출원가

7. 다음은 자산의 평가기준에 대한 설명이다. 올바른 것은?

❶ 파손된 재고자산은 취득원가에 의해 평가한다.

❷ 자산재평가법에 의한 재평가자산은 취득원가주의에 의해 평가한다.

❸ 시장성 있는 투자주식은 시가로 평가한다.

❹ 외화단기대여금은 역사적 환율에 의해 평가한다.

❺ 무형자산은 취득원가로 평가한다.

8. 재무상태표의 차변에 표시되어야 항목이 아닌 것은?

❶ 감가상각누계액 ❷ 미지급비용 ❸ 미수수익 ❹ 대손충당금 ❹ 건물

9. 자산과 관련된 내용을 설명한 다음 항목 중 옳지 않은 것은?

❶ 자산은 기업이 소유·통제하고 있는 경제적 자원이다.

❷ 자산은 기업에 미래의 경제적 효익을 가져다 줄 수 있어야 한다.

❸ 자산은 미소멸 원가를 말한다.

❹ 타인자본과 자기자본의 합계는 자산의 합계와 같다.

❺ 자산총계는 자본금총계에서 부채총계를 차감한 금액이다.

10. 다음 중 재무상태표의 작성기준이 아닌 것은?

❶ 자산, 부채 및 자본은 총액에 의하여 기재함을 원칙으로 한다.
❷ 자본거래에서 발생한 자본잉여금과 손익거래에서 발생한 이익잉여금은 구분 표시할 필요가 있다.
❸ 회계기준상 유동계정과 비유동계정은 반드시 1년을 기준으로 구분한다.
❹ 재무상태표상 자산, 부채는 유동성 순서에 따라 배열한다.
❺ 가수금, 가지급금과 같은 미결산항목은 기록해서는 않된다.

11. 미지급금을 현금 지불한 거래를 두 번 기록한 오류가 재무제표에 미치는 영향을 옳게 설명한 것은?

❶ 자산과대평가, 부채과대평가
❷ 자산과소평가, 부채과소평가
❸ 수익과대평가, 비용과대평가
❹ 수익과소평가, 비용과소평가
❺ 수익과대평가, 비용과소평가

12. 주석에 대한 설명으로 가장 타당한 것은?

❶ 주석은 재무제표의 일부이다.
❷ 주석은 재무제표와는 별개의 것이다.
❸ 주석은 감사보고서에만 포함되는 것이다.
❹ 주석의 표시는 선택적이다.
❺ 주석은 재무제표 본문 안에 괄호로 간단하게 어떤 내용을 표시하는 방법이다.

13. 다음 중 유동자산만으로 묶여진 것은?

❶ 외상매출금, 미지급금
❷ 창업비, 미수수익
❸ 보통예금, 사채
❹ 현금, 재고자산
❺ 선수금, 연구개발비

14. 다음 중 당좌자산만으로 구성된 것은?

❶ 현금및현금성자산, 유가증권, 재고자산, 단기대여금
❷ 단기매매증권, 예수금, 매출채권, 미수금
❸ 매출채권, 매입채무, 미수금, 미수수익
❹ 미수금, 선수금, 미수수익, 현금및현금성자산
❺ 단기대여금, 선급금, 선급비용, 미수금

15. 다음 중에서 현금 및 현금등가물로 분류되지 않는 항목은 무엇인가?

① 통화

② 당좌예금

③ 결산일 당시 만기가 3개월 이내에 도래하는 채권

④ 취득 당시 상환일까지 기간이 3개월 이내인 상환우선주

⑤ 취득 당시 3개월 이내의 상환조건인 환매채

16. 다음 자료에 의할 때, 재무상태표에 현금및현금성자산으로 기록될 금액은 얼마인가?

Ⓐ 현금시재	₩ 400,000
Ⓑ 타인발행수표	300,000
Ⓒ 자기앞수표	100,000
Ⓓ 정기예금(만기가 6개월 남음)	200,000
Ⓔ 당좌예금	700,000
Ⓕ 단기자금 운용을 목적으로 보유한 주식	600,000

① ₩2,100,000 ② ₩1,500,000 ③ ₩1,300,000 ④ ₩800,000 ⑤ ₩1,200,000

17. 다음 중 현금및현금성자산의 범위에 포함되지 않는 것은?

① 자기앞수표 ② 우편환증서 ③ 만기가 도래한 공사채의 이자표 ④ 송금환 ⑤ 우표

18. 경남(주)의 2013년도 소액현금 정액전도금은 ₩1,000,000이며, 사용내역은 매월말 정산한다. 2013년 8월1일부터 8월 31일까지의 소액지출내역이 아래 〈보기〉와 같다. 경남(주)의 2013년 8월 31일 소액현금계정의 잔액은 얼마인가?

사무용품비	₩120,000	통신비	₩80,000	접대비	₩330,000
교통비	₩190,000	현금부족액	₩20,000		

① ₩260,000 ② ₩280,000 ③ ₩670,000 ④ ₩980,000 ⑤ ₩1,000,000

19. 다음 중 은행계정조정표를 작성하는 목적으로 가장 타당한 것은?

① 은행측의 장부잔액과 회사의 장부잔액이 일치하지 않는 원인을 규명하기 위하여

② 당좌예금출납장을 특수분개장으로 사용할 때 매입과 매출을 일괄전기하기 위하여

❸ 당좌차월한도액까지 수표를 발행하였을 때 그 내용을 설명하기 위하여
❹ 당좌예금 인출시 발행되는 당좌수표에 일련번호를 붙여 발행을 통제하기 위하여
❺ 당좌예금과 당좌차월의 구성내용을 확인하기 위해

20. 창원(주)는 2013년 12월 31일 현재 회사의 당좌예금계정 잔액과 은행의 당좌예금잔액증명서상의 잔액간 불일치를 조정하여 정확한 잔액을 ₩42,000으로 일치시켰다. 조정 전 잔액 불일치의 원인은 다음과 같다. 잔액조정 전 창원(주)의 당좌예금계정 잔액은?

기발행 미인출수표	₩6,000	입금 후 부도처리된 수표	₩3,000
회사 입금액 중 은행측 미기입액	1,000	은행수수료 회사측 미기입액	500

❶ ₩38,500 ❷ ₩39,500 ❸ ₩42,500 ❹ ₩45,000 ❺ ₩45,500

21. 서울㈜는 월말에 거래은행으로부터 은행예금잔액이 ₩45,000이라는 통지를 받았다. 은행계정조정표상에서 조정해야 할 항목이 다음과 같을 경우, 서울㈜의 재무상태표에 표시되어야 할 정확한 당좌예금잔액은?

Ⓐ 기발행 미인출수표	₩ 12,600
Ⓑ 은행수수료(회사측 미기입액)	2,400
Ⓒ 은행 미기록예금	9,000
Ⓓ 거래처로부터 은행에 직접 입금된 미통지예금	5,800

❶ ₩39,000 ❷ ₩41,400 ❸ ₩44,800 ❹ ₩47,200

22. 다음 자료에서 기말의 당좌차월 금액을 계산하면 얼마인가?

> Ⓐ 회사는 은행과 ₩2,000,000을 한도로 당좌차월계약을 했다.
> Ⓑ 기초 당좌예금 잔액은 ₩1,000,000이다.
> Ⓒ 기중 상품의 판매대금은 ₩500,000을 당좌계좌에 입금하였다.
> Ⓓ 기중 재료의 매입대금으로 ₩2,500,000의 수표를 발행하여 지급하였다.

❶ ₩500,000 ❷ ₩800,000 ❸ ₩1,000,000 ❹ ₩1,500,000 ❺ ₩2,000,000

23. ㈜서울은 2013.12.31 현재 현금 ₩100,000을 보유하고 있으며, 당좌예금잔액은 ₩150,000이다. 그러나 은행으로부터 받은 당좌예금명세서상의 잔액은 ₩170,000이었다. 당좌예금 잔액이 은행과 차이가 나는 원인을 검토한 결과 다음과 같은 사실을 알게 되었다. 이 경우 2013년 ㈜서울의 재무상태표상에 기록되어야 할 정확한 현금및현금성자산 가액은?

> Ⓐ 회사가 2013.12.20에 발행했던 수표 중 2013. 12.31까지 인출되지 않은 것이 ₩30,000이다.
> Ⓑ 은행의 잔액명세서에는 포함되었으나 회사의 장부에는 반영하지 못한 12월분 은행수수료는 ₩10,000이다.

① ₩140,000 ② ₩170,000 ③ ₩210,000 ④ ₩240,000 ⑤ ₩270,000

24. 다음자료는 경남(주)의 2013년 재고자산과 관련된 자료다. 계속기록법에 의한 후입선출법(LIFO)을 적용하여 월말재고자산금액은 얼마인가?

기초재고		1,000개	@₩ 1,000
당기재고매입	2월	2,000개	@₩ 1,100
	8월	6,000개	@₩ 1,200
당기재고판매액	4월	2,300개	
	10월	4,000개	

① ₩3,700,000 ② ₩3,240,000 ③ ₩2,870,000 ④ ₩3,100,000 ⑤ ₩3,040,000

25. 다음은 창원(주)의 2013년 재고자산에 대한 오류이다. 2013년 당기순이익에 미치는 영향은?

	2013년	2014년
기말 재고액	₩1,000 과대	₩2,000 과소

① ₩1,000 과대 ② ₩2,000 과대 ③ ₩2,000 과소 ④ ₩3,000 과소 ⑤ ₩1,000 과소

26. 물가 상승시에 재고자산 평가방법으로 후입선출법을 적용하는 경우에 발생할 수 있는 것으로 틀린 것은?

① 법인세 절약 효과를 얻을 수 있다.

② 재고자산이 현행대체원가에 근사하게 평가된다.

③ 기간 손익 계산에 있어서 수익과 비용의 대응이 비교적 잘 이루어진다.

④ 재무상태표보다 포괄손익계산서에 충실한 회계 처리 방법이다.

⑤ 선입선출법에 비해 현금흐름을 개선하는 효과가 있다.

27. 다음 중 제조업을 영위하는 마산(주)의 재고자산계정과 관련 없는 것은?

① 시장성유가증권 ② 저장품 ③ 원재료 ④ 재공품 ⑤ 제품

28. 경남(주)는 결산일인 2013년 12월 31일 현재 창고에 보관중인 재고자산을 실사한 결과 그 금액이 ₩200,000임을 확인하였다. 기말실사 금액에는 다음 항목이 반영되지 않은 금액이다. 2013년 경남(주)의 정확한 기말재고자산 금액은 얼마인가?

- 2013년 12월 29일 창원(주)에 선적지인도(F. O. B.shipping point) 조건으로 수출한 상품(원가 ₩70,000)이 2013년 12월 31일 현재 아직 운송중이다.
- 2013년 12월 22일 시용판매 조건으로 마산(주)에 인도한 상품(원가 ₩30,000) 중 2013년 12월 31일까지 매입의사표시를 받은 상품의 원가는 ₩20,000이다.
- 2013년 12월 20일 여수(주)로부터 도착지인도(F. O. B.destination) 조건으로 상품(원가 ₩50,000)을 수입하였는데 2013년 12월 31일 현재 아직 도착하지 않았다.

① ₩270,000 ② ₩260,000 ③ ₩250,000 ④ ₩230,000 ⑤ ₩210,000

29. 2013년 10월 1일 화재(주)의 창고에 화재가 발생하여 보관중인 모든 재고자산이 소실되었다. 확보할 수 있는 자료를 토대로 검토한 결과, 그 기간까지 기록된 매출액은 ₩800,000, 매입액은 ₩720,000이며, 2013년 1월 1일자의 기초재고는 ₩50,000이었다. 회사의 매출총이익률이 30%라면, 화재로 인한 재고자산의 손실액은?

① ₩216,000 ② ₩210,000 ③ ₩240,000 ④ ₩266,000 ⑤ ₩130,000

30. 물가가 상승한다고 가정할 때 재고자산의 당기매입수량이 판매수량보다 많다면 다음의 관계에서 타당한 것은?

① 기말재고: 후입선출법 〉 평균법 〉 선입선출법

② 매출원가: 선입선출법 〉 평균법 〉 후입선출법

③ 법인세비용: 선입선출법 〉 평균법 〉 후입선출법

④ 당기순이익: 후입선출법 〉 평균법 〉 선입선출법

⑤ 현금흐름의 크기: 후입선출법 〉 선입선출법 〉 평균법

31. 당기중의 재고자산 매입원가가 지속적으로 상승하는 가운데, 기말재고자산의 수량이 기초와 동일한 상태에서 매입과 매출이 빈번하게 이루어지고 있다. 당기의 포괄손익계산서에 반영되는 매출원가의 크기를 올바르게 나타낸 것은?

❶ 선입선출법〉후입선출법〉이동평균법

❷ 선입선출법〈후입선출법〈이동평균법

❸ 선입선출법=이동평균법=후입선출법

❹ 선입선출법〉이동평균법〉후입선출법

❺ 선입선출법〈이동평균법〈후입선출법

32. 12월 말 결산법인인 경남(주)의 2013년 1월 1일 매출채권 잔액에 대한 대손충당금 잔액은 ₩300,000이었으며, 2013년도의 대손과 관련된 거래는 다음과 같다.

5월 11일:	매출채권 ₩380,000의 회수불능으로 판명되어 대손처리하다.
9월 22일:	2012년도에 대손처리했던 매출채권 중 ₩100,000을 회수하다.
12월 31일:	기말 매출채권 잔액 ₩7,500,000 중 6%를 회수 불확실한 금액으로 추정하다.

2013년도 포괄손익계산서에 대손상각비로 계상될 금액은 얼마인가?

❶ ₩360,000 ❷ ₩370,000 ❸ ₩380,000 ❹ ₩430,000 ❺ ₩450,000

33. 기업회계기준서에 의할 때 유형자산의 취득원가 결정에 관한 설명 중 틀린 것은?

❶ 자산의 취득, 건설, 개발에 따른 복구비용에 대한 충당부채는 유형자산을 취득하는 시점에서 해당 유형자산의 취득원가에 반영하는 것을 원칙으로 한다.

❷ 유형자산을 장기후불조건으로 구입하거나, 대금지급기간이 일반적인 신용기간보다 긴 경우 취득원가는 취득시점의 현금구입가격으로 한다.

❸ 취득세, 등록세 등 유형자산의 취득과 직접 관련된 제세공과금은 유형자산의 취득원가에 반영한다.

❹ 건물을 신축하기 위하여 회사가 사용중인 기존 건물을 철거하는 경우 철거비용은 토지의 취득원가에 반영한다.

❺ 현물출자로 취득한 자산의 가액은 공정가액을 취득원가로 한다.

34. 경남(주)는 마산(주)로부터 토지, 건물, 기계창치를 ₩180,000에 일괄구입하였다. 취득시에 부대비용으로 ₩12,000을 지급하였다. 이들 자산의 공정가치는 다음과 같고 할 때, 재무상태표에 기록될 토지, 건물, 기계장치의 금액은 얼마인가?

토지 ₩ 60,000 건물 ₩ 40,000 기계장치 ₩ 20,000

	토지	건물	기계장치
❶	₩ 96,000	₩ 66,000	₩ 30,000
❷	₩ 98,000	₩ 64,000	₩ 30,000
❸	₩ 98,000	₩ 62,000	₩ 32,000
❹	₩ 96,000	₩ 64,000	₩ 32,000
❺	₩ 96,000	₩ 62,000	₩ 34,000

35. 창원(주)의 2013년 12월 31일 현재 기계장치의 감가상각누계액은 ₩34,000,000(2013년 감가상각비 계상 후)이다. 기계장치의 내용년수는 10년이며, 잔존가치는 0, 정액법으로 감가상각을 하고 있다. 2013년 12월 31일 현재 경과 내용년수는 4년이다. 기계장치의 취득원가는 얼마인가?

❶ ₩65,000,000 ❷ ₩70,000,000 ❸ ₩75,000,000 ❹ ₩80,000,000 ❺ ₩85,000,000

36. 다음은 부산(주)의 건물계정과 관련된 자료이다.

	2012.12.31	2013.12.31
건 물	₩2,200,000	₩2,500,000
감가상각누계액	(800,000)	(900,000)

부산(주)는 2013년 중에 장부가액 ₩300,000(취득원가 ₩500,000, 감가상각누계액 ₩200,000)인 건물을 ₩400,000에 처분하였다. 2013년 중에 새로 취득한 건물은 얼마인가?

❶ ₩400,000 ❷ ₩500,000 ❸ ₩600,000 ❹ ₩700,000 ❺ ₩800,000

37. 다음중 자본적 지출에 해당하는 것은?

❶ 건물에 대한 보험료 납입
❷ 건물의 내용연수를 연장시키기 위한 지출
❸ 건물 벽면 도장비용
❹ 파손된 유리의 교체
❺ 태풍에 의한 건물파손 수리비

38. 다음 자본적 지출에 관한 설명 중 올바르지 않은 사항은?

❶ 수익적지출을 자본적지출로 회계처리 할 경우 해당기간의 당기순이익은 증가한다.
❷ 자본적지출은 수익적지출로 회계처리 할 경우 해당자산의 내용연수동안 감각상각비는 감소한다.
❸ 기존건물에 난방설비를 추가적으로 부착하는 비용은 자본적지출로 처리해야 한다.
❹ 수익적지출을 자본적지출로 처리할 경우 비밀적립금(Secrel Reserves)이 발생하게 된다.
❺ 건물증축에 따른 비용은 자본적지출로 처리해야 한다.

39. 울산(주)는 2013년 1월 1일에 기계장치를 ₩900,000에 취득하고 4년간 매월말 일정한 금액씩 지급하여 총 ₩1,000,000을 지급하는 조건으로 매입하였다. 현금매입가격₩900,000과 할부금 총액₩1,000,000의 차이인 ₩100,000은 매입 당시의 시장이자율을 기준으로 하여 계산된 이자 상당액이다. 이 기계장치 취득과 관련하여 계상할 장기미지급금의 장부가액은 얼마인가?

❶ ₩100,000 ❷ ₩700,000 ❸ ₩800,000 ❹ ₩900,000 ❺ ₩1,000,000

40. 다음 중 무형자산의 인식요건으로 타당하지 않은 것은?

❶ 영업권을 제외하고는 다른 자산과 분리하여 식별이 가능하여야 한다.
❷ 시간의 경과에 따라 상각할 수 있어야 한다.
❸ 특정 경제실체가 독점적, 배타적으로 통제할 수 있어야 한다.
❹ 미래 경제적 효익에 대한 발생가능성이 높아야 한다.
❺ 금액을 신뢰성 있게 측정할 수 있어야 한다.

41. 연구 또는 개발 활동과 관련된 기업회계기준서의 설명으로 옳지 않은 것은?

❶ 연구결과 또는 기타 지식을 탐색, 평가, 최종 선택 및 응용하는 활동은 연구단계에 해당된다.
❷ 상업적 생산목적이 아닌 소규모의 시험공장을 설계, 건설 및 가동하는 활동은 개발단계에 해당된다.
❸ 개발비에 대해 합리적인 상각방법을 정할 수 없는 경우에는 정률법을 사용한다.
❹ 연구단계에서 발생한 지출은 모두 발생된 기간의 비용으로 처리한다.
❺ 내부적으로 창출된 브랜드, 고객 목록 및 이와 유사한 항목에 대한 지출은 개발비로 계상하지 않는다.

42. 기업회계기준서에 의할 때 투자자산과 관련된 설명 중 옳지 않은 것은?

❶ 만기가 확정된 채무증권으로 만기까지 보유할 적극적인 의도와 능력이 있는 것은 만기보유증권으로 분류한다.

❷ 매도가능증권은 공정가액으로 평가하는 것을 원칙으로한다.

❸ 매도가능증권이라도 재무상태표일로부터 1년 내에 만기가 도래하거나 처분할 것이 거의 확실한 경우에는 유동자산으로 분류한다.

❹ 재무상태표에 보고되는 투자자산으로는 투자부동산, 장기투자증권, 지분법적용투자주식, 임차보증금 등이 있다.

❺ 피투자회사에 대해 중대한 영향력을 행사할 수 있는 경우에는 원칙적으로 지분법을 적용한다.

43. 다음 계정과목 중 유동부채가 아닌 것은?

❶ 단기차입금 ❷ 매입채무 ❸ 미지급법인세 ❹ 사채 ❺ 선수금

44. 사채를 발행한 회사 입장에서의 회계처리에 관한 설명 중 옳은 것은?

❶ 사채의 기말 장부금액은 매기 결산일의 시장이자율을 적용하여 평가한다.

❷ 유효이자율법을 적용하는 경우 사채할인발행차금상각액은 기간이 경과함에 따라 매년 감소한다.

❸ 사채할증발행차금은 사채에서 차감하는 형식으로 대차대조표에 보고한다.

❹ 사채를 발행하는 경우 사채의 유효이자율은 사채발행비를 감안하여 결정된다.

❺ 사채를 회계연도 중에 상환하는 경우에는 직전 결산일의 장부금액과 상환가액을 비교하여 사채상환손익을 계산한다.

45. 기업회계기준서의 의할 때 재무상태표의 자본조정 항목에 포함될 수 없는 것은?

❶ 해외사업환산손실 ❷ 주식할인발행차금 ❸ 감자차손 ❹ 자기주식 ❺ 배당건설이자

46. 다음 중 자본잉여금에 해당되지 않는 것은?

❶ 임의적립금 ❷ 주식발행초과금 ❸ 감자차익

❹ 자기주식처분이익 ❺ 재평가적립금

47. 창원(주)는 주식배당을 위하여 액면가액 ₩100의 보통주 2,000주를 주당 ₩120에 발행하였다. 주식배당을 하기전의 소유지분은 다음과 같다. 이 경우 주식배당 후에 이익잉여금의 잔액은 얼마인가?

보통주(액면가액₩100, 수권주식 20,000주, 발행주식 12,000주)	₩1,200,000
주식발행초과금	300,000
이익잉여금	540,000

❶ ₩ 540,000 ❷ ₩ 300,000 ❸ ₩ 240,000 ❹ ₩ 200,000 ❺ ₩ 340,000

48. 기초이월이익잉여금 ₩258,000, 당기수익 ₩9,547,000, 당기비용 ₩8,756,000, 이익처분은 배당금 ₩500,000, 이익준비금 ₩100,000, 감채적립금 ₩200,000이다. 차기이월이익잉여금은?

❶ ₩1,049,000 ❷ ₩791,000 ❸ ₩800,000 ❹ ₩507,000 ❺ ₩249,000

49. 다음 중 주식배당과 주식분할을 옳게 설명한 것은?

❶ 주식배당과 주식분할에서 이익잉여금은 불변이다.
❷ 주식배당과 주식분할에서 주당액면가는 불변이다.
❸ 주식배당과 주식분할에서 유통주식수는 감소한다.
❹ 주식배당과 주식분할에서 주당시장가치는 변한다.
❺ 주식배당과 주식분할에서 자본총계는 변한다.

50. 주식배당에 관한 다음 설명 중 잘못된 것은?

❶ 주식배당을 받은 기업은 주식배당액을 영업외수익으로 처리한다.
❷ 주식배당을 한 기업의 이익잉여금은 감소한다.
❸ 사외유통주식수가 증가하게 되므로 주당순이익은 감소한다.
❹ 주식배당을 한 기업의 순자산가액에는 변동이 없다.
❺ 전체 이익배당금액의 1/2 범위 내에서만 가능하다.

51. 다음 중 기업회계기준서의 자기주식 회계처리에 관한 설명으로 틀린 것은?

① 자기주식의 처분시 이익이 발생하면 기타자본잉여금으로 분류한다.

② 자기주식의 처분시 손실이 발생하면 먼저 자기주식처분이익과 상계하고 잔액은 결손금처리에 준하여 회계처리한다.

③ 자기주식의 소각시 액면가액과 취득가액의 차액의 감자차손익이 발생한다.

④ 자기주식은 재무상태표상 자본에 대한 차감적 평가계정으로 계상한다.

④ 자기주식의 취득시에도 취득가액과 최초발행가액이 다르면 손익이 발생한다.

해답

1. ①	2. ②	3. ①	4. ③	5. ③	6. ④	7. ③	8. ②	9. ⑤	10.③
11.②	12.①	13.④	14.⑤	15.③	16.②	17.⑤	18.②	19.①	20.⑤
21.②	22.③	23.④	24.④	25.④	26.②	27.①	28.⑤	29.②	30.③
31.⑤	32.④	33.④	34.④	35.⑤	36.⑤	37.②	38.④	39.④	40.②
41.③	42.④	43.④	44.④	45.①	46.①	47.②	48.⑤	49.④	50.①
51.⑤									

제5장 포괄손익의 보고

1. 의 의

포괄손익계산서(包括損益計算書, statement of comprehensive income)는 보고실체의 일정기간 동안의 경영성과(results of operation)에 관한 정보를 제공하는 동태적인 보고서이다. 경영성과를 재무성과라 하기도 하므로, 포괄손익계산서를 재무성과표(statements of financial performance)라고도 한다. 기말의 재무상태표는 포괄손익계산서에 보고되는 회계기간 중의 경영성과를 반영한 후의 재무상태를 보고한다. 따라서 포괄손익계산서와 재무상태표는 밀접한 관계에 있다. 국제회계기준은 포괄손익계산서에 보고되는 손익을 포괄손익으로 정의하고, 이를 명확히 할 목적으로 포괄손익계산서라는 명칭을 사용한다.

가. 포괄손익계산서의 유용성

포괄손익계산서의 유용성을 정리하면 다음과 같다.

첫째, 포괄손익계산서는 기업의 이익창출능력과 미래현금흐름 평가에 유용한 정보를 제공한다. 포괄손익계산서는 기업이 어떤 거래나 사건을 통해 이익을 획득했는가에 대한 정보를 제공하므로 이를 통해 그 기업이 어느 정도의 현금창출능력을 보유하고 있는가를 평가할 수 있고, 기업의 이익을 원천으로 해서 이루어지는 미래 현금배당능력에 관한 정보를 알 수 있다.

둘째, 포괄손익계산서는 기업의 경영성과를 파악하는 데 유용한 정보를 제공한다. 포괄손익계산서에는 일정기간 동안의 수익관련항목과 비용관련항목이 나타나 있으므로 정보이용자는 이를 분석함으로서 그 기업의 경영성과를 평가할 수 있다. 경영성과의 평가는 투자자 및 채권자 등의 외부이용자뿐만 아니라 내부이용자인 경영자의 경영의사결정을 위해서도 필요하다. 따라서 포괄손익계산서는 기업 내부적으로 경영계획이나 배당정책을 수립하는데 중요한 자료로 이용된다. 기업의 경영성과에 관한 평가는 경영자의 수탁책임과 능률을 평가하는 데 있어서도 중요하다.

셋째, 회계이익은 과세소득의 기초자료로 이용된다. 회계이익과 과세소득은 산출기준이 다르기 때문에 동일하지 않다. 회계이익은 회계기준에 따라 산출되고, 과세소득은 세법에 따라 산출된다. 따라서 과세소득을 산정하기 위해서는 회계이익인 법인세비용차감전순이익에 대한 세무조정이 필요하다.

위에서 설명한 것 이외에도 노동조합의 임금협상에 필요한 정보의 제공, 소비자의 상품 혹은 용역구입에 대한 의사결정에 신뢰성 있는 정보의 제공, 정부의 조세 및 경제정책의 기초 자료 제공 등의 역할을 한다.

나. 포괄손익계산서의 한계점

포괄손익계산서는 회계에서 가장 중요한 개념인 이익에 관한 정보를 제공함으로써 많은 유용성을 갖고 있으나, 다음과 같은 한계점도 갖고 있다.

첫째, 포괄손익계산서가 제공하는 회계이익이 진실한 이익인가의 문제이다. 즉 회계이익은 일반적으로 인정된 회계원칙에 따라 측정된 화폐금액으로 표시된 이익으로서 비화폐적 요소 등 측정상의 검증가능성을 확보하기 어려운 많은 요소가 포함되어 있지 않다는 문제점을 가지고 있다. 이는 회계가 안고 있는 본질적인 문제점이기도 하다.

둘째, 회계에서는 거래나 사건의 인식과 측정에서 대체적인 회계처리방법을 허용하고 있기 때문에 경영자는 이익조정이라는 기회주의적 행위를 할 수 있다.

셋째, 순이익은 경영자의 노력에 의한 경영성과뿐만 아니라 경영자가 통제할 수 없는 요인에 의해서도 영향을 받는다. 그러므로 순이익은 경영자의 수탁책임을 평가하기 위한 하나의 중요한 지표일 뿐이지 절대적이고 유일한 지표는 아니다.

2. 이익산출방법과 포괄손익

가. 자본유지접근법과 거래접근법

이익을 산출하는 방법에는 자본유지접근법과 거래접근법이 있다. 자본유지접근법(capital maintenance approach)[1]은 기말 자본 중에서 유지해야 할 자본을 제외한 부분을 이익이라고 한다. 유지해야 할 자본은 기초의 자본과 회계기간 중 지분참여자의 순투자로 구성된다. 여기서 지분참여자의 순투자는 보고실체와 지분참여자의 자본거래로 인한 보고실체 순자산액의 순증가액을 의미한다. 지분참여자의 순투자는 지분참여자의 출연(持分參與者의 出捐, contributions from equity participants)에서 지분참여자에 대한 분배(distributions to equity participants)를 참가한 금액이다[2]. 지분참여자의 출연은 유상증자, 현물출자, 출자전환 등의 형태로 이루어지는 자본의 출연 또는 출자를 의미하고, 지분참여자에 대한 분배는 현금배당, 자기주식의 취득, 감자 등의 형태로 이루어지는 자본의 인출을 의미한다.

> 이익 = 기말 자본 − (기초 자본 + 기중의 지분참여자의 순투자)
> = 기중의 자본 순증가 − 기중의 지분참여자의 순투자
> = (기중의 자본 증가 − 기중의 자본 감소) − 기중의 지분참여자의 순투자

따라서 자본유지접근법에서 이익은 회계기간 동안에 순증가된 자본액[3] 중에서 그 기간 중에 발생한 지분참여자의 순투자액를 제외한 금액이 된다. 보고실체와 소유주와의 자본거래로 인한 순자산액의 변동은 보고실체의 이익창출활동과 무관하기 때문에 이익에서 제외하는 것이다. 이와 같이 자본유지접근법으로 계산한 이익을 포괄이익(包括利益, comprehensive income)이라고 하며, 주주와의 거래인 자본거래

1. 자본유지접근법을 순자산접근법이나 재산법이라고도 한다.
2. 지분참여자의 출연과 분배는 각각 소유주투자(所有主投資, investments by owners)와 소유주분배(所有主分配, distributions to owners)하고도 한다.
3. 자본의 순증가액은 자본유지개념에 따라 다르게 측정된다. 그러므로 자본유지접근법의 이익은 자본유지개념과 밀접하게 관련되어 있다. 이에 대해서는 제7장에서 학습한다.

를 제외한 순자산의 변동을 말한다.

이용자가 합리적 의사결정을 하기 위해서는 포괄이익 금액 자체뿐만 아니라 그 발생원인에 관한 정보도 필요로 한다. 이에 관한 정보를 제공하기 위해서는 회계기간 중에 순자산을 증가시키는 거래와 감소시키는 거래를 요약해서 보고해야 한다. 여기서 순자산을 증가시키는 요인은 수익(收益, revenues), 감소시키는 요인은 비용(費用, expenses)이라고 한다. 이익은 수익에서 비용을 차감하여 산출된다. 이러한 이익 산정방법을 거래접근법(去來接近法, transaction approach)이라고 한다.

거래접근법으로 포괄이익을 산정하기 위해서는 수익과 비용의 정의가 자본유지 접근법과 일관되어야 한다. 이를 위해서는 회계기간 중의 순자산의 증가액 중에서 지분참여자의 출연액을 제외한 것을 수익, 순자산의 감소액 중에서 지분참여자에 대한 분배액을 제외한 것을 비용으로 정의하여야 한다. 이러한 수익과 비용의 정의는 포괄주의 수익과 비용(包括主義 收益과 費用, all-inclusive concept of revenue and expense)이라고 한다. 국제회계기준은 수익과 비용을 포괄주의에 따라 정의한다. 그리고 포괄이익의 보고를 강조하기 위해 보고서의 명칭도 포괄손익계산서(包括損益計算書, comprehensive income statement)라고 한다.

> 이익 = 수익 − 비용
> = (기중의 자본 증가 − 기중의 자본 감소) − 기중의 지분참여자의 순투자
> = (기중의 자본 증가 − 기중의 출연) − (기준의 자본 감소 − 기중의 분배)

거래접근법에서는 회계기간 중에서 순자산을 변동시키는 모든 거래들을 개별적으로 인식하고 측정하여 보고하여야 한다. 따라서 거래접근법을 사용하기 위해서는 수익과 비용의 인식기준이 필요하다. 이렇게 정의된 수익과 비용에 관련된 손익거래를 일반적으로 인정된 회계원칙에 따라 순이익을 측정하는 방법을 거래접근법이라고 하며, 중요한 점은 이러한 수익과 비용의 인식시기인 기간 귀속문제이다. 따라서 거래접근법에 따른 순이익은 일정기간동안의 손익거래로 인한 항목을 대응의 원칙에 따라 측정한 순이익을 말한다.

[표 5-1] 자본유지접근법과 거래접근법 비교

구분	자본유지접근법(재산법)	거래접근법(손익법)
순이익측정	당기순이익 (순손실) = 기말자본 - 기초자본 = 기말순자산 - 기초순자산	당기순이익 (순손실) = 총수익 - 총비용
특징	• 재산법은 순이익 혹은 순손실만을 알 수 있음. • 기업 활동의 결과로 발생하는 수익과 비용에 대해서는 아무런 정보를 제공하지 않음.	• 손익법에 따르면, 기업활동의 결과로 발생하는 수익과 비용 그리고 그 내역을 모두 알 수 있음. • 우리나라 회계기준은 손익법에 따름. - 수익(Revenue): 주요 영업 활동으로 인해 발생한 순자산의 증가분 - 비용(Expense): 주요 영업 활동으로 인해 발생한 순자산의 감소분 - 이득(Gain): 주요 영업 활동 外의 부수적인 활동으로 인해 발생한 순자산의 증가분 - 손실(Loss): 주요 영업 활동 外의 부수적인 활동으로 인해 발생한 순자산의 감소분.

3. 수익과 비용

가. 인식기준

국제회계기준은 수익과 비용을 포괄주의에 따라 정의한다. 여기서는 포괄주의 개념에 따라 수익과 비용을 정의하고, 인식기준을 설명한다.

1) 수익

국제회계기준은 개념체계에서 수익은 자산의 유입이나 증가 또는 부채의 감소에 따라 자본의 증가를 초래하는 특정 회계기간 동안에 발생한 경제적 효익의 증가로서 지분참여자에 의한 출연과 관련된 것은 제외한 것으로 정의한다. 수익의 발생에 따라 다양한 자산이 수취되거나 증가될 수 있다. 재화를 판매하거나 용역을 제공하는 경우, 현금이나 수취채권 등의 자산이 증가한다. 때로는 부채의 감소와 수익의 발생이 결합되기도 한다. 기업이 차입금의 상환의무를 이행하기 위해 대여자에게 재화나 용역을 제공하는 경우가 이에 해당한다.

[수익의 발생과 부채의 감소] 컨설팅 용역을 제공하고, 무이자부어음차입금 100원을 상환					
차)	차입금	100	대)	용역수익	100

이 수익은 자산의 증가나 부채의 감소와 관련하여 미래 경제적 효익이 증가하고 이를 신뢰성 있게 측정할 수 있을 때 포괄손익계산서에 인식한다. 이것이 수익인식원칙(收益認識原則, revenue recognition principle)이다. 수익인식원칙에는 수익의 인식이 자산의 증가나 부채의 감소에 대한 인식과 동시에 이루어진다는 것이 명시되어 있다. 실무에서는 수익인식원칙을 구체화하여 수익을 가득과 실현 요건이 모두 충족되는 시점에서 인식한다.

가) 가득요건

수익은 그 가득과정이 완료되거나 사실상 완료될 때 인식할 수 있다. 기업의 수익획득활동은 영업순환주기에 따라 진행된다. 가득(稼得, earned)은 영업순환과정 중에 창출된 경제적 효익에 대한 권리를 주장할 수 있을 정도의 활동이 수행된 상태를 의미한다. 즉, 재화나 용역이 다른 경제실체에게 제공되면 가득요건이 충족되었다고 할 수 있다. 가득은 영업순환주기 중에서 가장 중요한 사건, 즉 결정적 사건이 발생한 후가 된다. 결정적 사건이 발생할 때까지는 영업순환주기에서 발생될 비용의 대부분이 발생된다. 따라서 수익이 가득될 때는 수익비용대응이 가능하다.

나) 실현요건

수익은 실현되었거나 또는 실현가능한 시점에서 인식된다. 수익은 제품, 상품 또는 기타 자산이 현금 또는 현금청구권과 교환되는 시점에서 실현된다. 수익이 실현가능하다는 것은 수익의 발생과정에서 수취 또는 보유한 자산이 일정액의 현금 또는 현금청구권으로 즉시 전환될 수 있음을 의미한다. 현금 또는 현금청구권으로 즉시 전환될 수 있는 자산은 교환단위와 시장가격이 존재하여 시장에서 중요한 가격변동 없이 기업이 보유한 수량을 즉시 현금화할 수 있는 자산을 말한다. 수익 인식기준에서 실현요건은 수익의 신뢰성 있는 측정을 위해 필요하다.

2) 비용

비용은 자산의 유출이나 소멸 또는 부채의 증가에 따라 자본의 감소를 초래하는 특정 회계기간 동안에 발생한 경제적 효익의 감소로서, 지분참여자에 대한 분배와 관련된 것은 제외한 것이다. 비용은 일반적으로 현금 및 현금성자산, 재고자산 또는 유형자산과 같은 자산의 유출이나 소모의 형태로 나타난다.

[비용의 발생과 자산의 감소] 기말 현재 건물의 회수가능액이 150원. 원가는 330원, 감가상각누계액은 130원			
차) 손상차손	50	대) 손상차손누계액	50

국제회계기준은 포괄주의 개념을 사용하기 때문에 미실현손익(未實現損益, unrealized gains and losses)도 수익과 비용에 포함된다. 미실현손익의 예로는 외화채권이나 채무의 환율변동으로 인한 외화환산손익, 금융자산이나 부채의 공정가치변동으로 인한 금융자산평가손익 등이 있다.

[미실현손익] 기말 현재 외화매출채권 $100 (100,000원). 기말 달러기준원화환율은 900원.			
차) 외화환산손실	10,000	대) 매출채권	10,000

비용은 자산의 감소나 부채의 증가와 관련하여 미래 경제적 효익이 감소하고 이를 신뢰성 있게 측정할 수 있을 때 포괄손익계산서에 인식한다. 이것이 비용인식원칙(費用認識原則, expense recognition principle)이다. 비용인식원칙은 비용의 인식이 부채의 증가나 자산의 감소에 대한 인식과 동시에 이루어짐을 명백히 하고 있다.

실무에서는 비용이 수익을 얻기 위한 활동과정에서 발생한다는 데 주목하고, 비용의 인식을 수익의 인식과 관련지어 개념화하고 있다. 이를 수익비용대응원칙이라 한다. 수익비용대응원칙은 비용인식원칙을 구체화한 것이다. 수익비용대응원칙(收益費用對應原則, matching principle of revenue and expense)은 특정 회계기간에 기업이 인식하는 수익과 비용은 서로 관련성을 갖도록 해야 한다는 것이다. 이를 위해 먼저 인식기준에 따라 수익을 인식하고, 비용은 그 수익과의 인과관계를 분석하여 인식한다. 수익과의 관련성을 기준으로 비용을 인식하는 것은 비용의 본질을 충실하게 반영한다. 비용은 본질적으로 수익창출과정에서 소멸된 재화나 용역의 가치를 화폐액으로서 측정한 것이기 때문이다. 수익과의 관련성을 분석하여 비용을 관련된 수익이 인식되는 회계기간에 인식하여 산출된 이익은 기업의 경영성과를 충실하게 표현할 수 있다. 따라서 수익비용대응원칙은 비용인식원칙이면서 동시에 이익결정을 위한 원칙이 된다.

수익과 비용을 대응하는 형태는 크게 직접대응과 간접대응으로 나눌 수 있다. 직접대응(直接對應, direct matching)은 수익과 비용의 인과관계를 신뢰성 있게 파악할 수 있고 측정가능한 경우의 대응을 의미한다. 매출액과 매출원가의 대응이 대표적인 예이다. 직접대응을 제품대응이라고도 한다.

[표 5-2] 수익비용대응원칙

대응의 유형		예
직접대응		매출원가, 판매수수료
간접대응	원가배분	감가상각비, 이자비용
	즉시인식	기부금, 광고선전비, 손상차손

직접대응이 실무적으로 불가능한 비용은 간접대응으로 인식한다. 간접대응은 회계기간을 중심으로 수익과 비용을 대응시키므로 기간대응이라고도 한다. 간접대응은 수익과 비용의 인과관계의 존재에 대한 불확실성 정도에 따라 2가지 유형으로 나눌 수 있다.

첫 번째 유형은 경제적 효익이 여러 회계기간에 걸쳐 발생할 것으로 기대되고 수익과의 관련성이 단지 포괄적으로 또는 간접적으로만 결정될 수 있는 경우이다. 이 경우에는 발생된 원가가 수익창출에 기여한 것으로 추정되는 기간에 걸쳐 그 원가를 합리적이고 체계적인 방법으로 배분하여 비용으로 인식한다. 이 배분절차는 해당 항목과 관련된 경제적 효익이 소비되거나 소멸되는 회계기간에 비용을 인식하는 것을 목적으로 한다. 유형자산에 대한 감가상각비, 무형자산에 대한 상각비, 현금으로 지출한 비용 중에서 당기 부담분과 선급분의 결정 등을 예로 들 수 있다.

두 번째 유형은 발생된 원가에서 경제적 효익이 발생할 것으로 기대되지 않거나, 재무상태표에 자산으로 인식하기 위한 조건을 충족하지 못하는 경우이다. 이때는 발생된 원가를 즉시 비용으로 인식한다. 이 예에는 기부금, 광고선전비, 연구비, 자산의 손상차손 등이 있다.

나. 수익 및 비용과 사업활동의 관계

수익과 비용은 사업활동에서 발생하므로, 기업활동과의 관련성을 기준으로 분류할 수 있다. 일반적으로 사업활동(事業活動, business activity)은 영업활동, 투자활동, 재무활동으로 구분된다. 여기서 가장 중요한 활동은 영업활동이다. 투자활동과 재무활동은 영업활동에 필요한 자산을 취득하고 자금을 조달하기 위한 활동이기 때문이다. 일반적으로 영업활동에서는 수익과 비용은 구분하여 인식하지만, 투자활동과 재무활동에서는 수익과 비용을 구분하지 않고 순액인 차손익(差損益, gains and losses)으로 인식한다.

[영업활동의 수익과 비용] 제품(원가 100원)을 130원에 판매. 판매수수료 10원 별도 지급					
차)	현금	130	대)	매출액	130
	매출원가	100		제품	100
차)	판매수수료	10	대)	현금	10

[투자활동의 차손익] 토지(원가 100원)을 120원에 판매. 판매수수료 10원 별도 지급					
차)	현금	120	대)	토지	100
				유형자산처분이익	20

개념적으로 영업활동은 정상적 활동과 비정상적 활동으로 구분할 수 있다. 정상영업활동(正常營業活動, ordinary operating activity)은 보고실체가 기대하는 영업활동을 의미한다. 예상할 수 없는 활동은 비정상적이다. 일반적으로 정상적 활동은 경상적이고 반복적인 성격을 갖는다. 그러나 정상과 비정상의 구분에 일관성을 유지하기 어려운 경우도 많다. 예를 들어 특정 회계연도에 발생한 거액의 재고자산감모손실를 비정상적인 것으로 판단한다면, 특정 회계연도에 거액의 신규 시설투자로 인해 발생한 거액의 감가상각비도 비정상적으로 판단해야 해야 할 것이기 때문이다. 그러나 일반적으로는 정상과 비정상의 구분이 미래예측에 유용한 정보를 제공한다.

[표 5-3] 비금융사업활동과 수익 및 비용의 관계

구분		수익	비용
영업활동	정상적	매출액	매출원가
			판매비와 관리비
	비정상적	재고자산평가손실환입, 충당부채환입, 대손충당금환입	재고자산감모손실, 매출채권처분손실
투자활동		유·무형자산 및 금융자산의 처분손익과 손상차손 및 손상차손환입, 금융자산평가손익, 배당금수익, 이자수익, 로열티수익	
재무활동		금융부채상환손익, 이자비용	
기타		오류수정손익, 채무면제이익, 재해손실, 기부금, 법인세비용	

사업활동의 유형은 비금융업이나 금융업 모두 영업활동, 투자활동, 재무활동으로 구분할 수 있다. 그러나 각 활동과 수익 및 비용의 관계는 업종에 따라 달라진다. [표 5-3]은 비금융업을 전제로 사업활동의 유형과 수익 및 비용의 관계를 보여주고 있다. 투자활동은 비영업활동자산의 취득과 처분을 의미한다. 따라서 유 · 무형자산과 금융자산, 투자부동산 등의 처분에서 발생하는 손익과 보유에서 발생하는 손상차손, 손상차손환입, 금융자산평가손익, 배당금수익, 이자수익, 로열티수익은 투자활동과 관련한 손익이다. 재무활동은 비영업활동부채의 부담과 상환을 의미한다. 따라서 금융부채상환에 따른 손익과 보유에 따른 이자비용은 재무활동과 관련한 손익이다.

이와 같이 수익과 비용을 유형화하면, 기업의 이익에 관한 추가적 정보를 제공할 수 있는 장점이 있다. 즉 영업수익에서 영업비용을 차감한 영업이익은 기업의 영업활동의 성과에 관한 정보를 제공하고, 매출액에서 매출원가와 판매비 및 관리비를 차감한 정상영업이익은 정상영업활동의 성과에 관한 정보를 제공할 수 있다.

1) 영업수익

영업수익은 정상영업수익과 비정상적인 기타영업수익으로 구분할 수 있다.

가) 매출액

정상영업수익(正常營業收益, ordinary operating revenue)은 기업의 주된 영업활동에서 발생한 매출액을 의미한다. 여기서 매출액(賣出額, sales)은 제품이나 상품의 판매, 또는 용역의 제공에서 발생한 총매출액에서 매출할인, 매출환입 및 매출에누리[4]를 차감한 금액을 의미한다. 기업의 주된 영업활동은 기업의 사업목적에 따라 다르다. 주된 영업활동이 재화의 판매나 용역의 제공일 수도 있고, 자산에서 발생하는 로열티수익이나 배당수익, 임대수익의 획득을 주된 영업활동으로 할 수도 있다.

사업활동의 유형을 불문하고 주된 영업활동의 수익은 모두 매출액이라고 한다. 예를 들어 주된 영업활동이 제품과 상품의 판매인 제조업과 상업의 매출액은 재화판매수익(財貨販賣收益, revenue from sale of goods)이고, 용역의 제공인 용역업의 매출액은 용역수익(用役收益, revenue from rendering of services; services revenue)이다. 그리고 로얄티와 배당금의 수취를 주된 영업활동으로 하는 사업에서는 로얄티수익(revenue from royalties)과 배당수익(revenue from dividends)이 매출액이고, 금융업에서는 이자수익(revenue from interest)도 매출액이다.

제조업이나 상업 또는 용역업을 주된 영업활동으로 하면서 부수적으로 자산을 통해 얻는 수익은 투자활동에서 발생하는 수익으로 보아 영업외수익으로 분류하는 것이 바람직 할 것이다. 예를 들어 무형자산, 투자지분증권, 투자부동산 등의 자산에서 발생하는 로열티수익, 배당수익[5], 임대수익 등은 투자활동에서 발생하는 수익으로 보는 것이 타당할 것이다.

[배당금 수취] 보유하고 있는 STX(주)의 보통주식(액면 2,000원, 장부금액 5,000원)에서 200원의 현금배당과 5주(액면 50원)의 주식배당을 받았다.					
차)	현금	200	대)	배당수익	200

나) 기타영업수익

기타영업수익(其他營業收益, other operating revenue)은 빈번하게 발생하는 것은 아니지만 영업활동과 관련하여 비용이 감소함에 따라 발생하는 퇴직급여충당부채환입, 판매보증충당부채환입 및 대손충당금환입 등이 있다. 우리나라의 일반기업회계기준은 기타영업수익을 판매비와 일반관리비에서 부(-)의 금액으로 표시할 것을 요구

4. 일정기간의 거래수량이나 거래금액에 따라 일정액을 감액하여 주는 것은 매출에누리에 포함.
5. 주식배당액은 수익이 아니다.

한다. 이러한 방법은 국제회계기준에 위배되므로, 한국채택국제회계기준의 적용을 받는 기업이 이렇게 해서는 안 된다.

[판매보증충당부채환입] 기말 현재 판매보증충당부채 장부금액 250원. 기말에 추정한 미래에 이행해야 할 판매 보증에 따른 의무액 200원.					
차)	판매보증충당부채	50	대)	판매보증충당부채환입	50

2) 영업비용

비용은 기능별로 분류할 수도 있고, 성격별로 분류할 수도 있다. 비용을 사업활동과 연관시켜 분류하는 것이 기능별 분류(機能別 分類, functional classification)이고, 비용이 발생한 거래나 사건의 성격에 따라 분류하는 것이 성격별 분류(性格別 分類, natural classification)이다.

가) 기능별 분류

영업비용의 기능별 분류에서는 영업비용을 사업활동과의 관계에 따라 정상영업비용과 비정상적인 기타영업비용으로 구분하고, 정상영업비용은 매출원가와 판매비와 일반관리비로 분류한다. 기능별 분류에서는 매출원가를 반드시 표시하므로, 매출원가법이라고도 한다.

(1) 매출원가

매출원가(賣出原價, costs of goods sold)는 제품이나 상품 등의 매출액에 대응되는 비용으로 판매된 제품이나 상품 등에 대한 제조원가나 매입원가를 의미한다. 매출원가는 기초제품(또는 상품)재고원가에 당기제품제조원가(또는 당기상품매입원가)를 가산하여 산출한 판매가능제품(또는 상품)원가에서 기말제품(또는 상품)재고원가를 차감한 금액이다. 여기서 당기상품매입원가는 상품의 총매입액에서 매입운임 등 매입부대비용은 가산하고, 매입할인, 매입환출, 매입에누리[6]를 차감한 순액이다.

---

6. 일정기간의 거래수량이나 거래금액에 따라 일정액을 감액 받는 것은 매입에누리에 포함.

예제 5-1 매출원가

무학상사는 마진율을 20%로 결정하였다. 5월 중 매출액은 1,300원, 매출환입액은 100원, 매입운임 50원, 5월에 판매되지 않아 6월로 이월한 상품의 원가는 200원, 4월에 판매하지 못 해 5월로 이월한 상품의 원가는 400원이다. 매입처와 4월까지는 전부 현금거래를 하였지만, 5월에는 전부 신용거래를 하였다. 매입처에 지급해야 할 금액은?

풀이

매출원가: (1,300-100)/1.2=1,000원, 매입원가: 1,000+200-400=800원
매입처에 지급할 금액: 800-50=750원

이론적으로는 모든 매출액에 대응하는 매출원가를 생각할 수 있다. 예를 들어 재화판매수익에는 판매된 재화의 원가(cost of goods sold), 용역수익에는 용역제공원가(cost of services rendered)가 매출액에 대응하는 매출원가이다. 로얄티수익, 배당수익, 이자수익에 대해서도 각각 로얄티매출원가(cost of sales from royalties), 배당매출원가(cost of sales from dividends), 이자매출원가(cost of sales from interest)를 대응할 수 있다. 그러나 이들 수익에 대응하는 매출원가를 신뢰성 있게 측정하기는 것은 실무적으로 어렵다. 재고자산 개념을 사용할 수 없기 때문이다. 그래서 로얄티수익, 배당수익, 이자수익을 매출액으로 하는 경우에는 영업비용에서 매출원가를 별도로 구분하지 않는다.

(2) 판매비와 일반관리비

판매비와 일반관리비(販賣費와 一般管理費, selling and general administrative expenses)는 제품이나 상품의 판매나 용역의 제공활동과 기업의 관리활동에서 발생하는 비용이다. 판매비와 일반관리비에는 정상영업활동에 발생하는 영업비용 중 매출원가를 제외한 모든 것이 포함된다.

판매비와 일반관리비는 급여[7], 퇴직급여, 명예퇴직금[8], 복리후생비, 임차료, 접대비, 감가상각비, 무형자산상각비, 세금과 공과, 광고선전비, 연구비, 경상개발비, 대손상각비 등과 같이 성격별로 분류할 수 있다. 판매비와 일반관리비를 기능별로 분

7. 임원급여, 급료, 임금 및 제수당을 포함.
8. 조기퇴직의 대가로 지급하는 인센티브 등을 포함.

류하려면, 생산을 제외한 영업활동을 물류, 연구개발, 홍보, 판매, 관리 등으로 유형화하고 성격별 판매비와 일반관리비를 합리적 기준에 따라 각 활동에 배분하여야 한다.

[복리후생비] 부가가치세가 포함된 판매사원의 식대 220원을 신용카드로 결제. 부가가치세 매입세액공제를 위한 요건은 모두 구비

차)	복리후생비	200	대)	미지급금	220
	부가가치세대급금	20			

(3) 기타영업비용

영업활동에서 비정상적으로 발생하는 기타영업비용(其他營業費用, other operating expense)에는 재고자산감모손실, 매출채권처분손실 등이 있다. 재고자산의 순실현가능가치 하락에 의해 인식되는 재고자산평가손실과 정상적인 재고자산감모손실은 매출원가에 포함된다.

나) 성격별 분류

영업비용은 그 성격에 따라 유형화할 수 있다. 여기서 성격은 그 비용이 발생한 거래나 사건의 본질을 의미한다. 예를 들어 기능별 분류에서 제조원가로 분류하는 감가상각비와 판매비와 일반관리비로 분류하는 감가상각비는 모두 유형자산의 원가배분으로 인해 인식되는 비용이라는 점에서 동일하다. 따라서 비용의 성격 관점에서 보면 동일한 성격을 가진 것이므로 이 둘을 구분할 필요가 없다. 여기서는 제조원가의 흐름을 설명한 다음 영업비용의 성격별 분류(性格別 分類, natural classification)와 기능적 분류의 관계를 살펴보기로 한다.

(1) 원가의 분류

상업은 매입한 상품을 추가적인 가공과정을 거치지 않고 판매한다. 이에 비해 제조업은 매입한 원재료에 추가적인 가공과정을 거쳐 제품을 만들어 판매한다. 추가적인 가공과정은 부가가치 창출을 위한 생산과정이나 제조과정이다. 부가가치 창출을 위한 생산과정이 필요하다는 점에서는 용역업은 제조업과 유사한 특성을 보인다. 용역업은 용역 생산과정에 소모품을 사용하여 최종 생산물인 용역을 산출하기 때문이다. 제조업과 용역업의 큰 차이는 생산과정에 사용되는 생산요소의 비중

에 있다. 생산요소는 크게 재료, 인력, 기타 재화나 용역 등 3가지 유형으로 구분된다. 일반적으로 제조업은 재료가 가장 중요한 생산요소이지만, 서비스업은 인력이 가장 중요한 생산요소이다. 제조업의 재료에 해당하는 것을 용역업에서는 소모품이라고 한다. 이유는 생산원가에서 차지하는 비중이 매우 낮기 때문이다.

[그림 5-1] 생산과정에 발생하는 원가의 분류

일반적으로 생산에 투입되는 3가지 생산요소의 원가는 중요성과 생산물과의 관련성에 따라 직접재료원가, 직접노무원가, 제조간접원가로 구분한다. 여기서 직접은 발생한 원가를 생산물에 직접대응(直接對應, direct matching)할 수 있을 때 사용하는 용어이다. 간접대응(間接對應, indirect matching)을 해야 하거나 중요도가 낮은 원가는 간접제조원가(間接製造原價, indirect manufacturing cost) 또는 제조간접원가(製造間接原價, manufacturing indirect cost)로 분류한다. 그리고 직접노무원가와 제조간접원가를 합쳐 전환원가(轉換原價, conversion costs) 또는 가공원가(加工原價)라고 한다. 일반적으로 제조업은 직접재료원가와 전환원가가 모두 중요하지만, 용역업은 전환원가 중 직접노무원가의 비중이 매우 높다. [그림 5-1]은 영업수익 창출을 위한 생산과정에서 발생하는 원가를 정리한 것이다. 여기서 비제조원가는 자산의 정의를 충족하지 못하는 원가를 의미한다. 따라서 비제조원가는 당기비용인 판매비와 일반관리비가 된다.

(2) 원가의 흐름 ❶: 생산요소 → 제조원가 → 재공품

생산에 사용하기 위해 원재료를 매입하면, 그 매입원가를 자산으로 기록한다. 그리고 생산에 재료를 투입하면, 제품에 대응하는 방법에 따라 생산에 사용한 재료의 원가를 직접재료원가(直接材料原價, direct material cost)와 제조간접비로 구분하여 인식한다.

[재료 매입] 제품 생산을 위해 원재료를 신용으로 매입(매입가격 200원). 매입운임 20원은 현금지급					
차)	재료	220	대)	매입채무	200
				현금	20

[재료 사용] S제품 생산을 위해 원재료(원가 100원)을 사용.					
차)	직접재료원가S	100	대)	재료	100

인력을 생산에 사용하면, 그 기능과 제품에 대응하는 방법에 따라 직접노무원가(直接勞務原價, direct labor cost), 제조간법원가, 판매비와 관리비로 구분하여 인식한다.

[인력 사용] 22년 근로용역에 대한 대가는 다음과 같다. S제품 생산라인 종업원: 200원(월급일과 결산일의 차이로 인한 미지급액 10원 포함). 여러 제품 생산라인을 관리하는 직원: 50원. 판매사원 90원. 급여는 현금지급					
차)	직접노무원가S	200	대)	미지급비용	10
	제조간접원가(급여)	50		현금	330
	판매비(급여)	90			

생산과정에서 발생하는 간접제조원가(間接製造原價, indirect manufacturing cost)는 매우 다양하다. 생산을 위한 설비자산과 관련한 제조간접원가는 감가상각비, 임차료, 보험료, 수도광열비, 수선비 등이 있고, 직원과 관련한 제조간접원가는 급여, 복리후생비, 교육훈련비 등이 있다. 제조간접원가의 구성요소는 대부분 판매와 관리활

동에서도 발생한다. 예를 들어, 수도광열비는 생산활동에서도 발생하고, 판매활동에서도 발생한다. 기능별로 분류하면, 생산활동의 수도광열비는 제조간접원가, 판매활동에 발생한 것은 판매비와 일반관리비가 된다.

[감가상각비] 당기 감가상각비 내역. 공장 건물과 기계: 60원, 본사 건물: 40원					
차)	제조간접원가(감가상각비)	60	대)	감가상각누계액	100
	관리비(감가상각비)	40			

[임차료] 임차료 현금지급. 공장 건물 20원(이 중 차기분 5원), 판매시설 30원					
차)	제조간접원가(임차료)	15	대)	현금	50
	선급비용	5			
	관리비(임차료)	30			

제조간접원가는 기업이 생산하는 여러 종류의 제품과 관련 있는 공통비이다. 따라서 제조간접원가는 원가배분절차를 거쳐 각 제품에 배부된다. 그리고 직접원가는 관련되는 제품에 직접 부과한다. 당기에 제품에 배부한 제조간접원가와 부과된 직접재료원가 및 직접노무원가의 합계는 당기총제조원가(當期總製造原價, current total manufacturing cost)이다.

[제조간접원가 배부] 제조간접원가 125원 중 S제품 배부액 25원					
차)	재공품S	25	대)	제조간접비	25

[직접원가 흐름] S제품의 직접재료원가 100원, 직접노무원가 200원					
차)	재공품S	300	대)	직접재료원가S	100
				직접노무원가S	200

(3) 원가의 흐름 ❷: 재공품 → 제품 → 매출원가

제조업과 용역업에서는 생산과정에 미완성의 생산물이 존재한다. 이것을 재공품(在工品, work in process)이라고 한다. 생산이 완료되면 이 재공품은 제품(製品, finished goods)이 된다. 용역업의 생산물인 용역은 재고 형태로 존재할 수 없기 때문에 생산이 완료되는 즉시 고객에게 제공된다. 따라서 제품은 제조업에서만 존재하는 재고자산이다.

기초재공품원가에서 당기제조원가를 합한 금액은 제품생산을 위해 당기까지 발생한 제조원가를 의미한다. 여기서 기말재공품원가를 차감하면 당기에 완성한 생산물의 원가인 당기제품제조원가(當期製品製造原價, current cost of goods manufactured)가 된다.

[재공품] S제품 생산을 위한 당기제조원가는 직접재료비 100원, 직접노무비 200원, 제조간접비 25원. 재공품의 기초재고액은 44원, 기말재고액은 33원. 당기제품제조원가는?					
차)	제품S	335	대)	재공품S	336

제조업의 제품이나 상업의 상품은 판매가 되면, 그 원가가 매출원가라는 영업비용이 된다.

[재공품] S제품을 판매. S제품제조원가 300원, 판매가격 400원					
차)	현금	400	대)	매출액	400
	매출원가	300		제품	300

(4) 영업비용의 성격별 분류와 기능적 분류의 관계

기능별 분류(機能別 分類, functional classification)에서는 영업비용이 발생된 활동에 따라 영업비용을 분류한다. 영업비용을 매출원가와 기타비용으로 분류하고, 기타비용을 물류원가(物流原價, distribution costs), 연구활동비, 판매비, 관리비 등으로 분류하는 것이 기능별 분류이다. 기능별 분류의 특징은 매출원가를 별도로 표시하는데 있다. 기능별 분류는 발생한 원가를 제조원가와 판매비와 일반관리비로 구분하기 때문에 판매비와 일반관리비의 구성항목은 비제조활동에서 발생한 원가만을 의미한다. 예를 들어, 기능별 분류에서 관리비 항목에 임차료가 100원 있는 경우, 기업 전체의 임차료가 100원이라는 것이 아니다. 제조활동의 임차료는 제조원가로 인식하고 원가흐름을 통해 매출원가에 반영되기 때문이다.

성격별 분류(性格別 分類, natural classification)에서는 영업비용의 본질, 즉 영업비용을 발생시킨 거래나 사건을 기준으로 분류한다. 영업비용을 제품과 재공품의 변동, 원재료와 소모품 사용액, 종업원급여비용, 감가상각비 등으로 분류하는 것이 성격별 분류이다. 성격별 분류에서 표시되는 비용은 기업 전체 활동에서 발생한 원가를 의미한다. 예를 들어 기능별 분류에서 종업원급여비용이 100원이라는 것은 기업의 제조활동과 비제조활동 전체에서 발생한 급여가 100원이라는 의미이다. 성격별 분류와 기능별 분류는 영업비용의 분류에 불과하므로 두 방법에서 표시되는 영업비용의 총액은 동일하다.

예제 5-2 영업비용의 분류

원재료: 기초 재고 20원, 당기 재료 매입액 220원, 기말 재고 140원
재공품: 기초 재고 130원, 기말 재고 110원
제품: 기초 재고 55원, 기말 재고 66원
직접노무원가: 기초 미지급비용 0원, 기말 미지급비용 10원, 현금지급액 190원
급여: 공장 경비 직원 50원, 판매사원 90원
감가상각비: 공장 건물과 기계 60원, 본사 건물 40원
임차료: 공장 건물 20원(이 중 차기분 5원), 판매시설 30원

물음 1 직접재료원가, 직접노무원가, 제조간접원가, 전환원가, 총제조원가, 제품제조원가는 얼마인가?

물음 2 관리를 위해 영업활동을 생산부문, 판매부문, 관리부문로 구분하였다. 영업비용을 기능별과 성격별로 분류하라.

풀이

❶ 직접재료원가: (20-140)+220=100원, 직접노무원가: (10-0)+190=200원
제조간접원가: 50+60+(20-5)=125원,
∴ 전환원가: 200+125=325원, 총제조원가: 100+325=425원
제품제조원가: (130-110)+425=445원

❷

기능별 분류				성격별 분류		
매출원가		434	(55-66)+455	원재료 사용액	100	
판매비	급여 90			종업원 급여	340	200+50+90
	임차료 30	120		감가상각비	100	60+40
관리비	감가상각비	40		임차료	45	(20-5)+30
				제품과 재공품의 변동	9	(130-110)+(55-66)
영업비용 합계		594		영업비용 합계	594	

3) 영업외수익과 영업외비용

영업외수익(營業外收益, non-operating revenue and gains)과 영업외비용(營業外費用, non-operating expense and losses)은 투자활동이나 재무활동과 직접 관련되어 있는 손익과 당기 사업활동과 무관한 손익으로 구성된다. 당기 사업활동과 무관한 손익으로는 전기오류수정손익, 재해손실, 기부금, 채무면제이익 등이 있다. 전기오류수정손익은 당기 이전에 발생한 중요하지 않은 회계오류를 당기에 수정하기 위해 인식하는 손익이다.

투자활동과 관련한 손익은 그 성격에 따라 이자수익, 배당수익, 임대수익, 손상차손과 손상차손환입, 기타의 대손상각비, 단기매매증권평가손익, 단기매매증권처분손익, 지분법손익, 투자자산처분손익, 유형자산처분손익 등으로 구분할 수 있다. 기타의 대손상각비는 비매출채권에 대한 대손상각비이고, 지분법손익은 유의적 영향력을 행사할 수 있는 관계기업의 당기순이익에 대한 투자지분이다.

[지분법손익] 한마(주)는 비음(주)의 보통주식 20%를 보유하여 유의적 영향력을 가지고 있다. 비음(주)의 당기순이익은 1,000원. 내부미실현손익 등 다른 변수의 영향은 없다.

차)	관계기업투자지분	200	대)	지분법이익	200

재무활동과 관련한 손익은 그 성격에 따라 이자비용, 사채상환손익 등으로 구분된다. 외환차손익과 외화환산손익은 대상이 되는 자산과 부채에 따라 기능별로 구분된다. 매출채권이나 매입채무 등의 영업활동자산에서 발생한 것은 영업손익, 차입채무 등의 금융부채에서 발생한 것은 재무활동의 손익, 대여금 등의 금융자산에서 발생한 것은 투자활동의 손익이 된다. 외환차손익은 실현된 손익이지만, 외화환산손익은 미실현손익이라는 점에서 그 성격에 차이가 있다.

[외화환산손익과 외환차손익] 결산일이 12월 31일인 우리(주)는 26년 8월 9일에 일본 야마다상사로부터 원재료를 ￥100에 외상으로 구매. 27년 5월 8일에 현금으로 상환. 100엔당 환율은 26년 8월 9일 1,000원, 26년 12월 31일 900원, 27년 5월 8일 950원.

26년 8월 9일	차)	원재료	1,000	대)	외상매입금	1,000
26년 12월 31일	차)	외상매입금	100	대)	외화환산이익	100
27년 5월 8일	차)	외상매입금	900	대)	현금	950
		외환차손	50			

4. 포괄손익계산서

가. 포괄손익의 구성

국제회계기준은 포괄주의로 수익과 비용을 인식하여 보고하는 것을 원칙으로 한다. 그리고 포괄주의의 한계인 미래이익예측력의 저하현상을 보완하기 위해 회계기간의 순손익(純損益, profit or loss)과 기타포괄손익을 구분하여 포괄손익계산서에 표시한다. 그리고 순손익은 계속영업순손익과 중단영업순손익[9]으로 구분할 것을 요구한다.

포괄이익 = 순이익 + 기타포괄이익 순이익 = 계속영업순이익 + 중단영업순이익

포괄이익은 이미 설명했으므로, 여기서는 기타포괄이익과 중단사업순이익을 중심으로 설명한다.

1) 기타포괄이익

기타포괄이익(其他包括利益, other comprehensive income)은 수익이나 비용의 정의에 부합하지만 순이익(純利益, profit; net income; earnings) 계산에 포함하지 않는 수익이나 비용으로 구성된다. 기타포괄이익을 구성하는 항목은 자본유지의 성격을 가지거나, 회계상의 필요에 의해 인식하지만 특정 회계기간의 성과로 볼 수 없기 때문에 순이익 계산에서 제외하는 거래나 사건에서 발생한 수익과 비용이다. 기타포괄이익의 구성요소는 국제회계기준서에 규정하고 있는 항목으로 한정되고, 거래나 사건의 성격별로 수익과 비용을 상계하여 순액으로 표시한다.

가) 기타포괄이익의 구성요소

국제회계기준은 5가지 거래나 사건에 발생한 손익만을 기타포괄이익의 구성요

9. 용어에 유의하라. 계속영업순이익과 중단영업순이익은 각각 계속영업과 중단영업의 순이익을 의미한다. 영업활동의 성과를 의미하는 영업이익이 아니다.

소로 한다. 기타포괄손익은 특별손익이 아니라는 것을 유념해야 한다. 국제회계기준은 수익과 비용의 어느 항목도 포괄손익계산서나 주석에 특별손익 항목으로 표시할 수 없도록 규정하고 있다.

(1) 재평가잉여금의 변동

국제회계기준은 유형자산과 무형자산에 대해 재평가모형을 허용한다. 재평가모형은 공정가치를 자산의 측정기준으로 하고, 공정가치의 증가 누계액을 재평가잉여금(再評價剩餘金, revaluation surplus)으로 하여 자본의 구성요소로 한다. 그리고 재평가잉여금의 당기 증감액인 재평가차손익(再評價差損益, gains and losses on revaluation)은 기타포괄이익으로 분류한다.

[재평가차손익] 토지에 재평가모형을 적용. 재평가 전 토지 장부금액 200원, 재평가잉여금 30원. 재평가일 현재 토지의 공정가치는 180원					
차)	재평가차손	20	대)	토지	20
차)	재평가잉여금	20	대)	재평가차손	20

(2) 기타포괄손익인식지분상품투자의 재측정손익

취득한 지분상품의 측정기준을 공정가치로 하고 그 공정가치의 변동을 기타포괄손익으로 인식하는 경우, 그 공정가치의 변동을 기타포괄손익인식지분상품투자재측정손익(其他包括損益認識持分商品 再測定損益, gains and losses on remeasuring investments in equity instruments measured at fair value through other comprehensive income)이라 한다. 이 재측정손익의 누계액인 지분상품재측정손익적립금(持分商品 再測定損益 積立金, reserve of gains and losses on remeasuring investments in equity instruments)은 자본의 구성요소이다.

[지분상품 재측정손익] 두산의 주식을 보유. 공정가치 측정 기타포괄손익 인식 금융자산으로 분류. 공정가치 재측정 전 장부금액 100원, 지분상품재측정손익적립금 30원. 기말 현재 공정가치 90원					
차)	지분상품재측정손실	10	대)	투자주식	10
차)	지분상품재측정손익적립금	10	대)	지분상품재측정손실	10

(3) 해외사업장의 재무제표 환산으로 인한 손익

여기서 해외사업장(海外事業場, foreign operation)은 재무제표를 작성하는 보고실체와 다른 통화로 영업활동을 하는 종속기업이나, 관계기업, 조인트벤처, 지점 등을 의미한다. 해외사업장의 재무제표는 그 해외사업장의 기능통화(機能通貨, functional currency)로 작성한다. 여기서 기능통화는 기업이 소재하고 있는 국가의 통화가 아니라 기업의 영업활동이 이루어지는 주된 경제 환경의 통화를 의미한다. 보고실체와 해외사업장의 기능통화가 다르면, 보고실체는 해외사업장의 재무제표를 보고실체의 기능통화로 환산하여야 한다. 이 때 해외사업장 기능통화의 가치가 급격하게 하락하지 않는 경우, 재무상태표의 자산과 부채는 보고기간말의 마감환율, 포괄손익계산서의 수익과 비용은 거래일의 환율로 환산한다. 이 때 발생하는 외환차이가 해외사업장재무제표환산손익(海外事業場 財務諸表 換算損益, gains and losses arising from translating the financial statements of a foreign operation)이다. 이 손익은 기타포괄손익으로 인식하고, 그 누계액은 자본항목이 된다. 이 자본항목을 해외사업장재무제표환산손익적립금(reserve of exchange differences on translation)이라고 한다.

(4) 현금흐름위험수단의 손익 중 위험회피가 효과적인 부분

현금흐름위험회피회계(現金흐름危險回避會計, accounting for cash flow hedging)는 예상거래(豫想去來, forecasted transaction)의 미래현금흐름 변동위험을 상쇄할 목적으로 이용하는 파생상품거래에 대한 회계이다. 예상거래는 미래에 발생될 것으로 기대되는 미이행계약을 의미한다. 예상거래의 예로는 상품매매계약, 대출에 적용된 변동금리조건, 통화스왑계약 등이 있다. 이러한 예상거래를 회계에서는 자산이나 부채로 인식하지 않는다. 그러나 실무는 예상거래를 위험회피대상항목(危險回避對象項目, hedged item)으로 하고 파생상품(派生商品, derivative)을 위험회피수단(危險回避手段, hedging instrument)으로 하는 위험회피거래(危險回避去來, hedging transaction)가 있다. 이러한 위험회피거래에서는 회계불일치(會計不一致, accounting mismatch)가 발생한다. 예상거래는 자산이나 부채로 인식하지 않지만, 파생상품은 금융자산으로 인식하기 때문이다. 예상거래는 회계사건이 아니기 때문에 그에 대한 손익도 인식할 수 없지만, 파생상품은 공정가치의 변동으로 인해 금융자산재측정손익이 발생한다. 예상거래의 미래 현금흐름을 고정시키기 위해 파생상품을 거래하고 있는 금융기관이나 기

업 입장에서 보면, 외험회피거래로 미래 현금흐름의 변동위험을 적절하게 방어했음에도 불구하고 손익의 변동은 커지는 불합리한 현상이 발생한다. 이 문제에 대한 대책으로 국제회계기준은 현금흐름위험수단의 당기손익 중 위험회피가 효과적인 부분은 당기의 기타포괄손익인 현금흐름위험회피수단손익(現金흐름危險回避手段損益, gains and losses on cash flow hedging instrument)으로 하고, 그 누계액인 현금흐름위험회피적립금(現金흐름危險回避積立金, reserve of cash flow hedges)은 자본항목으로 한다.

(5) 확정급여제도의 보험수리적 손익

퇴직급여제도(退職給與制度, post-employment benefit plans)는 확정기여제도와 확정급여제도로 구분된다. 확정기여제도(確定寄與制度, defined contribution plans)는 기업이 별개의 실체나 기금에 정액의 기여금을 납부하는 것으로 모든 의무가 이행되는 제도이다. 확정기여제도에서 적립한 기금이 당기까지 제공된 종업원 근무용역과 관련된 모든 종업원급여를 지급할 수 있을 정도로 충분한 자산을 보유하지 못하더라도 기업에게는 추가로 기여금을 납부해야 하는 법적의무나 의제의무가 없다. 확정기여제도 이외의 모든 퇴직급여제도는 확정급여제도(確定給與制度, defined benefit plans)로 분류한다. 확정급여제도는 기금이 적립되지 않는 경우도 있고, 일부만 적립되는 경우도 있다.

확정급여제도에서 기업이 현재 부담하는 퇴직급여채무는 미래의 퇴직금에 영향을 미치는 수많은 요인에 대한 보험수리적 가정(保險數理的 假定, actuarial assumptions)에 의해 결정된다. 보험수리적 가정이 필요한 변수는 퇴직금 지급시기와 관련한 이직시기와 이직률, 사망시기와 사망률(종신연금의 경우)이 있고, 퇴직금액과 관련한 미래의 급여상승률이나 의료원가상승률 등이 있다. 보험수리적 가정은 실제로 발생한 결과와 차이가 있을 수 있고, 현실을 반영하기 위해 보험수리적 가정 자체를 변경할 수 있다. 이로 인해 발생하는 손익을 보험수리적손익(保險數理的 損益, actuarial gains and losses)이라고 한다. 보험수리적손익의 누계액은 자본의 구성요소인 보험수리적손익적립금(保險數理的 損益 積立金, reserve of actuarial gains or losses)로 하고, 당기에 발생한 보험수리적 손익은 기타포괄이익으로 분류한다.

나) 기타포괄손익의 표시

(1) 법인세효과의 표시

기타포괄손익의 구성요소에 대한 법인세효과의 표시 방법으로는 총액법과 순액법이 있다. 총액법은 각 구성요소를 법인세비용차감전 금액으로 표시하고 이들 항목에 대한 법인세비용 총액을 개별 항목으로 표시하는 방법이다. 순액법은 각 구성요소를 법인세비용차감후 금액으로 표시하고 주기나 주석으로 법인세비용 금액을 표시하는 방법이다. 국제회계기준은 총액법과 순액법 모두를 인정한다.

예제 5-3 당기손익과 기타포괄손익

12월 결산 상장법인인 경인(주)의 21년 당기순이익은 ₩1,000이다. 아래 사항을 고려할 때 21년 포괄이익은 얼마인가?

1. 법인세율은 30%이고, 당기순이익은 국제회계기준에 준거하여 적정하게 산정되었다.
2. 단기매매금융자산의 21년말 공정가치는 ₩600(기초에 ₩500에 취득)
3. 21년 현금흐름위험회피수단이익 ₩100 중 위험회피에 효과적인 부분은 ₩40

풀이

순이익		₩1,000
현금흐름위험회피수단이익	40×(1−0.3)=	28
포괄이익		₩1,028

(2) 재분류조정

국제회계기준의 요구에 따라 과거에 인식한 기타포괄손익의 일부나 전부를 당기손익으로 인식하는 것을 재분류조정(再分類調整, reclassification adjustments), 또는 재순환(再循環, recycling)이라 한다. 즉 재분류조정에서는 기타포괄손익누계액의 감소를 당기의 기타포괄손익으로 인식하지 않고 당기손익으로 인식한다. 예를 들어 해외사업장재무제표환산손익적립금(reserve of exchange differences on translation)은 해외사업장이 매각될 때 소멸하면서 당기손익인 해외사업장매각손익에 영향을 미친다.

재분류조정은 국제회계기준의 요구에 따라 이루어진다. 현재 국제회계기준은 해외사업장을 매각할 때와 현금흐름 위험회피 예상거래가 당기손익에 영향을 미칠 때에 한해 재분류조정을 요구한다. 지분상품재측정손익적립금[10], 재평가적립금, 현금흐름위험회피적립금, 보험수리적손익적립금 등에 대해서는 재분류조정이 발생하지 않는다. 자본유지조정의 성격을 가지고 있는 재평가잉여금은 자산이 사용되는 후속기간의 감가상각이나 제거될 때 이익잉여금으로의 대체를 허용하고, 보험수리적손익적립금과 지분상품재측정손익적립금은 그 성격 자체를 이익잉여금으로 보기 때문이다.

기타포괄손익의 구성요소와 관련된 재분류조정은 공시해야 한다. 서로 다른 기간의 수익과 비용(과거 기간에는 기타포괄손익의 수익이나 비용 그리고 당기에는 당기순손익의 수익이나 비용)에 포함되는 재분류조정에 관한 정보가 없이는 재무제표 이용자가 당기순손익에 미치는 재분류의 영향을 평가하고 현금흐름위험회피나 해외사업장의 환산이나 처분과 관련된 전체적인 손익을 계산하는 것이 어렵기 때문이다. 재분류조정은 포괄손익계산서나 주석에 표시할 수 있다. 재분류조정을 주석에 표시하는 경우에는 관련 재분류조정을 반영한 후의 금액으로 기타포괄손익의 구성요소를 표시한다.

2) 중단영업순이익

국제회계기준은 정보이용자에게 기업의 현금창출능력 평가에 적합한 정보를 제공하기 위하여 중단영업의 성과(the results of discontinued operations)를 포괄손익계산서에 구분 표시할 것을 요구한다. 여기서 중단영업(中斷營業, discontinued operations)은 재무보고일 현재 처분되었거나 매각예정으로 분류되는 기업의 구분단위(企業의 區分

---

10. 2009년 11월에 IFRS 9의 발표로 IAS 39에 포함되어 있는 금융자산의 인식과 측정에 관한 기준은 삭제되고 IFRS 9로 대체되었다. IFRS 9는 2013년부터 유효하지만, 조기적용이 허용된다. 대부분의 기업이 조기적용할 것으로 예상된다. IFRS 9는 IAS 39에 비해 금융자산에 관한 정보를 훨씬 목적적합하고 충실하게 제공할 뿐만 아니라 기업의 회계비용도 크게 줄여주기 때문이다.
우리나라는 유효일이 2013년이라는 이유로 IFRS 9를 K-IFRS로 발표하지 않고 있다. 따라서 우리나라 기업은 금융자산을 인식하고 측정할 때, IAS 39에 해당하는 K-IFRS 제1039호에 따라야 한다. 이것은 국제회계의 흐름에 역행하고 기업의 회계부담을 늘리는 것이다. IFRS 9에 해당하는 K-IFRS 제1109호를 조속히 공표하고 조기적용을 허용하여야 할 것이다.
IFRS 9의 기타포괄손익인식지분상품에 대응하는 것은 IAS 39의 매도가능금융자산이다. 해당 금융자산을 매각할 때 IAS 39는 매도가능금융자산평가손익누계액을 재분류조정하지만, IFRS 9는 지분상품재측정손익적립금을 재분류조정하지 않는다.

單位, component of an entity)를 의미한다. 이 구분단위는 재무보고 목적뿐만 아니라 영업상으로도 기업의 나머지 부분과 명백히 구별될 수 있는 영업과 현금흐름(operations and cash flows)으로 구성된다. 즉 기업의 구분단위는 사용을 목적으로 보유 중인 하나의 현금창출단위일 수도 있고, 사업부와 같은 현금창출단위의 집합일 수도 있다. 따라서 식별가능한 주요 사업계열이나 영업지역(separate major line of business or geographical area of operations)과 매각만을 목적으로 취득한 종속기업은 중단영업이 될 수 있다. 그리고 식별가능한 주요 사업계열이나 영업지역은 주요 사업계열이나 영업지역 전체일 수도 있고, 중요한 일부일 수도 있다. 주요 사업계열이나 영업지역을 처분하기 위한 단일통합계획(單一統合計劃, single coordinated plan)에 따라 일부를 일괄매각방식이나 기업분할방식으로 처분하는 경우, 그 일부도 중단영업이 된다.

중단영업순이익(中斷營業純利益, profit from discontinued operations)은 계속영업순이익(繼續營業純利益, profit from continuing operations)과 약간 차이가 있다. 계속영업에서는 매각예정으로 분류된 비유동자산이나 처분자산집단과 관련하여 기타포괄손익으로 인식되는 손익이 중단영업에서는 중단영업순이익에 포함된다. 이 차이는 미래현금흐름의 예측에 목적적합한 정보는 중단영업의 성과에 관한 정보로 충분하다는 판단에 기인한다. 계속영업과 달리 중단영업에 대해서는 회계기간의 순이익과 기타포괄이익을 엄격하게 구분할 필요가 없는 것이다.

중단영업순손익의 구성요소는 다음과 같다.

- 중단영업의 당기순이익을 구성하는 수익과 비용 및 당기순이익에 대한 법인세비용
- 중단영업에 포함된 자산이나 처분자산집단을 순공정가치로 측정하거나 처분함에 따라 인식되는 기타포괄손익과 이에 대한 법인세비용

국제회계기준은 포괄손익계산서는 본문에는 중단영업순손익만을 표시하고 중단영업순손익 산출과정을 주석으로 공시하는 방법을 원칙으로 하면서 계속영업에 대한 포괄이익을 표시하는 것과 동일한 방법으로 포괄손익계산서에 중단영업의 손익을 표시하는 방법도 허용한다.

나. 필수표시항목과 구분표시

국제회계기준은 포괄손익계산서에 최소한 구분표시하여야 할 항목을 [표 5-4]와 같이 명시하고 있다. 국제회계기준은 포괄손익에서 기타포괄손익을 제외한 것을 당기순손익(當期純損益, profit or loss for the period)이라고 한다. 따라서 포괄손익을 보고하는 손익계산서는 당기순손익을 보고하는 부분과 기타포괄손익을 보고하는 부분으로 대별된다.

[표 5-4] 포괄손익계산서의 필수표시 항목

❶ 수익 ❷ 금융원가 ❸ 지분법 적용대상 관계기업 등의 당기순손익에 대한 지분 ❹ 법인세비용 ❺ 중단영업순손익 ❻ 당기순손익 ❼ 성격별로 분류한 기타포괄손익의 구성요소(❽의 금액은 제외) ❽ 지분법 적용대상 관계기업 등의 기타포괄손익에 대한 지분 ❾ 총포괄손익

구분 표시해야 하는 항목인 금융원가(金融原價, finance costs)는 차입채무에서 발생한 이자비용을 의미한다. 그리고 지분법 적용대상이 되는 관계기업과 조인트벤처의 당기순손익에 대한 지분인 지분법손익(持分法損益, share of profit or loss of associates)과 기타포괄손익에 대한 지분인 지분법기타포괄손익을 구분 표시해야 한다. 지분법손익은 순손익의 구성항목이고, 지분법기타포괄손익은 기타포괄손익의 구성항목이기 때문이다. 구분 표시하여야 하는 법인세비용은 당기법인세를 의미하지 않는다. 당기법인세(當期法人稅, current tax)는 회계기간의 과세표준에 법인세율을 곱하여 산정한 지급할 법인세액이고, 법인세비용(法人稅費用, income tax expense)은 계속영업에서 가득한 법인세비용차감전순이익(法人稅費用差減前純利益, profit before tax)으로 산정한 발생한 법인세비용이다. 법인세비용은 계속영업의 당기법인세에서 이연법인세자산의 증가액을 차감한 금액이다.

연결재무제표를 작성하는 경우에는 당기순이익과 당기포괄이익에 대한 비지배지분과 지배기업 소유주의 지분을 포괄손익계산서에 표시하여야 한다. 이때 각 지분금액은 각 지분의 수익과 비용 항목으로 표시하지 않고 당기순이익과 당기포괄이익을 각 지분에 배분한 금액으로 표시한다. [표 5-5]는 비용을 성격별로 분류한 연결포괄손익계산서에서 국제회계기준의 최소요구사항을 반영한 포괄손익계산서의 기본구조를 보여주고 있다.

[표 5-5] 포괄손익계산서의 기본구조(성격별 분류, 기타포괄손익과 중단영업 존재)

포괄손익계산서

○○주식회사	29.1.1~29.12.31		(단위: 원)
수익	매출액	500	
	지분법이익	50	
	기타수익	60	610
비용	금융원가	30	
	지분법손실	30	
	기타비용	400	(460)
법인세비용차감전순이익			150
법인세비용			(40)
계속영업순이익			110
중단영업순이익(법인세효과 차감후)			0
당기순이익			110
기타포괄이익(법인세효과 차감후)	지분법기타포괄이익	40	
	…	20	60
당기포괄이익			170
당기순이익의 배분	비지배지분	90	
	지배기업의 소유주	20	110
당기포괄이익의 배분	비지배지분	120	
	지배기업의 소유주	50	170

다. 비용의 표시

기업활동에서 발생되는 비용은 성격과 발생빈도, 그리고 기업활동과의 관련성이 각기 다르다. 비용을 성격이나 기능에 따라 유형화하여 보고하면, 재무제표 이용자들이 미래이익을 예측하는 데 유용할 수 있다. 문제는 성격별 분류나 기능적 분류 중 어느 것이 이용자에게 보다 더 유용할 것인가이다.

1) 비용분류방법의 장단점

비용의 기능별 분류(機能別 分類, functional classification)는 생산, 판매, 연구개발, 물류, 일반관리 등 기업활동 단위별로 비용을 집계하므로 각 활동단위를 평가하는 데 유용하다. 그러나 이 방법을 적용할 경우에는 비용의 배분이 필요하다. 각 활동단위의 비용은 개별비와 공통비로 구분할 수 있다. 개별비는 직접비이므로 배분문제가 발생하지 않지만, 공통비는 여러 활동단위와 관련되어 있으므로 배분문제가 발생한다. 예를 들어 하나의 건물에 생산부서, 판매부서, 관리부서가 있는 경우 건물의 감가상각비는 공통비이므로 각 부서에 배분하여야 한다. 공통비배부에서는 배부기준이 중요하다. 배부기준에 따라 배분액이 달라지기 때문이다. 따라서 기능별 분류는 신뢰성 문제가 발생할 가능성이 있다는 한계가 있다. 또한 기능별 분류에서는 특정 비용항목의 전체 규모를 파악하기 어렵다는 한계도 있다. 예를 들어 기업의 감가상각비를 규모를 파악하기 위해서는 기능별로 분류된 매출원가, 판매비, 관리비에 분산되어 있는 감가상각비를 일일이 합쳐야 한다.

비용의 성격별 분류(性格別 分類, natural classification)는 비용이 발생한 거래나 사건의 성격에 따라 비용을 유형화하는 방법이다. 성격별 분류는 회계기간 동안에 발생한 거래나 사건의 유형과 그 규모를 파악할 수 있는 장점이 있다. 예를 들어 성격별 분류에서 종업원급여로 보고되는 금액은 기업의 전체 활동단위에 발생한 급여의 총액을 의미한다. 성격별로 분류된 비용을 기능별 분류에서는 각 활동단위에 배분한다. 따라서 성격별 분류는 기능별 분류에 비해 신뢰성이 높다는 장점도 있다. 반면에 성격별 분류에서는 기업의 활동단위별 비용을 파악할 수 없고, 영업이익과 같이 실무에서 중요하게 사용하는 이익개념을 산출하기 어렵다는 한계가 있다. 예를 들어 재고자산에 손상이 발생한 경우, 기능별 분류에서는 정상적인 것은 매출원가, 비정상적인 것은 영업외비용으로 구분할 수 있다. 그러나 성격별 분류에서는 그렇게 할 수 없다. 재고자산의 평가손실이란 점에서는 동일하기 때문이다.

비용의 기능별 분류나 성격별 분류에 대한 선택은 역사적, 산업적 요인과 기업의 성격에 따라 다르다. 두 방법 모두 상이한 유형의 장점이 있다. 따라서 국제회계기준은 비용의 표시방법에 대한 판단을 경영진에 일임하고 있다. 그러나 국제회계기준은 비용의 성격에 대한 정보가 미래현금흐름을 예측하는 데 유용하다는 관점을 가지고 있다. 그래서 비용을 기능별로 분류하는 경우에는 감가상각비, 기타상각비와 종업원급여비용을 포함하여 비용의 성격에 대한 추가 정보를 공시할 것을 요구한다.

2) 성격별 분류와 기능별 분류의 비교

포괄손익계산서 비용의 성격별 분류와 기능별 분류의 핵심적인 차이는 매출원가의 표시에 있다. 기능별 분류에서는 제조원가를 제조원가명세서에서 집계하고, 그

예제 5-4 비용의 성격별 분류와 기능별 분류

다음은 제21기 회계연도의 (주)월남의 원가와 손익 계산에 필요한 자료이다.

• 재고자산	원재료	재공품	제품	합계
기초	50	88	200	338
기말	80	77	300	457
증감	30	(11)	100	119

• 발생원가	제조	비제조				합계
		물류	일반관리	판매	기타	
급여	550	150	350	250	50	1,350
감가상각비	660	160	260	60		1,140
금융비용	110		510			620
합계	1,320	310	1,120	310	50	3,110

• 원재료 매입액 ₩300, 매출액 ₩3,501, 기타수익 ₩250, 법인세비용 ₩60

제조원가명세서와 비용에 기능별 분류법과 성격별 분류법을 적용한 포괄손익계산서를 각각 작성하라.

풀이

• 제조원가명세서

직접재료비	기초재고액	50	
	당기매입액	300	270
	기말재고액	(80)	
직접노무비	감가상각비	660	550
제조간접비	금융비용	110	770
당기총제조원가			1,590
기초재공품재고액			88
계			1,678
기말재공품재고액			(77)
당기제품제조원가			1,601

• 포괄손익계산서(기타포괄손익과 중단영업 없음)

기능별 분류		성격별 분류	
매출액	3,501	매출액	3,501
(매출원가)	(1,501)	기타수익	250
매출총이익	2,000	(재료사용액)	(270)
기타수익	250	(급여)	(1,350)
(물류비)	(310)	(감가상각비)	(1,140)
(관리비)	(1,120)	(금융비용)	(620)
(판매비)	(310)	제품과 재공품의 변동	89
(기타비용)	(50)	세전순이익	460
세전순이익	460	(법인세비용)	(60)
(법인세비용)	(60)	당기순이익	400
당기순이익	400		

결과를 매출원가로 표시하지만, 성격별 분류에서는 제조원가도 다른 비용과 동일하게 성격별로 집계하여 보고하고 제조원가와 비용의 차이를 조정하기 위해 제품 및 재공품의 변동을 포괄손익계산서에 추가한다. 따라서 성격별 분류법이 적용된 포괄손익계산서는 제조원가명세서가 통합된 형태가 된다.

라. 구분표시

1) 포괄손익계산서와 손익계산서

포괄이익(包括利益, comprehensive income)을 보고하는 목적은 주주와의 자본거래를 제외한 인식된 거래와 기타 경제적 사건으로 인하여 발생한 모든 순자산의 변동을 측정하기 위한 것이다. 그러나 순자산의 변동 중 대부분은 당기손익으로 인식하지만, 일부는 기타포괄손익으로 인식된다.

포괄이익을 보고하는 방법은 크게 세 가지로 구분할 수 있다. 첫 번째는 포괄손익계산서(包括損益計算書, statement of income and comprehensive income)를 작성하는 것이다. 이 방법은 손익계산서에 당기순손익 뿐만 아니라 기타포괄손익을 포함하여 그 합계인 포괄손익을 표시한다. 두 번째는 손익계산서와 포괄손익계산서를 별도로 작성하는 방법이다. 손익계산서에는 당기순손익을 보고하고, 포괄손익계산서에는 손익계산서의 당기순손익에서 출발하여 기타포괄손익을 가산하여 포괄손익을 보고하는 방법이다. 세 번째는 자본변동표(資本變動表, statement of changes in equity)를 이용하는 방법이다. 자본변동표의 구조를 개편하여 당기순손익과 기타포괄손익의 합인 포괄손익을 별도로 표시하는 방법이다.

국제회계기준은 상기 방법 중 첫 번째와 두 번째 방법을 인정하고 있다. 포괄손익을 손익계산서 형식으로 나타내는 것이 자본변동표에 표시하는 것보다 개념적으로 우월하며, 그러한 표시방법이 포괄주의 이익개념(包括主義 利益概念, all-inclusive income concept)과 일관성을 가지기 때문이다. 자본변동표는 자본의 기초잔액과 기말잔액의 변동내용을 설명하는 보고서로서 손익계산서와 재무상태표의 산술적 연계성(算術的 連繫性, arithmetic integrity) 확보를 주목적으로 하는 재무제표이기 때문에 경영성과의 보고가 자본변동표의 주목적은 아니라는 것이 일반적인 견해이다.

2) 수익과 비용의 구분표시

기업의 재무성과를 이해하는 데 목적적합한 경우에는 포괄손익계산서에 항목, 제목 및 중간합계를 추가하여 표시하여야 한다. 기업의 다양한 활동으로 인한 거래나 사건은 발생빈도와 미래예측가능성이 각기 다르다. 따라서 포괄이익의 구성요소에 대한 공시는 재무제표이용자가 달성된 기업의 재무성과(財務成果, financial performance)를 이해하고 미래재무성과를 예측하는데 도움을 준다. 포괄이익의 구성요소를 설명하는데 필요하다면 추가 항목을 포괄손익계산서에 포함하고 사용된 용어와 항목의 배열을 수정할 수 있다. 이때 중요성, 수익과 비용 항목의 성격 및 기능 등의 요소를 고려한다. 주의할 것은 수익과 비용의 상계이다. 국제회계기준이 허용하지 않는 한 수익과 비용을 상계해서는 안 된다.

수익과 비용 항목이 중요한 경우, 그 성격과 금액을 별도로 공시해야 한다. 별도 공시가 필요할 수 있는 수익과 비용 항목을 예를 들면 다음과 같다.

- 재고자산의 평가손실과 평가손실환입, 유형자산의 감액손실과 감액손실환입
- 구조조정비용(構造調整費用, expense of restructuring activities)과 구조조정충당부채환입(構造調整充當負債換入, reversal of provisions for cost of restructuring)
- 유형자산처분손익, 투자자산처분손익
- 소송사건손익(訴訟事件損益, gains and losses on litigation settlements)

• 부록 5-1 _ 당기업적주의

이익개념에 대한 포괄주의의 대안으로 당기업적주의(當期業績主義, concept of current operating performance)가 있다. 당기업적주의는 이익정보가 미래예측력을 갖기 위해서는 경상적이거나 반복적인 항목만으로 이익을 계산해야 한다는 주장이다. 이 개념에 의하면 이익에는 비경상적이고 비반복적인 성격을 가진 특별이익과 특별손실이 이익에서 제외된다. 즉 당기업적주의에 따른 수익과 비용은 다음과 같이 측정된다.

- 수익 = 순자산 증가액 − 지분참여자의 출연액 − 특별이익
- 비용 = 순자산 감소액 − 지분참여자에 대한 분배액 − 특별손실

반면 당기업적주의는 경상적인 항목과 비경상적인 항목, 그리고 당기순이익항목과 기타 포괄손익 항목을 구분하고, 구분할 수 있어야 하므로 구분이 불가능할 경우에는 회계정보의 질이 낮아진다는 단점이 있다. 또한 자의적인 구분으로 인한 이익조정행위가 발생할 수 있다는 문제점이 있다.

포괄주의로 산정한 이익정보는 상대적으로 미래예측력이 희생되지만, 비경상성과 비반복성의 판단에 의한 이익조정행위를 통제하고 순자산의 변동에 관한 모든 정보를 제공할 수 있는 장점이 있다. 국제회계기준은 포괄주의를 채택하고 있다. 포괄손익계산서에 특별손익을 구분표시하는 것도 허용하지 않는다.

• 부록 5-2 _ 차익과 차손

1. 의의

회계기간의 수익과 비용 중 정상적인 영업활동이나 투자활동과 재무활동의 결과인 것만 수익과 비용이라 하고, 그 외의 것은 차익(差益, gains)이나 차손(差損, losses)이라고도 한다. 차익과 차손은 그 발생원천에 따라 3가지 유형으로 구분할 수 있다.

- 순액으로 측정되는 투자활동이나 재무활동의 손익. 금융자산처분손익, 유무형자산처분손익, 금융부채상환손익 등
- 자산이나 부채의 측정과정에서 발생하는 손익. 재고자산평가손실, 외환차손익, 외화환산손익, 금융자산평가손익, 손상차손 등
- 다른 실체와의 일방적 거래나 환경적 요인에서 발생하는 손익. 자산수증이익, 채무면제이익, 기부금, 재해손실 등

2. 수익과 차익, 그리고 비용과 차손

포괄주의의 수익과 비용에는 차익과 차손이 포함된다. 그럼에도 불구하고 수익과 차익, 비용과 차손을 구분하자는 주장이 있는 것은 그 구분으로 인해 회계정보의 유용성이 증가될 수 있기 때문이다.

수익과 차익, 비용과 차손 모두 포괄이익의 구성요소이지만, 기업실체의 경영성과에 관한 정보를 전달한다는 측면에서 의미있는 차이가 있다. 차익과 차손을 제외한 수익과 비용은 재화의 생산과 판매, 용역의 생산과 제공, 자산의 취득, 부채의 인수나 주식의 발행에 의한 자금조달 등 기업실체의 정상적인 영업활동이나 재무활동과 투자활동의 결과로 인해 발생한다. 이에 비해 차익과 차손은 비정상적 영업활동이나, 투자활동과 재무활동 그 자체, 또는 일방적 거래와 환경적 요인이 발생원천이다.

수익과 차익, 비용과 차손의 구분은 기업실체의 성격에 따라 달라질 수 있다. 즉, 어떤 기업에서 수익이나 비용으로 분류되는 항목이 다른 기업에서는 차익이나 차손으로 분류될 수 있다. 예를 들어, 자동차회사에서 차량판매는 정상적 영업활동이므로 매출수익과 매출원가로 인식하지만, 자동차회사가 아닌 기업에서 보유차량을 매각하는 것은 투자활동이므로 차익이나 차손을 발생시키는 거래가 된다.

수익과 차익, 비용과 차손의 신뢰성 있는 구분은 어려운 경우도 있지만, 구분하여 표시하게 되면 이익의 발생 원천에 대해 보다 유용한 정보를 제공할 수 있다. 일반적으로 차익과 차

손은 그 발생한 금액이 미래에 유사한 크기로 다시 발생할 가능성, 즉 이익의 미래 지속성이 낮다. 따라서 차익과 차손을 수익과 비용에서 분리하여 구분 표시한 손익계산서는 정보이용자들이 당해 기업의 미래 이익 또는 미래 현금흐름을 예측하는 데 보다 유용한 정보를 제공하게 된다.

3. 인식

차익이나 차손의 인식기준은 수익이나 비용의 인식기준과 기본적으로 동일하다. 다만, 차익은 가득과정을 수반하지 않는 거래나 사건으로부터 발생하는 경우가 많으므로 일반적으로 가득과정 완료 여부보다 실현가능 여부의 판단이 보다 중요하다. 예를 들어, 단기매매증권은 즉시 현금화가 가능하므로 공정가치의 변동을 실현가능한 보유차익으로 인식한다. 차손의 경우도 비용과 달리 수익이나 차익과의 대응관계를 검토할 필요가 없이 발생에 의해 인식한다.

• 부록 5-3 _ 세무조정

회계의 이익은 수익에서 비용을 차감하여 산출하지만, 세법의 사업소득은 익금에서 손금을 차감하여 산출된다. 이로 인해 이익을 사업소득으로 수정할 때 4가지 유형의 조정이 필요하다.

- 익금산입항목: 수익이 아니지만 익금인 항목
- 손금불산입항목: 비용이지만 손금이 아닌 항목
- 익금불산입항목: 수익이지만 익금이 아닌 항목
- 손금산입항목: 비용이 아니지만 손금인 항목

사업소득은 법인세비용차감전순이익에 익금산입항목과 손금불산입항목을 가산하고, 익금불산입항목과 손금산입항목을 차감한 금액이 된다. 과세소득을 계산할 때는 법인세법에서 인정하는 이월결손금과 비과세소득 및 기타 소득공제를 사업소득에서 차감한다.

세무조정과정

법인세비용차감전순이익		₩20,000
가산조정 : 익금산입항목	₩2,300	
손금불산입항목	4,300	6,600
차감조정 : 익금불산입항목	₩2,010	
손금산입항목	10	(2,020)
사업연도 소득금액		₩24,580
차감: 법인세법상 이월결손금	₩1,000	
비과세소득	0	
소득공제	500	(1,500)
과세표준		₩23,080
법인세율		25%
산출세액		₩5,770
차감: 세액공제	₩600	
세액감면	60	(660)
가산: 가산세		0
결정세액		₩5,110

• 부록 5-4 _ 특별손익

특별손익은 기업의 경상적인 활동과는 명확히 구분되는 거래나 사건으로부터 발생하는 손익항목으로서 예측 가능한 장래에 다시 발생할 것이 거의 기대되지 않는 손익항목을 말한다. 국제회계기준은 다음의 이유로 손익계산서나 주석에 특별손익을 표시하는 것을 금하고 있다.

- 특별손익으로 취급되는 항목은 기업이 직면한 정상적인 사업위험에서 기인하는 것이므로 손익계산서의 구분 항목으로 표시할만한 것이 아니다.
- 거래나 사건의 발생빈도보다는 그 성격이나 기능에 따라 그러한 항목에 대한 손익계산서 표시를 결정하여야 한다.
- 특별손익 항목의 범주를 삭제하면 기업의 당기순손익에 영향을 미칠 수 있는 관련 외부사건의 효과를 반복적인 것과 그렇지 않은 것으로 자의적으로 분류할 필요가 없게 된다. 예를 들어 지진이 경제적 활동의 중요한 주기적 침체기에 발생한다면 그것이 당기순손익에 미치는 재무적 영향을 추정하기 위해 자의적인 분류를 사용할 수밖에 없을 것이다.
- 특별손익으로 분류되고 있는 항목은 단지 재무제표이용자가 기업의 미래 재무성과를 예측하는 데 도움을 주기 위하여 정당하게 공시할 수 있는 수익과 비용 항목의 일부일 뿐이다.

그러나 미래이익예측을 위해 재무제표를 분석할 때는 특별손익을 별도로 식별하여 미래이익과의 관련성을 개별적으로 검토할 필요가 있다. 재무제표 이용자를 위해 특별손익에 대해 살펴보기로 한다.

1. 인식기준

특별손익으로 분류하기 위해서는 비경상성요건과 비반복성 요건을 동시에 충족하여야 한다.

1) 비경상성

영업환경에 비추어 볼 때, 당해 손익을 발생시키는 거래나 사건이 기업의 경상적인 활동과 명백하게 관련이 없다고 인정되어야 비경상성요건을 충족시킨다. 영업의 범위와 유형, 그리고 영업부문의 종류나 영업정책 등은 기업의 경상적인 활동을 판단하는 중요한 기준이 된다. 특정 거래나 사건의 비경상성을 판단하기 위해서는 기업이 속한 산업의 특성, 영업장소의 자연환경적 특성, 정부규제의 성격과 정도 등 영업환경도 고려하여야 한다. 따라서 한 기업에게는 비경상적인 것으로 인식되는 거래나 사건이 다른 기업에게는 경상적인 거래나 사건으로 인식될 수 있다. 또한, 기업의 통제범위를 벗어난 거래나 사건이라고 해서 반드시 비경상적인 것은 아니다.

2) 비반복성

영업환경에 비추어 볼 때, 당해 사건이나 거래가 예측 가능한 장래에 다시 발생될 가능성이 거의 없어야 비반복성 요건을 충족시킨다. 특정 거래나 사건의 비반복성을 판단하기 위해서는 기업의 영업환경과 과거의 발생빈도 등을 고려해야 한다. 동일하거나 유사한 거래나 사건이라도 영업환경의 차이로 인해 기업마다 비반복성에 대한 평가가 달라질 수 있다. 따라서 유사한 거래나 사건의 경우에도 기업에 따라 특별손익의 해당여부가 달라질 수 있다. 특별손익은 그 특성상 발생빈도가 낮은 경우가 일반적이지만 발생빈도가 낮다고 해서 반드시 특별손익으로 분류되는 것은 아니다.

3) 제약요인-중요성

중요한 항목에 한해서 특별손익으로의 구분여부를 판단하며, 중요성이 없는 항목은 특별손익으로 구분하지 아니한다. 중요성의 판단은 특별손익에 해당하는 항목에 대해 개별적으로 적용되어야 한다. 다만, 특별손익에 해당하는 여러 항목들이 동일한 거래나 사건과 관련된 경우에는 그 금액을 합산하여 중요성을 판단한다.

2. 유의사항

1) 일반적으로 특별손익의 요건을 충족시키는 거래나 사건

일반적으로 ❶법률에 의한 자산의 몰수 또는 수용, ❷대규모 지진, 전쟁 또는 이에 준하는 재해로 인한 손익은 비경상성과 비반복성을 가지므로 특별손익으로 분류한다. 그러나 기업이 위치한 지역의 특성상 빈번히 발생하는 자연재해로 인한 손실은 비반복성의 요건을 갖추지 못하므로 경상손익항목으로 분류한다.

2) 일반적으로 특별손익의 요건을 충족시키지 못하는 거래나 사건

다음의 거래나 사건으로 인한 손익은 경상적인 성격을 가진 항목으로 보아 특별손익으로 분류하지 아니한다. 그러나 그 손익이 재해, 또는 자산 몰수의 직접적인 결과인 경우 그 손익은 특별손익으로 볼 수 있다.

❶ 법인세 추납과 환수

❷ 매출채권, 재고자산, 리스자산, 무형자산 등의 대손, 평가, 감액

❸ 화폐성 외화자산·부채의 환산

❹ 사업부문의 중단으로 인한 매각이나 포기

❺ 사업부문의 중단과 관계없는 유형자산의 매각

❻ 소송에 따른 배상

❼ 사채의 조기상환

3) 기타

자산수증이익, 채무면제이익(채무재조정으로 인한 채무면제이익 포함), 보험차익중 비반복적·비경상적으로 발생한 것은 특별이익으로 성격으로 볼 수 있다.

연습문제

1. 포괄손익계산서에 대한 다음 설명 중 가장 적절하지 않은 것은?

① 포괄손익계산서상의 당기순이익은 기업이 납부하는 법인세액 계산의 기초자료가 되지만 당기순이익을 기준으로 세금을 내는 것은 아니다.
② 기업이 보유하고 있는 모든 유가증권의 시가평가로부터 얻은 평가이익은 당기순이익에 포함되어 있다.
③ 기업이 영업목적으로 보유하고 있는 원료나 상품 등 재고자산의 시가 상승으로 인한 평가이익은 손익계산서에 반영되지 않는다.
④ 회계담당자의 착오 또는 실수로 전기의 손익계산에 중대한 오류가 있는 경우에 그 수정손익은 당기의 당기순이익에 반영되어 있지 않다.
⑤ 포괄손익계산서에는 미실현손익인 기타포괄손익에 대한 정보도 반영된다.

2. 다음 중 우리나라 기업회계기준서에 제시되어 있는 포괄손익계산서의 작성 또는 보고 방법과 관련 없는 것은?

① 총액기준 ② 다단계식 ③ 당기업적주의 ④ 발생주의 ⑤ 수익과 비용의 대응

3. 다음 자료는 2011년 진주(주)의 회계자료에서 발췌한 자료인다. 다음 항목 중 포괄손익계산서에 판매비와 관리비로 기록되어야 할 금액은 얼마인가?

재고자산 매입운임	₩100,000	단기매매증권평가손실	₩200,000
광고선전비	₩200,000	급여	₩300,000
유형자산에 대한 수선비	₩200,000	보험료	₩100,000

① ₩900,000 ② ₩800,000 ③ ₩700,000 ④ ₩600,000 ⑤ ₩500,000

4. 다음의 자료로 포괄손익계산서 상의 영업이익은 얼마인가?

매 출 총 이 익	1,100	매 출 할 인	35
개 발 비	10	접대비	50
유형자산처분이익	15	단기매매증권처분이익	27
세 금 과 공 과	35	재 해 손 실	10
연구개발비상각	20	매출채권대손상각비	35
단기매매증권평가이익	30	복리후생비	12

① ₩840 ② ₩855 ③ ₩878 ④ ₩913 ⑤ ₩948

5. 다음의 계정 중 영업손익 계산에 포함되지 않는 것만 묶여진 것은?

Ⓐ 건물 감가상각비	Ⓑ 임원급여
Ⓒ 매출채권에 대한 대손상각비	Ⓓ 단기매매증권평가손실
Ⓔ 지급이자	Ⓕ 광고선전비

① Ⓐ, Ⓑ, Ⓒ ② Ⓑ, Ⓓ, Ⓔ ③ Ⓐ, Ⓕ ④ Ⓓ, Ⓔ ⑤ Ⓒ, Ⓓ, Ⓔ

6. 포괄손익계산서의 주기사항(註記事項)으로 기재되어야 할 것은?

① 재고자산의 기말과 기초 재고가액
② 연구비와 개발비 내역
③ 주당경상이익과 주당순이익
④ 매출채권에 대한 대손율
⑤ 금융상품의 보유목적

7. 경남㈜는 보험료와 급여에 대하여 현금 지급시에 전액비용으로 회계처리하고 있으며, 이자수익과 임대료에 대하여 현금 수취시에 전액 수익으로 회계처리하고 있다. 이와 같이 계산된 당기순이익이 ₩200,000이라고 할 때, 발생주의에 따라 계산된 정확한 당기순이익은 얼마인가?

선급보험료	₩10,000	미지급급여	₩15,000
선수이자	₩20,000	미수임대료	₩25,000

① ₩190,000 ② ₩200,000 ③ ₩210,000 ④ ₩220,000 ⑤ ₩230,000

8. 기업회계기준에 따른 비용인식에는 다음 중 어느 원칙이 적용되는가?

Ⓐ 실현주의 Ⓑ 발생주의 Ⓒ 현금주의 Ⓓ 수익·비용대응

① Ⓑ ② Ⓐ, Ⓑ, Ⓓ ③ Ⓓ ④ Ⓑ, Ⓓ ⑤ Ⓐ, Ⓒ, Ⓓ

9. 수익과 차익을 구분하는 기준은 무엇인가?

① 금액의 크기
② 주된 영업활동의 여부
③ 발생가능성
④ 현금의 수수여부
⑤ 측정의 신뢰성

10. 2013년 말에 수정 전 매출채권 잔액은 ₩5,000이었고, 대손충당금 잔액은 ₩300이었다. 이 회사에 의거 경험 기말 매출채권 잔액의 10%가 대손 가능성이 있는 것으로 추산되었다. 2013년에 포괄손익계산서에 인식할 대손상각비는?

❶ ₩200 ❷ ₩300 ❸ ₩400 ❹ ₩500 ❺ ₩800

11. 다음은 경남(주)의 2013말 회계 장부에서 발췌한 것이다. 다음의 계정 잔액은 정상적인 것이며 재고상품의 실사 결과 전년도 말 즉 2012년 12월 31일과 당해 연도 말인 2013년 12월 31일 상품 재고자산이 각각 ₩47,000과 ₩58,000으로 평가되었다. 경남(주)의 2013년 매출 원가는 ?

매 출	₩555,000	매출환입 및 에누리	₩ 15,000
매출할인	₩ 35,000	매 입	₩243,000
매입할인	₩ 18,000	매입환출 및 에누리	₩ 15,000
매입운임	₩ 25,000	판매운임	₩ 14,000
일반관리비	₩ 33,000	판 매 비	₩ 48,000
법 인 세	₩ 34,000	지급이자	₩ 13,000

❶ ₩231,000 ❷ ₩380,000 ❸ ₩375,000 ❹ ₩321,000 ❺ ₩315,500

12. 기초상품재고자산이 ₩45,000, 기말상품 재고가액이 ₩52,000, 매출총이익이 ₩96,000 매입이 ₩340,000이라면 매출은?

❶ ₩419,000 ❷ ₩429,000 ❸ ₩434,000 ❹ ₩436,000 ❺ ₩237,000

13. 마산(주)의 2013년도 재무자료 중 일부이다. 아래 자료를 참고하여 마산(주)의 2013년도 매출원가를 계산하면 얼마인가?

매 출	₩980,000	기초재고	₩120,000	매출환입	₩5,000
매 입	₩560,000	매입운임	₩ 14,000	매입환출	₩3,000
매입할인	₩10,000	기말재고	₩137,000		

❶ ₩436,000 ❷ ₩543,000 ❸ ₩549,000 ❹ ₩544,000 ❺ ₩487,000

14. 회계에 있어서 감가상각은?

❶ 자산평가과정
❷ 수익인식과정
❸ 대체 자산 자금 축적과정
❹ 원가배분과정
❺ 보수주의의 적용과정

15. 창원(주)는 2012년 1월1일 기계장치를 취득하고 그 대가로 현금 ₩570,000을 지불하였다. 이 기계장치의 내용연수는 10년, 잔존가치는 ₩20,000으로 추정하였다. 정액법에 의해 감가상각할 때, 2012년의 기계장치의 감가상각비는?

❶ ₩57,000 ❷ ₩55,000 ❸ 53,000 ❹ ₩59,000 ❺ ₩51,000

16. 부산(주)는 2013년 1월 1일 설비자산을 ₩1,000,000(내용연수 10년, 잔존가치 ₩100,000)에 취득하여 사용하다가 2014년 12월 31일에 ₩700,000에 처분하였다. 그 동안 정액법에 따라 감가상각하였다. 유형자산처분손익으로 계상할 금액은??

❶ ₩300,000 ❷ ₩200,000 ❸ ₩180,000 ❹ ₩160,000 ❺ ₩120,000

17. 서울(주)는 2012년 7월 1일 기계장치를 ₩800,000에 매입하였다. 이 기계의 내용연수는 10년이고 잔존가치는 취득원가의 10%, 정액법에 의하여 감가상각을 한다. 2015년 12월 31일 이 기계장치를 ₩650,000에 매각하였을 경우, 유형자산처분손익은 얼마인가?

❶ 고정자산 처분손실 ₩ 150,000 ❷ 고정자산 처분이익 ₩ 150,000
❸ 고정자산 처분이익 ₩ 88,000 ❹ 고정자산 처분이익 ₩ 52,000
❺ 고정자산 처분이익 ₩ 102,000

18. 울산(주)는 2012년 1월 1일에 취득원가 ₩10,000, 내용연수 10년, 잔존가액이 0인 설비를 취득하였으며, 감가상각은 정액법을 사용한다. 동 유형자산의 회수가능가액이 2013년 12월 31일에 ₩6,400으로 추정되었으며, 다시 2015년 12월 31일에는₩7,000으로 회복된 것으로 추정되었다. 2015년 12월 31일 유형자산의 감액손실 환입액은 얼마인가?

❶ ₩2,200 ❷ ₩2,000 ❸ ₩1,600 ❹ ₩1,200 ❺ ₩800

19. 서울(주)의 기초 부채잔액이 ₩80,000이었고, 기말 부채잔액이 ₩42,000이었다. 기말의 순자산이 ₩105,000이고, 기말자산총계는 기초보다 ₩23,000증가하였다. 당기 중에 증자로 인해 자본금이 ₩37,000 만큼 증가하였다면, 당기순이익은 얼마인가?

❶ ₩61,000 ❷ ₩24,000 ❸ ₩23,000 ❹ ₩60,000 ❺ ₩55,000

20. 기업회계기준서에 의할 경우 포괄손익계산서에 주당순이익을 표시하는 방법으로 옳은 것은?

❶ 포괄손익계산서의 당기순이익에 주기로 기재한다.

❷ 포괄손익계산서의 당기순이익에 대한 주석으로 기재한다.

③ 포괄손익계산서에는 주당순이익을 기재하지 않는다.

④ 포괄손익계산서 본문에 표시하고 그 산출근거를 주석으로 기재한다.

⑤ 포괄손익계산서의 부속명세서로 별도로 작성한다.

21. 2015년 1월 1일에 28,000주의 진해(주) 보통주가 유통되고 있다. 단, 우선주는 발행하지 않았다. 진해(주)는 3월 1일에 18,000주를 추가로 발행하였고, 8월 1일에도 12,000주를 추가로 발행하였다. 이 회사의 2015년도 당기순이익은 ₩18,000,000으로 보고되었다. 2015년의 주당순이익은 얼마인가?

① ₩355 ② ₩375 ③ ₩425 ④ ₩475 ⑤ ₩515

22. 현행 기업회계기준서상의 수익의 인식 기준으로 타당한 것은?

① 예약매출액은 상품 등을 인도한 날 또는 용역을 제공한 날

② 시용매출액은 매입자가 매입의사를 표시한 날

③ 위탁매출액의 경우 위탁자가 수탁자에게 적송한 날

④ 반품조건부 매출의 경우 인도한 날

⑤ 일반기업의 장기할부매출액은 할부금 회수기일이 도래한 날

23. 다음 중 수익인식에 대한 설명으로 틀린 것은?

① 위탁판매의 경우 수탁자가 해당 재화를 제3자에게 판매한 시점에서 수익을 인식한다.

② 이자수익은 유효이자율을 적용하여 발생기준에 따라 인식한다.

③ 장기건설공사는 진행기준에 따라 수익을 인식한다.

④ 할부판매의 경우에는 이자수익에 해당하는 부분을 제외한 판매가액을 재화가 인도되는 시점에서 수익으로 인식한다.

⑤ 상품권의 발행과 관련된 수익은 상품권 판매시점에서 수익으로 인식한다.

24. 기업회계기준서에 의할 때 수익인식시점 또는 수익인식 방법에 대한 설명 중 옳은 것은?

① 위탁판매의 경우 위탁자는 수탁자에게 상품을 인도한 시점에 수익으로 인식한다.

② 정기간행물 구독의 경우 구독료수익은 구독물의 가액이 기간별로 다르더라도 구독기간 동안 정액법으로 인식한다.

❸ 방송사의 광고수익은 광고를 대중에게 전달한 시점에 인식한다.

❹ 예술공연의 입장료수익은 입장권을 판매한 시점에 인식한다.

❺ 상품권의 발행과 관련된 수익은 상품권을 판매한 시점에 인식한다.

25. 당기업적주의와 포괄주의에 대한 다음 설명 중 맞지 않는 것은?

❶ 당기업적주의는 회계분식의 가능성이 포괄주의보다 크다고 할 수 있다.

❷ 당기업적주의에서는 회계변경의 누적효과가 당기순이익에 반영되지 않는다.

❸ 포괄주의는 당기에 주주의 지분에 영향을 미친 모든 손익을 당기의 순이익에 반영한다.

❹ 당기업적주의는 포괄주의보다 손익계산서의 비교가능성이 높다고 할 수 있다.

❺ 정답 없음

26. ㈜한국의 2009년도 외상매출금과 대손에 관한 자료는 다음과 같다. K-IFRS에 따라 연령분석법으로 회계처리 하는 경우 2009년 포괄손익계산서에 계상될 대손상각비는 얼마 인가?

Ⓐ 2009년 1월 1일: 대손충당금 기초잔액은 ₩1,000이다.

Ⓑ 2009년 5월 8일: 당기에 매출한 ₩1,500의 외상매출금이 회수불가능하다고 판명되었다.

Ⓒ 2009년 10월 25일: 전기에 대손충당금으로 대손처리한 외상매출금 ₩200이 회수되었다.

Ⓓ 2009년 12월 31일: 기말수정분개 전 외상매출금 잔액은 ₩40,000이며, 이에 대한 연령자료는 다음과 같다.

외상매출금의 연령	금액	추정대손률	대손예상액(확정액)
16일 미만	₩15,000	5%	₩750
16일부터 30일까지	9,000	15%	1,350
31일부터 45일까지	7,000	20%	1,400
46일부터 90일까지	5,000	30%	1,500
91일부터 180일까지	3,000	40%	1,200
180일 초과	1,000	100%	1,000
계	₩40,000		₩7,200

❶ ₩1,300 ❷ ₩6,200 ❸ ₩6,700 ❹ ₩7,500 ❺ ₩7,700

해답

1. ❷ 2. ❸ 3. ❷ 4. ❹ 5. ❹ 6. ❸ 7. ❷ 8. ❹ 9. ❷ 10. ❶
11. ❺ 12. ❷ 13. ❹ 14. ❹ 15. ❷ 16. ❺ 17. ❺ 18. ❹ 19. ❷ 20. ❹
21. ❷ 22. ❷ 23. ❺ 24. ❸ 25. ❺ 26. ❹

제6장 현금흐름의 보고

1. 의 의

회계기간 동안 기업활동에 의한 현금 및 현금성자산의 유입과 유출에 대한 정보를 체계적으로 보고하기 위한 재무보고서를 현금흐름표(現金흐름表, statement of cash flows)라고 한다. 현금흐름표는 재무제표 중 현금기준으로 작성되는 유일한 재무보고서이다. 현금흐름표에서 현금개념은 현금 및 현금성자산이라는 점에 유념해야 한다. 따라서 현금흐름표는 회계기간 동안 현금 및 현금성자산(現金 및 現金性資産, cash and cash equivalents)의 조달원천과 사용내역에 관한 정보를 제공한다.

가. 현금흐름정보의 유용성

현금흐름표의 현금흐름정보(現金흐름情報, cash flow information)는 주로 다음과 같은 여러 가지 분석목적에 활용된다.

첫째, 기업의 현금창출능력(現金創出能力, ability to generate cash)을 평가하는 데 이용된다. 현금흐름표를 다른 재무제표와 함께 이용하면, 변화하는 상황과 투자기회에 적응하기 위하여 현금흐름의 금액과 시기를 조절할 수 있는 기업의 능력을 평가할 수 있다.

둘째, 미래현금흐름예측(未來現金흐름豫測, prediction of future cash flows)에 이용된다. 과거와 현재의 현금흐름정보는 미래현금흐름의 금액, 시기 및 불확실성에 대한 지표로 자주 사용된다. 그리고 현금흐름정보는 예측가치 뿐만 아니라 피드백가치를 가지고 있다. 현금흐름정보는 과거에 추정한 미래현금흐름의 정확성을 검증할 수 있게 한다.

셋째, 순이익의 질(純利益의 質, quality of earnings)을 평가하는 데 이용된다. 순이익은 회계추정이나 회계정책에 의해 영향을 받지만, 현금흐름은 그렇지 않다. 순이익과 영업활동현금흐름의 관계를 분석함으로 이익의 질을 평가하고 이를 통해 미래현금흐름의 금액, 시기, 불확실성에 관한 평가를 수정할 수 있다.

넷째, 기업의 재무정책결정(財務政策決定, financial policy decision-making)에 활용된다. 기업은 현재 영업능력의 유지나 성장을 전제로 부채상환이나 배당금지급 또는 추가적인 외부자금조달 등의 재무정책결정을 하기 위해 잉여영업현금흐름(剩餘現金흐름, free cash flow from operating)을 분석한다. 잉여영업현금흐름은 현금흐름표의 현금흐름정보를 이용하여 산정할 수 있다.

잉여영업현금흐름 = 영업활동현금흐름 − 장기영업용자산에 대한 순투자

여기서 장기영업용자산에 대한 순투자는 투자활동의 일환인 유무형자산의 취득으로 인한 현금유출액과 매각으로 인한 현금유입액의 차액을 의미한다.

나. 현금흐름정보의 한계

현금흐름표는 대응개념을 사용하지 않고 일정기간 동안의 현금유입과 유출에 관한 단순한 정보만을 제공하므로 미래현금흐름예측목적으로 활용할 때 유의하여야 한다. 특정 기간의 많은 영업활동현금흐름은 과거 영업활동의 결과로 인한 현금유입에 기인한 것일 수도 있는 것이다. 이 때문에 당기의 영업활동현금흐름이 많다고 차기에도 그럴 것으로 예상할 수 없다. 반대의 경우도 마찬가지 이다. 예를 들어 당기에 차기의 재고자산까지 매입하면, 당기의 영업활동현금흐름은 낮아지지만 차기에는 많은 영업활동현금흐름이 나타날 수 있다. 따라서 현금흐름표는 발생기준으로 작성되는 손익계산서와 재무상태표가 제공하는 정보를 보완하기 위하여 현금기준으로 작성한 보고서라는 점을 인식하고, 기업의 미래현금흐름을 평가할 때는 현금흐름표 뿐만 아니라 다른 재무제표를 함께 활용하여 종합적으로 분석하여야 한다.

2. 기업활동과 현금흐름

기업은 외부에서 현금을 조달하여 기업활동에 사용한다. 외부자금조달원(外部資金調達源, sources of external financing)은 금융기관 등의 기업에 대한 채권자일 수도 있고, 주주 등의 기업의 소유주일 수도 있다. 기업활동에 필요한 현금 전부를 기업 내부에서 조달할 수 있다면 이상적이다. 기업의 내부자금조달원(內部資金調達源, sources of internal financing)은 생산과 판매 활동일 수도 있고, 장기영업용자산이나 투자자산의 매각일 수도 있다. 장기영업용자산을 매각하면 기업 내부에서 현금을 조달하는 대가로 기업의 생산능력이 감소되지만, 투자자산의 매각은 그렇지 않다.

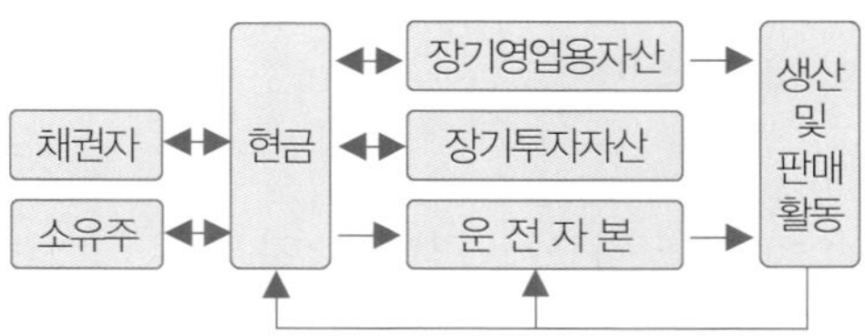

[그림 6–1] 기업활동과 현금흐름

조달한 현금은 주로 장기영업용자산의 취득이나 운전자본으로 사용되지만, 투자자산의 취득에 사용되기도 한다. 유무형의 장기영업용자산을 취득하는 목적은 생산능력의 유지나 확충에 있고, 투자자산을 취득하는 목적은 장기적인 투자수익을 통해 미래에 더 많은 현금을 확보하기 위한 것이다. 일반적으로 운전자본(運轉資本, working capital)은 생산과 판매 활동을 위해 직접 사용되는 자금집합(資金集合, pool of fund)을 의미한다. 기업은 생산 및 판매를 위해 투입된 현금을 회수하기까지 기간이 필요하기 때문에 운전자본을 필요로 한다. 따라서 엄밀한 의미에서 운전자본은 안전재고의 성격을 갖는 현금이지만, 일반적으로는 유동자산에서 유동부채를 차감한 금액을 운전자본이라고 한다. 일반상거래에서 신용거래가 존재하기 때문이다. 따라서 영업순환주기 자산과 부채뿐만 아니라 단기금융자산과 단기금융부채 등 모든 유동자산과 유동부채가 운전자본에 포함된다.

기업활동의 핵심은 생산과 판매 활동, 즉 영업활동이다. 영업활동의 기반이 되는 것이 장기영업용자산이고, 영업활동에 직접 사용되는 것이 운전자본이다. 영업활동과정에서 영업순환주기 자산과 부채가 발생하므로, 영업활동은 운전자본에 직접적인 영향을 미친다. 영업활동으로 창출되는 현금은 가장 중요한 자금조달이다. 영업활동에서 창출되는 현금이 기업활동에 필요한 현금보다 적은 경우, 기업은 장기투자자산이나 장기영업용자산의 매각을 통한 내부자금조달 또는 외부 투자자로부터의 외부자금조달을 검토한다.

가. 현금흐름의 유형

현금흐름표는 회계기간 동안 발생한 현금흐름을 영업활동, 투자활동 및 재무활동으로 분류하여 보고한다. 국제회계기준은 각 활동은 다음과 같이 정의한다.

- 영업활동: 기업의 주요 수익창출활동, 그리고 투자활동이나 재무활동이 아닌 기타의 활동
- 투자활동: 장기성 자산 및 현금성자산에 속하지 않는 기타 투자자산의 취득과 처분
- 재무활동: 기업의 납입자본과 차입금의 크기 및 구성내용에 변동을 가져오는 활동

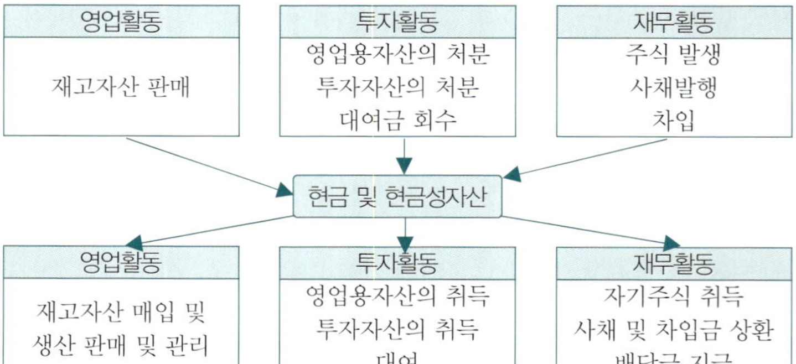

[그림 6-2] 기업활동의 유형과 현금흐름의 주요 구성요소

1) 영업활동현금흐름

기업은 차입금의 상환, 영업능력의 유지, 신규투자, 배당금 지급 등을 위한 현금이 필요하다. 여기에 필요한 현금을 영업활동에서 창출하는 것이 이상적이다. 영업활동에서 창출된 현금흐름을 영업활동현금흐름 또는 영업현금흐름이라고 한다.

가) 영업현금흐름의 정보가치

영업활동에서 발생하는 현금흐름의 금액은 기업활동에 소요될 현금을 창출하는 기업의 능력을 평가하기 위한 중요한 지표로 사용된다. 영업활동현금흐름(營業活動現金흐름, cash flows from operating activities)이 풍부할수록 기업의 지급능력과 수익성이 양호해진다. 기업의 유동성이 높아지고, 자금조달비용이 낮아지기 때문이다. 그리고 영업활동현금흐름은 미래의 영업활동현금흐름에 대한 정보가치를 가지고 있다.

역사적 영업현금흐름(歷史的 營業現金흐름, historical operating cash flows)의 특정 구성요소에 대한 정보를 다른 관련정보와 함께 사용하면, 미래영업현금흐름(未來營業現金흐름, future operating cash flows)을 예측하는 데 유용하다.

나) 영업현금흐름의 변동

영업현금흐름은 주로 기업의 주요수익창출활동(主要收益創出活動, principal revenue-producing activities)에서 발생한다. 따라서 영업현금흐름은 일반적으로 순손익(profit or loss)의 결정에 영향을 미치는 거래나 사건의 결과로 발생한다. 영업활동 현금흐름의 예는 다음과 같다.

- 재화의 판매와 용역
  - 제공에 따른 현금유입
  - 구입에 따른 현금유출

[소모품 구입] 광고 대행을 하는 회사가 광고용역제공에 필요한 소모품 200원 구입				
차)	소모품	200	대) 현금(영업활동)	200

- 로열티, 수수료, 중개료 및 기타수익에 따른 현금유입
- 종업원과 관련하여 직·간접으로 발생하는 현금유출
- 법인세의 납부 또는 환급.

[법인세] 6월 결산법인이 2월에 법인세 중간예납액 100원 신고납부. 6월 법인세비용 600원 인식, 납부할 법인세액 400원, 일시적 차이. 9월 법인세 확정신고납부.

2월	차)	선급법인세	100	대)	현금(영업활동)	100
6월	차)	법인세비용	600	대)	미지급법인세	300
					이연법인세부채	200
9월	차)	미지급법인세	300	대)	현금(영업활동)	300

법인세(法人稅, corporate income tax)는 현금흐름표에서 영업활동, 투자활동 또는 재무활동으로 분류되는 현금흐름을 유발하는 거래에서 발생한다. 법인세비용(法人稅費用, income tax expenses)이 투자활동이나 재무활동으로 쉽게 식별가능한 경우에도 관련된 법인세 현금흐름은 실무적으로 식별할 수 없는 경우가 많으며, 당해 거래의 현금흐름과 다른 기간에 발생하기도 한다. 따라서 법인세의 지급은 일반적으로 영업현금흐름으로 분류한다. 그러나 투자활동이나 재무활동으로 분류한 현금흐름을 유발하는 개별 거래와 관련된 법인세 현금흐름을 실무적으로 식별할 수 있다면, 그 법인세 현금흐름은 투자활동이나 재무활동으로 적절히 분류한다. 법인세 현금흐름이 둘 이상의 활동에 배분되는 경우에는 법인세의 총지급액을 공시하여야 한다.

- 단기매매목적으로 보유하는 계약에서 발생하는 현금유입과 현금유출
- 보험회사의 경우 수입보험료, 보험금, 연금 및 기타 급부금과 관련된 현금유입과 현금유출

영업현금흐름과 관련하여 유의할 사항은 아래와 같다.

첫째, 장기영업용자산이나 투자자산의 처분에 의한 현금흐름은 투자활동현금흐름이다. 이러한 자산의 매각에서 처분손익이 발생하고, 그 처분손익은 순이익계산에 포함되지만, 그에 따른 현금흐름은 투자활동현금흐름이다. 그러나 타인에게 임대할 목적으로 보유(held for rental)하다가 그 이후 판매목적으로 보유(held for sale)하는 자산을 제조하거나 취득하기 위한 현금 지급액은 영업활동현금흐름이다. 이러한 자산의 임대 및 후속판매(後續販賣, subsequent sales)로 수취하는 현금도 영업활동현금흐름이다.

둘째, 금융회사가 단기매매목적으로 보유하는 유가증권이나 대출채권은 그 성격이 상업에서 판매를 목적으로 취득한 재고자산과 유사하다. 따라서 단기매매목적

으로 보유하는 유가증권의 취득과 판매에 따른 현금흐름은 영업활동으로 분류한다. 마찬가지로 금융회사가 제공한 현금서비스(cash advance)나 대출은 주요 수익창출활동과 관련되어 있으므로 일반적으로 영업활동으로 분류한다.

[건물 매각] 기초 장부금액 400원(원가 700원, 감가상각누계액 300원)인 건물을 5월에 570원에 매각. 매각 직접비 20원 현금지급. 기초에서 5월까지 발생된 감가상각비 30원.

차)	감가상각비	30	대)	감가상각누계액	30
차)	현금(투자활동)	550	대)	건물	700
	감가상각누계액	330		유형자산처분이익	180

2) 투자활동현금흐름

투자활동에서 나타나는 현금흐름은 투자활동현금흐름(投資活動現金흐름, cash flows from investing activities) 또는 투자현금흐름(投資現金흐름, investing cash flows)이라고 한다. 투자현금흐름은 미래수익과 미래현금흐름을 창출할 자원의 확보를 위하여 투자한 금액을 의미한다. 투자활동현금흐름은 재무상태표에 자산으로 인식되는 자본적 지출만으로 구성된다. 따라서 자산으로 인식하지 않는 수익적 지출은 영업현금흐름이 된다. 예를 들어 미래현금흐름을 창출할 목적으로 광고, 판매촉진활동, 직원교육, 연구개발 등에 지출하더라도 회계에서 자산으로 인식하지 않는 것은 영업현금흐름이 된다. 탐사와 평가활동 관련 지출도 마찬가지이다. 기업이 과거 회계정책에 따라 자산으로 인식한 경우는 투자현금흐름, 비용으로 인식한 경우는 영업현금흐름이다. 투자활동으로 인해 기업의 자산이 변한다. 그러나 자산의 변동이 모두 투자활동과 관련 있는 것은 아니다. 기업활동과 자산의 관계는 [표 6-1]에 표시되어 있다.

투자활동 현금흐름의 예는 다음과 같다.

- 유형자산, 무형자산 및 기타 장기성 자산의
  - 취득에 따른 현금유출
    (이 현금유출에는 자본화된 개발원가와 자가건설 유형자산과 관련한 지출도 포함된다.)
  - 처분에 따른 현금유입

[투자부동산 매각] 3월에 투자목적의 토지(원가 200원)를 250원에 매각. 대금은 5월에 회수						
3월	차)	미수금	250	대)	투자부동산	200
					투자부동산처분이익	50
5월	차)	현금(투자활동)	250	대)	미수금	250

- 다른 기업의 지분상품이나 채무상품 및 조인트벤처 투자지분의
  - 취득에 따른 현금유출
  - 처분에 따른 현금유입

앞서 설명한 것처럼 현금성자산인 금융상품이나 단기매매목적으로 보유하는 금융상품의 취득과 처분에 따른 현금흐름은 영업현금흐름이라는 점에 주의해야 한다.

[채무상품 매각] 보유 중인 두산(주)가 발행한 사채(단기매매목적은 아니지만, 당기손익인식금융자산으로 분류)를 500원에 처분. 처분 직접비 50원, 처분일 현재 장부금액 400원					
차)	현금(투자활동)	450	대)	단기투자사채	400
				금융자산처분이익	50

- 제3자에 대한 선불금(先給金, cash advances) 및 대여금으로 인한 현금유출과 현금유입. 그러나 금융회사의 현금서비스(cash advances)와 대출은 금융회사의 영업활동이다.
- 이자수입과 배당금수입: 금융회사의 경우 이자수입(利子收入, interest received)과 배당금수입(配當金收入, dividends received)은 일반적으로 영업현금흐름으로 분류한다. 그러나 비금융회사의 경우 이 현금흐름의 분류방법에 대하여 합의가 이루어지지 않고 있다. 이자수입과 배당금수입이 당기순손익의 결정에 영향을 미친다는 관점에서 보면 영업현금흐름이고, 투자자산에 대한 수익이라는 관점에서 보면 투자현금흐름이다. 이 경우 국제회계기준은 그 분류를 기업의 선택에 맡기고, 그 분류의 계속성을 요구한다.
- 선물계약, 선도계약, 옵션계약 및 스왑계약에 따른 현금유출과 현금유입. 그러나 단기매매목적으로 파생상품계약을 보유하거나, 그 현금흐름이 재무활동으로 분류되는 것은 투자현금흐름이 아니다. 그리고 파생상품계약에서 식별가능한 거래에 대하여 위험회피회계를 적용하는 경우, 그 계약과 관련된 현금흐름은 위험회피대상 거래의 현금흐름과 동일하게 분류한다.

[표 6-1] 기업활동과 자산의 관계

		영업활동	투자활동	비고
현금및현금성자산				
영업순환주기자산	매출채권	0		
	재고자산	0		
	미수수익	0		
	선급비용	0		
미수이자수익		0	0	선택가능
미수배당금수익		0	0	선택가능
미수금			0	
재고자산		0		
금융자산	대여금		0	
	투자주식		0	
	투자사채		0	
	단기매매금융자산	0		
장기영업용자산			0	
투자부동산			0	
이연법인세자산		0		

3) 재무활동현금흐름

재무활동에서 나타나는 현금흐름은 재무활동현금흐름(財務活動現金흐름, cash flows from financing activities) 또는 재무현금흐름(財務現金흐름, financing cash flows)이라고 한다. 재무현금흐름은 미래현금흐름에 대한 자본 제공자의 청구권을 예측하는 데 유용하다. 재무활동으로 인해 기업의 부채와 자본이 변한다. 그러나 부채와 자본의 변동이 모두 재무활동과 관련 있는 것은 아니다. 기업활동과 부채 및 자본의 관계는 [표 6-2]에 표시되어 있다.

재무활동현금흐름(財務活動現金흐름, cash flows from financing activities)의 예는 다음과 같다.

- 주식 등의 지분상품의 발행에 따른 현금유입과 재취득이나 상환에 따른 소유주에 대한 현금지급

[자기주식 취득] 자본시장과 투자금융업에 관한 법률에 따라 증권시장에서 자사주 200원 매입				
차)	자기주식	200	대) 현금(재무활동)	200

- 자금조달 목적으로 발행한 사채나 어음, 또는 기타 장단기차입에 따른 현금유입과 상환에 따른 현금유출

[차입] 약속어음을 발행하고 200원을 조달			
차) 현금(재무활동)	200	대) 차입금	200

- 이자지급과 배당금지급: 금융회사의 경우 이자지급(利子支給, interest paid)은 일반적으로 영업활동 현금흐름으로 분류한다. 그러나 비금융업의 경우 이자지급에 의한 현금흐름의 분류방법에 대하여 합의가 이루어지지 않고 있다. 이자지급이 당기순손익의 결정에 영향을 미치므로 영업현금흐름으로 분류할 수도 있고, 재무자원(財務資源, financial resources)을 획득하는 원가로 보아 재무현금흐름으로 분류할 수도 있다. 국제회계기준은 이 선택을 기업에 맡기고, 분류의 계속성을 요구한다. 한편 현금흐름표에 표시하는 이자지급액은 총지급액임에 유의해야 한다. 차입원가는 대부분 당기비용으로 인식하지만, 자본화하여 자산의 원가를 구성하는 것도 있다. 이러한 인식의 차이가 현금흐름표의 이자지급액에 영향을 미치지 않는다. 총지급액이 현금흐름표에 표시되기 때문이다.

  배당금지급(配當金支給, dividends paid)는 재무자원의 획득에 필요한 원가이므로 재무현금흐름이다. 그러나 국제회계기준은 영업현금흐름의 구성요소로 분류할 수 있도록 허용한다. 이렇게 하면 재무제표이용자가 영업현금흐름에서 배당금을 지급할 수 있는 기업의 능력을 판단하는 데 도움을 줄 수 있기 때문이다.

[표 6-2] 기업활동과 부채 및 자본의 관계

		영업활동	투자활동	재무활동	비고
영업순환주기부채	매입채무	0			
	미지급비용	0			
	선수수익	0			
미지급이자비용		0		0	선택가능
미지급배당금		0		0	선택가능
미지급금			0		
미지급법인세		0			
충당부채		0			
이연법인세부채		0			
금융부채				0	
출자자본				0	

• 리스이용자의 금융리스부채 상환에 따른 현금유출

[기계 신용매입] 3월에 기계를 신용매입, 매입가격 200원, 부대비용 20원 현금지급. 5월에 기계 매입대금 지급					
3월	차) 기계	220	대)	미지급금	200
				현금(투자활동)	20
5월	차) 미지급금	200	대)	현금(투자활동)	200

나. 현금흐름표의 기본구조

현금흐름표는 현금흐름을 영업활동, 투자활동 및 재무활동 현금흐름으로 구분하여 표시하고, 이 세 가지 활동의 순현금흐름에 기초의 현금및현금성자산을 가산하여 기말의 현금및현금성자산을 산출하는 형식으로 표시한다. 현금흐름을 각 활동별로 구분하여 보고하는 이유는 각 활동이 재무상태와 전체 현금흐름에 미친 영향과 각 활동의 상호관련성을 평가하는 데 유용한 정보를 제공할 수 있기 때문이다.

[표 6-3] 현금흐름표의 기본구조

영업활동현금흐름			300
투자활동현금흐름	현금유입	440	
	(현금유출)	(550)	(110)
재무활동현금흐름	현금유입	500	
	(현금유출)	(400)	100
현금및현금성자산의 순증가			310
기초 현금및현금성자산			30
기말 현금및현금성자산			340

다. 영업활동현금흐름의 표시

현금흐름표에 영업현금흐름을 표시하는 방법은 직접법과 간접법이 있다. 이 두 방법은 표시하는 방식의 차이에 따른 구분이기 때문에 어느 방법을 사용하여도 영업현금흐름 금액은 동일하다. 국제회계기준은 직접법을 권장한다.

1) 직접법

직접법(直接法, direct approach)은 현금유입은 주요 원천별로 분류하고 현금유출은 주요 용도별로 분류하여 표시하는 방법이다. 직접법을 적용하여 표시한 영업현금흐름은 재무상태표나 손익계산서에서 직접 얻기 어려운 정보를 제공하고, 재무제표이용자들이 미래현금흐름을 예측하는 데 보다 유용한 정보를 제공하며 쉽게 이해할 수 있는 장점이 있다. 직접법을 적용하여 영업현금흐름을 표시하는 경우, 각 유형별 현금흐름은 총액으로 표시된다.

[표 6-4] 영업현금흐름의 보고: 직접법

Ⅰ. 영업활동현금흐름		255
고객으로부터 유입된 현금	1,000	
공급처와 종업원에게 지급한 현금	(600)	
법인세 납부액	(100)	
기타 현금 유입액	125	
기타 현금 유출액	(170)	

※ 주: 이자수입과 배당금수입, 이자지급과 배당금지급을 각각 투자현금흐름과 재무현금흐름 대신 영업현금흐름에 포함할 수도 있다.

2) 간접법

간접법(間接法, indirect or reconciliation approach)은 당기순이익과 영업활동현금흐름의 차이의 원인을 표시하는 방법이다. 따라서 간접법은 손익계산서와 현금흐름표의 연계성을 명확히 한다는 장점이 있다.

간접법에서는 당기순이익에 현금의 유출이 없는 비용 등을 가산하고 현금의 유입이 없는 수익 등을 차감하며, 영업활동으로 인한 자산·부채의 변동을 가감하여 표시하는 형식으로 영업현금흐름을 현금흐름표에 표시한다. 여기서 영업활동으로 인한 자산·부채의 변동은 영업활동과 관련하여 발생한 자산 및 부채의 증가 또는 감소를 말한다.

현금의 유출이 없는 비용 등 = 현금의 유출이 없는 비용 + 투자활동과 재무활동으로 인한 비용
현금의 유입이 없는 수익 등 = 현금의 유입이 없는 수익 + 투자활동과 재무활동으로 인한 수익

영업활동으로 인한 자산은 영업활동자산(營業活動資産, assets resulting from operating activities)이라고 한다. 영업활동자산에는 영업순환주기자산과 이연법인세자산 등이 포함된다. 영업활동자산이 증가하면, 영업현금흐름을 계산할 때 차감조정해야 한다. 영업활동으로 인한 부채는 영업활동부채(營業活動負債, liabilities resulting from operating activities)이라고 한다. 영업활동부채에는 영업순환주기부채와 이연법인세부채, 충당부채 등이 포함된다. 영업활동부채가 증가하면 영업현금흐름을 계산할 때 가산조정해야 한다.

[표 6-5] 영업현금흐름의 보고: 간접법

Ⅰ. 영업활동현금흐름		255
당기순이익	200	
현금의 유출이 없는 비용	90	
현금의 유입이 없는 수익	(40)	
영업활동으로 인한 자산의 증가액	(10)	
영업활동으로 인한 부채의 증가액	15	

※ 주: 이자수입과 배당금수입을 투자현금흐름으로 분류하는 경우에 이자수익은 현금유입이 없는 수익에 포함된다. 이자지급을 재무현금흐름으로 분류하는 경우에 이자비용은 현금 유출이 없는 비용에 포함된다. 배당금지급도 영업현금흐름이나 재무현금흐름으로 선택적으로 분류할 수 있다.

라. 비현금거래

투자활동과 재무활동의 거래 중에는 거래가 발생한 기간에 현금및현금성자산이 사용되지 않는 것이 있다. 이러한 거래를 비현금거래(非現金去來, non-cash transactions)라고 한다. 투자활동과 재무활동은 실체의 자본구조(資本構造, capital structure)와 자산구조(資産構造, asset structure)에 영향을 미치지만, 당기현금흐름(當期現金흐름, current cash flows)에는 직접적인 영향을 미치지 않는 비현금거래가 많다. 비현금거래는 현금흐름표에서 제외된다. 당기의 현금흐름과 무관한 것을 현금흐름표에서 제외하는 것이 현금흐름표의 목적에 부합하기 때문이다. 국제회계기준은 투자활동과 재무활동에 관한 모든 목적적합한 정보를 제공할 수 있도록 비현금거래를 재무제표의 다른 부분에 공시할 것을 요구한다.

비현금거래의 예를 들면 다음과 같다.

- 자산 취득시 직접 관련된 부채를 인수하거나 금융리스를 통하여 자산을 취득하는 경우

[부채 인수] 저당권이 설정된 토지를 채무 인수 조건으로 500원에 취득					
차)	토지	500	대)	차입금	500

- 주식 발행을 통한 기업의 인수
- 채무의 지분전환

3. 영업활동현금흐름의 산출

가. 직접법

현금흐름표에 직접법(直接法, direct approach)을 적용하기 이해서는 영업활동현금흐름을 유형별로 분류하여야 한다. 이를 위해 총계정원장의 현금및현금성자산계정에서 영업활동과 관련되어 있는 거래를 원천별·용도별로 집계할 수도 있고, 손익계산서와 재무상태표의 항목을 영업활동 유형에 따라 분류한 다음 발생기준을 현금기준으로 수정하는 방법을 이용할 수 있다. 전자는 직접분류법(直接分類法), 후자는 간접분류법(間接分類法)이라 한다.

간접분류법은 발생기준을 현금기준으로 수정하는 것이므로 간접법을 적용하여 영업활동현금흐름을 산출하는 원리와 기본적으로 동일하다. 직접분류법은 직관적으로 가능한 방법이므로, 여기서는 간접분류법을 중심으로 설명하기로 한다.

1) 간접분류법의 기본원리

간접분류법(間接分類法)을 이해하기 위해서는 손익계산서에서 보고되는 수익비용과 기업활동의 관계를 이해하고 있어야 한다. 손익계산서의 수익과 비용이 모두 기업의 영업활동과 관련되어 있는 것은 아니다. 영업외수익과 비용 중 많은 부분은 투

자 및 재무 활동과 관련된 수익과 비용이다. 따라서 영업활동현금흐름을 계산할 때는 이들 수익과 비용 제외한 다음 영업활동과 관련된 수익과 비용만으로 항목별로 분류하여 발생기준과 현금기준의 차이를 조정해야 한다. 이 조정을 설명하기 위해서 발생액개념을 도입하기로 한다.

[표 6-6] 수익비용의 유형과 기업활동의 관계

<table>
<tr><th colspan="2">수익의 유형</th><th>기업활동</th></tr>
<tr><td colspan="2">매출액</td><td rowspan="2">영업활동</td></tr>
<tr><td rowspan="3">영업외수익</td><td>기타영업수익</td></tr>
<tr><td>투자활동수익</td><td>투자활동</td></tr>
<tr><td>재무활동수익</td><td>재무활동</td></tr>
</table>

<table>
<tr><th colspan="2">비용의 유형</th><th>기업활동</th></tr>
<tr><td colspan="2">매출원가</td><td rowspan="3">영업활동</td></tr>
<tr><td colspan="2">판매관리비</td></tr>
<tr><td rowspan="3">영업외비용</td><td>기타영업비용</td></tr>
<tr><td>투자활동비용</td><td>투자활동</td></tr>
<tr><td>재무활동비용</td><td>재무활동</td></tr>
</table>

[표 6-7] 투자활동과 재무활동의 손익

비영업활동손익	예
투자활동손익	이자수익*, 배당금수익*, 유형자산처분손익, 무형자산처분손익, 투자자산처분손익
재무활동손익	이자비용*, 금융부채상환손익

* 영업활동으로 분류 가능

발생액(發生額, accruals)은 당기순이익에서 영업활동현금흐름액을 차감한 것으로 발생기준과 현금기준에서의 인식액의 차이를 의미한다. 이 발생액은 수익발생액(收益發生額, accruals for revenue)과 비용발생액(費用發生額, accruals for expense)으로 나눌 수 있다[1].

당기순이익 = 영업활동현금흐름 + 발생액

당기순이익 = 영업활동현금흐름 + 수익발생액 − 비용발생액

1. 일반적으로 수익발생액을 현금유입이 없는 수익 등, 비용발생액을 현금유출이 없는 비용 등으로 표현하고 있다. 이러한 일반적 용어는 이용자의 이해가능성을 저하시킨다. 앞으로 설명되지만, 수익이나 비용의 발생액에는 영업활동 자산이나 부채의 변동액이 포함된다. 이러한 자산과 부채의 변동액을 현금유입이 없는 수익이나 현금유출이 없는 비용으로 표현하는 것은 회계에 대한 충분한 지식이 없이는 이해하기 어렵다.

수익발생액과 비용발생액에는 투자활동이나 재무활동에서 발생한 수익과 비용도 포함된다. 따라서 이들 수익과 비용은 영업활동과 무관하므로 영업활동현금흐름을 계산할 때, 전액 제거 되어야 하므로 발생액에 대한 조정이 불필요하다.

수익발생액 = 투자활동과 재무활동으로 인한 수익 + 영업활동수익발생액 비용발생액 = 투자활동과 재무활동으로 인한 비용 + 영업활동비용발생액

영업활동수익은 영업활동현금유입액에 영업활동수익발생액을 합한 금액이다. 이 영업활동수익발생액은 발생기준이 적용된 수익과 현금기준이 적용된 현금유입액의 차이를 조정하는 항목이다. 수익발생액은 그 수익과 관련된 자산의 장부금액 증가에 의해 증가하고, 부채의 장부금액 증가에 의해 감소된다. 예를 들어 이자수익발생액은 미수수익의 증가에 의해 증가하고, 선수수익의 증가에 의해 감소한다.

영업활동수익 = 영업활동현금유입액 + 영업활동수익발생액 영업활동수익발생액 = 수익에 의한 자산 장부금액 증가액 − 수익에 의한 부채 장부금액 증가액

동일한 논리를 영업활동비용에도 적용할 수 있다. 영업활동비용발생액은 발생기준이 적용된 비용과 현금기준이 적용된 현금유출액의 차이를 조정하는 항목이다. 비용발생액은 그 비용과 관련된 자산의 장부금액 증가에 의해 감소하고, 부채의 장부금액 증가에 의해 증가된다. 예를 들어 광고선전비발생액은 선급비용의 증가에 의해 감소하고, 미지급비용의 증가에 의해 증가한다.

영업활동비용 = 영업활동현금유출액 + 영업활동비용발생액 영업활동비용발생액 = − 비용에 의한 자산 장부금액 증가액 + 비용에 의한 부채 장부금액 증가액

2) 영업활동에 의한 현금유입액

영업활동에 의한 현금유입액을 산정하기 위해서는 영업활동을 원천별로 구분하여야 한다. 여기서는 영업활동을 재화의 판매와 용역의 제공으로 인해 고객으로부터 유입된 현금, 이자수입액, 배당금수입액 등으로 구분하여 설명하기로 한다.

가) 고객으로부터 유입된 현금

고객으로부터 유입된 현금(cash receipts from customers)은 재고자산의 판매나 용역 제공에 따라 매출처에서 유입된 현금액을 의미한다. 이 현금유입액은 현금매출액, 매출채권 회수액, 판매계약과 관련한 선수액으로 구성된다. 그런데 매출액은 발생기준 개념이므로 현금매출액, 신용매출액, 선수금에 의한 매출액으로 구성된다.

> 고객으로부터 유입된 현금액 = 현금매출액 + 매출채권 회수액 + 판매계약에 따른 선수액
> 매출액 = 현금매출액 + 신용매출액 + 선수금에 의한 매출액

매출액과 고객으로부터 유입된 현금액을 조정하기 위해서는 매출수익발생액을 검토해야 한다. 매출수익발생액(賣出收益發生額, accruals for sales revenue)은 신용매출액과 매출채권 회수액, 선수금에 의한 매출액과 선수액의 차이에 기인한다. 발생기준에서 이 차이는 매출채권과 선수금 계정에 반영된다. 따라서 매출수익발생액은 매출액에 의한 매출채권의 장부금액 증가에 의해 증가되고, 매출액에 의한 선수금 장부금액 증가에 의해 감소된다.

> 매출수익발생액 = 매출액에 의한 매출채권 장부금액 증가 - 매출액에 의한 선수금 장부금액 증가

매출채권의 장부금액은 신용매출액에 의해 증가하지만, 이것은 매출액에 반영되기 때문에 매출수익발생액 계산에서는 제외된다. 매출채권의 장부금액을 변화시키는 이외의 요인으로 대표적인 것은 대손이다. 발생기준에서 매출채권의 장부금액은 매출채권 계정의 잔액에서 대손충당금 계정의 잔액을 차감한 금액이다.

> 매출채권의 장부금액 증가 = 매출채권의 증가 - 대손충당금의 증가

그런데 대손상각비는 매출채권의 장부금액을 증가시키고, 대손충당금환입은 매출채권의 장부금액을 감소시킨다. 왜냐 하면 대손상각비 인식으로 인해 대손충당금이 증가하고, 대손충당금환입에 의해 대손충당금이 감소하기 때문이다. 그러나 이 손익은 매출액에 의한 매출채권 장부금액의 변동이 아니다. 따라서 매출액에 의

한 매출채권 장부금액의 증가를 계산하기 이해서는 그 손익을 매출채권 장부금액의 증가에서 가감해서 조정해야 한다. 즉 대손상각비는 가산조정(加算調整)하고 대손충당금환입은 차감조정(差減調整)해야 한다.

매출액에 의한 매출채권의 장부금액 증가 = 매출채권 장부금액 증가 + 대손상각비 - 대손충당금환입

(1) 매출수익발생액에 관한 보충 설명

여기서는 매출수익발생액을 판매유형별로 구분하여 설명하기로 한다. 판매유형은 현금판매, 신용판매, 선수계약에 의한 판매로 구분할 수 있다. 신용판매에서 신용매출액과 매출채권 회수액의 관계는 다음과 같다.

신용매출액 = 매출채권 회수액 + (매출채권 증가 –대손충당금 증가+대손상각비–대손충당금환입액)

[표 6-8] 신용매출액과 매출채권 회수액의 관계

(차변)	매출채권		(대변)
기초잔액		기말잔액	
신용매출액	매출액 증가	회수액	현금 증가
		대손액	대손충당금 감소

(차변)	대손충당금		(대변)
기말잔액		기초잔액	
대손액	매출채권 감소	설정액	대손상각비 증가
환입액	대손충당금환입 증가		

선수금에 의한 매출액과 선수액의 차이는 선수금계정의 분석을 통해 알 수 있다.

선수금에 의한 매출액 = 선수액 – 선수금 장부금액의 증가

[표 6-9] 선수금에 의한 매출액과 선수액의 관계

(차변)	선수금		(대변)
기말잔액		기초잔액	
판매	매출액	선수액	현금

지금까지의 관계식을 종합하여 정리하면 매출액, 매출에 의한 현금유입액, 매출수익발생액의 관계를 알 수 있다.

> 매출액 = 현금매출액 + 매출채권 회수액 + 선수액 + (매출채권 증가 − 대손충당금 증가 + 대손상각비
> − 대손충당금환입액 − 선수금 장부금액 증가)
> = 고객으로부터 유입된 현금 + 매출수익발생액
> 매출수익발생액 = (매출채권의 증가 − 대손충당금의 증가 + 대손상각비
> − 대손충당금환입) − 선수금 장부금액 증가
> = 매출에 의한 매출채권 장부금액의 증가 − 선수금 장부금액의 증가

(2) 매출수익발생액의 일반화

발생기준은 매출수익발생액을 기록하기 위해 매출채권과 선수금 계정을 사용한다. 이 두 계정은 매출액과 직접관련 있는 자산과 부채이다. 매출수익발생액은 직접관련자산 장부금액의 증가로 인해 증가되고, 직접관련부채 장부금액의 증가로 인해 감소된다. 그리고 직접관련자산인 매출채권의 장부금액을 감소시키는 대손상각비는 매출액이 아니기 때문에 매출수익발생액을 산정할 때 가산조정했다.

지금까지의 분석에서는 매출채권의 장부금액에 영향을 미치는 요인으로 대손상각비만을 검토하였다. 이외에도 매출수익발생액을 조정해야 할 항목이 있다. 매출수익발생액(賣出收益發生額, accruals for sales revenue)을 산정할 때는 매출액이 아니면서 매출채권의 장부금액과 선수금의 장부금액에 영향을 미치는 수익과 비용을 모두 조정해야 한다. 조정된 장부금액이 '매출액에 의한' 매출채권 장부금액과 선수금 장부금액이다. 조정하는 방법과 이유는 대손상각비와 동일하다. 대손상각비는 매출수익발생액 직접관련자산(直接關聯資産)인 매출채권의 장부금액을 감소(減少)시키지만, 매출액은 아니다. 이러한 항목은 매출수익발생액 직접관련자산부채에서 발생한 비매출액(非賣出額)이다. 이 비매출액은 매출수익발생액 직접관련자산부채의 장부금액(帳簿金額, book value)에 영향을 미치는 손익(revenue or expense)이지만 매출액에 포함되지 않는다.

매출수익발생액 직접관련자산부채의 장부금액에 영향을 미치는 비매출액에는 매출채권의 장부금액을 감소시키는 비용과 증가시키는 수익이 있다. 비용인 비매출액에는 대손상각비와 외화환산손실 및 외환차손이 있고, 수익인 비매출액에는

대손충당금환입과 외화환산이익 및 외환차익이 있다.

비용인 비매출액은 매출수익발생액에서 가산조정(加算調整, additive adjustment)하고, 수익인 비매출액은 차감조정(差減調整, subtractive adjustment)해야 한다. 조정해야 하는 이유는 매출수익발생액을 산정할 때 매출채권 장부금액의 변동을 포함시키기 때문이다.

[외화환산손익] 외화외상매출금 $10의 장부금액 10,000원. 기말 원달러 환율 1,100원					
차)	매출채권	1,000	대)	외화환산이익	1,000

매출수익발생액 직접관련자산부채의 비매출액인 수익과 비용에는 현금흐름을 수반하는 것도 포함된다는 점에 유의해야 한다. 현금 수반 여부와 관계없이 모든 항목을 조정해야 한다. 예를 들어 매출채권의 외환차손익은 현금을 수반하는 손익이다. 그러나 매출수익발생액에서 외환차손은 가산조정하고, 외환차익은 차감조정해야 한다.

[외화차손익] 외화외상매출금 $10의 장부금액 10,000원을 회수. 회수일 원달러 환율 1,100원					
차)	현금(영업활동)	11,000	대)	매출채권	10,000
				외환차익	1,000

장기매출채권에 대해서는 유의할 점이 있다. 장기매출채권의 측정기준은 상각후원가이다. 따라서 그 장부금액은 장기매출채권 계정의 잔액에서 현재가치할인차금 계정의 잔액을 차감한 금액이 된다. 따라서 장기매출채권의 장부금액은 현재가치할인차금의 상각에 의해 증가된다. 그러나 그 증가는 매출액이 아닌 이자수익으로 인한 것이다. 즉 할인액상각(割引額償却)으로 인식하는 이자수익은 매출수익발생액 직접관련자산부채의 수익인 비매출액이다. 따라서 매출수익발생액에서 차감조정해야 한다. 장기매출채권 장부금액의 증가로 인해 매출수익발생액이 증가하기 때문이다.

[현재가치할인차금] 장기외상매출금 1,100원의 기초 장부금액 1,000원, 유효이자율 5%					
차)	현재가치할인차금	50	대)	이자수익	50

매출수익발생액 = 직접관련자산 장부금액 증가 − 직접관련부채 장부금액 증가 − 직접관련자산부채의 수익인 비매출액 + 직접관련자산부채의 비용인 비매출액

수익인 비매출액: 매출채권의 대손충당금환입, 장기매출채권 할인액상각인 이자수익, 외화매출채권의 외화환산이익과 외환차익
비용인 비매출액: 매출채권의 대손상각비, 외화매출채권의 외화환산손실과 외환차손

예제 6-1 매출수익발생액

두산(주)의 재무상태표와 손익계산서에서 얻은 제품의 판매와 관련한 정보는 아래와 같다. 매출수익발생액과 재화의 판매에 의한 현금유입액을 계산하라.

구분	매출채권(원)	대손충당금(원)	선수금(원)
기초	500	30	15
기말	700	50	7

풀이

손익계산서: 매출채권에 대한 대손상각비 10원, 외화환산이익 50원. 매출액 1,000원
매출수익발생액: (700−50)−(500−30)−(7−15)+10−50=148(원)
판매에 의한 현금유입액: 1,000−148=852(원)

나) 이자수입액

이자수익(利子收益, interest revenue)은 이자수입(利子收入, interest received)에서 이자수익발생액을 가산한 것이다. 이자수익발생액(利子收益發生額, accruals for interest revenue)을 계산하기 위해서는 이자수익과 직접적인 관계에 있는 자산과 부채뿐만 아니라 간접적인 관계에 있는 자산도 고려해야 한다. 간접관련자산을 검토해야 하는 이유는 그 자산이 다른 유형의 영업현금흐름이나 투자현금흐름뿐만 아니라 이자수익발생액과도 관련 있기 때문이다.

[투자사채] 1월초에 원리금을 수취할 목적으로 (주)한철이 발행한 사채(액면 800원, 표면이자율 5%, 이자지급일 12월 31일)를 700원에 매입, 유효이자율 7%.

1월초	차)	투자사채	700	대)	현금(투자활동)	700
12월31일	차)	현금(이자수입)	40	대)	이자수익	49
		투자사채	9			

[장기대여금] 1월초에 원리금을 수취할 목적으로 약속어음(원금 800원, 표면이자율 5%, 이자지급일 12월 31일)을 받고 700원을 (주)한철에 대여, 유효이자율 7%.

1월초	차)	대여금	800	대)	현금(투자활동)	700
					현재가치할인차금	100
12월31일	차)	현금(이자수입)	40	대)	이자수익	49
		현재가치할인차금	9			

발생기준에서 이자수익발생액을 기록하기 위해 사용하는 계정과목은 미수이자수익과 선수이자수익이다. 이 두 계정은 이자수익과 직접관련 있는 자산과 부채이다. 이자수익발생액 직접관련자산부채 장부금액의 변동은 대부분 이자수익과 관련 있다.

간접적인 관련을 가진 자산에는 장기수취채권과 투자채무증권이 있다. 장기수취채권에는 장기매출채권과 장기대여금 등이 포함된다. 이들 장부금액의 변동은 일부만이 이자수익이다. 예를 들어 장기매출채권 장부금액은 매출액과 할인액상각에 의해 증가되지만, 할인액상각만이 이자수익이다. 장기대여금과 투자채무증권도 유사하다. 이들의 장부금액은 현금의 대여나 투자뿐만 아니라 할인액상각에 의해서도 증가하고, 이 할인액상각은 이자수익이다. 그리고 장기매출채권 장부금액의 변동은 매출수익발생액 계산에 포함되고, 장기대여금과 투자채무증권의 장부금액 변동은 투자현금흐름을 계산할 때 고려한다. 따라서 할인액상각액만이 이자수익발생액에 가산된다. 즉 간접관련자산(間接關聯資産)에서 발생한 이자수익은 이자수익발생액을 증가시킨다.

이자수익발생액 = 직접관련자산 장부금액 증가 − 직접관련부채 장부금액 증가 − 직접관련자산부채의 수익인 비이자수익 + 직접관련자산부채의 비용인 비이자수익 + 간접관련자산부채의 이자수익

이자수익발생액 구성요소를 정리하면 다음과 같다.

- 이자수익발생액의 직접관련자산: 미수수익, 미수수익의 대손충당금
- 이자수익발생액의 직접관련부채: 선수수익
- 수익인 비이자수익: 미수수익의 대손충당금환입

- 비용인 비이자수익: 미수수익의 대손상각비
- 간접관련자산에서 발생한 이자수익: 금융자산의 할인액상각

예제 6-1 이자수익발생액

두산(주)의 재무상태표와 손익계산서에서 얻은 정보는 아래와 같다. 이자수익발생액과 이자수입액을 계산하라. 손익계산서의 이자수익은 900원. 기중에 상환된 장기대여금은 없다.

구분	미수수익(원)		선수수익(원)		현재가치할인차금(원)
	이자	수수료	이자	수수료	장기대여금
기초	100	200	300	400	55
기말	130	190	250	390	50

풀이

할인액상각액: 55-50=5원, 이자수익발생액: (130-100)-(250-300)+5=85원,
이자수입액: 900-85=815원

다) 배당금수입액

배당수익과 관련 있는 항목은 미수배당금이다. 따라서 배당수익발생액(配當收益發生額, accruals for dividend revenue)은 미수배당금 장부금액의 증가액이 된다.

> 배당수익 = 배당수입액 + 배당수익발생액
> 배당수익발생액 = 미수배당금 장부금액 증가액

3) 영업활동에 의한 현금유출액

영업활동에 의한 현금유출액은 현금흐름의 용도별로 구분하여야 한다. 여기서는 공급처와 종업원에게 지급한 현금, 법인세 납부액, 이자지출액으로 구분하기로 한다.

가) 공급처와 종업원에게 지급한 현금

비금융회사에서 공급처와 종업원에게 지급한 현금(cash paid to suppliers and employees)은 재화나 용역의 공급처에 지급한 현금(payments to suppliers for goods and services)과 종업원에게 지급한 현금(payments to and on behalf of employees)으로 구분할 수 있다. 재화나 용역의 공급처에 지급한 현금은 상품이나 원재료 및 소모품의 매입대금, 외주처(外注處, outsourcing agency)에 지급한 현금, 수도광열비(水道光熱費, utility expenses)나

통신비(communication expenses) 등으로 지급한 현금 등이 포함된다. 따라서 재화나 용역의 공급처에 지급한 현금에 대응하는 비용은 매출원가와 판매비및일반관리비 중 총종업원급여비용(總從業員給與費用, total employee benefits expense)를 제외한 영업비용이다. 총종업원급여비용에는 임금과 급여, 상여금, 복리후생비, 퇴직급여, 주식보상비용(株式報償費用, share-based compensation expense) 등 기업이 종업원에게 제공하는 모든 혜택이 포함된다. 총종업원급여비용에 대응하는 현금흐름이 종업원에게 지급한 현금이다. 따라서 공급처와 종업원에게 지급한 현금에 대응하는 것은 손익계산서의 영업비용(營業費用, operating expense)이다.

[주식보상비용] 종업원에게 주식선택권을 부여. 당기보상비용 100원					
차)	주식보상비용	100	대)	주식선택권	100
대변의 주식선택권은 미래에 자사주를 종업원에게 발행할 의무이므로 자본의 차감조정항목					

영업비용발생액(營業費用發生額, accruals for operating expense)과 관련한 자산과 부채는 그 발생액과 직접관련이 있는 항목과 간접관련이 있는 항목으로 구분된다. 영업비용발생액과 직접관련 있는 자산과 부채에는 재고자산, 선급금, 선급비용, 그리고 매입채무, 미지급비용, 충당부채 등이 있다. 직접관련자산부채 장부금액의 증감은 영업비용발생액 산정에 포함한다. 즉 직접관련자산(直接關聯資産)의 증가는 영업비용발생액을 감소(減少)시키고, 직접관련부채(直接關聯負債)의 증가는 영업비용발생액을 증가(增加)시킨다. 따라서 직접관련자산부채의 장부금액을 증감시키는 수익과 비용 중 영업비용이 아닌 항목은 영업비용발생액에서 각각 가산조정과 차감조정해야 한다. 여기에 해당하는 수익과 비용에는 비정상적 재고자산감모손실, 그리고 매입채무에 발생한 외환차손익, 외화환산손익, 채무면제익, 장기매입채무의 할인상각액으로 인식하는 이자비용 등이 있다.

[재고자산 손상] 상품보관 중 60원의 손상 발생. 이중 40원은 비정상적					
차)	매출원가	20	대)	상품	60
	재고자산감모손실	40			

영업비용발생액과 간접적으로 관련되어 있는 자산에는 유형자산, 무형자산, 매

출채권 등이 있다. 간접관련자산(間接關聯資産) 중 유형자산과 무형자산의 변동은 투자활동과 관련 있고, 매출채권의 변동은 영업활동에 의한 현금유입과 관련 있다. 따라서 이들 자산의 장부금액에 영향을 미치는 감가상각비와 상각비, 그리고 대손상각비는 영업비용이지만 영업비용발생액에서 가산조정해야 한다. 간접관련자산 장부금액의 증감은 영업비용발생액 산정에 포함하지 않기 때문이다.

> 영업비용발생액 = 직접관련부채 장부금액 증가 − 직접관련자산 장부금액 증가 − 직접관련자산부채의 비용인 비영업비용 + 직접관련자산부채의 수익인 비영업비용 + 간접관련자산부채의 영업비용

공급처와 종업원에게 지급한 현금의 용도는 여러 가지로 세분류할 수 있다. 여기서는 제조활동에 사용된 현금, 판매관리활동에 사용된 현금으로 세분류하는 방법을 설명한다. 영업비용발생액 개념을 응용하면 쉽게 해결할 수 있다.

(1) 제조활동에 사용된 현금

발생기준에서 제조활동에 사용된 현금에 대응하는 것은 매출원가이다. 따라서 매출원가발생액(賣出原價發生額, accruals for cost of goods sold)을 구하면 된다. 영업비용발생액 개념을 응용하면 쉽게 계산된다.

- 매출원가발생액 직접관련부채: 매입채무, 미지급비용
- 매출원가발생액 직접관련자산: 재고자산, 선급금, 선급비용
- 비용인 비매출원가(非賣出原價): 비정상적인 재고자산감모손실, 외화환산손실, 외환차손
- 수익인 비매출원가: 외화환산이익, 외환차익
- 간접관련자산부채의 매출원가: 감가상각비, 특허권상각비 등 제조원가로 분류하는 항목

> 제조활동에 사용된 현금=매출원가 − 매출원가발생액

예제 6-3 매출원가발생액

다음 자료를 이용하여 제조활동에 사용된 현금을 계산하라.

구분	재료(원)	재공품(원)	제품(원)	선급금(원)	매입채무(원)
기초	40	30	300	18	33
기말	60	50	200	20	44

매출원가 900원, 재고자산감모손실 50원(이중 15원은 비정상적), 외화환산이익 16원(이중 7원이 매입채무에서 발생), 감가상각비 60원(이중 제조부문 발생액 55원)

풀이

매출원가발생액: (44-33)-(60-40)-(50-30)-(200-300)-(20-18)-15+7+55=102원

제조활동에 사용된 현금: 900-102=798원

(2) 판매및관리활동에 사용된 현금

발생기준에서 판매관리활동에 사용된 현금에 대응하는 것은 판매비와 관리비이다. 따라서 판매및관리비발생액을 구하면 된다.

- 판매및관리비발생액 직접관련부채: 미지급비용
- 판매및관리비발생액 직접관련자산: 선급비용
- 직접관련자산부채 장부금액에 영향을 미치는 비용 중 판매비와 관리비가 아닌 것.
- 직접관련자산부채 장부금액에 영향을 미치는 수익 중 판매비와 관리비가 아닌 것.
- 간접관련자산부채의 판매비와 관리비: 대손상각비, 감가상각비, 무형자산상각비 등

판매및관리활동에 사용된 현금 = 판매비와 관리비 − 판매및관리비발생액

예제 6-4 판매및관리비발생액

판매와 관리활동에 사용된 현금을 계산하라.

구분	미지급비용(원)		선급비용(원)	
	영업부	제조부	영업부	제조부
기초	200	300	120	400
기말	100	220	80	330

급여 700원(영업부 300원), 임차비용 70원(영업부 50원), 광고선전비 90원, 대손상각비 30원, 감가상각비 660원(영업부 240원), 수도광열비 77원(영업부 55원)

풀이

판매비와 관리비: 300+50+90+30+240+55=765원

판매및관리비발생액: (100-200)-(80-120)+30+240+55=265원

판매와 관리활동에서 사용된 현금: 765-265=500(원)

예제 6-5 직접법 종합

다음은 ㈜세이의 21년도 재무제표의 일부 자료이다.

재무상태표	기초	기말		기초	기말
매출채권	250	200	미지급급여	20	50
재고자산	200	100	주식선택권	120	140
매입채무	150	130			

손익계산서			
매출액	3,000	매출원가	1,200
급여	400	전기오류수정이익	60
외화환산이익	20(매출채권에서 발생)		
외화환산손실	10(매입채무에서 발생)		

전기오류수정이익은 전기분 매출 ₩60을 당기매출로 계상한 오류로 인하여 발생하였고, 당기에 부여한 주식매수선택권과 관련한 주식보상비용은 급여에 포함되어 있다. 이상의 자료에 근거할 때 매출활동 관련 현금흐름, 매입활동 관련 현금흐름, 종업원에 대한 현금흐름은?

풀이

매출액			3,000
매출액 발생액	매출채권 감소	(50)	
	외화환산이익	(20)	
	전기오류수정이익	(60)	130
매출활동관련 현금유입			₩3,130
매출원가			1,200
매출원가 발생액	재고자산 감소	100	
	매입채무 감소	(20)	
	외화환산손실	(10)	(70)
매입활동 관련 현금유출			₩1,130
급여			400
급여 발생액	미지급급여 증가	30	
	주식선택권 증가	20	(50)
종업원 관련 현금유출			₩350

나) 법인세납부

발생기준에서 법인세납부액(法人稅納付額에, income taxes paid)에 대응되는 것은 법인세비용이다. 법인세비용발생액(accruals for income tax expense) 산정에 필요한 항목은 다음과 같다.

- 법인세비용발생액 직접관련부채: 이연법인세부채, 미지급법인세

• 법인세비용발생액 직접관련자산: 이연법인세자산, 선급법인세

따라서

> 법인세발생액 = 이연법인세부채 증가+미지급법인세 증가−(이연법인세자산 증가+선급법인세 증가)
> 법인세납부액 = 법인세비용−법인세발생액

다) 이자지급

현금기준의 이자지급(利子支給, interest paid)은 발생기준의 이자비용과 대응된다. 이자비용발생액(利子費用發生額, accruals for interest expense) 산정에 필요한 항목은 다음과 같다.

• 이자비용발생액의 직접관련부채: 미지급비용
• 이자비용발생액의 직접관련자산: 선급비용
• 간접관련자산부채의 이자비용: 금융부채의 할인상각액

> 이자지출액 = 이자비용 − 이자비용발생액

지금까지 설명한 수익과 비용 유형별 발생액 구성요소는 [표 6-10]과 같다.

[표 6-10] 수익과 비용 발생액 구성요소

발생액 유형	직접관련자산	직접관련부채	가산조정*	차감조정*	간접관련 자산부채**
매출수익	매출채권 (대손충당금)	선수금	대손충당금환입 할인액상각 외화환산이익 외환차익	대손상각비 외화환산손실 외환차손	
이자수익	미수수익 (대손충당금)	선수수익	대손충당금환입	대손상각비	할인액상각
배당수익	미수배당금				
영업비용	재고자산 선급금 선급비용	매입채무 미지급비용 충당부채	재고자산감모손실 외화환산손실 외환차손 채무면제이익 할인액상각	외화환산이익 외환차익	감가상각비 상각비 대손상각비
이자비용	선급비용	미지급비용			할인액상각
법인세 비용	이연법인세자산 선급법인세	이연법인세부채 미지급법인세			

* 해당 수익과비용 발생액 직접관련자산부채의 장부금액에 영향을 미치는 수익과 비용에 한함
**해당 수익과비용 발생액 직접관련자산부채가 아닌 자산부채

[표 6-11] 영업현금흐름의 표시 예: 직접법

영업활동현금흐름			200
	고객으로부터 유입된 현금	680	
	공급처와 종업원에게 지급한 현금	(330)	
	법인세 납부액	(130)	
	기타 현금 유입액	10	
	기타 현금 유출액	(30)	

나. 간접법

1) 기본원리

간접법(間接法, indirect or reconciliation method)은 당기순이익을 조정하여 영업활동현금흐름을 산출하는 과정을 현금흐름표에 표시하는 방법이다. 간접법을 적용하기 위해서는 먼저 손익계산서의 당기순이익에 포함되어 있는 투자활동손익과 재무활동손익을 가감하여 영업활동손익을 집계하고, 영업활동손익을 현금기준으로 조정하여야 한다[2].

[표 6-11]에 표시되어 있는 영업활동이익(營業活動利益, earnings from operating activities)은 K-GAAP에서 말하는 영업이익(營業利益, operating income)과 다르다. 일반적으로 영업이익은 주된 영업활동에서 발생되는 수익과 비용으로 산정되지만, 영업활동이익은 주된 영업활동뿐만 아니라 부수적 영업활동에서 발생되는 수익과 비용을 모두 포함하여 산정된 것이다.

[표 6-12] 당기순이익과 영업현금흐름의 관계

당기순이익	=	수익	−	비용
		(차감) 투자활동수익		(차감) 투자활동비용
		(차감) 재무활동수익		(차감) 재무활동비용
영업활동이익	=	영업활동수익	−	영업활동비용
		(차감) 영업활동수익발생액		(차감) 영업활동비용발생액
영업활동현금흐름	=	영업활동현금유입액	−	영업활동현금유출액

2. 발생기준을 현금기준으로 수정하는 기본논리는 직접법에서의 간접분류법과 동일하다. 간접법에서는 이익을 현금흐름으로 조정하지만, 직접법에서는 이익의 구성요소인 수익과 비용을 각각 현금흐름으로 조정하는 데 차이가 있을 뿐이다.

[표 6-12]을 발생액(發生額, accruals) 개념을 도입하여 정리하면 다음과 같다.

영업활동현금흐름 = (당기)순이익 − (당기)순이익발생액
이익발생액 = (투자활동수익 − 투자활동비용) + (재무활동수익 − 재무활동비용) + 영업활동이익발생액
영업활동이익발생액 = 영업활동수익발생액 − 영업활동비용발생액

직접법에서 설명한 이자수익발생액 개념을 응용하면, 영업활동수익발생액은 다음과 같다. 발생액을 계산할 때 자산부채는 장부금액을 의미하지만, 표기의 단순화를 위해 '장부금액'을 생략했다.

영업활동수익발생액 = 직접관련자산 증가−직접관련부채 증가−직접관련자산부채의(수익인)
비영업활동수익+직접관련자산부채의 비용인 비영업활동수익+(영업활동비용
발생액 직접관련자산부채의 영업활동수익+비영업활동자산부채의 영업활동수익)

직접법에서 설명한 것과 차이는 '영업활동수익발생액 간접관련자산부채'를 '영업활동비용발생액 직접관련자산부채'와 비영업활동자산부채(非營業活動資産負債)로 분리한 것이다. 그리고 '직접관련자산부채의 비용인 비영업활동수익'은 '영업활동수익발생액 직접관련자산부채의 영업활동비용'과 동일하다. 당기순이익에서 투자활동과 재무활동에서 발생한 손익을 제거한 것이 영업활동이익이다. 즉 '영업활동이익=영업활동수익-영업활동비용'이다. 따라서 비영업활동수익은 영업활동비용을 의미한다.

영업활동비용발생액도 비용발생액 개념을 응용하여 표현할 수 있다. 여기서도 '영업활동비용발생액 간접관련자산부채'를 '영업활동수익발생액 직접관련자산부채'와 비영업활동자산부채로 분리하였다. 그리고 '영업활동비용발생액 직접관련자산부채의 수익인 비영업활동비용'은 '영업활동비용발생액 직접관련자산부채의 영업활동수익'과 동일하다.

영업활동비용발생액 = 직접관련부채 증가− 직접관련자산 증가−직접관련자산부채의 (비용인)
비영업활동비용+직접관련자산부채의 수익인 비영업활동비용+(영업활동수익
발생액 직접관련자산부채의 영업활동비용+비영업활동자산부채의 영업활동비용)

영업활동수익발생액에서 영업활동비용발생액을 차감한 영업활동이익발생액(營業活動利益發生額)은 다음과 같다. 여기서는 영업활동의 수익발생액과 비용발생액에 공통적으로 포함된 항목을 상계하고, 영업활동의 수익발생액과 비용발생액에 직접 관련 있는 자산부채를 영업활동자산부채(營業活動資産負債)로 정의하고 정리하였다.

> 영업활동이익발생액 = 영업활동자산 증가-영업활동부채 증가+(비영업활동자산부채의 영업활동수익-비영업활동자산부채의 영업활동비용)+(영업활동자산부채의 비영업활동비용-영업활동자산부채의 비영업활동수익)

가) 영업현금흐름 산출단계

영업활동이익은 당기순이익에서 비영업활동(非營業活動, non-operating activities)인 투자활동과 재무활동에서 발생한 수익과 비용을 제외한 이익이다. 국제회계기준에 준거한 비영업활동손익은 [표 6-6]에 있다.

> 영업활동이익 = 당기순이익 − 비영업활동수익 + 비영업활동비용
> 비영업활동수익 = 투자활동수익 + 재무활동수익
> 비영업활동비용 = 투자활동비용 + 재무활동비용

따라서 간접법은 당기순이익에서 비영업활동수익과 비용을 조정한 후 영업활동이익발생액을 차감하여 영업현금흐름을 계산한다. 간접법에서 영업현금흐름을 산출하는 과정을 단계별로 나누면 다음과 같다.

1단계: 당기순이익에서 시작
2단계: 비영업활동수익 차감, 비영업활동비용 가산
3단계: 영업활동이익발생액 차감

[표 6-13] 영업현금흐름의 표시 예(간접법): 이자와 배당을 비영업활동으로 분류

영업활동현금흐름				200
당기순이익			(20)	
차감	이자수익	110		
	배당수익	210		
	유형자산처분이익	310		

	사채상환이익	410	(1,040)
가산	이자비용	580	
	투자자산처분손실	680	1,260
차감: 영업활동이익발생액			(100)

나) 순이익발생액과 영업활동이익발생액

순이익발생액(純利益發生額, accruals for profit)은 비영업활동수익과 영업활동이익발생액에 의해 증가하고, 비영업활동비용에 의해 감소된다. (당기)순이익에서 순이익발생액을 차감하면 영업현금흐름이 산출된다.

> 순이익 = 영업활동현금흐름+순이익발생액
> 순이익발생액 = 비영업활동수익−비영업활동비용+{영업활동자산 증가−영업활동부채 증가+
> (영업활동자산부채의 비영업활동비용−영업활동자산부채의 비영업활동수익)+
> (비영업활동자산부채의 영업활동수익−비영업활동자산부채의 영업활동비용)}

영업활동이익발생액 계산을 단계별로 구분하면 다음과 같다.

- 1단계: 영업활동자산부채 장부금액 변동액 반영
  - 1-1 영업활동자산 장부금액 증가로 이익발생액은 증가
  - 1-2 영업활동부채 장부금액 증가로 이익발생액은 감소
- 2단계: 영업활동자산부채 장부금액 변동액 조정
  - 2-1 영업활동자산부채 장부금액 변동으로 인한 비영업활동비용을 가산조정
  - 2-2 영업활동자산부채 장부금액 변동으로 인한 비영업활동수익을 차감조정
- 3단계: 비영업활동자산부채 장부금액 변동으로 인한 영업활동손익 가감
  - 3-1 비영업활동자산부채 장부금액 변동으로 인한 영업활동수익으로 이익발생액은 증가
  - 3-2 비영업활동자산부채 장부금액 변동으로 인한 영업활동비용으로 이익발생액은 감소

2) 순이익발생액과 영업활동자산부채

영업활동자산부채는 발생기준에서 영업활동 수익과 비용을 인식하기 위해 사용하는 자산부채 계정이다. 영업활동자산부채(營業活動資産負債)는 직접법에서 설명한

영업활동수익발생액이나 영업활동비용발생액의 직접관련자산부채([표 6-9] 참조)를 의미한다. 영업활동자산에는 매출채권과 대손충당금, 미수수익과 대손충당금, 미수배당금, 재고자산, 선급금, 선급비용, 이연법인세자산, 선급법인세 등이 있고, 영업활동부채에는 선수금, 선수수익, 매입채무, 미지급비용, 충당부채, 미지급비용, 이연법인세부채, 미지급법인세 등이 있다. 영업활동이익발생액은 영업활동자산 장부금액의 증가와 영업활동부채 장부금액의 감소로 인해 증가한다.

- 영업활동자산부채의 비현금손익(營業活動資産負債의 非現金損益): 영업활동의 수익발생액과 비용발생액에 모두 포함되어 있어 상계되는 항목은 '영업활동비용발생액 직접관련자산부채의 영업활동수익'과 '영업활동수익발생액 직접관련자산부채의 영업활동비용'이다. 이들은 영업활동자산부채의 변동에 기인하는 영업활동수익과 영업활동비용으로서 현금의 유입과 유출을 수반하지 않는다는 공통점을 가지고 있다.

[매입채무의 비현금영업활동수익] 외화외상매입금 $10, 12,000원, 기말 환율 1,000원					
차)	매입채무	2,000	대)	외화환산이익	2,000

[매출채권의 비현금영업활동비용] 기말 외상매출금에 대한 대손추정액 100원, 대손충당금 잔액 30원					
차)	대손상각비	70	대)	대손충당금	70

이와 같이 현금의 유입이나 유출 없이 영업활동자산부채의 장부금액만 변동시키는 수익과 비용을 영업활동자산부채의 비현금손익(非現金損益, non-cash revenue and expense)이라 한다. 영업활동자산부채의 비현금손익은 수익이나 비용에 의해서 이익이 증감되면서 동시에 영업활동자산부채의 장부금액이 증감되므로 현금흐름은 변하지 않는다. 따라서 영업활동자산부채의 비현금손익은 영업활동이익발생액에 포함시키지 않아야 한다. 영업활동이익발생액에는 이미 영업활동자산부채 장부금액의 증감이 포함되어 있기 때문이다.

[퇴직급여충당부채의 비현금영업활동비용] 확정급여퇴직금제도에서 인식할 당기근무원가 500원					
차)	퇴직급여	500	대)	퇴직급여충당부채	2,000

[매출채권의 비현금영업활동수익] 기말 외상매출금에 대한 대손추정액 100원, 대손충당금 잔액 130원					
차)	대손충당금	30	대)	대손충당금환입	30

[표 6-13]은 영업활동자산부채의 비현금손익을 예시하고 있다. 영업활동자산부채의 비현금손익은 순이익발생액을 계산할 때 고려할 필요가 없다.

[표 6-14] 영업활동자산부채의 비현금손익

대손상각비*	외화환산손익*	할인상각인 이자수익**
대손충당금환입액*	외환차손익*	할인상각인 이자비용**
재고자산평가손실	채무면제이익*	
매출채권양도손실	자산수증이익*	
퇴직급여	전기오류수정손익*	

* 영업활동자산부채에서 발생한 것에 한함.

** 이자수입과 이자지급을 영업현금흐름으로 분류하는 경우 영업활동자산부채의 현재가치할인차금 상각액을 의미

예제 6-6 영업활동자산의 비현금영업활동손익

다음은 어느 노점상의 발생기준에 의한 기록에서 얻은 자료이다. 직접법과 간접법으로 영업현금흐름을 계산하라.

> 매출채권증가액 30원, 대손충당금증가액 15원, 재고자산증가액 30원, 매입채무증가액 140원, 매출액 600원, 매출원가 300원, 대손상각비 11원

풀이

매출수익발생액: 30-15+11=26원 ∴고객에게 받은 현금: 500-26=574원

매출원가발생액: -30+140=110원 ∴매입으로 지급한 현금: 300-11=190원

당기순이익: 600-300-11=289원, 순이익발생액: 15+30-140=-95원

직접법		간접법	
고객에게 받은 현금	574	당기순이익	289
매입으로 지급한 현금	(190)	매출채권증가액	(15)
영업활동현금흐름	384	재고자산증가액	(30)
		매입채무증가액	140
		영업활동현금흐름	384

3) 영업활동자산부채의 비영업활동손익

가) 영업활동손익

영업활동자산부채의 장부금액의 변동으로 발생하는 비영업활동손익의 구성요

소는 영업활동손익의 정의와 관련 있다. 먼저 영업활동손익 개념을 설명하고, 이어서 영업활동자산부채의 비영업활동손익이 순이익발생액에 미치는 영향을 살펴보기로 한다.

영업활동손익의 정의는 크게 둘로 분류할 수 있다.

- 당기업적주의 관점: 주된 영업활동수익과 이 수익과 대응되는 정상적 비용
- 포괄주의 관점: 영업활동에서 발생하는 수익과 비용

국제회계기준을 전면 도입하기 전에 K-GAAP은 당기업주의 관점에서 영업활동손익을 정의하였다. 그러나 국제회계기준은 순이익에 대해 포괄주의를 지지한다. 포괄주의 관점의 문제는 영업활동을 어떻게 정의할 것이냐 이다. 국제회계기준은 다음과 같이 투자활동과 재무활동을 정의하고, 여기에 해당하지 않는 것은 영업활동으로 정의한다.

- 투자활동: 장기성 자산 및 현금성자산에 속하지 않는 기타 투자자산의 취득과 처분
- 재무활동: 기업의 납입자본과 차입금의 크기 및 구성내용에 변동을 가져오는 활동

이러한 정의에 의하면, 투자활동의 결과로 보유하고 있는 자산과 재무활동의 결과로 보유하고 있는 부채에서 발생하는 손익은 영업활동손익이 된다. 예를 들어 유형자산의 감가상각비와 손상차손, 투자금융자산의 배당수익이나 이자수익 및 평가손익, 금융부채의 이자비용과 평가손익은 영업활동손익이 된다. 이에 대해 많은 이해관계자들이 강한 의문을 제기하고 있다.

- 배당수익이나 이자수익은 투자활동수익이 아닌가?
- 이자비용은 재무활동비용이 아닌가?
- 재해로 인해 자산의 손상손실도 영업활동비용인가?

이 때문에 국제회계기준위원회는 포괄손익계산서에서 영업이익의 구분표시를 요구하지 않고, 영업이익의 보고를 기업의 자율에 맡기고 있다. 이로 인해 국제회계기준을 적용하는 기업은 각기 다른 기준으로 영업이익을 산정하여 보고하게 되었고, 이로 인해 재무제표이용자들은 큰 혼란을 겪게 되었다.

나) 영업현금흐름에 미치는 영향

순이익발생액에 반영한 영업활동자산부채 장부금액의 변동은 조정이 필요하다. 영업활동자산부채 장부금액의 변동이지만, 투자활동이나 재무활동 수익과 비용으로 인식하는 손익이 있을 수 있기 때문이다. 이러한 손익이 영업활동자산부채의 비영업활동손익(非營業活動損益)이다. 이 손익은 두 가지로 구분할 수 있다.

- 영업활동수익발생액 직접관련자산부채 장부금액에 영향을 미치는 비영업활동수익: 차감조정
- 영업활동비용발생액 직접관련자산부채 장부금액에 영향을 미치는 비영업활동비용: 가산조정

영업활동자산부채의 비영업활동손익은 영업활동손익의 정의로 인해 발생한다. 이자수익을 투자활동수익으로 분류하는 경우, 장기매출채권의 할인상각에 의한 이자수익은 영업활동자산부채의 비영업활동수익이므로 영업활동이익발생액에서 차감조정된다. 이자비용을 재무활동비용으로 분류하는 경우에 장기매입채무의 할인상각에 의한 이자비용은 영업활동자산부채의 비영업활동비용비용이므로 가산조정된다. 재고자산의 비정상적 감모손실을 영업활동비용으로 분류하지 않는 경우도 마찬가지다. 비정상적 감모손실을 가산조정해야 한다.

[매출채권의 비영업활동수익] (주)한철은 이자수익을 투자활동수익으로 분류한다. 장기외상매출금 1,000원의 기초 장부금액은 900원. 유효이자율 5%			
차) 현재가치할인차금	45	대) 이자수익	45

영업활동자산부채의 비영업활동손익의 특징은 다음과 같다.

- 영업활동자산부채의 장부금액에만 영향을 미치는 비현금손익(非現金損益, non-cash revenue and expense)이다.
- 영업활동손익을 광의로 정의하면, 존재하지 않는다.

4) 비영업활동자산부채의 영업활동손익

비영업활동자산부채의 장부금액에 영향을 미치는 영업활동손익도 영업활동손익의 정의와 관련 있다. 이 손익을 유형별로 구분하면 다음과 같다.

- 비영업활동자산부채 장부금액 변동으로 인한 영업활동수익으로 순이익발생액은 증가
- 비영업활동자산부채 장부금액 변동으로 인한 영업활동비용으로 순이익발생액은 감소

영업활동손익을 광의로 정의하고, 비영업활동자산부채의 영업활동손익의 예를 살펴보면 다음과 같다.

- 비영업활동자산부채의 영업활동수익: 유무형자산 및 투자자산의 손상차손환입, 채무상품금융자산의 할인상각에 의한 이자수익, 지분법이익, 기타대손충당금환입

[건물의 영업활동수익] 원가 1,500원인 건물의 감가상각누계액 300원, 손상차손누계액 200원. 회수가능액 250원			
차) 손상차손누계액	200	대) 손상차손환입	200

- 비영업활동자산부채의 영업활동비용: 감가상각비, 무형자산의 상각비, 유무형자산 및 투자자산의 손상차손, 채무상품금융부채의 할인상각에 의한 이자비용, 지분법손실, 기타대손상각비

[표 6-15] 이익발생액 구성요소와 계정과목의 관계

영업활동자산	투자활동손익	비영업활동자산부채의 영업활동손익
매출채권(대손충당금)	유형자산처분손익	감가상각비
재고자산(평가손실누계액)	무형자산처분손익	무형자산상각비
선급금	투자자산처분손익	기타대손상각비
선급비용	보험차손익	기타대손충당금환입액
미수수익(대손충당금)		지분법손익
이연법인세자산		단기매매증권평가손익
		외화환산손익*
영업활동부채	**재무활동손익**	손상손실*
매입채무	사채상환손익	손상손실환입액*
선수금	외환차손익*	자산수증이익*
선수수익		채무면제이익*
미지급비용		전기오류수정손익*

미지급법인세		재해손실*
이연법인세부채		이자비용**
퇴직급여부채		이자수익**

기업활동 유형에 대한 국제회계기준의 정의를 엄격히 적용.
* 비영업활동자산부채에서 발생한 것에 한함.
** 비영업활동자산부채의 현재가치할인차금 상각에서 발생한 것에 한함.

비영업활동자산부채의 영업활동손익의 특성은 다음과 같다.

- 비영업활동자산부채의 장부금액에만 영향을 미치는 비현금손익(非現金損益, non-cash revenue and expense)이다.
- 영업활동손익을 협의로 정의하면, 존재하지 않는다. 당기업적주의 관점에서 영업활동손익을 정의하는 경우에는 감가상각비와 무형자산의 상각비를 영업활동비용으로 분류한다.
- 영업활동자산부채의 비영업활동손익의 범위와 반비례한다.

예제 6-7 순이익발생액에 영향을 미치는 비현금손익

배관제조업에 종사하는 (주)성광의 비현금손익에 관한 자료이다. 영업활동자산부채의 비영업활동 수익과 비용, 그리고 비영업활동자산부채의 영업활동 수익과 비용을 각각 계산하라. (주)성광은 국제회계기준에 따라 기업활동을 정의하고, 이자비용은 재무활동, 이자수익은 투자활동으로 분류한다.

-매출채권의 대손상각비 10원, 외화환산이익 30원, 할인상각액 50원
-매입채무의 할인상각액 60원, 외환차익 70원
-재고자산의 평가손실 20원,
-대여금의 대손상각비 40원, 이자수익 35원
-차입금의 채무면제익 80원, 할인상각액 25원
-건물의 감가상각비 90원, 손상차손환입 15원

풀이

영업활동자산부채의 비영업활동수익 50원, 영업활동자산부채의 비영업활동비용 60원
비영업활동자산부채의 영업활동수익 80+15=95원
비영업활동자산부채의 영업활동비용 40+90=130원

예제 6-8 순이익발생액과 영업현금흐름

(주)성광의 자료로 영업활동현금흐름을 계산하라. (주)성광은 국제회계기준의 투자활동과 재무활동의 정의에 부합하지 않는 거래의 손익은 영업활동손익으로 분류한다.

재무상태표 일부	기초	기말	손익계산서 일부		
매출채권	9,000	10,000	당기순이익	5,600	
대손충당금	700	950	대손상각비	500	
재고자산	6,000	7,500	기타대손상각비	200	
재고자산평가충당금	550	600	재고자산평가손실	50	
			재고자산감모손실	1,000	*
*비정상적인 금액 600원			단기매매증권평가손실	90	
			단기매매증권처분이익	150	

풀이

당기순이익			5,600
이익발생액			
투자활동손익	단기매매증권처분이익	150	
비영업활동자산의 영업활동손익	기타대손상각비	(200)	
	단기매매증권평가손실	(90)	
영업활동자산의 변동	매출채권 증가*	750	
	재고자산 증가**	1,450	(2,060)
영업활동현금유입액			3,540

*(10,000−950)−(9,000−700) **(7,500−600)−(6,000−550)

예제 6-9 투자현금흐름

동명(주)는 거래처의 영업활동현금흐름분석을 위해 아래의 자료를 입수하였다. 직접법과 간접법으로 영업활동현금흐름을 분석하라. 동명(주)는 이자를 영업활동으로 분류하고, 비정상적 원가는 손익계산서에서 영업외비용으로 분류한다.

재무상태표	12기	11기	손익계산서	12기
매출채권	1,000	800	매출액	2,000
(대손충당금)	(100)	(80)	매출원가	(1,000)
선급금	55	77	급여	(500)
선급비용	66	88	감가상각비	(100)
미수수익	44	99	대손상각비	(50)
재고자산	550	440	임차비용	(90)
매입채무	660	770	보험비용	(80)
선수금	110	220	임대수익	40
선수수익	770	330	이자수익	60
미지급법인세	99	88	지분법이익	150
			기타대손상각비	(10)
			유형자산처분손실	(200)
			재해손실	(50)
주1) 이자에 대한 미수수익: 12기 33원, 11기 66원			법인세비용	(30)
주2) 재해손실 중 22원은 상품, 나머지는 건물에서 발생			당기순이익	140

[풀이]

❶ 직접법

•매출수익발생액: {(1,000-100)-(800-80)}-(110-220)+50=340원

∴고객에게 받은 현금: 2,000 - 340 = 1,660원

•이자수익발생액: 33-66=-33원 ∴이자로 받은 현금: 60-(-33)=93원

•기타수익발생액: {(44-33)-(99-66)}-(770-330)+150=-312원

∴기타 현금유입액: (40 + 150) -(-312) = 502원

•매출원가발생액: -(55-77)-(550-440)+(660-770)-22=-220원

∴매입에 사용한 현금: 1,000 - (-220) = 1,220원

•판매및관리비발생액: -(66-88)+100+50=172원

∴판매와 관리활동에 사용한 현금: (500 + 100 + 50 + 90 + 80) - 172 = 648원

•법인세비용발생액: 99-88=11원 ∴30-11=19원

❷ 간접법: 순이익발생액의 구성요소

영업활동자산 증가=(1,000-800)-(100-80)+(55-77)+(66-88)+(44-99)+(550-440)=191원

영업활동부채 증가=(660-770)+(110-220)+(770-330)+(99-88)=231원

투자 및 재무활동손익= -200원

비영업활동자산의 영업활동손익= 150-10-(50-22)-100=12원

직접법		간접법	
고객에게 받은 현금	1,660	당기순이익	140
매입에 사용한 현금	-1,220	투자 및 재무활동손익	200
판매및관리활동에 사용한 현금	-648	비영업활동자산의 영업활동비용	-12
이자수입	93	영업활동자산 증가	-191
법인세 납부액	-19	영업활동부채 증가	231
기타 현금유입	502		
	368		368

4. 투자활동현금흐름의 산출

투자활동에 의한 현금의 유입과 유출은 각각 비영업활동자산의 처분과 취득과 관련된다. 비영업활동자산은 영업활동자산이 아닌 모든 자산이다. 비영업활동자산에는 투자주식, 투자사채, 현금및현금성자산이 아닌 예적금, 대여금, 유형자산, 무형자산, 투자부동산 등이 포함된다.

공정가치로 측정하는 자산의 장부금액은 취득과 평가이익에 의해 증가하고, 처분과 평가손실에 의해 감소된다. 일반적으로 투자주식은 공정가치로 측정된다.

기초 장부금액 + 취득액 + 평가이익 = 처분장부금액 + 평가손실 + 기말 장부금액

현금거래에서 취득액은 투자활동에서 유출된 현금을 의미한다. 주의할 것은 처분장부금액이다. 처분장부금액은 투자활동에서 유입된 현금이 아니다. 처분에 의한 현금유입액을 계산하려면, 처분장부금액에 처분이익과 손실을 각각 가감해야 한다.

처분에 의한 현금유입액 = 처분장부금액 + 처분이익 − 처분손실

상각후원가로 측정하는 유형자산의 장부금액은 취득에 의해 증가하고, 처분과 감가상각비 등에 의해 감소된다.

기초 장부금액 + 취득액 = 처분장부금액 + 감가상각비 + 손상차손 + 기말 장부금액

예제 6-10 투자현금흐름

(주)동명이 당기에 처분한 단기투자자산과 건물의 장부금액은 각각 200원과 80원이다. 투자활동에 의한 현금유입액과 유출액을 계산하라.

자산	기초	기말
단기투자자산	500	600
건물	1,520	3,200
감가상각누계액	200	920

당기 손익	
단기투자자산처분이익	40
단기투자자산평가손실	30
감가상각비	1,120
건물처분손실	10

풀이

단기투자자산			
기초	500	기말	600
취득	330	평가손실	30
		처분장부가액	200
	830		830

건물(순액)			
기초	1,320	기말	2,280
취득	2,160	감가상각비	1,120
		처분장부가액	80
	3,480		3,480

❶ 투자활동에 의한 현금유입액

단기투자자산 처분: 200+40=240원, 건물 처분: 80−10=70원

❷ 투자활동에 의한 현금유출액

단기투자자산 취득: (200+30+600)−500=330원,

건물 취득: (3,200−920)+1,120+80−(1,520−200)=2,160원

5. 재무활동현금흐름의 산출

재무활동에 의한 현금흐름은 차입채무와 자본에 의한 자금의 조달과 상환에 의한 것이다. 국제회계기준은 이자지급과 배당지급에 관한 현금흐름의 분류는 경영자에게 일임한다. 즉 이자지급과 배당지급은 재무활동이나 영업활동 현금흐름으로 분류할 수 있다. 예를 들어 이자와 차입금을 함께 상환하는 경우, 원금상환은 재무활동으로 분류하지만, 이자지급은 영업활동으로 분류할 수 있다. 하나의 거래에는 서로 다른 활동으로 분류되는 현금흐름이 포함될 수 있다.

일반적으로 차입채무는 상각후원가로 측정한다. 따라서 차입채무의 장부금액은 차입과 할인액상각에 의한 이자비용 및 외화환산손실로 인해 증가하고 상환에 의해 감소한다.

> 기말 장부금액 + 상환장부금액 = 기초 장부금액+ 만기금액에 가산되는 이자비용 + 외화환산손실 + 차입액
> 재무활동현금유출액 = 상환장부금액 + 상환이익 + 외환차익

[차입금의 장부금액] 3년 후 만기인 약속어음(액면금액 1,000원, 표면이자율 3%)을 발행하고 현금을 차입.
3년 후 1,000원의 현재가치는 800원, 기간 3년인 연금 30원의 현재가치는 70원

차)	현금	870	대)	차입금	1,000
	현재가치할인차금	130			

[사채의 장부금액] 액면 1,000원(만기 3년 후, 표면이자율 3%)의 사채를 870원에 발행

차)	현금	870	대)	사채	1,000
	사채할인발행차금	130			

유의할 것은 차입액은 재무활동에 의한 현금유입액이지만, 상환장부금액은 현금유입액이 아니라는 점이다. 재무활동에 의한 현금유입액을 산정하기 위해서는 상환한 차입채무의 장부금액에서 상환과 관련한 이익은 차감하고 손실을 가산해야 한다.

[예제 6-11] 재무현금흐름

(주)성광은 이자를 영업활동으로 분류한다. (주)성광의 21년도 사채와 관련한 계정의 잔액(금액단위: 원)은 다음과 같다.

계정과목	기초	기말	증감
사채	4,000	5,000	1,000
사채할인발행차금	200	700	500
장부금액	3,800	4,300	

[풀이]

21년에 상각한 사채할인발행차금은 ₩100, 이자비용은 ₩150이다. 21년 말에 액면금액 ₩1,000의 사채를 발행하여 현금을 조달했다. 현금흐름표에 어떻게 표시되는가?

기말	4,300	기초	3,800
		할인차금 상각액	100
		발행금액	400
	4,300		4,300

이익발생액 : -100. ∴영업현금흐름 구분에서 당기순이익에 100원 가산

재무현금흐름 증가 400원

연습문제

1. 다음 중 현금흐름표를 작성하는 목적으로 가장 옳은 것은?

   ① 일정 시점에서 기업실체의 재무상태 즉, 자산, 부채, 자본의 변동에 관한 정보를 제공하기 위하여
   ② 일정 기간 동안 기업실체의 경영성과 즉, 수익과 비용에 관한 정보를 제공하기 위하여
   ③ 일정 기간 동안 기업실체의 영업활동, 재무활동 및 투자활동으로부터 유입된 현금과 유출된 현금의 현황에 관한 정보를 제공하기 위하여
   ④ 일정 기간 동안 기업실체와 관련된 현금의 수입과 지출에 관한 정보를 제공하기 위하여
   ⑤ 일정 기간 동안 기업실체와 관련된 지분변동에 관한 정보를 제공하기 위하여

2. 기업회계기준에서 규정하고 있는 현금흐름표의 내용 중 옳은 것은?

   ① 현금흐름표 작성시 기준이 되는 현금에는 회사의 모든 예금이 포함된다.
   ② 현금흐름표는 간접법으로 작성하는 것이 원칙이나 특별한 경우에는 직접법으로도 작성할 수 있다.
   ③ 현금의 유출과 유입을 수반하지 않는 모든 거래는 현금흐름표에 표시하지 않고 주석으로 기재한다.
   ④ 이자수익이나 이자비용으로 인한 현금흐름은 해당 손익과목이 영업외수익 또는 영업외비용이므로 영업활동으로 인한 현금흐름에 표시하지 않는다.
   ⑤ 직접법으로 현금흐름표를 작성한 경우에는 당기순손익 및 당기순손익에 가감할 항목을 주석으로 기재한다.

3. 다음 중 현금흐름의 성격이 다른 것은?

   ① 토지의 처분 ② 단기대여금의 회수 ③ 개발비의 지급 ④ 유상감자 ⑤ 특허권의 취득

4. 간접법에 의해 현금흐름표의 '영업활동으로 인한 현금흐름'을 계산할 때 하는 경우 포괄손익계산서의 법인세비용차감전순이익에 가감되는 항목이 아닌 것은?

   ① 매입채무의 감소 ② 유형자산처분이익 ③ 재고자산의 감소
   ④ 배당금수익 ⑤ 단기매매증권의 취득

5. 현금흐름표의 영업활동으로 인한 현금흐름은 직접법과 간접법으로 작성된다. 간접법으로 작성할 경우 법인세비용차감전순이익에 차감할 항목은?

❶ 매출채권의 증가 ❷ 재고자산의 감소 ❸ 사채할인발행차금 상각
❹ 이자비용 ❺ 감가상각비

6. 현금흐름표에서 투자활동으로 인한 현금흐름에 속하지 않은 것은?

❶ 매도가능금융상품의 처분으로 인한 현금유입
❷ 대여금의 회수에 따른 현금유입
❸ 이자수익으로 인한 현금유입
❹ 유형자산의 취득에 다른 현금유출
❺ 만기보유금융상품의 취득에 다른 현금유출

7. 다음 중 영업활동으로 인한 현금흐름에 해당되지 않는 것은?

❶ 사채의 상환
❷ 현금배당금의 수령
❸ 차입금에 대한 이자비용의 지급
❹ 종업원에 대한 퇴직금의 지급
❺ 재고자산의 취득

8. 현금흐름표에서 재무활동으로 인한 현금흐름에 해당되지 않는 것은?

❶ 주식투자로 인한 배당금의 수령 ❷ 장기차입금의 상환
❸ 자기주식의 취득 ❹ 유상감자
❺ 배당금의 지급

9. 다음 자료를 이용하여 영업활동으로 인한 현금흐름을 구하면 얼마인가?

법인세비용차감전순이익	₩130,000	단기매매금융상품평가손실	₩ 7,000
감가상각비	20,000	건물의 처분	45,000
배당금수익	5,000	단기차입금의 상환	19,000
매출채권의 감소	26,000		

❶ ₩178,000 ❷ ₩188,000 ❸ ₩196,000 ❹ ₩233,000 ❺ ₩242,000

10. 다음 자료를 이용하여 영업활동으로 인한 현금흐름을 구하면 얼마인가?

법인세비용차감전순이익	₩276,000
무형자산상각비	15,000
사채상환이익	10,000
기타포괄손익인식금융상품평가이익	7,000
건물의 처분액	120,000
장기차입금상환액	80,000
재고자산의 감소액	25,000

❶ ₩276,000 ❷ ₩283,000 ❸ ₩306,000 ❹ ₩326,000 ❺ ₩406,000

11. 경남(주)의 포괄손익계산서상 법인세비용차감전순손실이 ₩600,000이다. 포괄손익계산서에와 재무상태표에서 발췌한 자료는 다음과 같다. 현금흐름표를 간접법으로 작성할 때 '영업활동으로 인한 현금흐름은 얼마인가?

기계장치처분손실	₩400,000
토지처분이익	350,000
설비에 대한 재해손실	630,000
사채이자비용(사채할증발행차금상각분)	90,000
감가상각비	460,000
무형자산상각비	150,000
매출채권(순액)의 감소	200,000
선급비용의 증가	100,000
재고자산의 증가	70,000
매입채무의 감소	150,000
미지급비용의 증가	50,000

❶ ₩530,000 ❷ ₩(70,000) ❸ ₩600,000 ❹ ₩370,000 ❺ ₩420,000

12. 현금흐름표에 대한 설명으로 옳지 않은 것은?

❶ 현금흐름표는 현금 및 현금성자산의 증감변화내용을 보고한다.

❷ 현금흐름표는 각종 재무활동과 투자활동에 관한 정보도 보고하다.

❸ 국제회계기준상 이자비용은 재무활동으로 인한 현금흐름으로 분류된다.

❹ 직접법이나 간접법 중 어떤 방법으로 작성하더라도 재무활동으로 인한 현금흐름은 동일하게 표시된다.

❺ 정답 없음

13. 현금흐름표에 관한 설명 중 옳은 것은?

❶ 현금흐름표는 현금흐름의 종류를 크게 영업활동으로 인한 현금흐름 및 투자활동으로 인한 현금흐름으로 구분하여 보고한다.
❷ 법인세로 인한 현금흐름은 별도로 공시하지 않고 영업활동 현금흐름으로 분류한다.
❸ 신용거래가 없을 경우, 영업활동으로 인한 현금흐름과 손익계산서상의 당기순이익은 일치하여야 한다.
❹ 영업활동 현금흐름은 직접법과 간접법 중 하나의 방법으로 보고한다.
❺ 재무활동에는 현금의 대여와 회수, 유형자산의 취득과 매각이 포함된다.

14. 다음 현금흐름표에 관한 설명이다. (　)안에 들어갈 단어를 순서대로 옳게 연결한 것은?

현금흐름표를 간접법으로 작성할 때, 당기순이익과 기타 자산 · 부채의 변동 등 다른 조건이 일정할 경우, 매출채권의 증가는 영업활동으로 인한 현금흐름의 (Ⓐ)(을)를 가져오고, 매입채무의 감소는 영업활동으로 인한 현금흐름의 (Ⓑ)(을)를 가져온다.

	Ⓐ	Ⓑ
❶	증가	증가
❷	증가	감소
❸	감소	감소
❹	감소	증가
❺	불변	불변

15. 현금흐름표 작성시 영업활동으로 인한 현금흐름을 계산하기 위하여 간접법을 사용할 때 당기순이익에 가산할 항목이 아닌 것은?

❶ 유형자산의 감가상각비
❷ 만기보유금융자산할증취득액상각
❸ 유형자산처분이익
❹ 매출채권 감소
❺ 외환손실

16. A회사는 간접법으로 영업활동현금흐름을 보고하고 있다. 2012년도 A회사의 당기순이익은 영업활동으로 인한 현금흐름보다 적었다고 한다. 다음 중 이에 대한 원인으로 옳지 않은 것은?

(공인회계사 2005 수정)

❶ 건물의 회수가능가액 하락분을 반영
❷ 관계기업의 손실이 악화
❸ 가산할 일시적 차이가 크게 증가
❹ 현금매출이 크게 증가
❺ 임직원의 고령화로 확정퇴직급여 계상액이 크게 증가

17. 다음 중 현금흐름표 상 재무활동으로 인한 현금흐름에 포함될 사항이 아닌 것은? (세무사 2009)

❶ 유형자산 취득에 따른 미지급금의 지급
❷ 장기차입금의 차입 및 상환
❸ 장기대여금의 대여 및 회수
❹ 전환사채의 발행
❺ 주식의 발행 및 자기주식의 취득

18. 현금흐름표상의 재무활동으로 인한 현금흐름으로 보고되지 않는 것은?

❶ 주식이나 기타 지분상품의 발행에 따른 현금유입
❷ 자기지분상품의 재발행에 따른 현금유입
❸ 자기지분상품의 취득에 따른 현금유출
❹ 담보·무담보부사채 및 어음의 발행과 기타 장·단기차입에 따른 현금유입
❺ 다른 기업의 지분상품이나 채무상품의 취득에 따른 현금유출

19. 현금흐름표는 회계기간 동안 발생한 현금흐름을 영업활동, 투자활동 및 재무활동으로 분류하여 보고한다. 다음 중 현금흐름의 분류가 다른 것은? (세무사 2010)

❶ 리스이용자의 금융리스부채 상환에 따른 현금유출
❷ 판매목적으로 보유하는 재고자산을 제조하거나 취득하기 위하 현금유출
❸ 보험회사의 경우 보험금과 관련된 현금유출
❹ 기업이 보유한 특허권을 일정기간 사용하도록 하고 받은 수수료 관련 현금유입
❺ 단기매매목적으로 보유하는 계약에서 발생한 현금유입

20. 다음은 ㈜경남 감사보고서에 나타난 재무상태표 중 매출채권과 대손충당금에 관한 부분이다. 2012년도 손익계산서상의 매출액은 ₩560,000, 대손상각비가 ₩30,000이다. 매출활동으로 인한 현금유입액은 얼마인가?

구 분	2012년도 12월 31일	2011년 12월 31일
매출채권	₩500,000	₩400,000
대손충당금	(70,000)	(50,000)

① ₩450,000 ② ₩480,000 ③ ₩510,000 ④ ₩600,000 ⑤ ₩620,000

21. ㈜서울의 2012년 회계기간 동안 매출원가는 ₩500,000이고, 재고자산과 매입채무의 비교재무상태표 자료는 다음과 같다. 아래의 정보를 이용하여 2012년도 재고자산의 매입으로 인한 현금유출액을 구하면?

구 분	2012년 1월 1일	2012년 12월 31일
재고자산	₩100,000	₩200,000
매입채무	₩30,000	₩60,000

① ₩430,000 ② ₩570,000 ③ ₩600,000 ④ ₩610,000 ⑤ ₩630,000

22. ㈜한국은 현금주의에 의해 회계처리하는데 2012년 ₩1,000,000의 현금을 수취하고, 사무실운영경비₩400,000의 현금을 차입함으로써 현금주의에 의한 당기순이익으로 ₩600,000을 보고하였다. 기타 회계자료가 아래와 같을 때 2012년의 발생주의에 의한 당기순이익은 현금주의에 의한 당기순이익에 비해 어떻게 달라지는가? (단, 세금효과는 무시한다.)

구 분	2011년 12월 31일	2012년 12월 31일
미수용역수익(매출채권)	₩80,000	₩90,000
선수용역수익	₩100,000	₩120,000
미지급비용	₩30,000	₩40,000
선급비용	₩0	₩20,000

① 변화 없음 ② ₩30,000 증가 ③ ₩30,000 감소 ④ ₩20,000 증가 ⑤ ₩20,000 감소

23. 다음은 ㈜서울의 재무상태표와 현금흐름표에서 발췌한 2012년 현금흐름 관련 자료이다. 2012년도의 영업활동으로 인한 현금흐름은?

• 2008년 12월 31일 말 현금 잔액	₩120,000
• 2009년 투자활동으로 인한 현금 감소	₩ 40,000
• 2009년 재무활동으로 인한 현금 증가	₩ 50,000
• 2009년 12월 31일 말 현금 잔액	₩150,000

① ₩10,000 ② ₩20,000 ③ ₩30,000 ④ ₩40,000 ⑤ ₩50,000

24. 경남(주)는 2012년 12월 1일에 영업활동을 개시하였다. 다음 자료는 경남(주)의 12월 한 달 동안의 영업활동 자료이다. 이 자료를 이용하여 발생주의와 현금주의에 의하여 2012년 12월 순이익을 계산하면 얼마인가?

• 12월 중 매출	₩2,000,000 (30% 현금매출, 70% 외상매출)
• 12월 중 매입	₩1,000,000 (40% 현금매입, 60% 외상매입)
• 매출채권	₩400,000
• 매입채무	₩200,000
• 재고자산	₩100,000

	발생주의	현금주의
❶	₩1,000,000	₩600,000
❷	₩1,100,000	₩800,000
❸	₩1,000,000	₩700,000
❹	₩1,100,000	₩800,000
❺	₩900,000	₩800,000

25. ㈜대일의 2012년 당기순이익이 ₩10,000인 경우, 다음 자료를 이용하여 영업활동으로 인한 현금흐름을 계산하면?

- 당기의 감가상각비는 ₩1,000이다.
- 전기말보다 당기말에 재고자산이 ₩200 증가하였다.
- 전기말보다 당기말에 미지급보험료가 ₩100 감소하였다.
- ₩4,000에 구입한 건물(감가상각누계액 ₩3,000)을 당기에 ₩500에 매각하였다.

❶ ₩10,200 ❷ ₩11,000 ❸ ₩11,200 ❹ ₩11,800 ❺ ₩12,000

26. 다음 자료를 이용하여 영업활동으로 인한 현금흐름을 간접법으로 계산하면?

- 당기순이익 ₩5,000
- 유형자산처분이익 ₩1,000
- 재고자산의 증가 ₩500
- 재고자산감모손실 ₩700
- 감가상각비 ₩400

❶ ₩3,500 ❷ ₩3,900 ❸ ₩4,100 ❹ ₩4,600 ❺ 정답 없음

27. 다음을 기초로 재무활동으로 인한 현금흐름을 계산하면?

• 단기금융상품의 취득	₩106,000	• 단기차입금의 차입	₩474,000
• 전환사채의 발행	₩247,000	• 유동성장기부채의 상환	₩250,000
• 장기대여금의 회수	₩118,000	• 이자비용의 지급	₩ 6,000

❶ ₩342,000 ❷ ₩471,000 ❸ ₩483,000 ❹ ₩589,000 ❺ 정답 없음

28. 다음 현금흐름표 항목 중 투자활동으로 인한 현금유입에 해당하는 것은?

Ⓐ 이자수익 Ⓑ 장기대여금 회수 Ⓒ 단기 차입금 상환
Ⓓ 금융상품의 처분 Ⓔ 단기금융상품의 취득 Ⓕ 배당금수익
Ⓖ 기계장치의 처분 Ⓗ 사채 발행

❶ Ⓐ, Ⓕ ❷ Ⓑ, Ⓖ ❸ Ⓒ, Ⓗ ❹ Ⓓ, Ⓔ ❺ Ⓑ, Ⓓ

해답

1. ❸ 2. ❺ 3. ❹ 4. ❺ 5. ❶ 6. ❸ 7. ❶ 8. ❶ 9. ❶ 10. ❸
11. ❶ 12. ❸ 13. ❹ 14. ❸ 15. ❸ 16. ❹ 17. ❸ 18. ❺ 19. ❶ 20. ❶
21. ❷ 22. ❶ 23. ❷ 24. ❷ 25. ❸ 26. ❷ 27. ❷ 28. ❷

제7장 자본유지개념과 측정기준 및 이익

1. 자본유지개념과 자본유지적립금

가. 자본유지개념

이익은 자주 사용하는 용어이지만, 그 개념은 단순하지 않다. 기업의 이익과 유사한 개념으로는 경제학에서 사용하는 개인의 이익 또는 소득(personal income)이 있다. 이와 관련하여 Hicks[1]는 경제학에서 논의되어 왔던 각종 이익 또는 소득 개념을 통합하는 일반이론을 전개하였다. 여기서 그는 개인의 이익 또는 소득은 "주말 시점에서 주초와 동일한 유복상태(裕福狀態, well off)에 있을 것으로 기대하면서 한 주 동안에 소비할 수 있는 최대가치"[2]로 정의하였다. 그는 개인 소득을 염두에 두고, 유복상태라는 심리학적 개념을 사용하였기 때문에 측정이 어렵다는 한계가 있다. 그러나 Hicks의 이익 또는 소득 개념이 갖는 함의는 주초의 유복상태의 유지라는 데 있다. 그의 개념을 식으로 나타내면, 다음과 같다.

개인의 주간 이익 또는 소득 = (주말 유복상태 − 주초 유복상태) + 주중 소비액

Hicks의 개념을 기업으로 확장하려면, 유복상태라는 심리학적 개념과 소비를 각각 자본과 소유자에 대한 분배로 바꾸면서 소유주에 의한 추가출자 개념을 추가로 도입해야 한다. 왜냐 하면 개인의 경우와는 달리 기업실체는 추가출자에 의해 자본

---

1. J. R. Hicks, *Value and Capital*, 2nd ed. Oxford: Clarendon Press, 1946.
2. "the maximum value which he can consume during a week, and still expect to be as well off at the end of the week as he was at the beginning"(p.172)

이 변하기 때문이다. 즉

이익 = (기말 자본 − 기초 자본) + 소유주에 대한 분배액 − 소유주에 의한 추가출자액

이러한 논리로 정의되는 이익을 자본유지개념(資本維持概念, concept of capital maintenance)에 의한 이익이라고 한다.

자본유지개념에 따라 이익을 측정하기 위해서는 유지해야 할 자본에 대한 조작적 정의와 자본을 측정하기 위한 측정기준의 선택이 중요하다. 왜냐 하면, 이 두 가지의 선택에 따라 이익이 다르게 측정되기 때문이다. 측정기준은 제4장에서 설명했으므로, 여기서는 유지해야 할 자본의 조작적 정의를 중심으로 설명하기로 한다.

유지해야 할 자본에 대한 조작적 정의로는 화폐자본과 실물자본 등 두 가지가 있다. 그리고 화폐자본과 실물자본은 측정단위의 관점에서 명목화폐단위 또는 불변화폐단위로 측정될 수 있다. 따라서 측정단위까지 고려한다면, 자본유지개념은 명목화폐자본유지, 실질화폐자본유지, 명목실물자본유지, 실질실물자본유지 등 4가지로 유형할 수 있다.

1) 화폐자본유지

기업이 유지해야 할 자본을 기초에 투자한 순자산의 화폐금액이라고 보는 견해가 화폐자본유지개념(貨幣資本維持概念, concept of money maintenance)이다. 기초에 투자한 순자산의 화폐금액은 재무자본(財務資本, financial capital)이므로, 화폐자본유지개념을 재무자본유지개념(財務資本維持概念, concept of financial capital maintenance)이라고도 한다. 화폐자본유개념에서 이익은 소유주와의 자본거래를 제외하고 회계기간 말 순자산의 화폐금액이 회계기간 초 순자산의 화폐금액을 초과하는 금액이다.

화폐자본의 측정단위는 명목화폐단위와 불변화폐단위가 있다. 화폐는 구매력이 있기 때문에 가치를 가진다. 화폐의 구매력, 즉 화폐가치는 일반물가지수의 변동에 의해 변한다. 명목화폐는 화폐가치의 변동을 고려하지 않지만, 불변화폐는 그 가치의 변동을 반영한다는 점에서 차이가 있다. 불변화폐는 실질화폐라고도 한다. 화폐자본을 명목화폐단위로 측정하는 것을 명목화폐자본유지(名目貨幣資本維持, maintenance of nominal money capital), 불변화폐단위로 측정하는 것을 실질화폐자본유지(實質貨幣資

本維持, maintenance of real money capital)라 한다.

예를 들어, 일반물가지수가 100인 기초의 순자산이 ₩120, 일반물가지수가 110인 기말의 순자산이 ₩150인 경우, 유지할 기초 자본의 명목화폐금액은 ₩120이지만, 실질화폐금액은 ₩132(=₩120×110/100)이 된다. 따라서 이익은 명목화폐자본유지개념에서 ₩30(=₩150-₩120), 실질자본유지개념에서 ₩18(=₩150-₩132)이 된다.

자본시장에서 투자자와 채권자 등은 투자성과를 측정할 때, 화폐금액으로 측정한 투자이익을 투자한 화폐금액으로 나누어 산출한 투자이익률, 즉 명목화폐 투자이익률을 사용하는 것이 일반적이다. 이에 따라 회계실무는 오랫동안 명목화폐자본유지 개념을 사용해 왔다. 국제회계기준의 포괄이익은 명목화폐자본유지개념에 의한 이익이다. 포괄이익(包括利益, comprehensive income)은 소유주와의 자본거래를 제외하고 회계기간말의 명목화폐자본이 회계기간초의 명목화폐자본을 초과하는 금액으로 측정된다.

2) 실물자본유지

기업이 유지해야 할 자본을 기초에 보유하고 있는 실물자본이라는 입장을 실물자본유지개념(實物資本維持槪念, concept of physical capital maintenance)이라 한다. 이 개념은 실물자본이 유지되어야 기업의 생산능력(productivity capacity)이 유지되어 계속기업이 가능하다는 것을 전제로 하고 있다[3]. 실물자본유지개념에서는 소유주와의 거래를 제외하고 회계기간말의 실물생산능력(實物生産能力, physical productive capacity)이 회계기간초의 실물생산능력을 초과할 때 그 초과액을 이익으로 측정한다.

나. 보유손익과 자본유지

순자산을 구성하는 자산과 부채를 보유하고 있는 경우, 그 가격 변동에 따라 보유손익(保有損益, holding gains and losses)이 발생한다. 회계기간을 염두에 두고 보면, 이

---

3. 실물자본유지개념은 생산능력유지개념의 일종이다. 생산능력자본유지개념에서 생산능력은 ①보유하고 있는 실물자본, ②생산할 수 있는 재화나 용역의 량, ③생산할 수 있는 재화나 용역의 가치 등으로 정의할 수 있다. 이 중 측정의 검증가능성이 상대적으로 높은 것은 실물자본이다.

보유손익은 실현된 것과 미실현된 것으로 구분된다. 실현보유손익(實現保有損益, realized holding gains and losses)은 처분된 자산이나 상환된 부채에서 발생한 것이고, 미실현보유손익(未實現保有損益, non-realized holding gains and losses)은 기말 현재 그대로 보유하고 있는 자산이나 부채에서 발생한 것이다. 보유손익은 자산과 부채의 가격변동으로 인한 가격변동효과(價格變動效果, effect of change in price)이다.

화폐자본유지개념과 실물자본유지개념은 보유하고 있는 자산 및 부채에 대한 가격변동효과를 처리하는 데 있어 차이가 있다. 화폐자본유지개념에서는 기업에 투자된 자본을 기초에 존재하였던 화폐금액 수준으로 유지하면 되므로, 자산 및 부채에 대해 인식한 가격변동 효과를 이익에 포함시킨다. 반면에 실물자본유지개념에서는 그러한 가격변동효과를 유지해야 할 자본의 일부로 간주하여 자본의 조정항목으로 처리한다. 왜냐 하면 기업에 투자된 자본을 기초와 동일한 실물능력 수준으로 유지하려면, 보유손익을 이익으로 보아 배당해서는 안 되기 때문이다. 국제회계기준에서 장기영업용자산에 재평가모형을 적용해서 발생한 재평가차손익의 누계를 재평가잉여금으로 하고 재무상태표의 자본조정으로 처리하는 것은 실물자본유지개념을 적용하기 위한 것으로 볼 수 있다.

2. 측정기준과 이익

가. 의의

이익은 자본유지개념과 자산과 부채의 측정기준에 따라 다르게 측정된다. 측정기준 중 취득원가는 과거의 시장가격을 기초로 한 것이지만, 다른 측정기준은 모두 현재와 미래의 시장가격을 기초로 한 것이다. 그래서 취득원가를 역사적 원가(歷史的 原價, historical cost)라고도 한다.

실물자본유지개념으로 자본을 측정하기 위해서는 측정 시점 현재의 시장가격을 사용하여야 한다. 따라서 취득원가는 실물자본유지개념에서는 사용할 수 없다. 그러나 현행원가와 같이 현행유입가격(現行流入價格, current entry price)을 기초한 측정속성이나, 순실현가능가치, 현행현금등가액, 현재가치와 같은 현행유출가격(現行流出價格, current exit price)을 기초로 한 측정기준은 화폐자본유지와 실물자본유지 모두에 적용할 수 있다.

자본유지개념과 측정속성이 각각 여러 가지로 구분되기 때문에, 여러 가지 조합으로 회계모형을 구축할 수 있다. 전통적으로 회계에서 사용한 것은 취득원가와 명목화폐자본유지개념을 결합한 모형이다. 앞으로는 이 모형을 취득원가회계(取得原價會計, acquisition cost accounting), 또는 역사적원가회계(歷史的原價會計, historical cost accounting)라 한다. 이외에 회계학에서 주목받아온 것은 현행원가와 명목화폐자본 또는 실물자본 개념을 조합한 모형[4]과 현행현금등가액과 명목화폐자본개념을 조합한 모형[5]이다. 여기서 이 두 모형을 중심으로 설명하기로 한다.

나. 현행원가회계모형

자산부채의 측정기준으로 현행원가를 사용하는 회계모형을 현행원가회계(現行原價會計, current cost accounting)라고 한다. 현행원가회계는 실물자본유지개념과 명목화폐자본유지개념을 적용할 수 있다.

1) 실물자본유지개념의 이익

실물자본유지개념을 적용한 현행원가회계모형에서 유지할 자본은 기말 현행원가로 측정한 기초자본이 된다. 예를 들어, [표 7-1]의 자료를 보면, 부채가 없는 기업이 기초에 현금 1,000원과 상품 3개를 보유하고 있고, 이 상품의 기말 현행원가는 단위당 550원이다. 따라서 유지할 실물자본 금액은 2,650원(현금 1,000원 + 상품 3×550원)이 된다. 따라서 실물자본유지를 위한 현행원가이익은 기말 자본의 현행원가 2,760원(현금 1,660원 + 상품 2×550원)에서 2,650원을 차감한 110원이 된다. 이렇게 측

4. 대표적인 학자는 에드워드와 벨이다. E. O. Edwards and P. W. Bell, *The Theory and Measurement of Business Income*, Berkeley and Los Angeles: University of California Press, 1961.

5. 대표적인 학자는 챔버스이다. R. J. Chambers, *Accounting, Evaluation and Economic Behavior*, Englewood Cliffs, N. J.: Prentice-Hall, 1966.

정한 이익을 현행영업이익(現行營業利益, current operating income)이라고 한다.

현행영업이익은 거래접근법으로도 산정할 수 있다. 거래접근법에서 현행영업이익은 산출하기 위해서는 매출액에 대응되는 매출원가를 현행원가로 측정하여야 한다. 판매된 자산의 현행원가를 현행매출원가(現行賣出原價, current cost of goods sold)라고 한다.

현행영업이익 = 매출액 − 현행매출원가

앞의 예에서 거래접근법의 현행영업이익은 '매출액 660원 – 현행매출원가 550원 = 현행영업이익 110원'이다.

2) 현행영업이익과 취득원가이익의 관계

[표 7-1]에서 자본의 측정기준을 취득원가로 한 명목화폐자본유지개념의 이익, 즉 취득원가회계이익은 360원이다. 즉 이 이익은 기말 자본 2,260원(현금 1,660원 + 상품 2 × 300원)에서 유지할 기초 자본 1,900원(현금 1,000원 + 상품 3 × 300원)을 차감한 금액이다. 거래접근법으로 취득원가이익을 산정하려면, 매출액 660원에서 취득원가로 측정한 매출원가 300원을 차감하면 된다.

[표 7-1] 이익측정을 위한 자료

구분		금액	개수	취득원가	현행원가	현행현금등가액
기초	현금	1,000				
	상품		3	300	400	600
기중	상품1개 판매					660
기말	현금	1,660				
	상품		2	300	550	770

거래접근법에 의한 현행영업이익과 취득원가이익의 산정방법을 비교해보면, 이들 두 이익의 차이는 매출원가 측정기준의 차이에 기인한다는 것을 알 수 있다. 즉 현행원가이익은 현행원가, 취득원가이익은 취득원가를 매출원가의 측정속성으로 사용한다. 현행원가와 취득원가의 차이는 보유손익을 의미하고, 판매된 자산의 보유손익은 실현된 것이므로 이 두 이익의 차이는 실현보유이익(實現保有損益, realized holding gains)에서 발생한 것이다. 즉

현행원가로 측정한 현행매출원가 – 취득원가로 측정한 매출원가 = 실현보유이익

이 관계를 [표 7-1]의 자료로 확인해보면, 550원-300원=250원=취득원가이익 360원-현행영업이익 110원.

한편 기간개념을 도입하면, 보유손익은 전기에 발생한 것과 당기에 발생한 것으로 구분할 수 있다. 따라서 실현보유손익은 전기에 발생하고 당기에 실현된 보유손익과 당기에 발생하고 당기에 실현된 보유손익의 합이 된다. 즉

실현보유이익 = 전기발생 당기실현 보유이익 + 당기발생 당기실현 보유이익

[표 7-1]의 자료에서 보면, 실현보유이익 250원 = 전기발생 당기실현 보유이익 100원(400원-300원)+당기발생 당기실현 보유이익 150원(550원-400원)

지금까지 설명한 것을 정리하면, 아래와 같다.

현행영업이익 = 매출액 – 현행매출원가 = 취득원가이익 – 실현보유이익

여기서 알 수 있듯이 명목화폐자본유지개념을 사용하고 있는 취득원가이익에는 당기에 실현된 보유손익이 포함되어 있지만, 실물자본유지개념을 사용하고 있는 현행영업이익에는 실현과 미실현을 불문하고 모든 보유손익이 이익측정에서 제외된다.

3) 명목화폐자본유지개념의 이익

현행원가회계는 명목화폐자본유지개념으로 모형화할 수도 있다. 이 경우 유지해야 할 자본은 기초 현행원가로 측정한 기초자본이 된다. [표 7-1]를 이용하여 예를 들면, 현행원가로 측정한 유지할 명목화폐자본 금액은 2,200원(현금 1,000원+상품 3×400원)이다. 따라서 이익은 기말 자본의 현행원가 2,760원(현금 1,660원+상품 2×550원)에서 2,200원을 차감한 560원이 된다. 이렇게 측정한 이익을 에드워드와 벨은 같은 자본유지개념을 사용하고 있는 취득원가이익과 구별하기 위하여 기업이익(企業

利益, business income)이라고 한다.

기업이익은 명목화폐자본유지개념을 사용하므로, 당기에 발생한 보유손익은 실현과 미실현을 불문하고 모두 이익에 포함된다.

> 기업이익 = 현행영업이익 + 당기발생 보유이익
> 당기발생 보유이익 = 당기발생 실현보유이익 + 당기발생 미실현보유이익

[표 7-1]의 자료에 의하면, 당기발생 보유이익 450원 = 당기발생 실현보유이익 150원(1 × (550원-400원))+당기발생 미실현보유이익 300원(2×(550원-400원)). 따라서 기업이익 560원=현행영업이익 110원 + 당기발생 보유이익 450원.

이에 비해 취득원가이익은 보유손익의 발생 기간과 관계없이 당기에 실현된 보유손익을 모두 포함하여 계산된 이익이다.

> 취득원가이익 = 현행영업이익 + 당기실현 보유이익
> 당기실현 보유이익 = 전기발생 당기실현 보유이익 + 당기발생 당기실현 보유이익

따라서 기업이익과 취득원가이익의 관계는 다음과 같다.

> 기업이익 = 취득원가이익 + 당기발생 미실현 보유이익 – 전기발생 당기실현 보유이익

여기서 알 수 있듯이 기업이익은 당기에 발생한 자본가치변동액은 모두 이익에 포함된다. 따라서 기업이익은 취득원가이익에 비해 성과지표인 이익의 기간대응이 충실하게 이루어진다고 할 수 있다.

4) 현행원가회계모형의 평가

현행원가회계모형은 원가개념을 사용한 것으로 계속기업의 전제와 일관성을 유지하고 있으며, 이익이 각 회계기간과 합리적으로 대응되므로 경제적 이익에 대한 최적의 근사치를 산출할 수 있다는 장점이 있다. 그리고 현행원가회계모형을 지지하는 쪽에서는 보유이익과 영업활동에 의한 이익을 구별하기 때문에 자본유지에 적합하다고 주장한다. 그러나 자산의 보유는 영업활동을 위해 필요한 것이므로, 보유이익과 영업활동이익을 구분하는 것은 정당화될 수 없다는 비판이 있다.

현행원가회계의 근본적인 한계는 효익비용관계와 측정치의 신뢰성 문제이다. 기

업이 보유하는 있는 수많은 자산의 현행원가를 매년 추정하려면, 많은 비용이 발생한다. 그 회계비용은 현행원가회계정보에서 얻게 될 효익보다 적다고 할 수 없다. 그리고 기업이 현행원가를 추정해야 할 자산은 사용중인 중고자산이므로, 이에 대한 신뢰성 있는 측정을 얻기 어렵다.

다. 현행현금등가액 회계모형

자산부채의 측정기준으로 현행현금등가액을 사용하는 회계모형을 현행현금등가액회계라고 한다. 현행현금등가액 회계는 명목화폐자본유지개념에서 주로 논의되고 있다.

1) 명목화폐자본유지의 이익

현행현금등가액회계에 명목화폐자본개념을 결합하면, 유지해야 할 자본은 기초 현행현금등가액으로 측정한 기초자본이 된다. [표 7-1]를 이용하여 예를 들면, 현행현금등가액으로 측정한 유지할 명목화폐자본 금액은 2,800원(현금 1,000원+상품 3×600원)이다. 따라서 이익은 기말 자본의 현행현금등가액 3,200원(현금 1,660원+상품 2×770원)에서 2,800원을 차감한 400원이 된다. 이렇게 측정한 이익을 현행현금등가액이익이라고 한다.

현행현금등가액이익은 현행현금등가액의 당기변동액과 동일하다. 즉 현행현금등가액이익은 당기에 발생하고 실현된 손익, 즉 판매한 자산에 대한 현행현금등가액의 당기변동액과 당기에 발생하고 실현되지 않은 손익, 즉 기말 현재 보유하고 있는 자산에 대한 현행현금등가액의 당기변동액으로 구성된다. 즉

현행현금등가액이익 = 당기발생 실현이익 + 당기발생 미실현이익

[표 7-1]의 자료에서 당기발생 실현이익은 60원(1×(660원-600원)), 당기발생 미실현이익은 340원(2×(770원-600원))이므로 현행현금등가액이익은 400원이다.

따라서 앞서 설명한 현행영업이익이나 기업이익과 마찬가지로 현행현금등가액이익은 당기에 발생한 자본가치변동액만으로 측정되므로 이익이 각 회계기간에 충실하게 대응된다.

2) 취득원가이익과의 관계

기간개념을 도입하면, 현행현금등가액은 취득원가에 전기까지 발생한 현행현금등가액변동액과 당기에 발생한 현행현금등가액변동액을 합한 금액이 된다.

현행현금등가액 = 취득원가 + 현행현금등가액 전기변동액 + 현행현금등가액 당기변동액
= 취득원가 + 현행현금등가액 전기변동액 + 현행현금등가액 당기액이익

따라서 판매한 자산을 전제로 하면, 판매한 자산의 현행현금등가액은 매출액을 의미하고, 그 자산의 현행현금등가액의 전기변동액은 당기에 실현된 전기미실현이익, 당기변동액은 당기에 발생하고 실현된 이익을 의미한다.

매출액 = 취득원가로 측정한 매출원가 + 당기실현 전기미실현이익 + 당기발생 당기실현이익
당기발생 당기실현이익 = 매출원가 − 현행현금등가액으로 측정한 매출원가

현행현금등가액으로 측정한 매출원가 = 취득원가로 측정한 매출원가 + 당기실현 전기미실현이익

따라서 현행현금등가액이익과 취득원가이익의 관계는

현행현금등가액이익 = 취득원가이익 − 당기실현 전기미실현이익 + 당기발생 미실현이익

과 같다.

[표 7-1]을 이용하여 계산하면, 취득원가이익 360원(1 × (660원-300원)), 실현된 현행현금등가액 전기변동액 300원(1 × (600원-300원)), 당기발생 미실현이익 340원이므로. 현행현금등가액이익 400원 = 360원-300원+340원.

3) 현행현금등가액회계모형의 평가

현행현금등가액회계모형의 장점은 현행원가회계모형과 마찬가지로 이익이 각 회계기간과 합리적으로 대응된다는 것이다. 그리고 현행현금등가액회계모형을 주장하는 사람들은 기업이 환경변화에 적응하여 계속사업을 할 수 있는 적응능력(適應能力, adaptive capacity)을 평가하는 데 유용한 정보를 제공한다고 한다. 환경이 변하면 기업은 기존의 자산을 새로운 자산으로 대체하는 구조조정을 하여야 하는데, 이를 위해 확보할 수 있는 자금에 대한 최적의 추정치는 현행현금등가액이라고 할 수 있

다. 그러나 회계에서 사용하는 계속기업의 전제는 기존의 활동을 지속한다는 의미이므로, 현행현금등가액회계에서의 적응능력은 이와 상치된다는 비판이 있다.

현행현금등가액회계모형은 자산의 취득과 동시에 이익을 인식하는 문제와 효익비용관계와 측정치의 신뢰성에 관한 문제가 있다. 오늘날 일반적인 상황은 수요에 비해 공급이 많다는 것이다. 이는 자산의 취득보다 판매가 힘들다는 것을 의미한다. 그런데 자산 취득과 동시에 이익을 인식하는 것은 비현실적이다. 그리고 현행원가와 마찬가지로 사용중인 수많은 중고자산에 대한 현행현금등가액을 추정하는 데는 과도와 회계비용이 발생하고, 시장의 불완전성으로 인해 측정치의 신뢰성 문제가 발생한다.

3. 화폐의 시간가치와 발생이자

가. 기본개념

화폐는 동일한 금액이라 할지라도 시점에 따라 그 가치가 다르다. 이를 이해하기 위해서는 화폐의 시간가치(貨幣의 時間價值, time value of money)라는 개념을 알아야 한다. 이 개념은 현재 1원의 화폐금액은 미래 1원의 화폐금액보다 가치가 크다는 것이다. 예를 들어 은행에 연 6%의 이자율로 100원을 정기예금을 할 경우, 예금액은 1년 후에 106원으로 늘어난다. 여기서 현재 예금한 금액(투자액) 100원과 1년 후 예금액(회수액 또는, 회수가능액) 106원의 차이인 이자는 화폐의 시간가치를 의미한다. 이 예에서 현재의 100원과 1년 후 106원은 다른 금액이지만 화폐가치는 동일하다. 즉 미래 106원의 현재가치는 100원이고, 현재 100원의 미래가치는 106원이다. 여기서 현재가치(現在價值, present value; PV)는 미래의 현금흐름을 현재의 시점에서 평가한 금액을 뜻하며, 간단히 현가라고도 한다. 미래가치(未來價值, future value; FV)는 현재의 현금흐름을 미래의 시점에서 평가한 금액을 의미한다.

이처럼 화폐는 동일한 금액일지라도 발생 시점에 따라 그 가치가 다르다. 따라서 현금흐름의 가치를 평가하기 위해서는 화폐의 시간가치를 통제할 필요가 있다. 이를 위해 현재가치나 미래가치를 이용한다.

• 단리와 복리

일반적으로 화폐의 시간가치는 이자로 표시한다. 그런데 이자는 단리와 복리가 있으므로, 이를 구별할 수 있어야 한다. 단리(單利, simple interest)는 최초투자액에 이자율을 곱하고 여기에 화폐사용기간을 곱하여 계산한 이자이다. 즉 단리는 이자에 대한 이자를 고려하지 않고 계산된 이자를 의미한다.

단리 계산
3년 이자 = 100 × 10% × 3년 = 30(원) 1년 이자 = 30/3년, 또는 100 × 10% = 10(원)
100원을 3년간 투자. 이자율은 단리로 연 10%

복리(複利, compound interest)는 이자에 대한 이자를 고려하여 계산된 이자이다. 복리 계산을 하기 위해서는 원리금에 이자율을 곱하여 연간 이자를 계산하여야 한다. 일반적으로 이자는 복리로 계산된다. 따라서 앞으로 특별한 언급이 없이 사용하는 이자는 복리를 의미한다.

복리 계산		
일자	연 이자	원리금
투자일		100
1년 후	100 × 10% = 10	110
2년 후	110 × 10% = 11	121
3년 후	121 × 10% = 12	133
3년 이자 (합계)	33(원)	
100원을 3년간 투자. 이자율은 복리로 연 10%		

화폐의 시간가치 개념은 자산이나 부채의 측정과 투자안의 선택에서 활용된다. 예를 들어 회계는 수취채권, 채무증권, 리스채권과 채무 등의 측정에 현재가치개념을 적용하고, 재무관리에서는 자본예산의 수립이나 자본조달 의사결정 등에 현재가치개념을 활용한다.

나. 단일현금흐름

단일현금흐름은 특정시점에서 한번 발생하는 현금흐름을 의미한다. 여기서는 단일현금흐름의 미래가치와 현재가치, 그리고 발생이자에 대해 설명하기로 한다.

1) 미래가치

단일 현금흐름의 미래가치(未來價値, future value; FV)는 현재 화폐금액에 대한 미래의 원리금의 합계를 의미한다. 이를 계산하기 위해서 복리계산(複利計算, compounding)이 필요하다.

단일 현금흐름의 미래가치				
	투자액(현재가치)	1년후 미래가치	2년후 미래가치	3년후 미래가치
	I	I × (1+i)	I × $(1+i)^2$	I × $(1+i)^3$
이자	I × i	I × (1+i) × i	I × $(1+i)^2$ × i	…

복리로 현재금액의 미래가치(FV)를 계산하는 식은 다음과 같다. 여기서 I는 현재금액, i는 이자율, n은 복리기간을 의미한다.

$$FV = I(1+i)^n$$

미래가치 계산 공식에서 $(1+i)^n$은 단일현금흐름의 미래가치요소(未來價値要素, future value factor; FVF)라 한다. 위의 식에서 미래가치요소는 현재 1원의 미래가치를 의미한다. 이 미래가치요소는 이자율과 복리기간에 의해 결정된다. 이자율이 높을수록 복리기간이 길수록 미래가치요소[6]는 커진다.

$$FV = I(1+i)^n = I \times FVF(i,n)$$

예제 7-1 단일현금흐름의 미래가치

연초에 1,000원을 연 10%의 이자율로 3년 동안 정기예금하였다. 만기일의 원리금 합계와 연간 발생이자를 계산하라.

---

6. 이 미래가치요소는 부록의 단일금액 1원의 미래가치표에서 찾을 수 있다.

풀이

만기금액=1,000×FVF(10%, 3)=1,331원

일자	연 발생이자(원)	원리금(원)
예금일		1,000
1년 후	1,000 × 10% = 100	1,100
2년 후	1,100 × 10% = 110	1,210
3년 후	1,210 × 10% = 121	1,331

2) 현재가치

1,000원을 이자율 10%, 3년 만기인 정기예금에 예입하면 3년 후 1,331원을 받을 수 있다. 여기서 현재금액 1,000원의 미래가치는 1,331원, 3년 후 금액 1,331원의 현재가치는 1,000원이 된다.

앞에서 미래가치는 현재 투자액, 즉 현재가치에 미래가치요소를 곱하여 계산했다. 따라서 현재가치를 계산하기 위해서는 미래가치에 미래가치요소의 역수를 곱하면 된다. 즉 현재가치 계산에 필요한 현재가치요소(現在價値要素, present value factor; PVF)[7]는 미래가치요소의 역수이다.

$$PV = FV \times PVF(i,n) = FV \times \frac{1}{FVF(i,n)}$$
$$= FV \times \frac{1}{(1+i)^n}$$

이자율이 음수인 경우는 없으므로 현재가치요소는 '0 < 현재가치요소 < 1'이다. 즉 미래현금흐름의 현재가치는 미래현금흐름액보다 작다. 따라서 현재가치를 계산하는 과정을 할인(割引, discounting), 할인에 사용하는 이자율을 할인율(割引率, discount rate), 미래가치와 현재가치의 차이를 할인액(割引額, discount)이라고 한다. 할인액은 현재가치와 미래가치의 차이를 조정하기 위한 이자(利子, interest)이다.

현재가치요소는 미래가치요소와 반대로 할인율이 높을수록, 할인기간이 길수록 더 작아진다.

7.이 현재가치요소는 부록의 단일금액 1원의 현재가치표에서 찾을 수 있다.

예제 7-2 단일현금흐름의 현재가치

21년 초에 원가 800원인 제품을 외상으로 판매하고 3년 후 1,000원을 받기로 하였다. 시장이자율은 5%이다. 매출액과 연 이자수익을 계산하라.

풀이

매출액=매출채권의 현재가치: 1,000원 × PVF(5%,3) = 864원

일자	연 발생이자(원)	원리금(원)
21년 초		864
21년 말	864×5% = 43	907
22년 말	907×5% = 45	952
23년 말	952×5% = 48	1,000

3) 응용문제

현금흐름을 화폐시간가치에 따라 조정하는 과정에는 4가지 변수, 즉 현재가치, 미래가치, 복리기간, 이자율 등이 필요하다. 이 중 세 변수값을 알면 다른 변수값은 계산할 수 있다. 여기서는 이와 관련한 문제를 설명한다.

가) 이자율 계산

현재가치와 미래가치를 이용하여 현재가치요소를 계산하고, 계산한 현재가치요소와 일치하는 값을 현재가치표에서 복리기간을 기준으로 찾아 거기에 대응하는 이자율을 선택한다.

예제 7-3 단일현금흐름의 이자율 계산

현금판매가격 500원인 상품을 2년 후 605원을 지급하는 조건으로 외상구매를 하겠다는 제안이 들어왔다. 이 거래의 내재이자율은 얼마인가?

풀이

현재가치요소: 500/605 = 0.8265

	…	5%	6%	7%	8%	9%	10%	11%	12%
1	…	0.9524	0.9434	0.9346	0.9259	0.9174	0.9091	0.9009	0.8929
2	…	0.9070	0.8900	0.8734	0.8573	0.8417	**0.8265**	0.8116	0.7972
3	…	0.8638	0.8396	0.8163	0.7938	0.7722	0.7513	0.7312	0.7118

그러므로 내재이자율은 10%

나) 복리기간 계산

현재가치와 미래가치를 이용하여 현재가치요소를 계산하고, 계산한 현재가치요소와 일치하는 값을 현재가치표에서 이자율을 기준으로 찾아 거기에 대응하는 복리기간을 선택한다.

예제 7-4 단일현금흐름의 복리기간 계산

1,000원을 정기예금(이자율 8%)에 투자하여 1,999원을 만들려고 한다. 예금기간을 몇 년으로 해야 하는가?

풀이

현재가치요소: 1,000/1,999 = 0.5003 (소숫점 5자리에서 반올림)

	3%	4%	5%	6%	7%	8%	9%	10%
	…	…	…	…	…	…	…	…
8	0.7894	0.7307	0.6768	0.6274	0.5820	0.5403	0.5019	0.4665
9	0.7664	0.7026	0.6446	0.5919	0.5439	**0.5003**	0.4604	0.4241
10	0.7441	0.6756	0.6139	0.5584	0.5084	0.4632	0.4224	0.3855

그러므로 9년

다. 연금

정해진 기간 동안 일정한 금액이 일정한 간격을 두고 정기적으로 발생하는 현금흐름의 형태를 연금(年金, annuity)이라고 한다. 연금은 여러 기간에 걸쳐 발생하는 현금흐름의 형태 중 가장 기본적인 것으로, 실제 경제생활에서 가장 많이 이용되고 있는 현금흐름의 형태이다. 예를 들어 일반적으로 사채의 이자는 만기까지 반년단위로 일정한 금액이 지급되는 연금형태이고, 원리금 균등상환조건의 대출도 상환기간 동안 정기적으로 일정한 금액을 상환하는 연금형태이다.

1) 연금의 유형

연금은 현금흐름형태에 따라 정상연금이나 선불연금으로 구분할 수 있다. 정상연금(正常年金, ordinary annuity)은 첫 번째 현금흐름이 연금계약체결 후 일정기간이 지나서 나타나는 연금이다. 따라서 정상연금에서 최종 현금흐름은 연금계약기간 종료일에 발생된다.

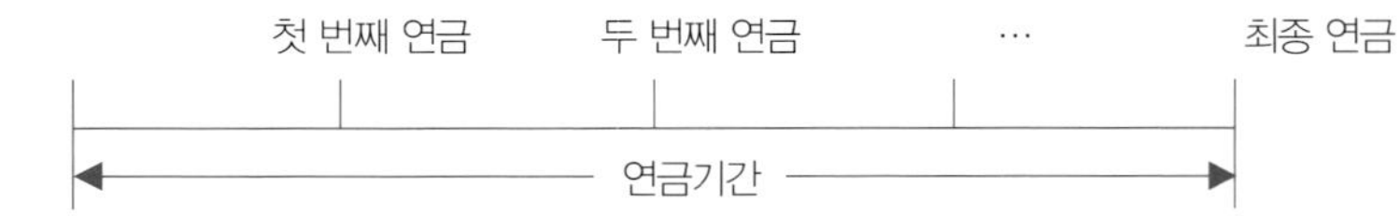

[그림 7-1] 정상연금의 현금흐름

선불연금(先佛年金, annuity in advance; annuity due)은 첫 번째 현금흐름이 연금계약체결일에 발생하고 최종현금흐름은 연금기간 종료일이 포함된 기간 초에 나타난다.

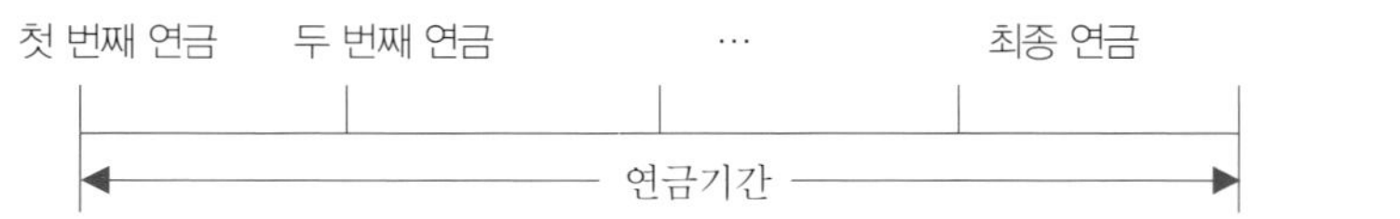

[그림 7-2] 선불연금의 현금흐름

2) 미래가치

연금의 미래가치는 연금을 미래시점에서 평가한 금액을 의미한다. 이를 계산하기 위해서는 현금흐름의 발생시점을 기준으로 원리금를 복리계산하는 과정을 반복하여야 한다.

가) 정상연금

연금횟수가 n인 정상연금의 미래가치(正常年金의 未來價値, future value of an ordinary annuity; FVA)는 첫 번째 현금흐름은 'n-1' 기간, 두 번째 현금흐름은 'n-2' 기간, …, 마지막에서 두 번째 현금흐름은 1 기간에 걸쳐 복리계산을 하고, 마지막 현금흐름은 이자가 발생하지 않으므로 그대로 합한 금액이다.

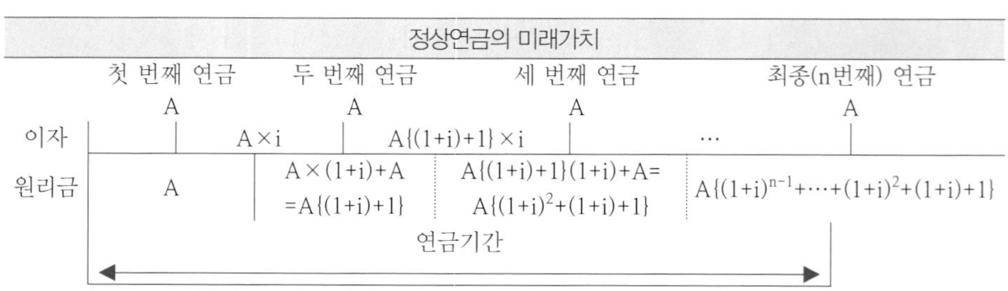

정상연금의 미래가치를 계산하는 식은 다음과 같다. 여기서 A는 1회분 연금액, i는 이자율, n은 연금기간(복리기간)을 의미한다.

$$FVA = A\{(1+i)^{n-1} + \cdots + (1+i)^2 + (1+i) + 1\}$$
$$= A(\frac{(1+i)^n - 1}{i}) = A \times FVFA(i,n)$$

여기서, $FVFA$=정상연금의 미래가치요소

예제 7-5 정상연금의 미래가치

(주)보명은 21년 초에 전환사채(액면금액 1,000원, 표면이자율 3%)를 액면금액으로 발행하였다. 만기일은 23년 말이다. 만기까지 전환하지 않으려는 투자자의 투자를 유도하기 위해 만기까지 전환하지 않으면, 연 8%의 수익을 보장하기로 하였다. 전환되지 않는 경우, 만기일에 액면금액과는 별도로 지급하여야 할 금액은?

풀이

보장수익률에 따라 만기일에 추가로 지급해야 할 금액을 상환할증금이라고 한다.
보장이자와 표면이자의 차이: 1,000×(8%-5%)=30원
상환할증금: 30×FVFA(8%, 3)=77원

나) 선불연금

선불연금의 미래가치의 계산원리는 정상연금과 동일하다. 그러나 현금흐름의 차이로 인해 복리계산이 달라진다. 즉 연금횟수가 n인 선불연금에서 미래가치를 계산하기 위해서는 첫 번째 현금흐름은 n 기간, 두 번째 현금흐름은 'n-1' 기간, …, 마지막 현금흐름은 1 기간에 걸쳐 복리계산을 하고 합하여야 한다.

선불연금의 미래가치

	첫 번째 연금	두 번째 연금	세 번째 연금	최종(n번째) 연금	
	A	A	A	A	
이자	Axi	A{(1+i)+1} x i	…		
원리금	A	Ax(1+i)+A =A{(1+i)+1}	A{(1+i)+1}(1+i)+A = A{$(1+i)^2$+(1+i)+1}	A{$(1+i)^{n-1}$+…+$(1+i)^2$+(1+i)+1}	A{$(1+i)^n$+…+$(1+i)^2$+(1+i)}

← 연금기간 →

선불연금의 미래가치(FVAD)를 계산하는 식은 다음과 같다. 여기서 A는 1회분 연금액, i는 이자율, n은 연금기간(복리기간)을 의미한다.

$$FVAD = \{(1+i)^n + ... + (1+i)^2 + (1+i)\}$$
$$= A[\frac{(1+i)^n - 1}{i} \times (1+i)] = A \times FVFA(i,n) \times (1+i)$$
$$= A[\frac{(1+i)^{n+1} - 1}{i} - 1] = A \times (FVFA(i,n+1) - 1)$$
$$= A \times FVFAD(i,n)$$

여기서, $FVFAD$=선불연금의 미래가치요소

선불연금의 미래가치요소(FVFAD)와 정상연금의 미래가치요소(FVFA)의 관계는 다음과 같다.

$$FVFAD(i,n) = FVFA(i,n) \times (1+i) = FVFA(i,n+1) - 1$$

예제 7-6 선불연금의 미래가치

21년 초에 목돈 마련을 목적으로 연 이자율 5%인 정기적금구좌를 개설하고, 매년 초에 1,000원씩 3년간 불입하여 23년 말에 찾고자 한다. ❶만기금액과 ❷연 발생이자는 얼마인가?

풀이

❶ 만기금액=원리금: 1,000 × [FVFA(5%, 4)−1] = 3,310원

❷ 연 발생이자

일자	연 발생이자(원)	적금액	원리금(원)
21년 초		1,000	1,000
21년 말	1,000×5% = 50	1,000	2,050
22년 말	2,050×5% = 102	1,000	3,152
23년 말	3,152×5% = 158		3,310

3) 현재가치

연금의 현재가치는 연금을 현재시점에서 평가한 금액을 의미한다. 이를 계산하기 위해서는 현금흐름의 발생시점을 기준으로 복리로 할인하는 과정을 반복하여야 한다.

가) 정상연금

연금횟수가 n인 정상연금의 현재가치(正常年金의 現在價値, present value of an ordinary annuity)는 첫 번째 현금흐름은 1 기간, 두 번째 현금흐름은 2 기간, …, 마지막 현금흐름은 n 기간에 걸쳐 할인한 현재가치를 합한 금액이다.

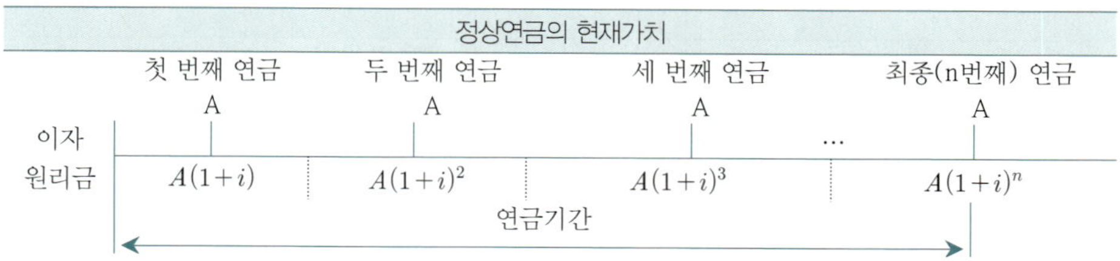

정상연금의 현재가치(PVA)를 계산하는 식은 다음과 같다. 여기서 A는 1회분 연금액, i는 이자율, n은 연금기간(복리기간)을 의미한다.

$$PVA = A(1+i) + A(1+i)^2 + \dots + A(1+i)^{n-1} + A(1+i)^n$$
$$= A[\frac{1}{i} - \frac{1}{i(1+i)^n}] = A \times PVFA(i,n)$$

여기서 $PVFA(i,n)$은 연금현재가치요소(年金現在價値要素, present value factor for an annuity)라 한다.

예제 7-7 정상연금의 현재가치

24년초에 원가 600원의 제품을 판매하고, 판매대금은 24년부터 매년말에 200원씩 4회 분할하여 받기로 하였다. 이자율은 연 8%이다. 매출액과 연도별 발생이자를 계산하라.

풀이

① 매출채권의 현재가치(매출액): $200 \times PVFA(8\%, 4)$ = 662원

② 연간 발생이자

일자	연 발생이자	회수액	현재가치
24년 초			662
24년 말	662 × 8% = 53	200	515
25년 말	515 × 8% = 41	200	356
26년 말	356 × 8% = 28	200	184
27년 말	184 × 8% = 16	200	0

나) 선불연금

연금횟수가 n인 선불연금의 현재가치는 첫 번째 현금흐름은 현재 시점이므로 할인하지 않고, 두 번째 현금흐름은 1 기간, 세 번째 현금흐름은 2 기간,…, 마지막 현금흐름은 ‘n-1’ 기간에 걸쳐 할인한 현재가치를 합한 금액이다.

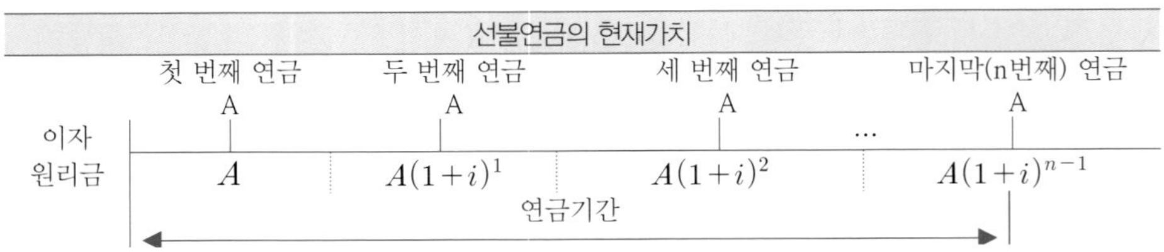

선불연금의 현재가치(PVAD)를 계산하는 식은 다음과 같다. 여기서 A는 1회분 연금액, *i*는 이자율, *n*은 연금기간(복리기간)을 의미한다.

$$PVAD = A + A(1+i) + A(1+i)^2 + \ldots + A(1+i)^{n-1} = A[1 + \frac{1}{i} - \frac{1}{i(1+i)^n}]$$
$$= A \times PVFAD(i,n)$$

선불연금의 현재가치요소($PVFAD$)와 정상연금의 현재가치요소($PVFA$)의 관계는 다음과 같다.

$$PVFAD(i,n) = 1 + PVFA(i,n-1)$$

예제 7-8 선불연금의 현재가치

24년 초에 토지를 매입하고, 대금은 매입일부터 매년초에 200원씩 3회 분할하여 지급하기로 하였다. 시장이자율은 연 10%이다. 토지의 공정가치와 연도별 발생이자를 계산하라.

풀이

❶ 토지 공정가치: $200 \times [1 + PVFA(10\%,2)]$ = 547원

❷ 미지급금의 현재가치 347원(547-200)에 대한 연간 발생이자

일자	지급액	연 발생이자	미지급금 현재가치
24년 초	200		347
24년 말		347 × 10% = 35	382
25년 초	200		182
25년 말		182 × 10% = 18	200
26년 초	200		0

다) 응용문제

(1) 지급유예기간이 있는 연금의 현재가치

연금계약에 의해 계약일로부터 일정 기간이 경과한 후에 첫 번째 현금흐름이 발생하는 경우도 있다. 이 경우 현재가치 계산법은 두 가지가 있다.

[방법1]

1단계: 연금기간(annuity period)이 시작되는 시점에서 연금의 현재가치를 계산

2단계: 1단계에서 계산한 금액을 계약일의 현재가치로 환산

[방법2]

1단계: 유예기간이 없다고 가정하고 전체기간의 현재가치를 계산

2단계: 유예기간에 해당하는 현재가치를 계산

3단계: 1단계 현재가치에서 2단계 현재가치를 차감

예제 7-9 지급유예기간이 있는 연금의 현재가치

27년 1월 1일에 기계장치를 구입하고, 대금은 3년이 경과한 29년 말부터 매년말에 1,000원씩 3회로 나누어 지급하기로 하였다. 시장이자율은 연 10%이다. 이 기계장치의 공정가치와 연도별 발생이자를 계산하라.

풀이

❶ 29년 1월 1일 현재 연금의 현재가치: $1{,}000 \times PVFA(10\%, 3) = 2{,}487$원

27년 초의 현재가치(기계장치의 공정가치): $2{,}478 \times PVF(10\%, 2) = 2{,}055$원

❷ 연간 발생이자

일자	연 발생이자	지급액	미지급금 현재가치
27년 초			2,055
27년 말	2,055×10% = 206		2,261
28년 말	2,261×10% = 226		2,487
29년 말	2,487×10% = 249	1,000	1,736
30년 말	1,736×10% = 174	1,000	910
31년 말	910×10% = 90*	1,000	0

*단수 조정

(2) 연금액 계산

현재가치를 연금의 현재가치요소로 나누면 연금액이 계산된다.

예제 7-10 연금액 계산

현금판매가격 900원인 제품을 할부(4회 균등분할 지급, 지급일: 매년 6월 30일)로 구입하겠다는 제안이 21년 7월 1일에 들어왔다. 시장이자율은 8%이다. 할부금액을 계산하라.

풀이

$900 = A \times PVFA(8\%, 4) \ \therefore A = 271(원)$

(3) 연금기간 계산

현재가치를 연금으로 나누어 연금의 현재가치요소를 계산하고, 이것과 일치하는 값을 현재가치표에서 이자율을 기준으로 찾아 거기에 대응하는 기간을 선택한다.

예제 7-11 연금기간 계산

700원을 차입하고 1년 후부터 연 100원씩 균등상환하려 한다. 이자율은 7%이다. 몇 년 동안 갚아야 하는가?

풀이

$700 = 100 \times PVFA(7\%, n) \ \therefore PVFA(7\%, n) = 7$

상환기간: 10년(연금의 현재가치표에서)

(4) 이자율 계산

현재가치를 연금으로 나누어 현재가치요소를 계산하고, 이것과 일치하는 값을 현재가치표에서 기간을 기준으로 찾아 거기에 대응하는 이자율을 선택한다.

예제 7-12 이자율 계산

현금판매가격이 331원인 기계를 1년 후부터 매년 100원씩 4회 지급하는 조건으로 구매하겠다는 제안이 들어왔다. 이 제안에 내재된 이자율은 얼마인가?

풀이

$331 = 100 \times PVFA(i, 4) \ \therefore PVFA(i, 4) = 3.31$

내재이자율: 8%(연금의 현재가치표에서)

연습문제

1. 2013년 12월 31일 경남(주)는 기계장치를 ₩4,000,000에 판매하였다. 동 기계장치의 원가는 ₩3,200,000이다. 판매시에는 ₩2,000,000을 받고 잔액은 2014년 12월 31일부터 2년에 걸쳐 매년 말일에 1,000,000원씩을 받기로 하였다. 경남(주)가 2013년에 계상할 매출액은 얼마인가?(단 이자율은 연 10%를 적용한다.)

   ① ₩1,267,375 ② ₩2,000,000 ③ ₩3,267,375 ④ ₩3,735,537 ⑤ ₩4,000,000

2. 다음 중 발행시점에서 사채의 현재가치를 계산하는 방법으로 옳은 것은?

   ① 만기가액의 현재가치+이자지급액의 현재가치
   ② 만기가액+이자지급액의 현재가치
   ③ 만기가액+이자 지급액
   ④ 이자지급액의 현재가치
   ⑤ 정답 없음

3. 마산(주)는 액면가액이 ₩1,000,000인 사채(상환기간 3년, 이자율 10%, 연 1회 이자지급)를 ₩900,000에 발행하고 사채발행비 ₩20,000을 현금으로 지급하였다. 사채발행시점에서 기업회계기준서에 의한 사채할인발행차금은 얼마인가?

   ① ₩80,000 ② ₩100,000 ③ ₩110,000 ④ ₩120,000 ⑤ ₩880,000

4. 2011년 1월 1일 서울(주)는 액면가액 ₩100,000인 사채(만기 3년, 표시이자률 10%)를 발행하였다. 이자는 발행일부터 발생되며 매년 12월 31일에 지급된다. 한편, 경기(주)는 2011년 5월 1일에 서울(주)의 사채를 구입하였다. 이 때 시장이자율은 12%라고 가정한다면, 유효이자율법을 따르고 있는 경기(주)가 지급하게 될 사채의 이론적 구입가격은 얼마인가? (단, 할인률 12%인 경우 3년 후의 ₩1의 현가는 0.71178이며, 3년간 ₩1의 연금의 현가계수는 2.40183이다.)

   ① ₩100,000 ② ₩104,804 ③ ₩99,004 ④ ₩95,196 ⑤ ₩95,671

5. 다음은 창원(주)의 2013년에 대한 자료이다. 기중에 증자를 하여 자본금 ₩30,000과 주식발행초과금 ₩10,000이 증가하였다. 2013년 기말의 부채가 ₩400,000일 때 기말의 자산은 얼마인가?

기초 자본	₩ 300,000	당기순이익	₩50,000
기초 이익잉여금	100,000	2014년 초에 지급할 현금배당액	20,000

   ① ₩370,000 ② ₩470,000 ③ ₩770,000 ④ ₩870,000 ⑤ ₩890,000

6. 서울㈜는 2010년 1월 1일에 액면금액 ₩3,000,000, 표시이자율 6%, 3년에 걸쳐 매년 말 이자지급과 원금₩1,000,000씩을 상환하는 연속상환사채를 발행하였다. 사채의 발행가격은 얼마인가? 단, 사채발행시의 유효이자율은 8%이고 사채발행비는 없다. 또한 모든 계산금액은 소수점 첫째자리에서 반올림하며, 이 경우 약간의 오차가 나타날 수 있다.

할인율	단일금액 ₩1의 현재가치			정상연금 ₩1의 현재가치		
	1년	2년	3년	1년	2년	3년
6%	0.9434	0.8900	0.8396	0.9434	1.8334	2.6730
8%	0.9259	0.8573	0.7983	0.9259	1.7833	2.5771

① ₩2,641,259 ② ₩2,703,342 ③ ₩2,765,391 ④ ₩2,894,178 ⑤ ₩3,000,000

7. 재무회계개념체계에서 설명하고 있는 포괄이익과 자본유지개념에 관한 다음의 내용 중 옳지 않은 것은?

① 포괄이익은 기본적으로 재무자본유지개념에 근거한 투자이익의 개념이다.
② 포괄이익은 소유주와의 자본거래를 제외한 기중의 자본변동을 의미한다.
③ 실물자본유지개념 하의 실물자본이란 실물생산능력 또는 조업능력을 의미한다.
④ 기업실체의 투자이익은 유지해야 할 자본의 재무자본 혹은 실물자본으로 측정하는지에 따라 달라진다.
⑤ 보유 자산·부채의 가격변동효과는 명목재무자본유지개념 하에서는 투자이익으로, 불변구매력자본유지개념 하에서는 자본유지조정항목으로 처리된다.

8. 다음은 자본유지개념과 관련된 설명이다. 가장 옳지 않은 것은?

① 실물자본유지개념을 사용하기 위해서는 현행원가기준에 따라 측정해야 한다.
② 재무자본유지개념은 특정한 측정기준의 적용을 요구하지 않는다.
③ 재무자본유지개념과 실물자본유지개념의 주된 차이는 기업의 자산과 부채에 대한 가격변동 영향의 처리방법에 있다.
④ 명목화폐단위로 정의한 재무자본유지개념 하에서 회계기간 중 보유한 자산가격의 증가 부분, 즉 보유이익은 개념적으로 이익에 속하지 않는다.
⑤ 실물자본유지개념 하에서 기업의 자산과 부채에 영향을 미치는 모든 가격변동은 해당 기업의 실물생산능력에 대한 측정치의 변동으로 간주되어 이익이 아니라 자본유지조정으로 처리된다.

9. 경남㈜의 당기 부채총계가 회계기간의 기초에는 ₩160,000 이었고, 기말에는 ₩180,000이었다. 기말의 순자산(자본)이 ₩200,000이고, 기말의 자산총계는 기초보다 ₩80,000만큼 증가하였다. 당기 중에 자본금이 주식의 추가발행으로 인하여 ₩60,000만큼 증가하였고 배당금으로 ₩20,000 지급하였다면 당기순이익은 얼마인가?

❶ ₩10,000　❷ ₩20,000　❸ ₩30,000　❹ ₩40,000　❺ ₩50,000

※ (10번~12번) 경남㈜는 2009년 초 현금 ₩300을 투자하여 사업을 시작하였으며, 기초 현재 상품 2개를 개당 ₩150에 구입하였다. 2009년 중 일반물가는 10%상승하였고, 구입했던 상품 2개를 개당 ₩230에 처분하여 기말 현재 현금이 ₩460이 되었다. 기말 현재 사과의 개당 구입가격은 ₩160이다.

10. 명목재무자본유지개념에 근거하여 당기순이익을 계산하면 얼마인가?

❶ ₩160　❷ ₩170　❸ ₩180　❹ ₩140　❺ ₩150

11. 불변구매력재무자본유지개념에 근거하여 당기순이익과 자본의 조정항목을 계산하면 얼마인가?

❶ ₩130, ₩30　❷ ₩140, ₩30　❸ ₩150, ₩20　❹ ₩160, ₩20　❺ ₩170, ₩20

12. 실물자본유지개념에 근거하여 당기순이익과 자본의 조정항목을 계산하면 얼마인가?

❶ ₩130, ₩30　❷ ₩140, ₩30　❸ ₩140, ₩20　❹ ₩150, ₩20　❺ ₩160, ₩20

13. 다음 중 현행원가의 가장 큰 장점에 해당하는 것은?

❶ 거래가 객관적 자료에 의하여 입증되므로 검증가능성이 높다.
❷ 보유중인 자산의 실현가능가치를 잘 나타내준다.
❸ 환경변화에 대한 기업의 적응능력을 잘 표시해준다.
❹ 개인의 경제적 의사결정과 경제행위를 잘 설명해준다.
❺ 현행영업이익과 보유손익을 구분함으로써 경영성과의 평가에 유용하다.

14. 역사적 원가하의 순이익과 현행원가하의 순이익 사이의 관계로 올바른 것은?

❶ 현행원가 영업이익=역사적 원가하의 순이익-실현보유이익
❷ 현행원가 순이익=역사적 원가하의 순이익-실현보유이익-미실현보유이익
❸ 현행원가 영업이익=역사적 원가하의 순이익-실현보유이익-미실현보유이익
❹ 현행원가 영업이익=역사적 원가하의 순이익-미실현보유이익
❺ 현행원가 순이익=역사적 원가하의 순이익-미실현보유이익

15. 마산㈜는 2009년 8월 1일에 100개의 전자제품을 대당 ₩1,600,000에 매입하였다. 2009년 12월 31일에 동 제품 중 50대를 대당 ₩2,000,000에 판매하였다. 당시의 현행원가는 ₩1,800,000이었다. 2010년 5월 5일에 나머지 제품을 대당 ₩2,200,000에 판매하였는데, 이때의 현행원가는 ₩2,040,000이었다. 현행원가기준에 의한 2009년의 당기순이익은 다음 중 어느 것인가?

❶ ₩20,000,000 ❷ ₩25,000,000 ❸ ₩30,000,000 ❹ ₩35,000,000 ❺ ₩50,000,000

16.다음 중 기업회계기준 및 관련 해석에 따라 현재가치로 평가해야 할 항목은?

❶ 장기의 선수금과 장기의 선급금

❷ 전세권, 회원권

❸ 이연법인세자산 및 이연법인세부채

❹ 임차보증금

❺ 특수관계자와의 장기금전대차거래

17. 경기(주)는 2001년 1월 1일 장부가액이₩288,000인 기계를 매각하고, 2004년 1월 1일 만기인 액면 ₩360,000의 무이자부 약속어음을 수취하였다. 수취당시 시장이자율은 10%이며, 기간 3년인 ₩1에 대한 현재가치는 0.75, 연금 1에 대한 현재가치는 2.49이다. 이 거래에 대한 설명 중 옳지 않은 것은?

❶ 2001년도 포괄손익계산서에 보고되는 기계처분손실은 ₩18,000이다.

❷ 2001년 12월 31일 현재 재무상태표에 보고되는 현재가치할인차금은 ₩60,000이다.

❸ 2001년 12월 31일 현재 재무상태표에 보고되는 장기미수금의 장부가액은 ₩297,000이다.

❹ 유효이자율법을 적용할 경우 2001년도 포괄손익계산서에 보고되는 이자수익은 ₩27,000이다.

18. 고려㈜는 공장부지로 사용할 목적으로 토지를 취득하였으나 인건비 절감을 위하여 신설공장을 개성공단에 건설하기로 하여 토지를 한양㈜에 처분하였다. 고려㈜는 2011년 1월 1일 보유중인 토지를 다음과 같은 조건으로 처분하였다. 처분 시 유형자산처분손익은 얼마인가?

> Ⓐ 고려(주)는 토지판매대금으로 액면가액 ₩100,000, 만기 2년의 무이자부 어음을 수령하였다.
> Ⓑ 토지 처분일의 시장이자율은 8%이다.
> Ⓒ 처분일 현재 토지의 장부가액이 ₩20,000이다.
> Ⓓ 8%, 2기간, 현가계수는 0.85734 이다.

❶ 유형자산처분이익 ₩65,734
❷ 유형자산처분이익 ₩72,456
❸ 유형자산처분손실 ₩72,593
❹ 유형자산처분손실 ₩76,154
❺ 유형자산처분손실 ₩80,000

19. 서강㈜는 2011년 초에 장부가액 ₩600,000인 기계장치를 매각하고 액면가액은 ₩1,000,000, 액면이자율은 10%, 이자는 매년 말 후급, 만기 3년인 어음을 수령하였다. 처분 당시의 시장이자율은 12%였다. 기계장치 매각거래가 서강(주)의 2011년도 당기손익에 미친 영향을 계산하면 얼마인가? (단, 12% 3기 연가계수는 0.71178이고, 12% 3기 연금현가계수는 2.40183이다.)

❶ ₩257,995 ❷ ₩547,445 ❸ ₩785,259 ❹ ₩359,258 ❺ ₩466,199

해답

1. ❹	2. ❶	3. ❹	4. ❺	5. ❸	6. ❹	7. ❺	8. ❹	9. ❷	10. ❶
11. ❶	12. ❸	13. ❺	14. ❶	15. ❸	16. ❺	17. ❷	18. ❶	19. ❺	

제8장 주석과 영업부문 및 특수관계자

1. 주 석

가. 구조

1) 주석으로 제공하는 정보

재무제표에서 주석은 다음의 정보를 제공한다.

- 재무제표 작성 근거와 사용한 구체적인 회계정책에 대한 정보
- 한국채택국제회계기준에서 요구하는 정보이지만 재무제표 어느 곳에도 표시되지 않는 정보
- 재무제표 어느 곳에도 표시되지 않지만 재무제표를 이해하는 데 목적적합한 정보

주석은 이해가능성과 비교가능성을 제고하기 위하여 체계적인 방법으로 표시하여야 한다. 재무상태표, 포괄손익계산서, 자본변동표 및 현금흐름표에 표시된 개별항목은 주석의 관련 정보와 상호 연결시켜 표시한다.

2) 배열 순서

주석은 재무제표이용자가 재무제표를 이해하고 다른 기업의 재무제표와 비교하는 데 도움을 줄 수 있도록 일반적으로 다음 순서로 표시한다.

❶ 한국채택국제회계기준을 준수하였다는 사실

❷ 적용한 유의적인 회계정책의 요약

❸ 재무상태표, 포괄손익계산서, 자본변동표 및 현금흐름표에 표시된 항목에 대

한 보충정보. 재무제표의 배열 및 각 재무제표에 표시된 개별 항목의 순서에 따라 표시한다.

❹ 다음을 포함한 기타 공시

- 우발부채와 재무제표에서 인식하지 아니한 계약상 약정사항
- 비재무적 공시항목, 예를 들어 기업의 재무위험관리목적과 정책

경우에 따라 주석 내 개별 항목 배열순서의 변경이 필요하거나 바람직할 수 있다. 예를 들어, 금융상품의 공정가치 변동에 대한 정보는 포괄손익계산서와 관련되어 있고 금융상품의 만기에 대한 정보는 재무상태표와 관련되어 있다고 하더라도, 이 두 정보를 금융상품의 만기정보에 통합하여 표시할 수 있다. 그럼에도 불구하고 주석의 체계적인 구조는 실무적으로 적용가능한 한 유지하여야 한다. 그리고 재무제표의 작성 기준과 구체적 회계정책에 대한 정보를 제공하는 주석은 재무제표의 별도 부분으로 표시할 수 있다.

나. 회계정책의 공시

경영진은 특정 회계정책의 공시 여부를 결정할 때 공시가 거래나 사건 및 상황이 보고된 재무성과와 재무상태에 어떻게 반영되었는지를 재무제표이용자가 이해하는 데 도움이 되는지를 고려하여야 한다. 그리고 재무제표이용자가 공시할 것으로 기대하는 사업내용과 정책은 공시한다. 예를 들어, 기업이 유의적인 해외사업을 수행하거나 외화거래를 하는 경우에는 외환손익의 인식에 대한 회계정책의 공시를 기대할 것으로 기대할 수 있으므로 이에 관한 정보를 공시하여야 한다.

회계정책은 당기 및 과거기간의 금액이 중요하지 않은 경우에도 사업의 성격 때문에 유의적일 수 있다. 특정 회계정책이 한국채택국제회계기준에서 허용되는 여러 대안 중에서 선택된 경우에는 선택하여 적용하는 유의적인 회계정책은 공시하는 것이 적절하다. 재무제표이용자에게 유용할 것이기 때문이다.

주석에는 유의적인 회계정책의 요약으로 다음 항목을 공시한다.

- 재무제표를 작성하는 데 사용한 측정기준
- 재무제표를 이해하는 데 목적적합한 기타의 회계정책

1) 측정기준

재무제표이용자에게 재무제표 작성의 기초가 된 측정기준에 관한 정보를 제공하는 것은 중요하다. 왜냐하면 재무제표의 작성기준은 재무제표이용자의 분석에 유의적인 영향을 미치기 때문이다. 재무제표에 하나 이상의 측정기준을 사용한 경우에는 각 측정기준이 적용된 자산과 부채의 범주를 표시한다.

2) 경영진의 판단

경영진은 기업의 회계정책을 적용하는 과정에서 재무제표에 인식되는 금액에 유의적인 영향을 미칠 수 있는 다양한 판단을 한다. 회계정책을 적용하는 과정에서 내린 경영진의 판단은 추정 불확실성과는 그 성격이 다르다. 경영진의 판단이 필요한 분야의 예는 다음과 같다.

- 금융자산이 상각후원가측정투자자산인지의 여부
- 금융자산과 리스자산의 소유권에 대한 대부분의 유의적인 위험과 효익이 실질적으로 다른 기업에 이전되었는지의 여부
- 특정 매출이 실질적으로 차입거래이며 수익을 창출하지 않는 거래인지의 여부
- 기업과 특수목적기업 간의 실질 관계를 고려했을 때 해당 기업이 특수목적기업을 지배하고 있는지의 여부

이와 같이 재무제표에 인식되는 금액에 유의적인 영향을 미친 경영진이 내린 판단은 유의적인 회계정책의 요약 또는 기타 주석 사항으로 공시한다. 다음도 경영진의 판단에 관한 공시의 예이다.

- 의결권 또는 잠재적인 의결권의 과반수를 직접으로 또는 종속기업을 통하여 간접으로 소유하고 있음에도 불구하고 종속기업이 아닌 피투자자로 보는 경우 기업의 소유지분이 지배관계를 형성하지 않는 이유
- 투자부동산을 자가사용부동산이나 정상영업활동에서 판매하기 위한 부동산과 구별하기 위하여 사용한 분류기준

다. 가정과 추정 불확실성의 원천

일부 자산과 부채의 장부금액은 불확실한 미래 사건이 보고기간말의 자산과 부채에 미치는 영향을 추정하여 결정해야 한다. 예를 들어, 유형자산의 분류별 회수가능액, 재고자산에 대한 기술적 진부화의 영향, 진행 중인 소송사건의 미래 결과에 따라 변동되는 충당부채, 그리고 퇴직연금채무와 같은 장기 종업원급여부채를 측정할 때 최근에 관측된 시장가격이 존재하지 않는 경우에는 미래지향적인 추정에 의존하게 된다. 이러한 추정을 할 때 현금흐름 또는 할인율에 대한 위험조정, 급여의 미래변동 및 그 밖의 원가에 영향을 미치는 가격의 미래변동과 같은 항목에 대한 가정이 필요하다. 특정 회계기준서에서 구체적으로 요구하는 가정과 추정 불확실성의 공시의 예는 다음과 같다.

- 특정 상황에서 유형별 충당부채에 영향을 미치는 미래 사건에 대한 주요 가정
- 공정가치를 장부금액으로 하는 금융자산 및 금융부채의 공정가치 추정에 사용한 유의적인 가정
- 유형자산 중 재평가된 항목의 공정가치 추정에 사용한 유의적인 가정

1) 공시사항

미래에 대한 가정과 보고기간말의 추정 불확실성에 대한 기타 주요 원천에 대한 정보를 공시하여야 한다. 가정과 추정 불확실성의 주요 원천은 다음 회계연도에 자산과 부채의 장부금액에 대한 중요한 조정을 유발할 수 있는 유의적인 위험을 내포하고 있다. 따라서 이로부터 영향을 받을 자산과 부채에 대하여 다음 사항 등을 주석으로 기재한다.

- 자산과 부채(또는 자산이나 부채의 집단)의 성격
- 보고기간말의 장부금액

가정과 추정 불확성실의 주요 원천을 공시할 때는 미래와 추정 불확실성에 대한 기타 원천에 대해 경영진이 내린 판단을 재무제표이용자가 이해하는 데 도움을 줄 수 있도록 표시한다. 제공하는 정보의 성격과 범위는 가정 및 그 밖의 상황의 성격에 따라 다르다. 그러한 공시사항의 예는 다음과 같다.

- 가정 또는 기타 추정 불확실성의 성격
- 계산에 사용된 방법, 가정 및 추정에 따른 장부금액의 민감도와 그 이유
- 불확실성의 영향을 받는 자산 및 부채의 장부금액과 관련하여 다음 회계연도 내에 예상되는 불확실성의 해소방안과 합리적으로 발생가능한 결과의 범위
- 불확실성이 계속 미해소 상태인 경우, 해당 자산 및 부채에 대하여 과거에 사용한 가정과의 차이에 대한 설명

2) 유의사항

가정과 추정 불확실성의 원천에 대한 공시는 경영진에게 가장 어렵고 주관적이고 복잡한 판단을 요구하는 추정과 관련이 있다. 불확실성에 대한 미래 해소가능성에 영향을 주는 변수와 가정이 증가할수록 그러한 판단은 더욱 주관적이고 복잡해진다.

가정과 추정 불확실성의 원천에 대한 공시에서 유의할 점은 다음과 같다.

- 미래에 예상되는 공정가치의 변동: 다음 회계연도에 장부금액이 중요하게 변동될 수 있는 유의적인 위험이 있는 자산과 부채라 할지라도 최근에 관측된 시장가격에 기초하여 보고기간말의 공정가치를 측정한 경우에는 공시를 하지 아니한다. 그러한 공정가치가 다음 회계연도에 중요하게 변동될 수도 있지만 그러한 변동은 보고기간말의 가정 또는 추정 불확실성에 대한 기타 원천에서 발생한 것은 아니기 때문이다.
- 예산정보나 미래예측: 가정과 추정 불확실성의 원천에 대한 공시는 예산정보나 미래예측의 공시가 아니다. 예산정보나 미래예측의 공시는 국제회계기준에서 요구하지 않는다.
- 잠재적 영향의 정도를 실무적으로 공시할 수 없는 경우: 현재 알려진 정보에 의하면 다음 회계연도 중에 가정과 다른 결과가 발생하여 그 영향을 받는 자산과 부채의 장부금액이 중요하게 수정될 수도 있다는 사실을 공시해야 한다. 어떠한 경우라도 기업은 가정에 의해 영향을 받는 개별 자산이나 부채의 성격과 장부금액을 공시해야 한다.

라. 자본관리

자본의 수준과 기업이 자본을 관리하는 방식은 재무제표이용자가 기업의 위험 및 예측되지 않은 불리한 사건을 견딜 수 있는 기업의 능력을 평가하는 데 고려하여야 할 중요한 요소이다. 또한 자본의 수준은 배당을 지급할 수 있는 기업의 능력에 영향을 줄 수 있다. 따라서 재무제표이용자가 자본관리를 위한 기업의 목적, 정책 및 절차를 평가할 수 있도록 관련 정보를 공시하여야 한다. 자본관리에 관한 공시는 기업의 주요 경영진에게 내부적으로 제공된 정보에 기초하게 된다. 공시사항은 다음과 같다.

❶ 자본관리를 위한 기업의 목적, 정책 및 절차에 대한 비계량적 정보. 이 정보에는 다음의 내용이 포함된다.

- 자본으로 관리하고 있는 항목에 대한 설명
- 외부적으로 부과된 자본유지요건이 있는 경우, 그러한 요건의 내용과 그 요건이 자본관리에 어떻게 반영되고 있는지에 대한 내용
- 자본관리의 목적을 어떻게 달성하고 있는지에 대한 내용

❷ 자본으로 관리하고 있는 항목에 대한 계량적 자료의 요약. 부채의 성격을 갖는 후순위채무를 자본의 일부로 간주하는 경우와 자본의 성격을 갖는 현금흐름위험회피에서 발생하는 구성요소를 자본의 개념에서 제외하는 경우 그 내용은 공시하여야 한다.

❸ 전기 이후 ❶과 ❷의 변경사항

❹ 외부적으로 부과된 자본유지요건을 회계기간동안 준수 여부와 미준수의 결과. 기업은 다양한 방법으로 자본을 관리할 수 있으며 여러 가지 상이한 자본유지요건이 있을 수 있다. 예를 들어, 어떤 대기업 집단은 보험업과 은행업을 영위하는 기업을 포함할 수 있으며, 그러한 기업은 여러 국가에서 운영될 수도 있다. 자본유지요건과 자본이 어떻게 관리되는지에 대한 통합 공시가 유용한 정보를 제공하지 못하거나 기업의 자본 원천에 대한 재무제표이용자의 이해를 왜곡시키는 경우, 기업은 각각의 자본유지요건별로 분리하여 정보를 공시하여야 한다.

마. 자본으로 분류되는 풋가능 금융상품

지분상품으로 분류되는 풋가능 금융상품에 대하여 다음 사항을 공시한다

- 자본으로 분류되는 금액에 대한 양적 요약 자료
- 금융상품 보유자가 재매입이나 상환을 요구할 때, 그 의무를 관리하기 위한 목적, 정책 및 절차(전기 이후의 변경사항 포함)
- 금융상품의 상환이나 재매입시 기대되는 현금유출액과 그 금액의 결정 방법에 관한 정보

바. 기타 공시

주석에는 다음 사항을 공시한다.

- 재무제표 발행승인일 전에 제안 또는 선언되었으나 당해 기간 동안에 소유주에 대한 분배금으로 인식되지 아니한 배당금액과 주당배당금
- 미인식 누적우선주배당금

그리고 다음 항목이 재무제표와 함께 공표된 기타 정보에 공시되지 않았다면 주석으로 공시한다.

- 기업의 소재지와 법적 형태, 설립지 국가 및 등록된 본점사무소(또는 등록된 본점사무소와 상이하다면, 주요 사업 소재지)의 주소
- 기업의 영업과 주요 활동의 내용에 대한 설명
- 지배기업과 연결실체 최상위 지배기업의 명칭
- 존속기간이 정해진 기업의 경우 그 존속기간에 관한 정보

또한 상법 등 관련 법규에서 이익잉여금처분계산서(또는 결손금처리계산서)의 작성을 요구하는 경우에는 재무상태표의 이익잉여금(또는 결손금)에 대한 보충정보로서 이익잉여금처분계산서(또는 결손금처리계산서)를 주석으로 공시한다.

2. 영업부문과 보고부문

가. 영업부문

영업부문은 이익중심점과 책임중심점이 되는 기업의 특정 부문을 의미한다. 국제회계기준은 다음의 세 가지 특성(three characteristics)을 모두 가진 기업의 구성단위를 영업부문으로 정의한다.

- 수익을 창출하고 비용을 발생시키는 사업활동을 영위. 여기서 수익과 비용은 외부거래에 한정되지 않는다. 내부이전가격으로 측정하는 수익과 비용도 포함된다. 주의할 것은 신규 영업의 경우이다. 신규 영업은 수익을 창출하기 전에도 영업부문이 될 수 있다.
- 부문에 배분될 자원에 대한 의사결정을 하고 부문의 성과를 평가하기 위하여 최고영업의사결정자가 영업성과를 정기적으로 검토한다.
- 구분된 재무정보의 이용이 가능하다.

기업의 모든 부문이 반드시 하나의 영업부문이나 영업부문의 일부에 귀속되는 것은 아니다. 예를 들어, 수익을 창출하지 못하거나 기업 활동에 부수적인 수익을 창출하는 본사나 일부 직능부서는 일반적으로 영업부문이 될 수 없다.

1) 최고영업의사결정자와 부문관리자

최고영업의사결정자(chief operating decision maker)는 직함이 아니라 역할로 식별하여야 한다. 여기서 역할은 영업부문에 자원을 배분하고, 영업부문의 성과를 평가하는 것이다. 일반적으로 최고영업의사결정자는 최고경영자나 최고영업책임자이지만, 집행임원들이나 기타 인원으로 구성된 집단인 이사회가 최고영업의사결정자가 되는 경우도 있다.

일반적으로 영업부문에는 최고영업의사결정자에게 직접적인 책임을 지고 부문의 영업활동, 재무성과, 예측 또는 계획을 논의하기 위하여 최고영업의사결정자와 정기적으로 연락하는 부문관리자가 있다. 이 부문관리자도 직함이 아니라 역할로 식별하여야 한다. 최고영업의사결정자도 일부 영업부문들의 부문관리자가 될 수 있으며, 관리자 한 명이 둘 이상의 영업부문에 대한 부문관리자가 될 수도 있다. 만약 영업부문이 가져야 할 특성을 가진 부문이 둘 이상이지만 부문관리자가 책임을 가진 부문이 하나라면, 그 부문만이 영업부문이 된다.

대부분의 기업은 영업부문이 가져야 할 세 가지 특성을 통해 영업부문을 명확하게 식별할 수 있다. 그러나 기업은 사업활동에 관한 보고서를 다양한 방법으로 작성하기도 한다. 만약 최고영업의사결정자가 두 조 이상의 부문정보를 이용하는 경우에는 각 구성단위의 사업활동 내용, 각 구성단위의 사업활동에 대하여 책임을 지는 관리자의 존재 및 이사회에 보고되는 정보 등을 영업부문을 구성하는 하나의 구성단위를 식별할 수 있다.

2) 행렬형태조직의 영업부문

행렬형태조직(matrix form of organisation)이란 경영 활동의 기능에 따라 전문화된 부문을 프로젝트별로 통합시키기 위한 조직구조를 의미한다. 행렬형태조직의 구성원은 종적으로는 기능조직의 일원이면서 횡적으로는 프로젝트조직의 일원이 된다. 따라서 구성원은 수행하는 업무에 따라 프로젝트관리자와 기능관리자에게 동시에 보고하고 두 사람의 통제를 받는다. 행렬형태조직은 기능과 불확실성이 큰 프로젝트를 동시에 중시해야 하는 경우에 적용하는 조직형태이다.

행렬형태조직에 대해서도 영업부문이 가져야 할 세 가지 특성에 기초하여 영업부문을 식별한다. 예를 들어, 전 세계적 차원에서 기업의 제품과 용역에 책임을 지는 관리자와 특정 지역에만 책임을 지는 관리자가 존재하는 기업은 행렬형태조직이다. 최고영업의사결정자는 정기적으로 이 두 조의 구성단위의 영업성과를 모두 검토하고, 이들에 대한 재무정보는 모두 이용가능하다. 이러한 상황에서도 기업은 영업부문이 가져야 할 세 가지 특성과 책임 등을 고려하여 어느 조의 구성단위가 영업부문을 구성하는지를 결정하여야 한다.

나. 보고부문

영업부문을 식별한 다음에는 보고부문을 결정하여야 한다. 보고부문의 결정에서는 순수경영자접근법과 수정경영자접근법이 있다. 순수경영자접근법은 최고영업의사결정자가 기업의 자원배분에 대해 의사결정을 하고 영업성과를 평가하기 위해 검토하는 모든 영업부문에 관한 정보를 보고하는 방법이다. 순수경영자접근법은 원가효익관점에서 문제가 발생할 수 있다. 즉 외부재무제표이용자에게 유용하지 않을 지나치게 상세한 정보가 제공되고, 작성하는 기업에게는 회계부담이 커질 수 있다. 이 문제로 인해 국제회계기준은 통합기준과 양적기준을 적용하여 보고부문을 결정하는 수정경영자접근법과 순수경영자접근법을 모두 인정한다.

국제회계기준은 다음 조건을 모두 충족하는 각 영업부문에 대한 정보는 별도로 보고할 것을 요구한다.

- 영업부문이나 통합기준에 따라 통합한 영업부문
- 양적기준을 초과하는 영업부문

1) 통합기준

경제적 특성이 유사한 영업부문들은 많은 경우에 장기적 재무성과가 유사하게 나타난다. 예를 들어, 경제적 특성이 유사한 두 영업부문에 대해서는 유사한 장기평균총이익률이 기대된다. 영업부문을 통합하는 것이 목적적합성과 표현충실성을 높이고, 영업부문에 유사성이 있는 경우에는 통합하여 보고할 수 있다. 유사성의 판단에 고려할 요소는 다음과 같다.

- 제품과 용역의 성격
- 생산과정의 성격
- 제품과 용역에 대한 고객의 유형이나 계층
- 제품을 공급하거나 용역을 제공하는 데 사용하는 방법
- 해당사항이 있는 경우, 규제환경의 성격(예: 은행, 보험 또는 공공설비)

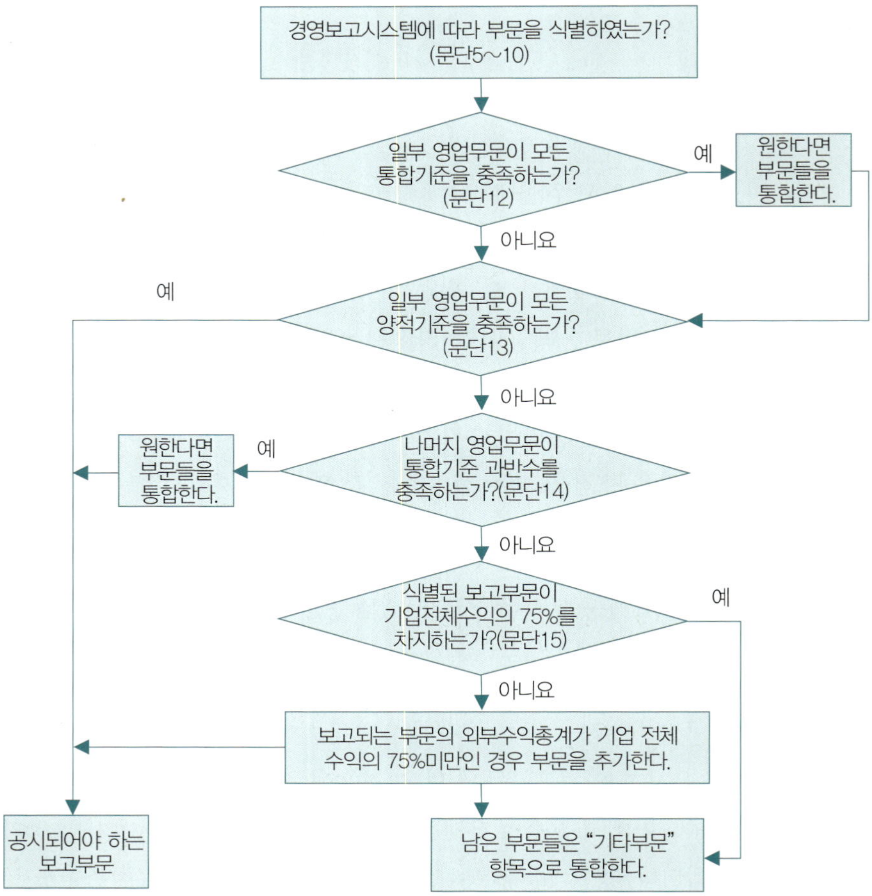

[그림 8-1] 보고부문의 결정

2) 양적기준

양적기준에 해당하는 영업부문에 관한 정보는 별도로 보고하여야 한다. 양적기준은 다음과 같다.

- 특정 부문수익이 전체 영업부문수익 합계액의 10% 이상인 영업부문. 부문수익에는 외부고객에 대한 매출과 부문 간 매출이나 이전을 포함한다.
- 부문당기손익의 절대치가 다음 중 큰 금액의 10% 이상인 영업부문

- 손실이 발생하지 않은 모든 영업부문의 이익 합계액의 절대치
- 손실이 발생한 모든 영업부문의 손실 합계액의 절대치

• 부문자산이 모든 영업부문의 자산 합계액의 10% 이상인 영업부문

양적기준을 적용할 때 유의할 점은 다음과 같다.

첫째, 경영진이 재무제표이용자에게 유용한 부문정보라고 판단한다면 양적기준을 충족하지 못하는 영업부문도 별도의 보고부문으로 공시할 수 있다.

둘째, 양적기준을 충족하지 못한 영업부문들에 관한 정보를 통합하여 하나의 보고부문으로 할 수 있다. 이때는 영업부문들의 경제적 특성이 유사하고 통합기준 중 과반수를 충족하여야 한다.

셋째, 보고되는 영업부문들의 외부수익 합계가 기업전체 수익의 75% 미만인 경우, 보고부문들의 외부수익 합계가 기업전체 수익의 최소한 75%가 되도록 10%기준을 충족하지 못하는 영업부문이라도 추가로 보고부문으로 식별한다.

넷째, 보고대상이 아닌 기타 사업활동과 영업부문들에 대한 정보는 통합하여 국제회계기준에서 요구하는 조정사항에서 '그 밖의 모든 부문'으로 분류하여 다른 조정항목과 별도로 공시한다. '그 밖의 모든 부문'의 범주에 포함된 수익의 원천은 설명되어야 한다.

다섯째, 직전 기간에 보고부문으로 식별되었던 영업부문이 당기에 보고기준을 충족하지 않더라도, 그 부문이 계속 중요하다고 경영진이 판단하는 경우에는 그 부문에 대한 정보를 당기에도 계속하여 별도로 보고한다.

여섯째, 영업부문이 양적기준에 따라 당기에 보고부문으로 새로 식별된 경우에, 비교목적으로 표시되는 전기의 부문정보는 그 부문이 전기에 보고기준을 충족하지 못하였더라도 당기의 보고부문을 반영하여 별도의 부문으로 재작성한다. 단, 필요한 정보를 이용할 수 없고 그 정보를 산출하는 비용이 과도한 경우는 예외로 한다.

일곱째, 별도로 공시하는 보고부문의 개수에 대한 실무적인 한계가 있을 수 있는데, 이러한 한계를 초과하면 부문정보가 지나치게 상세해질 수 있다. 보고부문의 개수의 한계가 정확히 정해져 있지는 않으나, 보고부문의 개수가 10개를 초과하는 경우에는 실무적인 한계에 도달했는지를 판단해야 한다.

다. 측정

각 부문항목 금액은 부문에 대한 자원배분의 의사결정과 보고부문의 성과평가를 위하여 최고영업의사결정자에게 보고되는 측정치이어야 한다. 기업전체 재무제표 작성을 위한 수정과 제거 그리고 수익, 비용 및 차익 또는 차손의 배분은 최고영업의사결정자가 이러한 금액을 부문당기손익 측정에 이용하는 경우에 한하여 부문당기손익에 포함한다. 이와 마찬가지로 최고영업의사결정자가 이용하는, 부문의 자산과 부채 측정치에 포함되어 있는 자산과 부채만을 부문자산과 부문부채로 보고한다. 보고되는 부문당기손익, 부문자산 또는 부문부채에 배분되는 금액은 합리적 기준에 따라 배분한다.

최고영업의사결정자가 부문성과평가와 자원배분 의사결정에 영업부문의 당기손익, 자산 또는 부채에 대해 하나의 측정치만 이용하는 경우에는 그 측정치로 부문당기손익, 부문자산 및 부문부채를 보고한다. 반면, 최고영업의사결정자가 영업부문의 당기손익, 자산, 부채에 둘 이상의 측정치를 이용하는 경우에는 기업전체 재무제표에 상응하는 금액의 측정에 이용되는 측정원칙과 가장 일관성 있게 결정되었다고 경영진이 판단하는 금액을 보고되는 측정치로 한다.

최소한 다음 사항을 포함하여 부문당기손익, 부문자산 및 부문부채의 측정에 대한 설명을 부문별로 공시한다.

- 보고부문 사이의 거래에 대한 회계처리 방법
- 국제회계기준에서 요구하는 조정사항에서 명확하게 제시되지 않는 경우
  - 보고부문들의 당기손익 측정치 합계와 기업전체 법인세비용(법인세수익)과 중단영업손익 가감전 당기손익과의 차이의 내용.
  - 보고부문들의 자산 측정치 합계와 기업전체 자산과의 차이의 내용
  - 보고부문들의 부채 측정치 합계와 기업전체 부채와의 차이의 내용
- 부문당기손익의 측정방법이 당기에 변경된 경우 그 변경의 내용과 부문당기손익의 측정에 미치는 효과
- 보고부문에 대한 비대칭 배분의 내용과 효과(예: 감가상각대상자산을 부문에 배분하지 않았지만 감가상각비는 그 부문에 배분한 경우)

라. 조정사항

다음 조정사항을 공시한다. 모든 중요한 조정사항은 개별적으로 식별하여 설명한다. 예를 들어, 회계정책의 차이로 인하여 발생하는 보고부문 당기손익을 기업전체 당기손익으로 조정하는 데 필요한 각 중요 조정사항은 개별적으로 식별하여 설명한다.

- 보고부문들의 수익의 합계에서 기업전체 수익으로의 조정
- 보고부문들의 당기손익 측정치 합계에서 기업전체 법인세비용(법인세수익)과 중단영업손익 가감전 당기손익으로의 조정. 단, 보고부문에 법인세비용(법인세수익)과 같은 항목을 배분한 경우에는, 보고부문들의 당기손익 측정치 합계에서 그러한 항목을 가감한 기업전체 당기손익으로 조정한다.
- 보고부문들의 자산 합계에서 기업전체 자산으로의 조정
- 부문부채를 보고하는 경우 보고부문들의 부채 합계에서 기업전체 부채로의 조정
- 공시된 정보 중 기타 중요한 항목에 대한 보고부문들의 합계에서 이에 상응하는 기업전체 금액으로의 조정

마. 과거에 보고된 부문정보의 재작성

내부조직의 구조를 변경하여 보고부문의 구성이 변한 경우 과거기간(중간기간 포함)의 해당 부문정보를 재작성한다. 단, 필요한 정보를 이용할 수 없고 그 정보를 산출하는 비용이 과도한 경우에는 예외로 한다. 필요한 정보를 이용할 수 없고 그 정보를 산출하는 비용이 과도한지는 공시되는 개별 항목별로 결정한다. 보고부문의 구성이 변경된 후에는 과거기간의 부문정보 항목을 재작성하였는지를 공시한다.

내부조직의 구조를 변경하여 보고부문 구성이 변하였지만 과거 기간(중간기간 포함)의 부문정보를 재작성하지 않는다면, 변경이 발생한 회계연도의 당기 부문정보를 과거 부문구분기준과 새로운 부문구분기준에 따라 모두 작성하여 공시한다. 단, 필요한 정보를 이용할 수 없고 그 정보를 산출하는 비용이 과도한 경우에는 예외로 한다.

3. 특수관계자

가. 의의

특수관계는 상거래에서 흔히 나타난다. 예를 들어, 기업은 영업활동의 일부를 종속기업, 조인트벤처 및 관계기업을 통하여 수행하기도 한다. 이 경우 기업은 지배력, 공동지배력 또는 유의적인 영향력을 통하여 피투자자의 재무정책과 영업정책에 영향을 미친다. 특수관계자와의 거래, 약정을 포함한 채권·채무 잔액 및 특수관계에 대한 이해는 재무제표이용자가 기업이 직면하고 있는 위험과 기회에 대한 평가를 포함하여 기업의 영업을 평가하는 데 영향을 줄 수 있다. 그 이유는 다음과 같다.

첫째, 특수관계는 기업의 당기순손익과 재무상태에 영향을 미칠 수 있다. 특수관계자는 특수관계가 아니라면 이루어지지 않을 거래를 성사시킬 수 있다. 예를 들어, 기업이 지배기업에 원가로 판매하는 재화를 다른 고객에게는 동일한 조건으로 판매하지 않을 수 있다. 또한 특수관계자거래의 거래 금액은 특수관계에 있지 않은 자와의 거래의 거래 금액과는 다르게 이루어질 수 있다.

둘째, 특수관계자거래가 없더라도 특수관계 자체가 기업의 당기순손익과 재무상태에 영향을 줄 수 있다. 특수관계가 존재한다는 사실만으로도 기업과 다른 당사자와의 거래에 충분히 영향을 줄 수 있다. 예를 들어, 지배기업이 종속기업의 거래처와 동일한 활동을 하는 기업을 인수하여 그 기업의 지배기업이 되는 경우에 종속기업은 이전 거래처와 거래를 중단할 수 있다. 또 다른 경우 기업은 특수관계자의 유의적인 영향력 때문에 활동에 제약을 받을 수 있다. 예를 들어, 지배기업은 종속기업이 연구개발 활동을 하지 않도록 지시할 수 있다.

나. 특수관계자의 정의

특수관계자는 재무제표를 작성하는 보고기업과 특수관계에 있는 개인이나 기업을 의미한다. 특수관계자를 나열하면 다음과 같다.

❶ 다음 중 어느 하나에 해당하는 개인이나 그 개인의 가까운 가족. 여기서 개인의 가까운 가족은 당해 기업과의 거래 관계에서 당해 개인의 영향을 받거나 당해 개인에게 영향력을 행사할 것으로 예상되는 가족인 자녀 및 배우자(사실상 배우자 포함. 이하 같다), 배우자의 자녀, 당해 개인이나 배우자의 피부양자를 말한다.

Ⓐ 보고기업에 지배력, 공동지배력이 있는 경우. 여기서 지배력은 활동에서 효익을 얻기 위하여 재무정책과 영업정책을 결정할 수 있는 능력, 공동지배는 계약상 합의에 의하여 활동에 대한 지배력을 공유하는 것을 의미한다.

Ⓑ 보고기업에 유의적인 영향력이 있는 경우. 여기서 유의적인 영향력은 기업의 재무정책과 영업정책에 관한 의사결정에 참여할 수 있는 능력을 의미한다. 유의적인 영향력은 지분소유, 법규 또는 계약에 따라 획득할 수 있다.

Ⓒ 보고기업이나 그 지배기업의 주요 경영진의 일원인 경우. 여기서 주요 경영진은 직·간접적으로 당해 기업 활동의 계획·지휘·통제에 대한 권한과 책임을 가진 자로서 모든 이사(업무집행이사 여부를 불문)를 포함한다.

❷ 기업이 다음의 조건 중 어느 하나에 적용될 경우 보고기업과 특수관계에 있다.

Ⓐ 기업과 보고기업이 동일한 연결실체 내의 일원인 경우. 지배기업과 종속기업 및 연결실체 내의 다른 종속기업은 서로 특수관계에 있다.

Ⓑ 한 기업이 다른 기업의 관계기업이거나 조인트벤처인 경우나 그 다른 기업이 속한 연결실체 내의 일원의 관계기업이거나 조인트벤처인 경우

Ⓒ 두 기업이 동일한 제3자의 조인트벤처인 경우

Ⓓ 제3의 기업에 대해 한 기업이 조인트벤처이고 다른 기업이 관계기업인 경우

Ⓔ 기업이 보고기업이나 그 보고기업과 특수관계에 있는 기업의 종업원급여를 위한 퇴직급여제도인 경우. 보고기업 자신이 퇴직급여제도인 경우, 그 제도의 책임사용자도 보고기업과 특수관계에 있다.

Ⓕ 기업이 ❶에서 식별된 개인에 의하여 지배 또는 공동지배되는 경우

Ⓖ ❶의 Ⓐ에서 식별된 개인이 기업에 유의적인 영향력이 있거나 그 기업(또는 그 기업의 지배기업)의 주요 경영진의 일원인 경우

1) 사례

가) 관계기업과 종속기업

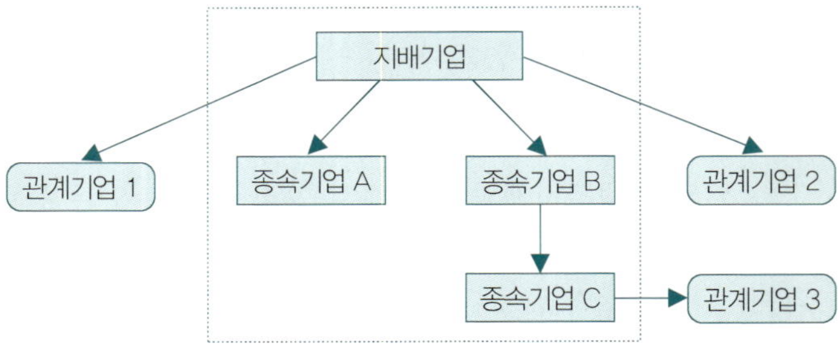

지배기업은 종속기업 A, B와 C에 대해 지배지분을 보유하고, 관계기업 1과 2에 유의적인 영향력이 있다. 그리고 종속기업 C는 관계기업 3에 유의적인 영향력이 있다. 이 경우 특수관계는 다음과 같다.

- 지배기업의 별도재무제표에서 종속기업 A, B와 C, 그리고 관계기업 1, 2와 3은 특수관계자이다.(❷Ⓐ과 Ⓑ)
- 종속기업 A의 재무제표에서 지배기업, 종속기업 B와 C, 그리고 관계기업 1, 2, 3은 특수관계자이다. 종속기업 B의 별도재무제표에서 지배기업, 종속기업 A와 C, 그리고 관계기업 1, 2와 3은 특수관계자이다. 종속기업 C의 재무제표에서 지배기업, 종속기업 A와 B, 그리고 관계기업 1, 2와 3은 특수관계자이다.(❷과 Ⓑ)
- 관계기업 1, 2, 3의 각 재무제표에서 지배기업과 종속기업 A, B와 C는 특수관계자이지만, 관계기업 1, 2, 3은 서로 특수관계에 있지 아니하다.(❷Ⓑ)
- 지배기업의 연결재무제표에서 관계기업 1, 2, 3은 연결실체와 특수관계에 있다.(❷Ⓑ)

나) 주요 경영진

개인 X는 기업 A에 100% 투자하고 기업 C의 주요 경영진의 일원이다. 기업 B는 기업 C에 100% 투자하고 있다. 이 경우 특수관계는 다음과 같다.

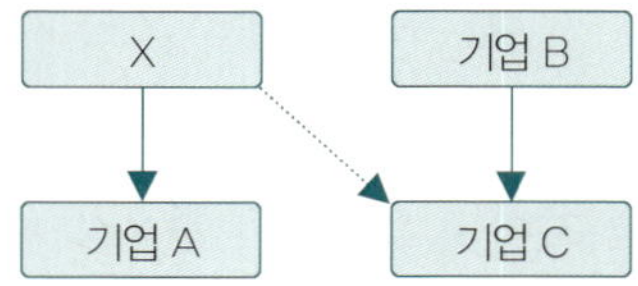

- 기업 C의 재무제표에서 기업 A는 기업 C와 특수관계에 있다. X가 기업 A에 지배력이 있고 기업 C의 주요 경영진의 일원이기 때문이다((❷Ⓕ, ❶Ⓒ). X가 기업 A에 공동지배력이 있는 경우에도 마찬가지 이다. 그러나 X가 기업 A에 유의적인 영향력만 있다면 기업 A와 C는 서로 특수관계에 있지 않다.
- 기업 C의 재무제표에서 X가 기업 C가 아닌 기업 B의 주요 경영진의 일원이라면 기업 A는 기업 C와 특수관계에 있다(❷Ⓕ, ❶Ⓒ). X가 기업 A에 공동지배력이 있는 경우에도 마찬가지 이다. 그러나 X가 기업 A에 유의적인 영향력만 있다면 기업 A와 C는 서로 특수관계에 있지 않다.
- 기업 A의 재무제표에서 기업 C는 기업 A와 특수관계에 있다. X가 A에 지배력이 있고 기업 C의 주요 경영진의 일원이기 때문이다(❷Ⓖ, ❶Ⓐ). X가 기업 A에 공동지배력이 있거나, X가 기업 C가 아닌 기업 B의 주요 경영진의 일원일 경우에도 기업 C는 기업 A와 특수관계에 있다.
- 기업 B의 연결재무제표에서 X가 연결실체의 주요 경영진의 일원일 경우 기업 A는 연결실체의 특수관계자이다(❷Ⓕ, ❶Ⓒ).

다) 투자자로서의 개인

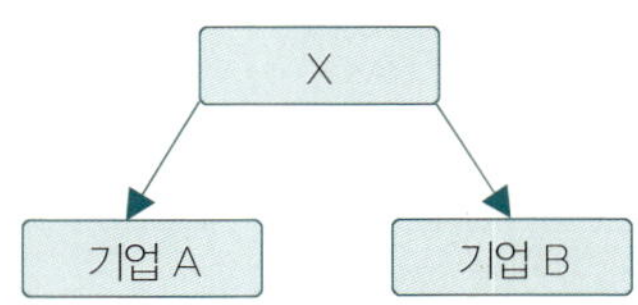

개인 X가 기업 A와 B에 투자하고 있는 경우 특수관계는 다음과 같다.

- 기업 A의 재무제표에서 X가 기업 A에 지배력이나 공동지배력이 있는 경우에 X가 기업 B에 지배력이나 공동지배력 또는 유의적인 영향력이 있다면 기업 B는 기업 A와 특수관계에 있다(❷Ⓕ과 Ⓖ, ❶Ⓐ).
- 기업 B의 재무제표에서 X가 기업 A에 지배력이나 공동지배력이 있는 경우에 X가 기업 B에 지배력이나 공동지배력 또는 유의적인 영향력이 있다면 기업 A는 기업 B와 특수관계에 있다(❷Ⓕ과 Ⓖ, ❶Ⓐ).
- 만약 X가 기업 A와 B 둘 모두에 유의적인 영향력이 있다면 기업 A와 B는 서로 특수관계에 있지 않다.

라) 투자를 하고 있는 가까운 가족

개인 X는 Y의 사실상 배우자이다. X는 기업 A에 투자하고 있으며 Y는 기업 B에 투자하고 있다. 이 경우 특수관계는 다음과 같다.

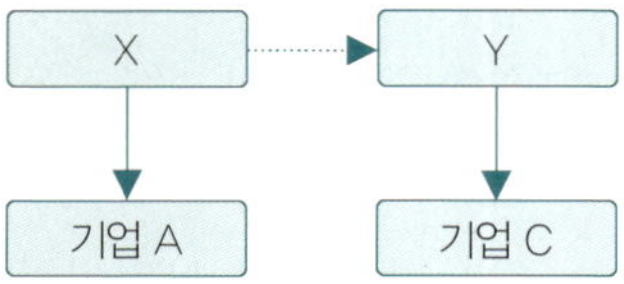

- 기업 A의 재무제표에서 X가 기업 A에 지배력이나 공동지배력이 있는 경우에 Y가 기업 B에 지배력이나 공동지배력 또는 유의적인 영향력이 있다면 기업 B는 기업 A와 특수관계에 있다(❷Ⓕ과 Ⓖ, ❶Ⓐ).
- 기업 B의 재무제표에서 X가 기업 A에 지배력 또는 공동지배력이 있는 경우에 Y가 기업 B에 지배력, 공동지배력 또는 유의적인 영향력이 있다면 기업 A는 기업 B와 특수관계에 있다(❷Ⓕ, ❶Ⓑ).
- X가 기업 A에 유의적인 영향력이 있고 Y가 기업 B에 유의적인 영향력이 있다면 기업 A와 B는 서로 특수관계가 없다.

마) 공동지배의 기업

기업 A는 기업 B에 공동지배력이 있고 동시에 기업 C에 공동지배력이나 유의적인 영향력이 있는 경우 특수관계는 다음과 같다.

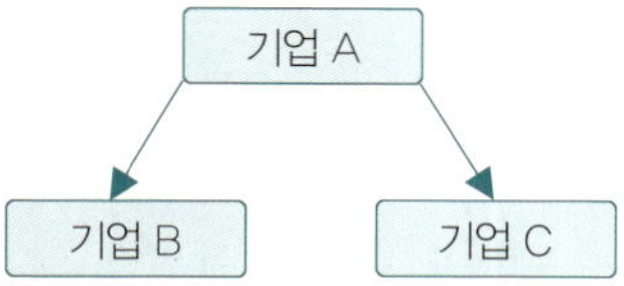

- 기업 B의 재무제표에서 기업 C는 기업 B와 특수관계에 있다(❷Ⓒ과 Ⓓ).
- 기업 C의 재무제표에서 기업 B는 기업 C와 특수관계에 있다(❷Ⓒ과 Ⓓ).

2) 유의사항

특수관계 유무를 고려할 때에는 단지 법적 형식뿐만 아니라 실질 관계에도 주의를 기울여야 한다. 그리고 특수관계자의 정의에서 관계기업에는 그 관계기업의 종속기업을 포함하고, 조인트벤처에는 그 조인트벤처의 종속기업을 포함한다. 예를 들면 관계기업에 유의적인 영향력이 있는 투자자는 관계기업의 종속기업과 서로 특수관계에 있다.

다음의 경우는 특수관계자가 아니다.

- 단순히 두 기업의 이사가 동일인이거나 그 밖의 주요 경영진의 일원이 동일인인 경우의 두 기업 또는 한 기업의 주요 경영진의 일원이 다른 기업에 유의적인 영향력이 있는 경우의 두 기업
- 하나의 조인트벤처를 공동지배하는 두 참여자Ⓔ
- 기업과 단순히 통상적인 업무 관계를 맺고 있는 Ⓐ자금제공자, Ⓑ노동조합,Ⓒ공익기업 그리고 Ⓓ보고기업에 지배력, 공동지배력 또는 유의적인 영향력이 없는 정부부처와 정부기관(기업 활동의 자율성에 영향을 미치거나 기업의 의사결정과정에 참여할 수 있다 하더라도 상관없음)
- 유의적인 규모의 거래를 통해 단지 경제적 의존 관계만 있는 고객, 공급자, 프랜차이저, 유통업자 또는 총대리인

다. 공시

1) 특수관계자의 공시

지배력이 있는 경우 특수관계자거래의 유무에 관계없이 특수관계가 기업에 미치는 영향을 재무제표이용자가 파악할 수 있도록 해야 한다. 따라서 지배기업과 그 종속기업 사이의 관계는 거래의 유무에 관계없이 공시한다. 기업은 지배기업의 명칭을 공시한다. 다만, 최상위 지배자와 지배기업이 다른 경우에는 최상위 지배자의 명칭도 공시한다. 지배기업과 최상위 지배자가 일반이용자가 이용할 수 있는 연결재무제표를 작성하지 않는 경우에는 일반이용자가 이용할 수 있는 연결재무제표를 작성하는 가장 가까운 상위의 지배기업의 명칭도 공시한다. 여기서 '가장 가까운 상위의 지배기업'은 지배기업보다는 상위에 있고 일반이용자가 이용할 수 있는 연결재무제표를 작성하는 지배기업 가운데 연결실체에서 가장 하위에 있는 지배기업을 말한다.

2) 주요 경영진에 대한 보상

주요 경영진에 대한 보상의 총액과 분류별 금액을 공시한다. 경영진에 대한 보상은 단기종업원급여, 퇴직급여, 기타 장기급여, 해고급여, 주식기준보상 등으로 분류한다.

3) 특수관계자거래

특수관계자거래는 대가의 부담 여부에 관계없이 보고기업과 특수관계자 사이의 자원이나 용역 또는 의무를 이전하는 거래나 사건을 의미한다. 회계기간 내에 특수관계자거래가 있는 경우, 기업은 이용자가 재무제표에 미치는 특수관계의 잠재적 영향을 파악하는 데 필요한 거래, 약정을 포함한 채권·채무 잔액에 대한 정보뿐만 아니라 특수관계의 성격도 공시한다.

4. 보고기간 후 사건

가. 의의

우리나라는 일반적으로 결산일이 12월 말일인 경우, 결산일로부터 90일 이내에 재무제표를 작성하여 이사회 등의 승인 절차를 거쳐 차기년도 초에 재무제표가 발행된다. 즉, 이사회가 승인한 재무재표에는 1월 1일부터 12월 31일까지 발생한 거래가 반영된다. 보고기간 후 사건(events after the balance sheet date)은 결산일로부터 재무제표발행 승인일까지 발생한 사건으로 이사회에서 발행승인한 재무제표에는 반영되어 있지 않은 사건을 말한다. 결산일로부터 재무제표 발생승인일까지는 일반적으로 3개월 정도의 기간이 소요되며 이러한 사건 등은 해당 회계연도에 적절히 반영될 필요가 있다.

현행 기업회계기준서는 보고기간후사건의 기준일은 재무제표가 사실상 확정된 날로 한다고 규정하고 있다. 따라서 재무제표가 주주총회에서 수정되고 승인될 경우 현행 기업회계기준에서는 재무제표를 수정해야 한다. 그러나 한국채택국제회계기준은 재무제표 발행을 승인한 날로 규정하고 있어 수정할 필요가 없다.

나. 수정을 요하는 보고기간 후 사건

❶ 보고기간말에 존재하였던 현재의무가 보고기간 후에 소송사건의 확정에 의해

확인되는 경우

② 보고기간말에 이미 자산손상이 발생되었음을 나타내는 정보를 보고기간 후에 입수하거나, 이미 손상차손을 인식한 자산에 대하여 손상차손금액의 수정이 필요한 정보를 보고기간 후에 입수하는 경우

③ 보고기간말 이전에 구입한 자산의 취득원가나 매각한 자산의 대가를 보고기간 후에 결정하는 경우

④ 보고기간말 이전 사건의 결과로서 보고기간말에 종업원에게 지급해야 할 법적 의무나 의제의무가 있는 이익분배나 상여금 지급 금액을 보고기간 후에 확정하는 경우

⑤ 재무제표가 부정확하다는 것을 보여주는 부정이나 오류를 발견한 경우

다. 수정을 요하지 않는 보고기간 후 사건

① 보고기간 후에 발생한 주요 사업결합 또는 주요 종속기업의 처분

② 영업 중단 계획의 발표

③ 주요 자산 구입, 기업회계기준서 제1105호 '매각예정비유동자산과 중단영업'에 따라 자산을 매각예정으로 분류, 자산매각, 정부에 의한 주요 자산의 수용

④ 보고기간 후에 발생한 화재로 인한 주요 생산설비의 파손

⑤ 주요한 구조조정계획의 공표나 이행착수

⑥ 보고기간 후에 발생한 주요한 보통주 거래와 잠재적 보통주 거래

⑦ 보고기간 후에 발생한 자산 가격이나 환율의 비정상적 변동

⑧ 당기법인세 자산과 부채 및 이연법인세 자산과 부채에 중요한 영향을 미치는 세법이나 세율에 대한 보고기간 후의 변경 또는 변경 예고

⑨ 중요한 지급보증 등에 의한 우발부채의 발생이나 중요한 계약의 체결

⑩ 보고기간 후에 발생한 사건에만 관련되어 제기된 주요한 소송의 제기

제9장 재무제표분석

1. 의 의

의사결정자가 합리적인 의사결정을 하는 데 필요한 정보를 제공하기 위한 정보처리시스템을 재무제표분석(財務諸表分析, financial statement analysis), 경영분석(經營分析, business analysis), 재무분석(財務分析, finance analysis)이라고도 한다. 재무제표분석에서 사용되는 기본적이고 가장 중요한 자료는 기업의 재무제표이지만, 분석과정에서 주식가격과 같은 자본시장변수와 경제환경, 산업환경, 기업환경 등과 같은 비회계적인 질적인 자료도 동시에 고려된다.

오늘날에는 컴퓨터가 많이 보급되고 데이터베이스도 다양하게 구축되어 있기 때문에 전산화된 데이터베이스와 재무분석용 컴퓨터패키지를 활용하면 분석과정에서 필요한 재무비율 등의 계산작업은 매우 쉽게 이루어진다. 따라서 재무제표분석에서 중요한 것은 분석을 위한 모형의 설계와 분석결과를 올바르게 해석하는 일이다. 이를 위해서는 첫째로 분석목적이 명확하여야 하고, 둘째로 분석에 이용되는 각종 재무비율의 의미와 해석상의 문제 등을 충분히 이해하여야 하며, 셋째로 경제와 산업, 그리고 분석대상이 되는 기업이 처해 있는 현재의 상태를 충분히 파악하여야 한다.

여기서는 재무제표 분석을 위한 예비절차와 기본적인 재무제표분석기법에 대해 학습하기로 한다.

2. 재무제표분석의 예비절차

기업은 주어진 경제·산업 환경에 대응하여 적절하다고 판단되는 기업 목표와 경영전략을 수립한 후 기업활동을 하고, 그 결과를 요약하여 재무제표로 보고한다. 따라서 재무제표를 합리적으로 이해하고, 분석의 결과를 합리적으로 해석하기 위해서는 기업과 관련되는 경제환경요인과 그 기업이 속해 있는 산업환경요인뿐만 아니라 기업의 목표와 전략에 대한 이해가 필요하다.

가. 경제환경요인

기업은 경제환경의 변화를 예측하고 그에 따라 탄력적으로 적응하기 위한 전략을 수립한 후 경영활동을 하게 된다. 따라서 기업의 경영능력을 평가하고 경영계획의 타당성을 분석하거나, 현재의 경영성과와 앞으로 경영성과의 변동을 파악하기 위해서는 먼저 경제환경의 변동이 특정 산업이나 기업에 미치는 영향을 분석해야 한다.

경제전체의 활동수준을 통상 경기라고 한다. 경기가 호황일 때는 경제전체의 생산과 판매가 늘어나고 재고가 줄어들어 기업의 이익은 증가하지만, 경기가 불황일 때 반대로 된다. 경기는 좋을 때도 있고 나쁠 때도 있기 때문에 길게 보면 일정한 흐름을 보이는데, 이것을 경기순환(business cycle)이라고 한다. 경기순환과정은 경기회복의 초기단계인 회복국면(revival), 경기의 정점에서 경제활동이 계속 활발해지는 활황국면(properity), 경기의 정점을 지나 경제활동이 둔화되기 시작하는 후퇴국면(slow-down), 그리고 경제활동이 최저수준으로 떨어지는 침체국면(depression)의 네 과정으로 구분된다. 이중 회복국면과 활황국면을 합하여 확장국면(expansion), 후퇴국면과 침체국면을 합하여 수축국면(contraction)이라 한다.

이러한 경기순환은 경제성장률, 물가, 이자율, 환율등과 밀접한 관계에 있다. 재무제표분석 결과를 합리적으로 해석하기 위해서는 이와 관련한 지표를 파악하고 있어야 한다.

경제 환경 요인 분석에서 정부의 경제정책은 중요한 의미를 갖는다. 정부의 주요 경제정책의 방향과 실시시기는 전반적인 경제활동수준과 특정산업과 기업에 큰 영향을 미치기 때문이다. 검토해야 할 주요경제정책으로는 경기의 부양 및 진정과 관련된 경기조정정책, 세법개정 및 공공투자지출과 관련된 재정정책, 통화량증감 및 금리수준과 관련된 금융정책, 그리고 수출입과 관련된 무역정책, 특정 산업의 육성·조정과 관련된 산업정책 등이 있다.

나. 산업환경요인

경제전반의 동향을 파악한 다음에는 산업의 특성과 동향을 분석해야 한다. 경제가 전체적으로는 확장국면에 있더라도 산업에 따라서는 쇠퇴하는 경우도 있다. 산업환경요인으로 중요한 것은 다음과 같다.

1) 산업의 수요구조

산업의 생산물에 대한 현재의 수요를 제품별·이용자별·지역별로 검토하고 그것이 장단기적으로 어떻게 변할 것인가를 검토한다. 산업의 수요가 경기변동이나 국민소득수준의 증가에 따라 어떤 영향을 받는가를 파악하는 것도 기업의 장기전략과 관련해서 중요하다.

2) 산업의 생산구조와 기술혁신

산업의 현재의 기술수준과 기술혁신의 동향, 산업의 생산능력·가동률·제조공정 등의 동향, 현재와 미래의 설비투자의 내용과 규모, 주요원자재가격의 국내외 동향, 생산량카르텔 등의 경쟁제한을 위한 규제의 존재여부 등을 검토한다.

3) 산업의 판매구조와 경쟁상황

산업 전체의 판매조직과 유통구조를 파악하고, 유통단계별 재고수준, 판매가격의 추이, 가격카르텔 등의 경쟁제한 행위의 존재여부 등을 파악한다. 특히 산업내의 경쟁상황은 그 산업의 수익성과 위험에 큰 영향을 미친다. 특정산업의 경쟁상황을 파악하기 위해서는 신규진입·도산·전폐업·합병 등에 의한 기업수의 변동추이, 규모별·지역별 기업의 분포, 기업의 시장점유율, 자본·기술·판매 등에 의한 계열기업의 존재여부 등을 분석하여야 한다.

4) 정부의 산업정책

정부가 정책적으로 육성하려는 산업은 여러 가지 정부의 지원을 받을 수 있지만, 쇠퇴산업으로 분류되는 경우에는 도산이나 전업 또는 폐업에 의해서 자연히 정리된다.

산업환경요인으로 인해 기업은 산업별로 유사한 특성을 갖는 경향이 있다. 예를 들어 경쟁기업간의 제품차별성과 진입장벽이 낮은 업종은 경쟁이 치열하다는 산업특성이 있다. 이들 업종은 일반적으로 매출액영업이익률이 낮고, 자산회전율이 높게 나타난다. 반면에 제약산업은 연구개발비 투자액이 많이 소요되어 진입장벽 높고, 경쟁기업간 제품차별성이 존재하며 제품부작용위험과 경쟁사 기술개발로 인해 영업위험이 높은 산업특성이 있다. 일반적으로 이들 산업은 자산회전율이 낮고, 매출액영업이익률이 높고, 높은 영업위험을 감안하여 재무위험을 낮게 하려고 부채를 비교적 적게 이용한다는 특성이 있다. 그리고 전력산업처럼 발전설비 투자액이 많이 소요되어서 진입장벽 높고, 정부로부터 독점적 지위를 인정받고 있는 대신 정부로부터 가격규제를 받는 산업은 자산회전율이 낮고 매출액영업이익률이 높지만, 독점적 지위와 정부보호 등으로 인해 영업위험이 낮기 때문에 재무위험에 비교적 둔감하다. 따라서 부채비율이 높은 특성을 보인다.

다. 기업환경요인

동일한 경제와 산업환경에서 경영활동을 하더라도 기업에 따라 성장하기도 하고 쇠퇴하기도 한다. 이런 현상은 환경변동에 대한 기업의 적응능력과 적응의지에 차이가 있기 때문이다. 기업의 환경변동에 대한 적응능력과 적응의지를 파악하기 위해서는 다음과 같은 요인을 검토할 필요가 있다.

1) 기업목표와 전략

기업에 따라 기업목표를 다양하게 표현하고 있지만, 기본적으로는 기업의 가치를 증가시키는 것이 기업목표이다. 기업의 전략이란 목표달성을 위한 수단을 말한다. 기업은 기업차원의 전략과 제품차원의 전략을 채택한다.

가) 기업차원의 전략

기업차원의 전략에서는 사업의 다각화 정도, 국내시장과 해외시장에 대한 상대적 비중 등을 결정한다. 이 전략을 평가하기 위해서는 제품구성에 대한 정보를 얻어야 한다. 제품구성(product mix)에 관한 구체적 정보로는 제품종류별 상대적 매출비중, 제품별 공헌이익, 제품별 제조원가, 제품별 시장점유율 등이 있다. 제품별 미래수익력은 제품 자체의 성격뿐만 아니라 그 제품이 속한 시장의 전체 동향에 의해서도 영향을 받기 때문에 산업환경요인에 대한 분석이 활용된다.

나) 제품차원의 전략

제품차원의 전략은 제품차별화전략과 저원가선도전략으로 구분할 수 있다. 제품차별화전략(product differentiation strategies)은 시장의 욕구를 식별하고 그 욕구에 맞는 특정의 제품을 개발함으로써 제품을 차별화하여 가격경쟁을 상대적으로 완화하고 그에 따라 매출에 대한 이익비율(매출이익율)을 상대적으로 높게 유지하려는 전략이다. 제품차별화전략은 기술이나 제품고유의 특성, 품질에 대한 명성, 색상과 규격의 다양성 등에 의해서 가능하다.

저원가선도전략(low cost leadership strategies)은 대량구매나 규모의 경제를 통하여 원가를 최소화함으로써 제품의 가격을 낮추고 매출을 늘려서 시장점유율을 높이려는 전략이다. 저원가선도전략을 채택하면 매출에 대한 이익비율(매출이익율)은 상대적으로 낮아지지만, 매출이 크게 증가되면 전체이익수준이 높아져서 총자산에 대한 이익비율(총자산이익율)은 높게 될 수 있다. 기업은 제품차별화전략과 저원가선도전략중 하나만을 선택하지는 않고, 제품에 대한 소비자의 인지도와 선호도를 높임과 동시에 원가를 낮추려고 한다. 그러나 기업을 비교할 때는 각 기업이 제품차별화전략과 저원가선도전략 중 어디에 더 비중을 두는가를 알아야 한다.

2) 경영활동과 경영자원

기업은 주어진 경영환경하에서 일정한 기업목적을 달성하기 위해서 경영전략을 수립한 다음 보유하고 있는 경영자원, 즉 경제적 자원을 재무활동, 투자활동, 영업활동 등의 각종 경영활동에 배분하여 이익을 창출하게 된다. 기업은 중요한 경영자원 및 경영활동의 내용과 결과를 회계과정을 통해서 요약·정리해서 재무제표로 보고하므로 재무제표를 분석하게 되면 기업의 경영활동 및 경영자원에 관한 중요한 정보를 얻을 수 있다. 그러나 재무제표에는 계량화하기 어려운 질적인 정보는 누락되어 있다. 따라서 기업의 경영활동 및 경영자원의 질을 합리적으로 평가하기 위해서는 재무제표에서 보고되는 회계정보 이외에도 다음과 같은 질적인 정보를 입수할 필요가 있다.

가) 경영자원에 관한 질적 정보

기업이 가진 경영자원은 형태에 따라 크게 인적자원과 물적자원으로 나눌 수 있다. 인적자원은 기업의 성패를 결정하는 가장 중요한 요인임에도 불구하고 측정상의 어려움 때문에 재무제표에는 누락되어 있다. 따라서 인적자원에 대한 자료는 추가로 입수되어야 한다. 인적자원의 질을 평가할 때 고려해야 할 요소로는 인적자원을 합리적으로 관리하기 위한 조직구조, 경영에 대한 책임을 가진 경영자의 능력과 의지, 경영활동을 실제로 수행하는 종업원의 능력과 의지 등이 있다.

나) 경영활동에 관한 질적 정보

경영활동에 관한 중요한 질적 정보로는 연구개발능력, 원자재 확보의 원활성 여부, 판매형태와 경로, 주요고객관리, 금융기관과의 관계, 노조와의 관계 등이 있다.

라. 회계분석

회계분석은 기업의 회계시스템과 경영자의 회계보고전략을 분석하는 것이다. 회계분석을 하는 이유는 분석의 기초가 되는 재무제표가 기업의 경제적 실상(economic reality)을 충실하게 반영하고 있는지를 평가하기 위해서 이다. 재무제표를 분석할 때는 회계분석을 통해 발견된 오류나 왜곡을 수정한 재무제표를 이용해야 한다.

1) 재무정보의 한계

재무제표가 기업의 경제적 실상을 제대로 나타내지 못하는 것은 다음 세 가지 이유 때문이다.

• GAAP의 엄격성

GAAP은 미래 현금유입가능성이 높은 경우에만 자산으로 인식한다. 따라서 연구개발비는 대부분이 비용으로 처리된다. 그러므로 연구개발이 중요한 기업에서 연구개발활동을 강화하면 이익이 줄어드는 효과가 나타난다. 이 경우 의사결정에서 연구개발이 중요하다고 판단되면, GAAP에 준거한 재무제표의 수치를 적절하게 수정할 필요가 있다.

• 발생기준에 의한 추정오차

회계정보를 산출할 때 사용하는 발생기준은 미래의 기대현금흐름액으로 거래나 사건을 기록하는 방법이다. 만약 분석가의 미래예상이 경영자의 미래예상과 다르다면, 이에 따른 재무제표의 수정이 필요하다.

• 경영자의 회계보고전략

경영자는 자신의 경제적 효익을 높이기 위해 재무제표를 분식하려는 유인을 갖고 있다. 이 유인은 회계정책에 영향을 미치게 된다. 따라서 분석가는 경영자의 회계보고전략과 경영자의 경제적 유인과의 관계를 분석하여 필요한 경우 재무제표를 수정하여야 한다.

2) 회계분식이나 회계조정의 유인

경영자로 하여금 분식유인을 가지게 만드는 요인은 다양하다. 분식요인과 회계정책선택의 유인을 예시하면 다음과 같다.

가) 부채계약

기업이 차입이나 회사채 발행을 통해 자금을 조달하려 하거나 조달한 경우에는 지급능력을 높게 표시할 수 있는 회계정책을 선택하려는 경제적 유인을 갖는다.

나) 경영자 보상

기업에 따라서는 회계수치를 기초로 한 경영자보상제도, 예를 들어 이익기준보너스제도를 운영하기도 한다. 이런 경우에 경영자들은 자신의 보상을 최대화시킬 수 있는 회계정책을 선택하려는 경제적 유인을 갖는다.

다) 경영권 보호와 주식가격 안정

경영자의 지위를 유지하거나 적대적 M&A를 방어하여야 하는 경영자는 기업의 이익을 높게 보고하여 주식가격의 안정이나 상승에 기여할 수 있는 회계정책을 선택하려는 경제적 유인을 갖는다.

라) 이해관계의 조정

재무제표는 기업에 대한 여러 이해관계자 사이의 부의 분배기준으로써의 역할을 하기도 한다. 경영자는 영향력이 가장 큰 집단의 부를 최대화할 수 있는 회계정책을 선택하려는 경제적 유인을 갖는다. 예를 들어, 노동조합의 임금인상요구, 소비자의 가격인하요구로 인해 주주의 이익이 침해될 가능성이 있는 경우 경영자는 이들 요구를 억제하는 데 유리한 회계정책을 선택하려는 경제적 유인을 갖는다.

마) 정부규제

정부와 기업에 대한 규제기관에서는 부를 기업에서 다른 집단으로 옮길 힘을 가지고 있고 이때 판단의 근거는 재무제표가 된다. 그래서 기업들은 부의 이전(정치비용)이 최소화될 수 있는 회계정책을 선택하려는 경제적 유인을 갖는다. 예를 들어 독과점으로 인한 소비자의 이익의 보호하고, 법인세를 부과하기 위해 회계정보를 활용한다. 이 때 경영자는 이익을 하향조정하여 규제를 회피하거나 기업의 부담을 최소화하는 회계정책을 선택하려는 유인을 갖게 된다. 그러나 정부가 부실기업을 정리하려는 경우는 이익을 상향조정하려는 유인을 갖게 된다.

3. 재무제표분석을 위한 접근방법

회계분석 이후 재무제표를 분석하게 된다. 재무제표분석에서는 재무비율(financial ratio)이 사용된다. 재무비율을 계산한 후에는 그것을 해석하여야 한다. 결과해석을 위해서는 비교를 위한 기준이 필요하다. 비교기준은 두 가지가 있다. 하나는 분석대상기업의 과거 비율과 비교하는 것이고, 다른 하나는 분석시점의 다른 기업의 비율과 비교하는 것이다. 전자를 시계열분석(time-series analysis), 후자를 횡단면분석(cross-sectional analysis)이라 한다. 횡단면분석에서 사용하는 비교기준으로는 경쟁기업 재무비율, 산업평균 재무비율, 최우량기업 재무비율 등이 있다.

가. 횡단면분석

횡단면분석(cross-sectional analysis)은 동일한 시점에서 유사한 기업들을 비교분석하는 방법으로 상호비교분석이라고도 한다. 횡단면분석에서는 분석대상이 되는 기업과 적어도 하나 이상의 특성이 유사한 기업들을 비교하게 된다.

1) 비교대상의 선정기준

유사한 기업들을 비교하는 이유는 분석에서 유사한 성격을 통제하기 위해서 이다. 여기서 유사하다는 말의 의미가 중요한데, 유사성은 분석 목적에 따라 여러 측면에서 살펴볼 수 있지만 다음의 4가지로 요약할 수 있다.

- 공급측면의 유사성. 공급측면의 유사성이란 기업의 생산과정과 기술적 구조가 비슷하다는 것을 의미한다. 기업들을 사용하는 원재료, 생산공정, 유통경로 등의 유사성에 따라 분류하는 것이 이에 해당된다.
- 수요측면의 유사성. 수요측면의 유사성이란 기업이 생산한 제품과 용역의 성격과 기능이 비슷하여 대체가능성이 있다는 것을 의미한다.
- 자본시장속성의 유사성. 자본시장속성의 유사성이란 자본시장변수, 즉 기업의 체계적위험, PER등이 유사하다는 것을 의미한다.
- 기업소유관계의 유사성. 기업소유관계의 유사성이란 주식의 분산정도나 주주의 구성등이 유사하다는 것을 의미한다.

2) 유의사항

횡단면분석을 위해서 자료를 수집할 경우에는 다음과 같은 여러 가지 어려운 문제가 발생할 수 있다. 분석가는 횡단면 자료를 이용할 경우에 나타나는 여러 가지 문제를 충분히 인식해서 자료를 수정보완하거나 분석결과를 해석할 때 반영시켜야 한다.

가) 회계기간과 결산일의 불일치

기업의 결산일이나 회계기간이 다를 경우에는 상대적 규모, 수익성, 유동성, 활동성 등을 추론하는 데 편의(便倚)가 발생할 수 있다. 특히 계절성을 갖는 재화를 생산하는 기업일 경우에는 결산일이 다르다는 것은 아주 심각한 문제를 발생시킨다. 예를 들어 청량음료나 빙과류를 생산하는 기업은 결산일이 6월이냐 12월이냐에 따라 재고자산수준이나 수익성 등에 큰 차이를 보인다.

회계기간과 관련해서도 유의할 점이 있다. 대부분의 기업은 회계기간을 1년으로 하고 있다. 그러나 결산일을 변경한 경우에는 회계기간이 1년이 되지 못한다. 예를 들어 6월 30일을 결산일로 하던 강산(주)가 2년부터는 12월 31일을 결산일로 하기로 했다고 하자. 강산(주)는 1년 7월 1일에서 2년 6월 30일을 회계기간으로 한 재무제표를 작성하고, 이어 2년 7월 1일에서 2년 12월 31일을 회계기간으로 한 재무제표를 작성한 다음, 3년부터는 1월1일에서 12월 31일까지를 회계기간으로 한 재무제표를 작성하게 된다. 따라서 회계기간을 변경한 연도에는 6개월의 회계기간을 갖는 재무제표가 작성이 된다. 회계기간의 차이를 무시하게 되면 특히 수익성비율에 문제가 나타난다.

나) 회계방법의 불일치

회계방법이 달라지면 재무제표의 수치가 달라진다. 따라서 회계방법이 다른 기업을 비교할 경우에는 차이의 원인이 회계방법의 차이 때문인지, 경제적 본질의 차이 때문인지를 판단하여야 한다.

다) 사업활동의 다각화

사업활동이 다각화 되어 있는 기업은 여러 업종의 특성을 동시에 가지고 있다. 그래서 기업 전체를 분석 대상으로 하는 것보다는 각 사업부문별정보(line-of-business information)를 이용하여 횡단면분석을 하는 것이 바람직하다.

나. 시계열분석

시계열분석이란 하나의 기업의 재무비율이 갖는 시간상의 추세를 파악하는 것으로 미래의 예측과 예측결과의 피드백(feedback)과 관련하여 중요한 의미를 갖는다. 시계열분석은 추세분석이라고도 한다.

1) 시계열분석의 중요성

다음 표는 시계열 분석의 중요성을 예시하기 위한 것이다.

총자산순이익률	6년	7년	8년	9년	10년
마(주)	1%	2%	4%	5%	7%
산업평균	15%	15%	13%	12%	10%

10년의 총자산순이익률은 마(주)는 7%인데 비해, 산업평균은 10%로 마(주)의 수익성이 크게 낮다. 10년 총자산순이익률에 대한 횡단면 분석만 한다면 마(주)의 수익성이 산업평균에 비해 크게 나빠 수익성 개선을 위한 노력을 할 필요가 있다는 식의 해석을 할 가능성이 있다. 그러나 총자산순이익률의 시계열을 보면 마(주)는 계속해서 상승하는 데 비해 산업평균은 계속해서 하락하고 있다. 이런 시계열 분석 자료가 있다면 분석가는 마(주)가 진행시키고 있는 수익성 개선의 노력이 효과적이라고 해석할 수 있을 것이다.

따라서 재무분석을 할 때는 횡단면 분석과 함께 시계열 분석을 하여야 합리적인 결론을 내릴 수 있는 것이다. 시계열 분석은 통계적인 시계열 모형을 이용해서 분석을 할 수도 있지만, 최근 3년에서 5년간의 시계열의 변동 방향을 파악할 경우에는 도표 등을 활용해서 눈으로 확인하면서 판단을 하면 된다. 통계기법을 활용하지 않는 시계열 분석 방법으로는 재무비율의 추세분석, 지수형 재무제표 이용, 추세비율을 이용한 상관추세분석, 다기간의 공통형 비교재무제표의 이용 등이 있다.

재무비율의 추세분석이란 시간의 흐름에 따라 각종 재무비율의 움직임을 동태적으로 파악하여 경영성과와 재무상태의 개선이나 악화 정도를 평가하는 분석방법이다. 즉 과거 수 개년에 걸친 유동비율, 자기자본순이익률, 부채비율 등의 변화를 관찰하여 그 기업의 유동성, 수익성, 안전성 등이 개선되고 있는지의 여부를 평가하는 방법이 일반적으로 이용되고 있다.

2) 유의사항

시계열분석을 위해서 자료를 수집할 경우에도 여러 가지 어려운 문제가 발생할 수 있다. 분석가는 시계열 자료를 이용할 경우에 나타나는 다음과 같은 여러 가지 문제를 충분히 인식해서 자료를 수정보완하거나 분석결과를 해석할 때 반영시켜야 한다.

가) 구조변경문제

시계열분석에 사용되는 대부분의 기법은 시계열이 정태적이라고 가정한다. 시계열이 정태적이라는 것은 기본적인 통계치(예를 들어, 평균과 분산)가 시간이 변하여도 일정하게 유지된다는 것을 의미한다. 구조변경(structural change)은 시계열이 정태적이라는 가정을 파괴한다. 시계열에 의한 예측의 효율성을 높이려면 시계열기간을 늘려야 하는데, 문제는 시계열기간이 늘수록 구조변경의 가능성은 증가된다는 점이다.

구조변경의 원인에는 정부의 규제, 경쟁관계의 변경(신제품의 출현, 신규기업의 시장진출), 신기술개발, 합병, 사업부문의 처분 등이 있다.

나) 회계변경

시계열분석에서 회계자료를 이용할 경우에는 일반적으로 연간 재무제표자료는 10년에서 50년, 반기재무제표자료는 5년에서 20년간의 회계자료를 이용한다. 이와 같이 시계열분석의 기간은 길기 때문에 분석기간동안에 회계방법이 변경되는 경우가 있는 것이 보통이다.

4. 분석대상의 특성을 파악하는 방법

가. 공통형 재무제표

재무제표는 기업활동의 내용과 결과를 나타내고 있다. 따라서 각 기업의 재무제표를 비교해 보면 기업활동의 내용과 결과의 차이를 파악할 수 있다. 그러나 기업간의 상호비교를 위해서 재무제표를 그대로 이용하는 것은 불편하다. 왜냐 하면 기업마다 규모가 다르기 때문이다. 규모가 다를 경우 각 구성요소의 절대 금액의 차이는 큰 의미를 가지지 못한다. 예를 들어 총자산이 100억원인 갑(주)와 1억원인 을(주)를 비교하는 경우를 생각해 보자. 분석의 목적은 두 기업의 정상적 영업활동을 위한 장기투자비중을 파악하기 위한 것이다. 이를 위해서는 두 기업의 유형자산과 무형자산의 크기를 비교해 볼 필요가 있다. 대차대조표를 통해 유형자산과 무형자산의 합계가 갑(주)는 50억원, 을(주)는 7억원임을 알게 되었다. 이 경우 갑(주)가 을(주)보다 정상적 영업활동을 위한 장기투자를 보다 많이 하고 있다고 할 수 있는가? 아니다. 갑(주)는 총자산에서 차지하는 유형자산과 무형자산의 비중이 50%이지만, 을(주)는 70%이다. 이런 비교를 용이하게 해주는 것이 공통형 재무제표이다.

공통형 재무제표(common-size financial statement)는 재무제표의 각 구성요소가 차지하는 상대적 비중을 파악하기 위해서 재무제표의 각 구성요소를 전체에 대한 백분율로 표시한 재무제표를 말한다. 따라서 공통형 재무제표를 백분율 재무제표라고도 한다. 한편 공통형이라는 용어를 사용하는 이유는 규모가 다른 기업간의 비교에도 직접 사용될 수 있기 때문이다. 즉 공통형 재무제표는 재무제표의 각 구성요소가 상대적 비중, 즉 구성비율의 형태로 표시되기 때문에 규모효과가 제거되어 기업 규모에 차이가 있더라도 비교가 가능한 것이다.

이와 같이 공통형 재무제표를 작성하는 주된 목적은 기업규모의 차이를 통제하여 상호비교분석과 추세비교분석을 용이하게 하기 위해서 이다. 공통형 재무제표가 유용하게 사용될 수 있는 분야는 다음과 같다.

첫째, 규모효과가 통제되므로 다른 기업간의 상호비교분석(횡단면 분석)이 용이하다.

둘째, 규모효과가 통제되므로 동일기업의 여러 기간에 걸친 기간비교분석(시계열 분석)이 용이하다.

셋째, 실제금액이 아닌 백분율(구성비율)로 표시되므로 분석대상이 되는 기업의 재무상태 및 경영성과에 관한 대체적인 윤곽을 파악하는 데에도 유용하다.

나. 지수형 재무제표

지수형 재무제표(indexed financial statements)는 재무제표의 각 항목에 대해서 기준년도의 금액을 100으로 놓고 그 이후 연도부터는 (비교년도 각 항목의 잔액/기준년도 각 항목의 잔액)×100으로 하는 지수로 표시한 재무제표를 의미한다. 지수형 재무제표를 작성하는 주된 목적은 재무제표 각 항목의 연도별 변동 추세를 파악하기 위한 것이다. 그래서 지수형 재무제표를 추세재무제표(trends financial statements)라고도 한다.

지수형 재무제표를 작성하는 이유는 다음과 같다. 재무제표의 각 항목의 추세를 파악하려면 그에 대한 시계열을 검토하여야 한다. 이때 전년대비 증감액으로 계산하면 규모효과 때문에 증감액의 중요성을 파악할 수 없다. 규모효과를 통제하고 분석하려면 전년대비 증가율을 사용하면 된다. 그러나 전년대비 증가율은 기준수치, 즉 분모의 수치가 계속 변하기 때문에 추세를 파악하는 데에는 문제가 있다. 다음 예에서 7년 매출증가율 20.0%는 6년 매출액 71,000원에 대한 증가율이고, 8년 매출액감소율 27.5%는 7년 매출액 85,200원에 대한 감소율이기 때문에 각 연도의 매출액증가율이 매출액의 추세를 반영하지는 못한다.

연 도	매 출	매출증가액	매출증가율
6년	₩71,000		
7년	₩85,200	₩14,200	20.0%
8년	₩61,770	−₩23,430	−27.5%
9년	₩46,142	−₩15,628	−25.3%
10년	₩68,151	₩22,009	47.7%

즉 전년대비 증가율은 두 기간의 재무제표를 비교하는 경우에는 편리한 분석기법이지만 여러 기간의 재무제표를 비교할 때에는 해석에서 혼란이 생긴다. 왜냐하면 일련의 증가율 사이에는 연관성이 결여되기 때문이다. 각 연도의 증가율은 상이한 기준금액에 대한 증가율이기 때문이다. 이런 문제를 해결하기 위해서는 하나의 기준년도를 설정해서 각 연도의 금액을 그에 대한 백분율로 표시하면 된다. 이와 같은 백분율 정보는 한층 심도 있는 경영분석 정보를 제공한다. 이러한 유형의 백분율을 계산할 때는 특정년도를 기준년도로 정하고, 기준년도에 대한 각 연도의 증감액

을 비율로 나타낼 수도 있고 기준연도에 대한 각 연도의 금액을 비율로 나타낼 수도 있다. 이에 대한 예는 다음과 같다.

연 도	매 출	6년 대비 매출증가율	6년 대비 매출지수
6년	₩71,000		100
7년	₩85,200	20.0%	120
8년	₩61,770	−27.5%	87
9년	₩46,142	−25.3%	65
10년	₩68,151	47.7%	96

기준연도에 대한 각 연도의 증감액의 비율은 더하기, 빼기의 부호를 사용하기 때문에 여전히 분석시 혼란을 초래한다. 따라서 이것보다 해석과 판단을 용이하게 하기 위해서 각 연도의 금액을 기준년도에 대한 백분율로 표시하는 지수를 사용하는 것이다.[1] 이 때의 지수를 추세비율이라고도 한다. 위의 예에서 9년 매출액 지수 65는 9년 매출액 46,142원을 6년 매출액 71,000원으로 나누어 계산된 수치이다.

5. 재무비율

가. 수익성 분석을 위한 비율

기업의 수익성이 높다는 것은 주주와 채권자로부터 조달된 자본을 효율적으로 사용하여 기업의 경영성과가 높다는 것을 의미한다. 따라서 수익성비율은 기업전체의 영업성과를 나타내는 비율로써 투하자본 이용의 효율성과 기업의 이익창출능력을 평가하는데 이용된다. 수익성비율의 측정방법은 두 가지가 있다.

첫째는 일정기간의 생산활동과 판매활동을 표시하는 매출액을 분모로 하고 각종 이익을 분자로 하는 방법이다. 분자의 이익은 당기순이익, 계속사업이익, 영업이익 등이 많이 사용된다. 이러한 유형의 비율은 매출액이익률 또는 영업효율성비율이

1. 추세를 파악하기 위해서 지수를 사용하는 예로 종합주가지수를 들 수 있다.

라고 한다. 매출액이익률은 매출액에서 이익이 어느 정도인가를 나타내는 것으로 경영자들의 영업능률을 측정하는 데 사용된다.

둘째는 생산활동과 판매활동의 기초가 되는 각종 자본(총자본, 자기자본 등)을 분모로 하고 각종 이익을 분자로 하는 방법이다. 이러한 유형의 비율을 자본이익률 또는 자본수익성비율이라고 한다. 자본이익률은 자본활용의 효율성을 나타내는 것으로 자본이 일정한 경우에는 이익이 많을수록 이익이 일정한 경우에는 자본이 적을수록 높아진다. 자본이익률을 계산할 경우에 유의할 점은 다음과 같다.

첫째, 자본이익률의 분자는 일정 기간 동안의 유량(flow)을 나타내는 이익이고, 분모는 일정시점의 저량(stock)을 나타내는 자본이므로 분자와 분모의 성격이 동일하지 않다. 따라서 분모의 자본을 측정할 경우에 일정 기간 동안의 평균잔액으로 하여 저량을 유량으로 바꿀 필요가 있다. 일반적으로 평균잔액을 계산할 경우에는 기초잔액과 기말잔액의 평균즉, (기초잔액+기말잔액)/2)을 사용하지만, 그 기간 동안에 자본의 큰 변동이 있는 경우에는 월평균액 즉, (1월말 자본+2월말 자본+…+11월말 자본+12월말 자본)/12)을 사용하는 것이 바람직하다.

둘째, 자본이익률로서 기업간의 수익성을 비교할 경우에는 각 기업의 회계기간을 일치시켜야 한다. 예를 들어 회계기간이 1년인 기업과 회계기간이 6개월인 기업의 수익성을 비교하기 위해서는 회계기간이 6개월인 기업의 이익을 2배하거나, 당기이익과 전기이익의 합계를 분자로 해서 자본이익률을 계산한 다음에 비교하여야 한다.

1) 투자이익률

투자이익률(ROA: return on assets)은 기업이 보유하고 있는 자산의 수익성을 의미한다. 기업의 투자활동과 영업활동이 효율적이면, ROA는 높아진다. ROA는 기업 재무활동의 효율성을 감안하지 않고 있음에 유의해야 한다. 따라서 ROA의 분자는 금융비용을 제외한 당기순이익을 사용한다. 일반적으로 ROA의 분자는 영업이익과 유사하다.

$$\text{ROA} = \frac{\text{당기순이익} + (1 - \text{법인세율}) \times \text{금융비용}}{\text{평균 총자산}}$$

ROA를 분해하면, ROA에 영향을 미치는 요인을 분석할 수 있다.

$$\text{ROA} = \frac{\text{당기순이익}}{\text{매출액}} \times \frac{\text{매출액}}{\text{평균 총자산}} + \frac{(1 - \text{법인세율}) \times \text{금융비용}}{\text{평균 총자산}}$$
$$= \text{매출액순이익률} \times \text{총자산회전률} + \text{재무활동효과}$$

여기서 우변의 두 번째 항은 재무활동이 이익에 미치는 효과를 의미한다. 만약 기업의 재무활동이 일정하다면, ROA는 매출액순이익률과 총자산회전율에 의해 결정된다.

2) 자본이익률

자본이익률(ROE: return on equity)은 기업 소유주가 투자한 자본의 수익성을 나타낸다. ROA와 달리 ROE는 재무활동의 성과에 의해서도 영향을 받는다.

$$\text{자본이익률} = \frac{\text{당기순이익}}{\text{평균 자본}}$$

ROE는 주주 입장에서 기업의 수익성을 분석할 때 중요한 의미를 갖는다. ROE는 출자자본으로 기업활동을 한 성과를 의미하기 때문이다. ROE의 적정성을 평가할 때는 주주가 요구하는 최저투자수익률과 비교한다. 최저투자수익률은 요구수익률(RRR: required rate of return) 또는 기업의 자기자본비용이라고 한다.

ROE를 다음처럼 분해하여 분석하면, ROE의 민감도나 영향을 미치는 요인을 분석할 수 있다.

$$\text{ROA} = \frac{\text{당기순이익}}{\text{매출액}} \times \frac{\text{매출액}}{\text{평균 총자산}} \times \left(1 + \frac{\text{평균 부채}}{\text{평균 자본}}\right)$$
$$= \text{매출액순이익률} \times \text{총자산회전률} \times (1 + \text{부채비율})$$

위의 식에서 우변(1+부채비율)은 재무레버리지효과(financial leverage effect)라고 한다. 재무레버리지효과로 인해 부채비율이 높은 기업은 경영환경의 변동에 따라 ROE가 크게 변하게 된다.

예제 9-1 자본이익률

자본이익률(순이익/자기자본)의 분해를 통해 A, B, C 세 기업의 특성을 비교하고 각 기업의 주된 과제를 제시하라.

기업	부채	자본	총자산	매출액	매출원가	순이익
A	11,000	9,500	20,500	15,000	9,000	1,000
B	5,000	26,000	31,000	40,000	35,000	2,700
C	3,846	20,000	23,846	20,000	15,000	1,350

풀이

구분	자본이익률	매출액순이익률	총자산회전율	부채비율
A	10.53%	6.67%	0.7317	115.79%
B	10.38%	6.75%	1.2903	19.23%
C	6.75%	6.75%	0.8387	19.23%

❶ A기업의 자본이익률이 B와 C기업에 비해 높은 이유는 부채비율이 높기 때문이다.
❷ B기업의 자본이익률이 C기업에 비해 높은 이유는 총자산회전율이 높기 때문이다.
❸ 각 기업의 주된 과제는 A기업은 재무위험의 통제, B기업은 투자확대, C기업은 영업활동 강화이다.

매출액이익률

매출액이익률은 매출액에 대한 이익의 비율이다. 분자의 이익은 영업이익, 계속사업이익, 당기순이익 등이 주로 사용된다.

매출액영업이익률(operating income to sales)은 영업이익을 매출액으로 나눈 비율로서 기업의 영업활동에 대한 성과를 측정하는 지표로 활용된다.

$$\text{매출액영업이익률} = \frac{\text{영업이익}}{\text{매출액}}$$

당기순이익을 매출액으로 나눈 비율은 매출액순이익률(net income to sales), 계속사업순이익을 매출액으로 나눈 비율은 매출액계속사업이익률이라고 한다. 매출액순이익률에는 중단사업순손익이 포함되지만, 매출액계속사업이익률에는 그렇지 않다.

$$\text{매출액순이익률} = \frac{\text{당기순이익}}{\text{매출액}}, \quad \text{매출액계속사업순이익률} = \frac{\text{당기순이익}}{\text{매출액}}$$

3) 수익성 분석을 위한 기타 비율

가) 주당이익

주당이익(earnings per share: EPS)은 주식가격의 적정성을 분석을 할 때 널리 이용되는 기업성과 지표이다. 분자는 보통주에 귀속되는 이익, 분모는 보통주의 가중평균유통주식수이다. 예상주당이익과 현재의 주가와는 상관관계가 있으므로 투자실무에서는 주당이익의 추정에 많은 노력을 기울이고 있다. 일반적으로 주당이익성장률이 높을수록 주가상승전망은 밝다.

나) 주가이익비율

주가이익비율(price earnings ratio: PER)은 주식의 시장가격을 주당이익(EPS)으로 나눈 값으로서 이를 이익배수(earning multiplier)라고도 한다. PER은 기업이 벌어들이고 있는 1원의 이익에 대해서 증권시장의 투자자들이 얼마의 대가를 지불하고 있는가를 측정한 것이다.

$$\text{주가수익비율} = \frac{\text{주식가격}}{\text{주당이익}}$$

다) 배당성향

배당성향(dividend payout ratio)은 기업의 당기순이익 중에서 배당금으로 지급되는 비율을 말한다. 일반적으로 어떤 기업이 높은 배당성향을 유지한다는 것은 자금사정이 양호하고 경영자가 높은 미래수익을 예상하고 있음을 의미한다. 대개의 경우 투자자들도 내부 유보에 따른 불확실한 미래수익보다는 확실한 현재 소득인 배당을 더 선호하는 경향이 많다.

$$\text{배당성향} = \frac{\text{배당금}}{\text{당기순이익}} \times 100$$

라) 토빈의 q 비율

토빈의 q 비율은 기업자산의 시장가치와 자산의 대체원가와의 관계를 나타내는 비율이다.

$$q비율 = \frac{자산의\ 시장가격}{자산의\ 대체원가}$$

이 비율의 분자는 부채와 자본의 시장가치이고, 분모는 기업이 보유하고 있는 각종 자산의 대체원가이다. 토빈의 q비율이 1보다 크면 기업은 투자를 위한 동기를 갖게 되며, 1보다 작으면 기업은 투자유인이 없다고 해석한다. 높은 q비율을 갖는 기업은 성장 가능한 기업이나 경쟁우위를 지니고 있는 기업을 의미하고 낮은 q비율을 갖는 기업은 사양산업에 속하거나 경쟁열위에 있는 경우가 많다.

그런데 실무에서는 q비율의 사용이 어려운 점이 있는데 이는 q비율을 계산하기 위해 필요한 기업자산의 대체원가 산정이 용이하지 않기 때문이다.

나. 위험분석을 위한 비율

1) 단기유동성위험의 측정

유동성(liquidity)이란 자산이 단기에 정상적인 가격으로 현금화 될 수 있는 가능성을 말한다. 유동성 비율은 단기 채무를 상환할 수 있는 기업의 능력을 나타내는 것으로서 단기채무능력 비율이라고도 한다. 은행이나 거래처와 같은 단기여신 제공자는 기업의 단기지급능력비율을 중요시한다.

그러나 단기지급능력 비율이 양호하다고 반드시 기업이 지급불능상태가 되지 않을 것이라든가, 이 비율이 불량하다고 반드시 지급불능상태에 빠질 것으로 속단해서는 안 된다. 단기부채의 상환에 사용되는 것은 현금인 것이지 유동자산 그 자체는 아니기 때문이다. 단기지급능력비율이 높아도 지급불능이 될 수 있고, 반대로 단기지급능력비율이 불량하더라도 언제라도 필요할 경우에 차입할 수 있는 경우에는 지급불능상태에 빠지지 않게 된다. 이 문제를 해결하기 위해서는 기업의 차입능력과 현금흐름에 관한 분석이 추가되어야 한다.

가) 유동비율

유동비율(current ratio)은 유동자산을 유동부채로 나눈 것으로 기업의 단기부채상환능력을 파악하기 위한 비율 중에서 대표적인 것이다. 일반적으로 유동부채의 상환을 위해서 필요한 자금은 유동자산을 통해서 얻을 수 있기 때문에 유동비율이 높을수록 단기여신제공자의 위험은 감소된다.

$$유동비율 = \frac{유동자산}{유동부채} \times 100$$

유동비율로써 기업의 지급능력을 평가하기 위해서는 다음과 같은 점에 유의할 필요가 있다.

첫째, 유동비율에 대해서 2대 1의 원칙(two to one rule)이 있다. 이 원칙은 유동비율이 200% 이상 되어야 단기지급능력이 양호하다는 것이다. 이 원칙은 이론적인 근거 없이 실무에서의 경험을 기초로 한 것이다. 경제상황, 기업이 취급하는 제품의 유형, 기업규모, 경영상태에 따라 기업의 유동성은 달라질 것이므로 2대 1의 원칙이 절대적인 유동성의 판단기준이 될 수는 없다. 일반적으로 볼 때 사업의 전망이 밝아 성장률이 높은 기업은 유동성이 낮은 경향이 있다.

둘째, 유동비율에 의해서 단기지급능력을 파악하려고 할 경우에는 단기부채를 상환하기 위해서 일차적으로 사용되는 것이 유동자산인 것으로 암묵적인 가정을 하고 있으나, 현실적으로 유동자산은 단기에 현금화되는 속도와 그 확실성 정도가 각기 다른 자산들로 구성되어 있다. 따라서 유동비율이 높은 경우에는 각종 유동자산(특히 재고자산)의 현금화 정도를 살펴볼 필요가 있다.

셋째, 유동자산의 현금화 속도는 영업순환과정, 즉 현금→재고자산구입→(생산활동)→매출(매출활동)→매출채권의 회수→현금의 과정에서 결정되므로, 현금이 각 단계에 묶여 있는 기간을 파악하는 것이 중요하다. 이에 대한 분석은 다음에 설명할 효율성분석(재고자산회전율, 매출채권회전율 등)에서 가능하다. 따라서 기업의 단기지급능력을 파악하기 위해서는 효율성분석도 필요하게 된다.

넷째, 일반적으로 유동자산은 수익성이 매우 낮기 때문에 당좌비율이 극히 양호한 경우에는 기업의 수익성에 문제가 없는가를 살펴볼 필요가 있다.

나) 당좌비율

당좌비율(quick ratio)은 당좌자산을 유동부채로 나눈 비율로서 기업의 단기지급능력에 대한 척도를 사용하는데 이를 산성시험비율(acid-test ratio)이라고도 한다.

$$당좌비율 = \frac{당좌자산}{유동부채} \times 100$$

당좌비율은 유동비율을 보완하기 위해 사용된다. 당좌자산은 유동자산에서 재고자산을 제외한 것이다. 당좌자산에 비해서 재고자산은 유동성이 낮다. 재고자산은 판매과정(경우에 따라서는 생산과정과 판매과정)을 거쳐야만 현금화되는데, 판매란 수요가 있어야 가능한 것이므로 기업이 원한다고 마음대로 현금화시킬 수는 없다. 따라서 유동자산 중에서 단기부채를 상환하기 위해서 용이하게 사용될 수 있는 것은 당좌자산이라고 할 수 있다.

당좌비율로써 기업의 단기지급능력을 판단할 경우에는 다음과 같은 점에 유의할 필요가 있다.

첫째, 특히 진부화나 부적응 가능성이 큰 재고자산을 많이 보유하고 있는 기업에서는 유동비율보다는 당좌비율이 더 의미를 가지게 된다. 유동비율이 양호하지만, 당좌비율이 불량하면 기업이 재고자산을 많이 보유하고 있다는 것을 의미하는데, 이러한 경우에는 재고자산의 현금화 가능성에 유의하여야 한다.

둘째, 전통적인 견해에 따르면 당좌비율은 100% 이상이 되어야 양호한 것으로 판단된다. 그러나 유동비율에서 설명한 바와 같이 다른 여러 가지 요소와 함께 평가하여야 한다.

셋째, 일반적으로 당좌자산은 수익성이 매우 낮기 때문에 당좌비율이 극히 양호한 경우에는 기업의 수익성에 문제가 없는가를 살펴볼 필요가 있다.

다) 영업순환주기

영업순환주기는 매채권평균회수기간과 재고자산평균보유기간을 합하여 계산된다. 영업순환주기가 짧으면, 기업의 유동성이 커진다.

(1) 매출채권평균회수기간

매출채권평균회수기간(average collection period for accounts receivable)은 매출채권평균회수일수라고도 하는데, 매출채권에 묶여 있는 자금이 현금화되는 데 소요되는 기간을 측정해 준다. 이 비율은 다음과 같이 계산된다.[2]

$$\text{매출채권평균회수기간} = \frac{\text{평균매출채권}}{\text{1일평균매출액}}$$

$$\text{1일평균매출액} = \frac{\text{매출액}}{\text{365일}}$$

매출채권평균회수기간은 매출채권의 평균회수기간을 나타내기 때문에 재무제표분석가와 경영자에게 중요한 의미를 갖는다.

첫째, 특히 신용판매기간에 대한 회사 정책과 비교하면 신용판매부서의 효율성을 파악할 수 있다. 예를 들어 회사의 신용판매정책이 2/10, n/60이라면 외상매출금은 적어도 60일 이내에 회수되어야 하는데, 실제 평균회수기간이 80일이라면 이 차이는 신용판매부서가 목표를 달성하지 못하였고, 매출채권을 회수하는 데 비효율적이었음을 나타낸다.

둘째, 매출채권평균회수기간은 매출채권의 유동성(현금화 정도)을 나타내기 때문에 이 비율이 적을수록 평균유동성이 크다는 것을 의미한다. 따라서 매출채권평균회수기간은 기업의 단기유동성을 평가하는 데도 유용하다.

그리고 매출채권평균회수기간과 함께 사용되는 것으로 매출채권회전율이 있다. 이 비율도 매출채권의 현금화속도 또는 매출채권에 대한 투자의 효율성을 측정하는 데 사용된다. 매출채권회전율과 매출채권평균회수기간의 관계는 다음과 같다.

---

2. 기업의 총매출은 현금매출과 외상매출로 구분할 수 있는데, 이 중에서 외상매출금평균회수기간과 관련이 있는 것은 당기외상매출액이다. 따라서 1일 평균매출액을 계산할 때는 당기외상매출액을 기초로 하는 것이 바람직하다. 그러나 손익계산서의 매출을 현금매출액과 외상매출액으로 구분하는 것은 특히 외부분석가 입장에서는 매우 어렵다. 그래서 양자를 계속해서 구분할 수 있는 경우에는 외상매출액을 기초로 외상매출금 평균회수기간을 계산하지만 그렇지 못한 경우에는 매출액 전부를 사용하는 것이 바람직하다. 그리고 본문에서는 1일평균매출액을 계산할 때 연매출액을 365일로 나누었지만 연간근무일수인 250일 또는 360일로 나누기도 한다. 어떤 방법을 사용하여도 일관성만 유지된다면 중요하지 않게 된다.

$$\text{매출채권회전율} = \frac{\text{매출}}{\text{평균매출채권}}$$

$$\text{매출채권평균회수기간} = \frac{\text{평균매출채권}}{\text{일일평균매출}} = \frac{\text{평균매출채권}}{\text{매출액}} \times 365$$

$$= \frac{1}{\text{매출채권회전율}} \times 365$$

매출채권회전율과 매출채권평균회수기간이 갖는 의미는 동일하다.

(2) 재고자산평균보유기간

재고자산평균보유기간은 재고자산이 판매되기까지 걸리는 기간을 의미한다. 재고자산평균보유기간과 재고자산회전율의 관계는 매출채권평균회수기간과 매출채권회전율의 관계와 동일하다.

$$\text{매출채권평균회수기간} = \frac{\text{평균재고자산}}{\text{일일평균매출원가}} = \frac{\text{평균재고자산}}{\text{매출원가}} \times 365$$

$$= \frac{1}{\text{재고자산회전율}} \times 365$$

재고자산평균보유기간이 길면 재고자산에 과대 투자되고 있어 자금이 재고자산에 묶여 있는 기간이 장기화되고 있음을 뜻한다. 반대로 짧으면 재고자산관리가 효율적임을 뜻한다. 그러나 이 비율이 지나치게 짧으면 적정한 재고자산을 보유하고 있지 못하여 긴급수요에 대처하지 못할 수도 있다는 점에 유의해야 한다.

예제 9-2 영업순환주기

상품매매기업인 ㈜기산물산의 영업주기는 상품의 매입시점부터 판매 후 대금의 회수시점까지의 기간으로 정의된다. ㈜기산물산의 연 매출이 ₩120,000, 이에 대한 매출원가가 ₩75,000, 연평균 외상매출금 잔액이 ₩20,000, 그리고 연평균 재고자산 가액이 ₩25,000이라면 ㈜기산물산의 평균 영업주기는? (매출은 전액 외상매출이라고 가정한다. 계산의 편의상 1년은 360일로 간주한다.

풀이

매출채권회전기간 = 20,000 ÷ 120,000 × 360일 = 60일
재고자산회전기간 = 25,000 ÷ 75,000 × 360일 = 120일
영업주기 = 60일 + 120일 = 180일

라) 영업활동현금흐름/평균유동부채

유동성 위험을 측정하기 위한 보조지표에는 "영업활동현금흐름/평균유동부채" 비율이 있다. 이 비율은 분자에 기말시점의 유동자산 대신 1년에 걸친 영업현금흐름을 사용한다는 점에서 유동비율과 다르다. 이 비율은 기말 유동자산의 조작을 통한 유동비율의 조작을 통제하는 효과가 있다.

2) 장기 재무위험의 측정

장기 재무위험은 레버리지 비율로 측정한다. 레버리지 비율(leverage ratios)은 기업의 타인자본 의존도를 측정하는 지표로 장기지급능력비율이라고도 한다. 장기지급능력비율을 계산하는 목적은 다음과 같다.

첫째, 장기지급능력비율은 기업의 부채의존도를 나타내므로, 채권자 입장에서 보면 채권회수에 대한 위험 정도를 나타낸다. 채권회수에 대한 최종적인 담보는 자기자본이 되므로 부채의존도가 클수록 채권회수의 위험은 커지게 된다.

둘째, 장기지급능력비율은 경영자가 자금조달방법을 결정할 경우에 유용한 역할을 한다. 일반적으로 타인자본의 사용대가인 이자비용은 세법에서 손금으로 인정되기 때문에 타인자본비용은 자기자본비용보다 저렴하고, 총자본영업이익률이 차입자본의 이자율보다 큰 경우에는 자기자본이익률이 증가한다. 그러나 부채의존도가 커지면 주주에게 귀속되는 이익의 변동이 커지는 손익확대효과, 즉 레버리지 효과(leverage effect)가 나타나므로 기업의 재무위험이 커지게 된다. 결국 적정한 타인자본의 사용에 대한 의사결정은 타인자본의 사용으로 인해서 나타나는 수익성 증대효과와 재무위험이 증대되는 효과의 상충관계를 조정하는 문제라 볼 수 있다.

셋째, 부채의존도가 높을수록 레버리지 효과가 크게 나타나므로, 주주에 대한 위험이 커져서 안정성이 낮아진다. 이러한 의미에서 장기지급능력비율은 안정성비율(safety ratios)이라고도 한다.

가) 부채비율

부채비율(debt ratios)은 총부채(타인자본)와 자기자본의 관계로써 타인자본 의존도를 측정하기 위한 비율이다. 부채비율은 자본구조의 균형, 즉 안정성을 측정하기 위한 대표적인 비율이다.

부채비율은 부채를 자본으로 나누어 계산하기도 하고, 부채를 자산으로 나누어 계산하기도 한다. 어떻게 계산하여도 양자는 동일한 의미를 가지게 된다. 그러나 자본잠식이 있는 경우에는 부채/자본 비율의 분모가 음수가 되므로 분석에 문제가 발생할 수가 있으나, 부채/자산 비율은 그렇지 않다.

$$\text{부채비율} = \frac{\text{총부채}}{\text{자본}} \times 100$$

부채비율은 주로 다음과 같이 두 가지 용도로 사용된다.

첫째, 부채비율은 채권자의 위험을 측정한다. 기업에서 사업확장을 위해 필요한 자금을 조달하기 위해서 신규로 주식을 발행하면, 주식소유비율이 낮아져서 지배권의 일부를 상실할 가능성이 있으므로 주주들은 레버리지를 이용하려 한다. 즉, 투자수익률이 높아지게 된다. 그러나 부채비율이 너무 높으면 주주가 무리한 모험을 시도할 가능성이 커진다. 즉, 부채비율이 높다는 것은 주주가 출자한 자본이 상대적으로 적다는 것을 의미하므로 투기적인 사업을 하여 실패하더라도 주주가 부담하게 될 손실은 상대적으로 작지만, 성공하게 되면 아주 많은 이익이 생길 것이기 때문이다. 따라서 부채비율이 높으면 채권자의 위험이 그만큼 증가된다고 할 수 있다. 이외에도 부채비율이 높으면 청산시에 채권자에게 돌아갈 몫이 낮아지므로 채권자의 위험이 커진다.

이와 같이 부채비율은 채권자의 위험을 측정하는데 사용되지만, 유의해야 할 점이 있다.

첫째, 대차대조표에 보고되는 유형자산과 무형자산은 대부분 취득원가를 기준으로 한 것이다. 이 때문에 물가가 상승할 경우에 부채비율이 왜곡된다. 물가가 상승하게 되면 자본이 실제보다 낮게 표시되므로, 부채비율이 실제보다 높아진다. 따라서 부채비율이 채권자의 위험을 정확하게 측정한다고 보기 어렵다. 이러한 상황에서 생각해볼 수 있는 것은 자본을 현행 원가로 수정하여 부채비율을 계산하는 것이다.

둘째, 보증이나 담보가 설정되어 있는 부채는 상환에 우선권이 주어지므로, 이런 경우에는 부채비율이 채권자의 위험을 반영하는 것이라고 할 수 없다.

셋째, 기업의 재무구조를 나타내는 부채비율은 보통주에 대한 재무위험(financial risk)의 척도로 사용되기도 한다. 재무위험은 보통주주에게 귀속되는 이익흐름의 편차로 정의된다. 영업이익이 일정한 경우에 고정적으로 지급해야 할 이자비용이 많을수록 주주에게 귀속되는 이익의 편차가 커지게 된다. 예를 들어 t기에 ₩1,000,000에 달하던 영업이익이 t+1기에는 10% 감소하였다고 가정해보자. 만약 타인자본을 전혀 사용하고 있지 않다면, 이자비용이 없기 때문에 t+1기의 당기순이익은 ₩900,000(₩1,000,000×(1−0.1))이 된다. 그러나 타인자본을 사용하여 이자비용이 ₩500,000이라고 한다면, t기와 t+1기의 당기순이익은 각각 ₩500,000(₩1,000,000−₩500,000)과 ₩400,000(₩900,000−₩500,000)이 된다. 이러한 경우에 t기에 비해서 t+1기의 자기자본이익률은 20%((₩500,000−₩400,000)÷₩500,000)감소된다. 반대로 영업이익이 증가하면 타인자본을 사용하기 때문에 이자비용이 있는 기업이 자기자본만을 사용하는 기업에 비해서 자기자본이익률이 더 크게 증가할 것이다. 이러한 현상은 부채에 의한 자금조달활동, 재무활동에서 나타나는 이자비용 때문에 생긴 것이기 때문에 재무레버리지효과라 한다. 일반적으로 부채비율이 높을수록 재무레버리지효과가 크게 나타나서 당기순이익의 변동폭이 더 커지므로 보통주에 대한 재무위험도 증가된다. 결국 부채비율은 채권자와 주주 모두에 관련되는 위험에 대한 척도가 된다.

나) 고정장기적합률과 고정비율

고정비율(fixed ratio)은 자산의 고정화 위험을 측정하는 지표로서 비유동자산을 자본으로 나누어서 계산한다. 운영기간이 비교적 장기에 속하는 비유동자산은 가급적 자기자본으로 충당하는 것이 바람직하다는 의미에서 고정비율은 낮을수록 양호하며 100% 이하이면 적정하다고 판단한다. 그리고 자본집약적 장기산업 등은 높은 고정비율을 나타내므로 업종간 기업 규모간 특성을 감안하여 판단하여야 한다.

$$\text{고정비율} = \frac{\text{비유동자산}}{\text{자본}} \times 100$$

고정장기적합율(fixed assets to net worth and fixed liabilities)은 장기성 자본과 비유동자산의 관계를 나타내는 지표로서 고정비율과 함께 사용된다. 고정장기적합율이

100%가 넘었다는 것은 비유동자산의 취득에 필요한 자금 중 일부가 유동부채로 조달되었음을 의미한다. 따라서 고정장기적합률은 100% 이하여야 한다. 고정장기적합율도 장기 집약적 장기산업 등은 높은 비율을 나타내므로 업종간 기업규모간 특성을 고려해야 한다.

$$\text{고정장기적합율} = \frac{\text{비유동자산}}{\text{자본} + \text{비유동부채}} \times 100$$

다) 이자보상비율

이자보상비율(interest coverage ratio)은 이자승수라고도 하는데, 기업이 일정 기간 동안에 지급해야 할 이자비용에 대한 영업이익의 비율이다. 이 비율은 정기적으로 지급해야 하는 이자비용은 영업활동에서 생긴 이익으로 지급할 수 있어야 한다는 데 그 근거가 있다. 일반적으로 이 비율이 높을수록 이자지급에 대한 안정성이 커지게 된다.

$$\text{이자보상비율} = \frac{\text{영업이익}}{\text{이자비용}}$$

이자보상비율의 계산에는 이자비용만을 고려하고 있으나, 이자비용 이외에도 계약에 따라 정기적으로 지급하여야 하는 지출액, 즉 고정 재무적 부담액을 포함시키는 것이 바람직할 수도 있다. 고정 재무적 부담액을 지급하지 못하면 재무적 곤경에 빠지게 될 것이기 때문이다. 고정 재무적 부담액으로는 임차료나 리스료, 감채기금 설정액, 우선주 배당금 등이 있다.

$$\text{고정재무부담보상률} = \frac{\text{영업활동현금흐름}}{\text{이자비용} + \text{기타의 고정적인 재무적 부담}}$$

연습문제

1. 다음은 서울(주)의 재무비율이다. 매출액 이익률 5%, 자기자본회전율 200%, 자기자본비율 50%일 경우 서울(주)의 자기자본이익률은?

① 5% ② 10% ③ 20% ④ 40%

2. 다음 자료에 의하여 기업회계기준서에 따라 포괄손익계산서를 작성한 경우에 매출총이익률은?

① 15% ② 25% ③ 28% ④ 30% ⑤ 30%

3. 다음 거래 중 유동비율이 100% 미만일 때 기업의 유동비율을 감소시키는 거래는?

① 건물을 장부가격 이하로 처분하는 경우
② 유가증권을 장부가격 이상으로 처분하는 경우
③ 단기어음을 발행하고 현금을 차입하는 경우
④ 단기차입금을 현금으로 상환하는 경우
⑤ 장기어음을 발행하고 현금을 차입하는 경우

4. 다음 재무제표 중에서 투자자와 채권자들이 기업의 유동성(liquidity)와 재무적 탄력성(financial flexibility)을 평가하기에 가장 적합한 것은?

① 재무상태표 ② 포괄손익계산서 ③ 이익잉여금처분계산서
④ 현금흐름표 ⑤ 자본변동표

5. 서울(주)는 현재 유동비율이 200%이고, 당좌비율이 100%이다. 이 상황에서 상품₩1,000,000을 구입하면서 ₩500,000은 소유하고 있던 단기금융상품을 양도하고, 잔액은 외상으로 하였다. 이 거래가 유동비율과 당좌비율에 미치는 영향은?

	유동비율	당좌비율
①	커진다	작아진다
②	커진다	커진다
③	변동없다	커진다
④	작아진다	작아진다
⑤	작아진다	커진다

6. 기말 재고자산금액이 과대계상된 경우 유동비율과 부채비율에 미치는 영향으로 옳은 것은?

	유동비율	부채비율
❶	낮아짐	낮아짐
❷	낮아짐	높아짐
❸	높아짐	낮아짐
❹	높아짐	변동없음
❺	높아짐	높아짐

해답

1. ❸ 2. ❹ 3. ❹ 4. ❶ 5. ❹ 6. ❸

부록

[부록 1] 미래금액 1원의 현재가치

[부록 2] 정상연금 1원의 현재가치

[부록 3] 현재금액 1원의 미래가치

[부록 4] 정상연금 1원의 미래가치

[부록 1] 미래금액 1원의 현재가치

$$PVF(n,r) = \frac{1}{(1+r)^n}$$

현재 가치	1%	2%	3%	4%	5%
1	0.9901	0.9804	0.9709	0.9615	0.9524
2	0.9803	0.9612	0.9426	0.9246	0.9070
3	0.9706	0.9423	0.9151	0.8890	0.8638
4	0.9610	0.9238	0.8885	0.8548	0.8227
5	0.9515	0.9057	0.8626	0.8219	0.7835
6	0.9420	0.8880	0.8375	0.7903	0.7462
7	0.9327	0.8706	0.8131	0.7599	0.7107
8	0.9235	0.8535	0.7894	0.7307	0.6768
9	0.9143	0.8368	0.7664	0.7026	0.6446
10	0.9053	0.8203	0.7441	0.6756	0.6139
11	0.8963	0.8043	0.7224	0.6496	0.5847
12	0.8874	0.7885	0.7014	0.6246	0.5568
13	0.8787	0.7730	0.6810	0.6006	0.5303
14	0.8700	0.7579	0.6611	0.5775	0.5051
15	0.8613	0.7430	0.6419	0.5553	0.4810
16	0.8528	0.7284	0.6232	0.5339	0.4581
17	0.8444	0.7142	0.6050	0.5134	0.4363
18	0.8360	0.7002	0.5874	0.4936	0.4155
19	0.8277	0.6864	0.5703	0.4746	0.3957
20	0.8195	0.6730	0.5537	0.4564	0.3769
21	0.8114	0.6598	0.5375	0.4388	0.3589
22	0.8034	0.6468	0.5219	0.4220	0.3418
23	0.7954	0.6342	0.5067	0.4057	0.3256
24	0.7876	0.6217	0.4919	0.3901	0.3101
25	0.7798	0.6095	0.4776	0.3751	0.2953
26	0.7720	0.5976	0.4637	0.3607	0.2812
27	0.7644	0.5859	0.4502	0.3468	0.2678
28	0.7568	0.5744	0.4371	0.3335	0.2551
29	0.7493	0.5631	0.4243	0.3207	0.2429
30	0.7419	0.5521	0.4120	0.3083	0.2314

현재 가치	6%	7%	8%	9%	10%
1	0.9434	0.9346	0.9259	0.9174	0.9091
2	0.8900	0.8734	0.8573	0.8417	0.8264
3	0.8396	0.8163	0.7938	0.7722	0.7513
4	0.7921	0.7629	0.7350	0.7084	0.6830
5	0.7473	0.7130	0.6806	0.6499	0.6209
6	0.7050	0.6663	0.6302	0.5963	0.5645
7	0.6651	0.6227	0.5835	0.5470	0.5132
8	0.6274	0.5820	0.5403	0.5019	0.4665
9	0.5919	0.5439	0.5002	0.4604	0.4241
10	0.5584	0.5083	0.4632	0.4224	0.3855
11	0.5268	0.4751	0.4289	0.3875	0.3505
12	0.4970	0.4440	0.3971	0.3555	0.3186
13	0.4688	0.4150	0.3677	0.3262	0.2897
14	0.4423	0.3878	0.3405	0.2992	0.2633
15	0.4173	0.3624	0.3152	0.2745	0.2394
16	0.3936	0.3387	0.2919	0.2519	0.2176
17	0.3714	0.3166	0.2703	0.2311	0.1978
18	0.3503	0.2959	0.2502	0.2120	0.1799
19	0.3305	0.2765	0.2317	0.1945	0.1635
20	0.3118	0.2584	0.2145	0.1784	0.1486
21	0.2942	0.2415	0.1987	0.1637	0.1351
22	0.2775	0.2257	0.1839	0.1502	0.1228
23	0.2618	0.2109	0.1703	0.1378	0.1117
24	0.2470	0.1971	0.1577	0.1264	0.1015
25	0.2330	0.1842	0.1460	0.1160	0.0923
26	0.2198	0.1722	0.1352	0.1064	0.0839
27	0.2074	0.1609	0.1252	0.0976	0.0763
28	0.1956	0.1504	0.1159	0.0895	0.0693
29	0.1846	0.1406	0.1073	0.0822	0.0630
30	0.1741	0.1314	0.0994	0.0754	0.0573

현재가치	11%	12%	13%	14%	15%
1	0.9009	0.8929	0.8850	0.8772	0.8696
2	0.8116	0.7972	0.7831	0.7695	0.7561
3	0.7312	0.7118	0.6931	0.6750	0.6575
4	0.6587	0.6355	0.6133	0.5921	0.5718
5	0.5935	0.5674	0.5428	0.5194	0.4972
6	0.5346	0.5066	0.4803	0.4556	0.4323
7	0.4817	0.4523	0.4251	0.3996	0.3759
8	0.4339	0.4039	0.3762	0.3506	0.3269
9	0.3909	0.3606	0.3329	0.3075	0.2843
10	0.3522	0.3220	0.2946	0.2697	0.2472
11	0.3173	0.2875	0.2607	0.2366	0.2149
12	0.2858	0.2567	0.2307	0.2076	0.1869
13	0.2575	0.2292	0.2042	0.1821	0.1625
14	0.2320	0.2046	0.1807	0.1597	0.1413
15	0.2090	0.1827	0.1599	0.1401	0.1229
16	0.1883	0.1631	0.1415	0.1229	0.1069
17	0.1696	0.1456	0.1252	0.1078	0.0929
18	0.1528	0.1300	0.1108	0.0946	0.0808
19	0.1377	0.1161	0.0981	0.0829	0.0703
20	0.1240	0.1037	0.0868	0.0728	0.0611
21	0.1117	0.0926	0.0768	0.0638	0.0531
22	0.1007	0.0826	0.0680	0.0560	0.0462
23	0.0907	0.0738	0.0601	0.0491	0.0402
24	0.0817	0.0659	0.0532	0.0431	0.0349
25	0.0736	0.0588	0.0471	0.0378	0.0304
26	0.0663	0.0525	0.0417	0.0331	0.0264
27	0.0597	0.0469	0.0369	0.0291	0.0230
28	0.0538	0.0419	0.0326	0.0255	0.0200
29	0.0485	0.0374	0.0289	0.0224	0.0174
30	0.0437	0.0334	0.0256	0.0196	0.0151

현재가치	16%	17%	18%	19%	20%
1	0.8621	0.8547	0.8475	0.8403	0.8333
2	0.7432	0.7305	0.7182	0.7062	0.6944
3	0.6407	0.6244	0.6086	0.5934	0.5787
4	0.5523	0.5337	0.5158	0.4987	0.4823
5	0.4761	0.4561	0.4371	0.4190	0.4019
6	0.4104	0.3898	0.3704	0.3521	0.3349
7	0.3538	0.3332	0.3139	0.2959	0.2791
8	0.3050	0.2848	0.2660	0.2487	0.2326
9	0.2630	0.2434	0.2255	0.2090	0.1938
10	0.2267	0.2080	0.1911	0.1756	0.1615
11	0.1954	0.1778	0.1619	0.1476	0.1346
12	0.1685	0.1520	0.1372	0.1240	0.1122
13	0.1452	0.1299	0.1163	0.1042	0.0935
14	0.1252	0.1110	0.0985	0.0876	0.0779
15	0.1079	0.0949	0.0835	0.0736	0.0649
16	0.0930	0.0811	0.0708	0.0618	0.0541
17	0.0802	0.0693	0.0600	0.0520	0.0451
18	0.0691	0.0592	0.0508	0.0437	0.0376
19	0.0596	0.0506	0.0431	0.0367	0.0313
20	0.0514	0.0433	0.0365	0.0308	0.0261
21	0.0443	0.0370	0.0309	0.0259	0.0217
22	0.0382	0.0316	0.0262	0.0218	0.0181
23	0.0329	0.0270	0.0222	0.0183	0.0151
24	0.0284	0.0231	0.0188	0.0154	0.0126
25	0.0245	0.0197	0.0160	0.0129	0.0105
26	0.0211	0.0169	0.0135	0.0109	0.0087
27	0.0182	0.0144	0.0115	0.0091	0.0073
28	0.0157	0.0123	0.0097	0.0077	0.0061
29	0.0135	0.0105	0.0082	0.0064	0.0051
30	0.0116	0.0090	0.0070	0.0054	0.0042

[부록 2] 정상연금 1원의 현재가치

$$PVFA(n,r) = \frac{1}{r} - \frac{1}{r(1+r)^n}$$

현재가치	1%	2%	3%	4%	5%
1	0.9901	0.9804	0.9709	0.9615	0.9524
2	1.9704	1.9416	1.9135	1.8861	1.8594
3	2.9410	2.8839	2.8286	2.7751	2.7232
4	3.9020	3.8077	3.7171	3.6299	3.5460
5	4.8534	4.7135	4.5797	4.4518	4.3295
6	5.7955	5.6014	5.4172	5.2421	5.0757
7	6.7282	6.4720	6.2303	6.0021	5.7864
8	7.6517	7.3255	7.0197	6.7327	6.4632
9	8.5660	8.1622	7.7861	7.4353	7.1078
10	9.4713	8.9826	8.5302	8.1109	7.7217
11	10.368	9.7868	9.2526	8.7605	8.3064
12	11.255	10.575	9.9540	9.3851	8.8633
13	12.134	11.348	10.635	9.9856	9.3936
14	13.004	12.106	11.296	10.563	9.8986
15	13.865	12.849	11.938	11.118	10.380
16	14.718	13.578	12.561	11.652	10.838
17	15.562	14.292	13.166	12.166	11.274
18	16.398	14.992	13.754	12.659	11.690
19	17.226	15.678	14.324	13.134	12.085
20	18.046	16.351	14.877	13.590	12.462
21	18.857	17.011	15.415	14.029	12.821
22	19.660	17.658	15.937	14.451	13.163
23	20.456	18.292	16.444	14.857	13.489
24	21.243	18.914	16.936	15.247	13.799
25	22.023	19.523	17.413	15.622	14.094
26	22.795	20.121	17.877	15.983	14.375
27	23.560	20.707	18.327	16.330	14.643
28	24.316	21.281	18.764	16.663	14.898
29	25.066	21.844	19.188	16.984	15.141
30	25.808	22.396	19.600	17.292	15.372

현재가치	6%	7%	8%	9%	10%
1	0.9434	0.9346	0.9259	0.9174	0.9091
2	1.8334	1.8080	1.7833	1.7591	1.7355
3	2.6730	2.6243	2.5771	2.5313	2.4869
4	3.4651	3.3872	3.3121	3.2397	3.1699
5	4.2124	4.1002	3.9927	3.8897	3.7908
6	4.9173	4.7665	4.6229	4.4859	4.3553
7	5.5824	5.3893	5.2064	5.0330	4.8684
8	6.2098	5.9713	5.7466	5.5348	5.3349
9	6.8017	6.5152	6.2469	5.9952	5.7590
10	7.3601	7.0236	6.7101	6.4177	6.1446
11	7.8869	7.4987	7.1390	6.8052	6.4951
12	8.3838	7.9427	7.5361	7.1607	6.8137
13	8.8527	8.3577	7.9038	7.4869	7.1034
14	9.2950	8.7455	8.2442	7.7862	7.3667
15	9.7122	9.1079	8.5595	8.0607	7.6061
16	10.106	9.4466	8.8514	8.3126	7.8237
17	10.477	9.7632	9.1216	8.5436	8.0216
18	10.828	10.059	9.3719	8.7556	8.2014
19	11.158	10.336	9.6036	8.9501	8.3649
20	11.470	10.594	9.8181	9.1285	8.5136
21	11.764	10.836	10.017	9.2922	8.6487
22	12.042	11.061	10.201	9.4424	8.7715
23	12.303	11.272	10.371	9.5802	8.8832
24	12.550	11.469	10.529	9.7066	8.9847
25	12.783	11.654	10.675	9.8226	9.0770
26	13.003	11.826	10.810	9.9290	9.1609
27	13.211	11.987	10.935	10.027	9.2372
28	13.406	12.137	11.051	10.116	9.3066
29	13.591	12.278	11.158	10.198	9.3696
30	13.765	12.409	11.258	10.274	9.4269

현재가치	11%	12%	13%	14%	15%
1	0.9009	0.8929	0.8850	0.8772	0.8696
2	1.7125	1.6901	1.6681	1.6467	1.6257
3	2.4437	2.4018	2.3612	2.3216	2.2832
4	3.1024	3.0373	2.9745	2.9137	2.8550
5	3.6959	3.6048	3.5172	3.4331	3.3522
6	4.2305	4.1114	3.9975	3.8887	3.7845
7	4.7122	4.5638	4.4226	4.2883	4.1604
8	5.1461	4.9676	4.7988	4.6389	4.4873
9	5.5370	5.3282	5.1317	4.9464	4.7716
10	5.8892	5.6502	5.4262	5.2161	5.0188
11	6.2065	5.9377	5.6869	5.4527	5.2337
12	6.4924	6.1944	5.9176	5.6603	5.4206
13	6.7499	6.4235	6.1218	5.8424	5.5831
14	6.9819	6.6282	6.3025	6.0021	5.7245
15	7.1909	6.8109	6.4624	6.1422	5.8474
16	7.3792	6.9740	6.6039	6.2651	5.9542
17	7.5488	7.1196	6.7291	6.3729	6.0472
18	7.7016	7.2497	6.8399	6.4674	6.1280
19	7.8393	7.3658	6.9380	6.5504	6.1982
20	7.9633	7.4694	7.0248	6.6231	6.2593
21	8.0751	7.5620	7.1016	6.6870	6.3125
22	8.1757	7.6446	7.1695	6.7429	6.3587
23	8.2664	7.7184	7.2297	6.7921	6.3988
24	8.3481	7.7843	7.2829	6.8351	6.4338
25	8.4217	7.8431	7.3300	6.8729	6.4641
26	8.4881	7.8957	7.3717	6.9061	6.4906
27	8.5478	7.9426	7.4086	6.9352	6.5135
28	8.6016	7.9844	7.4412	6.9607	6.5335
29	8.6501	8.0218	7.4701	6.9830	6.5509
30	8.6938	8.0552	7.4957	7.0027	6.5660

현재가치	16%	17%	18%	19%	20%
1	0.8621	0.8547	0.8475	0.8403	0.8333
2	1.6052	1.5852	1.5656	1.5465	1.5278
3	2.2459	2.2096	2.1743	2.1399	2.1065
4	2.7982	2.7432	2.6901	2.6386	2.5887
5	3.2743	3.1993	3.1272	3.0576	2.9906
6	3.6847	3.5892	3.4976	3.4098	3.3255
7	4.0386	3.9224	3.8115	3.7057	3.6046
8	4.3436	4.2072	4.0776	3.9544	3.8372
9	4.6065	4.4506	4.3030	4.1633	4.0310
10	4.8332	4.6586	4.4941	4.3389	4.1925
11	5.0286	4.8364	4.6560	4.4865	4.3271
12	5.1971	4.9884	4.7932	4.6105	4.4392
13	5.3423	5.1183	4.9095	4.7147	4.5327
14	5.4675	5.2293	5.0081	4.8023	4.6106
15	5.5755	5.3242	5.0916	4.8759	4.6755
16	5.6685	5.4053	5.1624	4.9377	4.7296
17	5.7487	5.4746	5.2223	4.9897	4.7746
18	5.8178	5.5339	5.2732	5.0333	4.8122
19	5.8775	5.5845	5.3162	5.0700	4.8435
20	5.9288	5.6278	5.3527	5.1009	4.8696
21	5.9731	5.6648	5.3837	5.1268	4.8913
22	6.0113	5.6964	5.4099	5.1486	4.9094
23	6.0442	5.7234	5.4321	5.1668	4.9245
24	6.0726	5.7465	5.4509	5.1822	4.9371
25	6.0971	5.7662	5.4669	5.1951	4.9476
26	6.1182	5.7831	5.4804	5.2060	4.9563
27	6.1364	5.7975	5.4919	5.2151	4.9636
28	6.1520	5.8099	5.5016	5.2228	4.9697
29	6.1656	5.8204	5.5098	5.2292	4.9747
30	6.1772	5.8294	5.5168	5.2347	4.9789

[부록 3] 현재금액 1원의 미래가치

$$FVF(n,r) = (1+r)^n$$

미래가치	1%	2%	3%	4%	5%
1	1.0100	1.0200	1.0300	1.0400	1.0500
2	1.0201	1.0404	1.0609	1.0816	1.1025
3	1.0303	1.0612	1.0927	1.1249	1.1576
4	1.0406	1.0824	1.1255	1.1699	1.2155
5	1.0510	1.1041	1.1593	1.2167	1.2763
6	1.0615	1.1262	1.1941	1.2653	1.3401
7	1.0721	1.1487	1.2299	1.3159	1.4071
8	1.0829	1.1717	1.2668	1.3686	1.4775
9	1.0937	1.1951	1.3048	1.4233	1.5513
10	1.1046	1.2190	1.3439	1.4802	1.6289
11	1.1157	1.2434	1.3842	1.5395	1.7103
12	1.1268	1.2682	1.4258	1.6010	1.7959
13	1.1381	1.2936	1.4685	1.6651	1.8856
14	1.1495	1.3195	1.5126	1.7317	1.9799
15	1.1610	1.3459	1.5580	1.8009	2.0789
16	1.1726	1.3728	1.6047	1.8730	2.1829
17	1.1843	1.4002	1.6528	1.9479	2.2920
18	1.1961	1.4282	1.7024	2.0258	2.4066
19	1.2081	1.4568	1.7535	2.1068	2.5270
20	1.2202	1.4859	1.8061	2.1911	2.6533
21	1.2324	1.5157	1.8603	2.2788	2.7860
22	1.2447	1.5460	1.9161	2.3699	2.9253
23	1.2572	1.5769	1.9736	2.4647	3.0715
24	1.2697	1.6084	2.0328	2.5633	3.2251
25	1.2824	1.6406	2.0938	2.6658	3.3864
26	1.2953	1.6734	2.1566	2.7725	3.5557
27	1.3082	1.7069	2.2213	2.8834	3.7335
28	1.3213	1.7410	2.2879	2.9987	3.9201
29	1.3345	1.7758	2.3566	3.1187	4.1161
30	1.3478	1.8114	2.4273	3.2434	4.3219

미래가치	6%	7%	8%	9%	10%
1	1.0600	1.0700	1.0800	1.0900	1.1000
2	1.1236	1.1449	1.1664	1.1881	1.2100
3	1.1910	1.2250	1.2597	1.2950	1.3310
4	1.2625	1.3108	1.3605	1.4116	1.4641
5	1.3382	1.4026	1.4693	1.5386	1.6105
6	1.4185	1.5007	1.5869	1.6771	1.7716
7	1.5036	1.6058	1.7138	1.8280	1.9487
8	1.5938	1.7182	1.8509	1.9926	2.1436
9	1.6895	1.8385	1.9990	2.1719	2.3579
10	1.7908	1.9672	2.1589	2.3674	2.5937
11	1.8983	2.1049	2.3316	2.5804	2.8531
12	2.0122	2.2522	2.5182	2.8127	3.1384
13	2.1329	2.4098	2.7196	3.0658	3.4523
14	2.2609	2.5785	2.9372	3.3417	3.7975
15	2.3966	2.7590	3.1722	3.6425	4.1772
16	2.5404	2.9522	3.4259	3.9703	4.5950
17	2.6928	3.1588	3.7000	4.3276	5.0545
18	2.8543	3.3799	3.9960	4.7171	5.5599
19	3.0256	3.6165	4.3157	5.1417	6.1159
20	3.2071	3.8697	4.6610	5.6044	6.7275
21	3.3996	4.1406	5.0338	6.1088	7.4002
22	3.6035	4.4304	5.4365	6.6586	8.1403
23	3.8197	4.7405	5.8715	7.2579	8.9543
24	4.0489	5.0724	6.3412	7.9111	9.8497
25	4.2919	5.4274	6.8485	8.6231	10.835
26	4.5494	5.8074	7.3964	9.3992	11.918
27	4.8223	6.2139	7.9881	10.245	13.110
28	5.1117	6.6488	8.6271	11.167	14.421
29	5.4184	7.1143	9.3173	12.172	15.863
30	5.7435	7.6123	10.063	13.268	17.449

미래가치	11%	12%	13%	14%	15%
1	1.1100	1.1200	1.1300	1.1400	1.1500
2	1.2321	1.2544	1.2769	1.2996	1.3225
3	1.3676	1.4049	1.4429	1.4815	1.5209
4	1.5181	1.5735	1.6305	1.6890	1.7490
5	1.6851	1.7623	1.8424	1.9254	2.0114
6	1.8704	1.9738	2.0820	2.1950	2.3131
7	2.0762	2.2107	2.3526	2.5023	2.6600
8	2.3045	2.4760	2.6584	2.8526	3.0590
9	2.5580	2.7731	3.0040	3.2519	3.5179
10	2.8394	3.1058	3.3946	3.7072	4.0456
11	3.1518	3.4785	3.8359	4.2262	4.6524
12	3.4985	3.8960	4.3345	4.8179	5.3503
13	3.8833	4.3635	4.8980	5.4924	6.1528
14	4.3104	4.8871	5.5348	6.2613	7.0757
15	4.7846	5.4736	6.2543	7.1379	8.1371
16	5.3109	6.1304	7.0673	8.1372	9.3576
17	5.8951	6.8660	7.9861	9.2765	10.761
18	6.5436	7.6900	9.0243	10.575	12.375
19	7.2633	8.6128	10.197	12.056	14.232
20	8.0623	9.6463	11.523	13.743	16.367
21	8.9492	10.804	13.021	15.668	18.822
22	9.9336	12.100	14.714	17.861	21.645
23	11.026	13.552	16.627	20.362	24.891
24	12.239	15.179	18.788	23.212	28.625
25	13.585	17.000	21.231	26.462	32.919
26	15.080	19.040	23.991	30.167	37.857
27	16.739	21.325	27.109	34.390	43.535
28	18.580	23.884	30.633	39.204	50.066
29	20.624	26.750	34.616	44.693	57.575
30	22.892	29.960	39.116	50.950	66.212

미래가치	16%	17%	18%	19%	20%
1	1.1600	1.1700	1.1800	1.1900	1.2000
2	1.3456	1.3689	1.3924	1.4161	1.4400
3	1.5609	1.6016	1.6430	1.6852	1.7280
4	1.8106	1.8739	1.9388	2.0053	2.0736
5	2.1003	2.1924	2.2878	2.3864	2.4883
6	2.4364	2.5652	2.6996	2.8398	2.9860
7	2.8262	3.0012	3.1855	3.3793	3.5832
8	3.2784	3.5115	3.7589	4.0214	4.2998
9	3.8030	4.1084	4.4355	4.7854	5.1598
10	4.4114	4.8068	5.2338	5.6947	6.1917
11	5.1173	5.6240	6.1759	6.7767	7.4301
12	5.9360	6.5801	7.2876	8.0642	8.9161
13	6.8858	7.6987	8.5994	9.5964	10.699
14	7.9875	9.0075	10.147	11.420	12.839
15	9.2655	10.539	11.974	13.590	15.407
16	10.748	12.330	14.129	16.172	18.488
17	12.468	14.426	16.672	19.244	22.186
18	14.463	16.879	19.673	22.901	26.623
19	16.777	19.748	23.214	27.252	31.948
20	19.461	23.106	27.393	32.429	38.338
21	22.574	27.034	32.324	38.591	46.005
22	26.186	31.629	38.142	45.923	55.206
23	30.376	37.006	45.008	54.649	66.247
24	35.236	43.297	53.109	65.032	79.497
25	40.874	50.658	62.669	77.388	95.396
26	47.414	59.270	73.949	92.092	114.48
27	55.000	69.345	87.260	109.59	137.37
28	63.800	81.134	102.97	130.41	164.84
29	74.009	94.927	121.50	155.19	197.81
30	85.850	111.06	143.37	184.68	237.38

[부록 4] 정상연금 1원의 미래가치

$$FVFA(n,r)=\frac{(1+r)^n}{r}-\frac{1}{r}$$

미래가치	1%	2%	3%	4%	5%
1	1.0000	1.0000	1.0000	1.0000	1.0000
2	2.0100	2.0200	2.0300	2.0400	2.0500
3	3.0301	3.0604	3.0909	3.1216	3.1525
4	4.0604	4.1216	4.1836	4.2465	4.3101
5	5.1010	5.2040	5.3091	5.4163	5.5256
6	6.1520	6.3081	6.4684	6.6330	6.8019
7	7.2135	7.4343	7.6625	7.8983	8.1420
8	8.2857	8.5830	8.8923	9.2142	9.5491
9	9.3685	9.7546	10.1591	10.5828	11.0266
10	10.4622	10.9497	11.4639	12.0061	12.5779
11	11.5668	12.1687	12.8078	13.4864	14.2068
12	12.6825	13.4121	14.1920	15.0258	15.9171
13	13.8093	14.6803	15.6178	16.6268	17.7130
14	14.9474	15.9739	17.0863	18.2919	19.5986
15	16.0969	17.2934	18.5989	20.0236	21.5786
16	17.2579	18.6393	20.1569	21.8245	23.6575
17	18.4304	20.0121	21.7616	23.6975	25.8404
18	19.6147	21.4123	23.4144	25.6454	28.1324
19	20.8109	22.8406	25.1169	27.6712	30.5390
20	22.0190	24.2974	26.8704	29.7781	33.0660
21	23.2392	25.7833	28.6765	31.9692	35.7193
22	24.4716	27.2990	30.5368	34.2480	38.5052
23	25.7163	28.8450	32.4529	36.6179	41.4305
24	26.9735	30.4219	34.4265	39.0826	44.5020
25	28.2432	32.0303	36.4593	41.6459	47.7271
26	29.5256	33.6709	38.5530	44.3117	51.1135
27	30.8209	35.3443	40.7096	47.0842	54.6691
28	32.1291	37.0512	42.9309	49.9676	58.4026
29	33.4504	38.7922	45.2189	52.9663	62.3227
30	34.7849	40.5681	47.5754	56.0849	66.4388

미래가치	6%	7%	8%	9%	10%
1	1.0000	1.0000	1.0000	1.0000	1.0000
2	2.0600	2.0700	2.0800	2.0900	2.1000
3	3.1836	3.2149	3.2464	3.2781	3.3100
4	4.3746	4.4399	4.5061	4.5731	4.6410
5	5.6371	5.7507	5.8666	5.9847	6.1051
6	6.9753	7.1533	7.3359	7.5233	7.7156
7	8.3938	8.6540	8.9228	9.2004	9.4872
8	9.8975	10.2598	10.6366	11.0285	11.4359
9	11.4913	11.9780	12.4876	13.0210	13.5795
10	13.1808	13.8164	14.4866	15.1929	15.9374
11	14.9716	15.7836	16.6455	17.5603	18.5312
12	16.8699	17.8885	18.9771	20.1407	21.3843
13	18.8821	20.1406	21.4953	22.9534	24.5227
14	21.0151	22.5505	24.2149	26.0192	27.9750
15	23.2760	25.1290	27.1521	29.3609	31.7725
16	25.6725	27.8881	30.3243	33.0034	35.9497
17	28.2129	30.8402	33.7502	36.9737	40.5447
18	30.9057	33.9990	37.4502	41.3013	45.5992
19	33.7600	37.3790	41.4463	46.0185	51.1591
20	36.7856	40.9955	45.7620	51.1601	57.2750
21	39.9927	44.8652	50.4229	56.7645	64.0025
22	43.3923	49.0057	55.4568	62.8733	71.4027
23	46.9958	53.4361	60.8933	69.5319	79.5430
24	50.8156	58.1767	66.7648	76.7898	88.4973
25	54.8645	63.2490	73.1059	84.7009	98.3471
26	59.1564	68.6765	79.9544	93.3240	109.182
27	63.7058	74.4838	87.3508	102.723	121.100
28	68.5281	80.6977	95.3388	112.968	134.210
29	73.6398	87.3465	103.966	124.135	148.631
30	79.0582	94.4608	113.283	136.308	164.494

미래가치	11%	12%	13%	14%	15%
1	1.0000	1.0000	1.0000	1.0000	1.0000
2	2.1100	2.1200	2.1300	2.1400	2.1500
3	3.3421	3.3744	3.4069	3.4396	3.4725
4	4.7097	4.7793	4.8498	4.9211	4.9934
5	6.2278	6.3528	6.4803	6.6101	6.7424
6	7.9129	8.1152	8.3227	8.5355	8.7537
7	9.7833	10.0890	10.4047	10.7305	11.0668
8	11.8594	12.2997	12.7573	13.2328	13.7268
9	14.1640	14.7757	15.4157	16.0853	16.7858
10	16.7220	17.5487	18.4197	19.3373	20.3037
11	19.5614	20.6546	21.8143	23.0445	24.3493
12	22.7132	24.1331	25.6502	27.2707	29.0017
13	26.2116	28.0291	29.9847	32.0887	34.3519
14	30.0949	32.3926	34.8827	37.5811	40.5047
15	34.4054	37.2797	40.4175	43.8424	47.5804
16	39.1899	42.7533	46.6717	50.9804	55.7175
17	44.5008	48.8837	53.7391	59.1176	65.0751
18	50.3959	55.7497	61.7251	68.3941	75.8364
19	56.9395	63.4397	70.7494	78.9692	88.2118
20	64.2028	72.0524	80.9468	91.0249	102.444
21	72.2651	81.6987	92.4699	104.768	118.810
22	81.2143	92.5026	105.491	120.436	137.632
23	91.1479	104.603	120.205	138.297	159.276
24	102.174	118.155	136.831	158.659	184.168
25	114.413	133.334	155.620	181.871	212.793
26	127.999	150.334	176.850	208.333	245.712
27	143.079	169.374	200.841	238.499	283.569
28	159.817	190.699	227.950	272.889	327.104
29	178.397	214.583	258.583	312.094	377.170
30	199.021	241.333	293.199	356.787	434.745

미래가치	16%	17%	18%	19%	20%
1	1.0000	1.0000	1.0000	1.0000	1.0000
2	2.1600	2.1700	2.1800	2.1900	2.2000
3	3.5056	3.5389	3.5724	3.6061	3.6400
4	5.0665	5.1405	5.2154	5.2913	5.3680
5	6.8771	7.0144	7.1542	7.2966	7.4416
6	8.9775	9.2068	9.4420	9.6830	9.9299
7	11.4139	11.7720	12.1415	12.5227	12.9159
8	14.2401	14.7733	15.3270	15.9020	16.4991
9	17.5185	18.2847	19.0859	19.9234	20.7989
10	21.3215	22.3931	23.5213	24.7089	25.9587
11	25.7329	27.1999	28.7551	30.4035	32.1504
12	30.8502	32.8239	34.9311	37.1802	39.5805
13	36.7862	39.4040	42.2187	45.2445	48.4966
14	43.6720	47.1027	50.8180	54.8409	59.1959
15	51.6595	56.1101	60.9653	66.2607	72.0351
16	60.9250	66.6488	72.9390	79.8502	87.4421
17	71.6730	78.9792	87.0680	96.0218	105.931
18	84.1407	93.4056	103.740	115.266	128.117
19	98.6032	110.285	123.414	138.166	154.740
20	115.380	130.033	146.628	165.418	186.688
21	134.841	153.139	174.021	197.847	225.026
22	157.415	180.172	206.345	236.438	271.031
23	183.601	211.801	244.487	282.362	326.237
24	213.978	248.808	289.494	337.010	392.484
25	249.214	292.105	342.603	402.042	471.981
26	290.088	342.763	405.272	479.431	567.377
27	337.502	402.032	479.221	571.522	681.853
28	392.503	471.378	566.481	681.112	819.223
29	456.303	552.512	669.447	811.523	984.068
30	530.312	647.439	790.948	966.712	1181.88